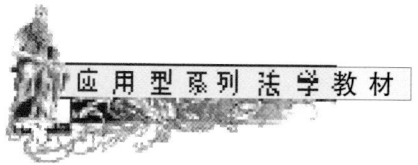

应用型系列法学教材

劳动与社会保障法

主编／吕 琳
副主编 张晓红 冯 玥

撰稿人（以撰写章节先后为序）
吕 琳 张晓红 冯 玥
万娟娟 胡 俊

武汉大学出版社

应用型系列法学教材 编委会

主任：
覃有土　中南财经政法大学武汉学院院长，教授
余能斌　武汉大学法学院，教授

编委： （按姓氏笔画排列）
牛余凤　山东农业大学文法学院，副教授
石茂生　郑州大学法学院，教授
吕　琳　中南财经政法大学法学院，副教授
刘　超　华侨大学法学院，副教授
孙占利　广东商学院法学院，教授
孙孝福　中南财经政法大学武汉学院法学系主任，教授
孙文桢　武汉工程大学民商法研究所所长，副教授
李正华　中山大学法学院，副教授
李伯军　湘潭大学法学院，副教授
李艳华　中南财经政法大学法学院，副教授
杨登峰　南京师范大学法学院，副教授
张　弘　中国政法大学法学院，副教授
张　洁　天津师范大学法学院，副教授
张建良　湖北警官学院法律系主任，教授
赵德刚　湖北警官学院法律系副主任，副教授
卓冬青　中山大学法学院，副教授
罗　洁　中南财经政法大学法学院，副教授
段　凯　黄河科技学院商贸学院法律系副主任
段丰乐　郑州大学升达学院经贸管理学院文法系主任
秦前红　武汉大学法学院，教授
高利红　中南财经政法大学法学院副院长，教授
崔明霞　中南财经政法大学法学院，教授
韩学志　山东潍坊学院WTO法研究所所长，副教授
温世扬　武汉大学法学院，教授
蔡科云　湖北大学政法学院法学系副主任，副教授
魏振忠　广西师范大学漓江学院，副教授

执行编委：张琼　胡荣

总　序

　　课本乃一课之"本"。虽然高校的教材一般不会称之为"课本"，其分量也没有中小学课本那么重，但教材建设实为高校的基本建设之一，这大概是多数人都能接受或认可的。

　　无论是教与学，教材都是不可或缺的。一本好的教材，既是学生的良师益友，亦是教师之善事利器。应该说，这些年来，我国的高校教材建设工作取得了很大的成绩。其中，举全国之力而编出的"统编教材"和"规划教材"，为千百万人的成才作出了突出的贡献。这些举全国之力而编出的"统编教材"、"规划教材"无疑具有权威性。但客观地说，随着我国社会改革的深入发展，随着高校的扩招和办学层次的增多，包括法学专业在内的以往编写的各种"统编教材"和"规划教材"，就日益显露出其弊端或不尽如人意之处。最为突出的，一是内容过于庞杂。无论是"统编教材"还是"规划教材"，由于过分强调系统性与全面性，几乎每本教材都是章节越编越长，内容越写越多，不少教材在成书时已逼近百万字，甚至超过百万，其结果是既不利于学，也不便于教，还增加了学生的经济负担。二是重理论而轻技能。几乎所有的"统编教材"和"规划教材"都犯了一个通病，即理论知识分量相当重甚至很重，技能训练却少有涉及。这样的教材，不要说"二本"、"三本"的学生不宜使用，就是"一本"的学生也未必是合适的。

　　现代高等教育背景下的本专科合格毕业生应该同时具备知识素质与技能素质。改革开放以后，人们都很重视素质教育；毫无疑问，素质教育中少不了知识素质的培养，但是，仅注重学生知识素质的培养而轻视实际技能的获得肯定是不对的。我们都知道，在任何国家或任何社会，高端的研究型人才毕竟总是少数，应用型、操作型的人才才是社会所需的大量人才。因此，对于"二本"尤其"三本"的学生来说，在大学阶段的学习中，其知识素质与技能素质的培养具有同等的重要性；从一定的意义上说，为了使其动手能力与实践能力明显强于少数的日后从事高端研究的人才，这类学生技能素质的培养甚至比知识素质的培养还要重要。

　　学生技能素质的培养涉及方方面面，教材的选择与使用是其中重要的一环。正是基于上述考虑，我们以教育部制定的法学课程教学基本原则为依据，结合法学专业"二本"、"三本"学生的培养目标及其文化基础之实际，组织编写了这套"应用型系列法学教材"。法学学科是一门应用型学科。从这一意义上说，任何一本法学教材，它本身就应该是一本应用型教材。我们将这套教材标上"应用型"，是希望它与以往的"规划教材"和"统编教材"有所不同。不同在哪里？其一，体例与内容有所不同。每本教材一般不超过45万字，要做到既利于学，亦便于教。其二，理论与技能并重。在确保基本理论与基本知识不能少的前提下，注重专业技能的训练，增加专业技能训练的内容，让"二本"、"三本"的学生通过本科阶段的学习，在动手能力上明显强于研究生和"一本"的学生。当然，我们的这些努力无疑也是一种摸索。既然只是摸索，其中的不足和漏洞甚至是谬误是在所难免的。

武汉大学出版社高度重视本套教材的组织编写活动。为了确保质量，他们动员了包括武汉大学、中南财经政法大学、中山大学、中国政法大学、南京师范大学、郑州大学及华中科技大学等30多所高校的政法院系以及独立学院的专家学者参加教材编写工作。在这些学者中，既有曾担任国家"规划教材"、"统编教材"的主编或撰稿人的老专家，也有教学经验丰富、参与过多部教材编写的年富力强的中年学者，还有很多具有高学历及高学位的青年才俊。他们之中多数人都已是硕果累累，因而若仅就个人的名利而言，编写这样的教材对他们并无多大意义。但为了教育事业，他们都能不计个人得失，甘愿牺牲大量的宝贵时间来编写这套教材，精神实为可嘉。在教材的编写过程中，我们还得到了众多前辈、同仁及方方面面的关心、支持和帮助。尤其是武汉大学出版社的胡荣编辑，她为本套教材的编写鞍前马后，穿针引线，使得教材编写活动得以顺利进行。在此，对以上为本套教材的面世而付出辛勤劳动的所有单位和个人表示衷心的感谢。

最后，恳请学界同仁和读者对本套教材提出宝贵的批评与建议。

覃有土
2009年9月19日

前　言

当期我国已进入劳动和社会保障立法的"黄金时期"。为适应社会需要，教育部高等学校法学学科教学指导委员会已将劳动与社会保障法增列为法学学科核心课程。本书属于"应用型系列法学教材"中的法学本科专业核心课教材，主要面向高等院校法学专业的本科生，注重知识的系统性和实用性，是为实现教学型、应用型高等院校法学专业本专科生"应用型"人才培养的目标，以教育部制定的法学课程教学基本原则和最新的法律法规为依据而组织编写的。它立足于提高学生的整体素质、综合职业技能和实践性技能，并贴近社会民生的热点。教材采用较新颖的编写体例，主要包括引言、学习目的与要求、知识结构简图、引例、基理阐释、难点追问、思考题、前沿提示等内容，充分体现"应用型"特色。

参与本书编写的作者及分工如下（以撰写章节先后为序）：

吕琳：第一章、第二章、第五章、第十二章、第十四章；

张晓红：第三章、第十三章；

冯玥：第四章、第六章、第七章；

胡俊：第八章、第九章；

万娟娟：第十章、第十一章。

全书由吕琳主编并负责统稿。由于时间和水平有限，本书难免存在不妥之处，敬请读者不吝赐教，以臻完善。

本书此次重印，结合最新修改的法律法规，对相应内容进行了修改。

编者

2015 年 1 月 4 日

目 录

第一章 劳动法概述 1
第一节 劳动法简史 1
第二节 劳动法的概念和调整对象 10
第三节 劳动法的基本原则和特征 15

第二章 劳动法主体 22
第一节 概述 23
第二节 劳动者及其团体 24
第三节 用人单位及其团体 39
第四节 劳动行政部门和劳动服务主体 46

第三章 劳动合同 54
第一节 概述 55
第二节 劳动合同的订立和续订 59
第三节 劳动合同的履行和变更 69
第四节 劳动合同的终止和解除 74
第五节 劳动派遣和非全日制用工 83

第四章 集体合同 91
第一节 概述 92
第二节 集体协商 94
第三节 集体合同 98

第五章 工作时间和休息休假 106
第一节 概述 107
第二节 最高工时标准和工时形式 111
第三节 休假 114
第四节 延长工作时间 117

第六章 工资 122
第一节 概述 122
第二节 最低工资制度 130

1

第三节　工资支付保障制度 …………………………………… 133
第七章　劳动保护 …………………………………………………… 140
第一节　概述 …………………………………………………… 141
第二节　劳动安全卫生技术规程 ……………………………… 141
第三节　女职工和未成年工特殊劳动保护 …………………… 144
第四节　劳动保护管理制度 …………………………………… 149
第八章　劳动争议处理 ……………………………………………… 164
第一节　概　述 ………………………………………………… 165
第二节　劳动争议基层调解 …………………………………… 175
第三节　劳动争议仲裁 ………………………………………… 179
第四节　劳动争议诉讼 ………………………………………… 190
第五节　集体合同争议处理 …………………………………… 195
第九章　劳动监察 …………………………………………………… 201
第一节　概　述 ………………………………………………… 202
第二节　我国劳动监察法律制度 ……………………………… 210
第三节　我国劳动监察行政处罚 ……………………………… 226
第十章　社会保障法概述 …………………………………………… 239
第一节　社会保障法的概念和历史沿革 ……………………… 240
第二节　社会保障法的基本理念 ……………………………… 244
第三节　社会保障法的基本原则和体系 ……………………… 246
第十一章　社会保险法律制度 ……………………………………… 250
第一节　社会保险概述 ………………………………………… 251
第二节　养老保险 ……………………………………………… 257
第三节　失业保险 ……………………………………………… 261
第四节　工伤保险 ……………………………………………… 266
第五节　生育保险 ……………………………………………… 275
第六节　医疗保险 ……………………………………………… 281
第十二章　社会救助法律制度 ……………………………………… 293
第一节　概　述 ………………………………………………… 294
第二节　社会救助具体法律制度 ……………………………… 301
第十三章　社会福利法律制度 ……………………………………… 311
第一节　概　述 ………………………………………………… 312
第二节　公共福利法律制度 …………………………………… 319
第三节　职业福利法律制度 …………………………………… 325

第十四章　社会优抚法律制度 ………………………………………… 336
　　第一节　概　　述 ……………………………………………………… 337
　　第二节　社会优待制度 ………………………………………………… 339
　　第三节　伤残抚恤制度 ………………………………………………… 343
　　第四节　死亡抚恤制度 ………………………………………………… 346
　　第五节　退役及离退休安置制度 ……………………………………… 347
推荐阅读书目 ……………………………………………………………… 350

第一章 劳动法概述

【引言】现代意义的劳动法产生于19世纪特殊背景下的西方资本主义国家，它是工人阶级为维护自身权益而长期斗争的结果，也是国家为维护社会平衡发展的产物。劳动法有其自身特殊的调整对象、调整原则和调整方法，兼具有公法和私法属性，而与其他部门法相区别，从而成为一个独立存在的法律部门。

【学习目的与要求】本章是劳动法学重要的基础理论。通过本章的学习，学生应宏观地掌握劳动法学的基础理论，了解劳动法的历史发展，准确理解和重点掌握劳动法的概念、调整对象、基本原则和特征。

【知识结构简图】

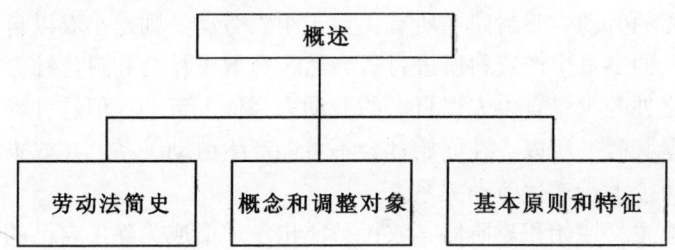

【引例】李某2008年2月到朝阳村委会担任电工，同时兼任了其他勤杂工。村委会没有与李某签订劳动合同，只是口头约定月薪为800元。2008年12月，村委会辞退了李某，没有给予经济补偿。李某提起劳动争议仲裁申请，劳动仲裁委员会以村委会不受劳动法调整为由，作出不予受理的决定。

请问：李某能否得到劳动法的保护？仲裁委员会的处理是否正确？

第一节 劳动法简史

劳动法作为法律体系中的一个独立法律部门，产生于法律发展史的一定时期。资本主义劳动法的产生，与资本主义制度的发展和工人运动的兴起密切相关；社会主义劳动法的产生，则与社会主义国家的建立同步。

一、资本主义国家劳动法的产生

（一）劳动法产生的前提

劳动法作为一个以劳动关系为主要调整对象的独立法律部门，理所当然要以劳动关系的存在作为其产生的前提。劳动关系作为劳动力与生产资料相结合以实现劳动过程的社会关系，只有在劳动力与生产资料需要通过一定社会关系进行结合的条件下才会产生。如果劳动力和生产资料同属于一个主体，该主体为实现劳动过程而将劳动力与生产资料相结合，无须也不会出现劳动关系。如果劳动力和生产资料分别归属于不同主体，即劳动力的所有者和生产资料的所有者或占有者不是同一主体，双方主体为实现劳动过程才会形成劳动关系。因此，劳动力和生产资料分别归属于不同主体，才会有劳动法赖以产生的前提。

在前资本主义社会，并不具备劳动法产生的前提。原始社会中实行生产资料氏族所有制，氏族成员既是劳动力所有者又是生产资料所有者。奴隶社会中，不仅生产资料为奴隶主所有，而且寓于奴隶身体的劳动力也归奴隶主所有。封建社会中，农奴与封建主有人身依附关系，在封建庄园为封建主劳动，被使用的劳动力归封建主所有；至于小农劳动，则是小农以自己的劳动力运用自己的少量生产资料所进行。当然，在奴隶社会和封建社会中也有奴隶、农奴之外的少量自由人以自己的劳动力为他人劳动，但这种现象在社会中所占分量甚微。所以，在原始社会不可能产生劳动关系，在奴隶社会和封建社会不可能大量产生劳动关系。

在资本主义原始积累阶段，农民被驱出土地而成为除了自己的劳动力以外一无所有的自由人即无产者，生产资料被集中于少数人即资本家手中。这样，无产者为谋生存，只能把自己的劳动力出卖给资本家使用，以取得用于购买生活资料的工资；资本家为使资本增值，就必须以支付工资的方式购买无产者的劳动力，使之与其生产资料相结合，以实现劳动过程。至此，才大量出现了劳动关系，从而具备了劳动法赖以产生的前提。

（二）劳动法产生的过程

随着劳动关系大量出现，就产生了对劳动关系进行法律调整的需求，这种需求的内容在资本主义进入自由竞争阶段前后有所不同。与此相应，国家对劳动关系的法律调整，经历了"劳工法规"调整阶段和"工厂法"与民法调整阶段。

在资本主义原始积累阶段，为了加速资本主义生产关系的形成和发展，国家颁布了一系列血腥恐怖的"劳工法规"。"劳工法规"对劳动关系的调整有如下特点：第一，它以国家强制手段迫使被剥夺土地的农民到资本家的工厂做工，即强迫劳动者同资本家建立雇佣劳动关系。例如，英国亨利八世时期曾有一条闻名规定：对流浪者给予鞭打；如再度流浪，则被捕，除了鞭打，还要割去半只耳朵；三度流浪就要当作重罪犯人和社会敌人处死。第二，它规定最低工时和最高工资，强化雇佣剥削。例如，英国伊丽莎白女王统治时期颁布的《学徒法》规定，在法定限额以上支付工资者要受到处罚，而取得这笔工资者要受到更为严厉的处罚，对前者判处监禁10日，而对后者判处监禁22日。可见，"劳工法规"实际上是剥削劳工的，这同后来以保护劳工为主旨的劳动立法正好相反，因而，不能被认为是劳动法的真正起源。

19世纪初，资本主义进入自由竞争阶段。此时，资本主义生产方式已逐渐成长壮大，靠经济关系的无声强制就足以保证资本家对工人的剥削和统治，再无须借助国家的非经济强制手段。1804年，第一部资产阶级民法典《法国民法典》诞生，它将雇佣关系规定为"劳动力的租赁"，并将劳动力的租赁与物的租赁并列，使其适用租赁的一般规定。以后资产阶级各国的民法典都把雇佣关系作为一种"自由的"的契约关系来加以规定。

与此同时，"劳工法规"被逐步废止，并随之出现了一种新的立法——"工厂立法"。其最早者是英国1802年的《学徒健康和道德法》。它规定：纺织厂不能雇佣9岁以下的学徒，童工每天的工作时间不得超过12小时，并且限于清晨6时至晚间9时之间，禁止做夜工。此后，英国又陆续颁布了几项法规，将禁止雇佣童工的范围逐渐扩大到其他行业，将童工的年龄作了进一步限制，并将限制工作时间的范围扩大到女工。在英国现代工厂立法的影响下，其他一些资本主义国家也相继颁布了工厂立法。例如，法国1806年制定了工厂法；德国1839年颁布了《普鲁士工厂矿山条例》和限制童工工作时间的法律；瑞士1848年制定了一项限制成年人工作时间的法律。

较之以前的劳工法规，"工厂立法"是保护劳动者的立法。它通过规定工时上限和工资下限，限制资本家的剥削程度。因此，各国学者都公认"工厂立法"为劳动法的起源，并把1802年英国的《学徒健康与道德法》视为劳动法产生的标志。

二、社会主义国家劳动立法的产生和发展

（一）原苏联的劳动立法

1921年原苏联进入新经济政策时期后，于1922年颁布了《苏俄劳动法

典》，一直沿用到20世纪60年代。它进一步巩固和扩大了革命取得的成果，并及时取消了为适应战时需要而普遍实行的义务劳动制，改行劳动合同制。到20世纪50年代后期，原苏联开展了大规模的立法活动，先后公布了15部联邦和各加盟共和国的劳动立法纲要，其中1970年最高苏维埃会议通过的《劳动立法纲要》以15章107条规定了劳动关系的各个方面，包括总则、集体合同、劳动合同、工作时间和休息时间、劳动报酬、劳动纪律、劳动安全与卫生、妇女和未成年人劳动、职业培训、工会和民主管理、社会保险、劳动争议、监督检查以及附则，内容系统全面，将社会主义劳动立法向前大大推进了一步。其后，各加盟共和国根据《劳动立法纲要》，结合自己的具体情况修订、通过新的劳动法典和制定相应的劳动法规。其中最先制定的是1971年的《新苏俄劳动法典》，该法典的体例和基本思想与《劳动立法纲要》一致，但内容较为详尽。1980年和1990年，该《劳动立法纲要》又经过了两次修改，以不断适应经济发展的需要。除此之外，苏联还制定了一些新的单行劳动法规，如1974年的《劳动纠纷审查程序条例》、1983年的《劳动集体法》、1989年的《工会及其权利和活动保障法》等。

（二）原东欧各国的劳动立法

第二次世界大战结束后，东欧一些国家建立了工人阶级政权。新政关于劳动立法，从20世纪40年代后期开始，经过较短的发展过程，很快趋向完备。新政权建立的最初几年，在废除旧劳动立法的基础上，颁布了一系列新劳动法令，着重于对改善劳动条件、减少失业、实行工人监督、开展工会运动方面作出规定。这一时期多数国家主要通过集体合同来调整劳动关系，而且工人和部分职员的劳动关系由民法调整，国家职员的劳动关系则由行政法调整。至20世纪50年代初期，劳动法成为独立法律部门，专司劳动关系的调整。

进入20世纪50年代后，东欧原社会主义各国的劳动立法都有较快发展。在20世纪50—70年代，普遍重视劳动法典的制定。例如，原罗马尼亚、保加利亚、匈牙利、民主德国、南斯拉夫、捷克斯克、阿尔巴尼亚等国家，根据本国宪法规定的基本原则，都先后制定了劳动法典。在此期间，各国还颁布了一批单行劳动法规，其中特别受到重视、发展比较充分的是劳动保险立法和职业技术培训立法。各国政权建立初期，都颁布和实施了社会保险法，至70年代，鉴于社会保险事业有了很大发展，各国又纷纷颁布新的社会保险法。进入60年代，许多国家相继颁布有关职业培训方面的法规，加强了对职业培训关系的法律调整。

(三) 中国劳动立法的产生和发展

1. 新中国成立后至党的十一届三中全会以前的劳动立法

第一阶段从 1949—1953 年，是国民经济恢复时期。这一阶段劳动立法包括为保障工会法律地位颁布的 1950 年的《工会法》；为解决旧中国遗留下来的失业问题颁布的《关于失业技术员工登记介绍办法》、《救济失业工人暂行办法》、《关于失业人员统一登记办法》；为处理劳资关系，先是实行中华全国总工会颁布的三个规范性文件，后由劳动部制定了《劳动争议解决程序的规定》和《劳动争议仲裁委员会组织及工作规则》；为加强劳动保护工作，制定了《工业交通及建筑企业职工伤亡事故报告办法》、《关于防止沥青中毒办法》等；为建立劳动保险制度，政务院于 1951 年颁布了《中华人民共和国劳动保险条例》。

第二阶段从 1953—1958 年，是"一五"计划期间。为加强企业劳动管理，政务院 1954 年公布了《国营企业内部劳动规则纲要》。为改革工资制度，国务院 1956 年公布了《关于工资改革的决定》和《关于工资改革中若干问题的规定》。在劳动保护方面，1956 年 5 月颁布了"三大规程"，即《工厂安全卫生规程》、《建筑安装工程安全技术规程》、《工人职员伤亡事故报告规程》。

第三阶段从 1958 年到"文革"前，主要是"三五"计划期间，国务院制定了一些劳动法规。1958 年同时发布了《关于工人、职员退休处理的暂行规定》、《关于企业、事业单位和国家机关中普通工和勤杂工的工资待遇的暂行规定》等四个暂行规定。另外 1963 年又发布了《关于加强企业生产中安全工作的几项规定》和《防止矽尘害工作管理办法》。

第四阶段从 1966—1978 年，劳动立法基本上停止，已有的劳动法规不能贯彻实施。

2. 党的十一届三中全会以来的劳动立法

第一阶段从 1978—1985 年，为改革初期，劳动工作一方面是恢复并适当改革"文革"前行之有效的劳动制度；另一方面，是开展劳动制度改革的试点和探索。主要立法有：1982 年《宪法》就劳动者享有的劳动权、休息权、获得物质帮助权、接受教育权等作了全面规定；为健全职工养老制度，全国人大常委会 1978 年原则批准国务院《关于安置老弱病残干部暂行办法》、《关于工人退休、退职的暂行办法》；为加强劳动保护，国务院于 1982 年发布了《矿山安全条例》、《矿山监察条例》等；为整顿劳动纪律，恢复正常的生产秩序，1982 年国务院发布了《企业职工奖惩条例》；为加强劳动力管理，劳动人事部 1982 年发布了《关于积极试行劳动合同制的通知》、《工人技术考核暂行条例》，1983年发布了《关于招工考核、择优录用的暂行规定》。

第二阶段从1985—1994年《劳动法》制定以前，是劳动制度全面改革时期，围绕着劳动制度改革进行劳动立法。1985年，为了实现工资制度改革，国务院发布了《关于国营企业工资改革问题的通知》、《关于国家机关和事业单位工作人员工资制度改革问题的通知》。1986年7月12日，国务院同时出台四项改革劳动制度的暂行规定：《国营企业招用工人暂行规定》、《国营企业实行劳动合同制暂行规定》、《国营企业辞退违纪职工暂行规定》、《国营企业职工待业保险暂行规定》。1987年，国务院颁布《国营企业劳动争议处理暂行规定》，正式恢复已中断30年的劳动争议处理制度。1988年，国务院发布《女职工劳动保护规定》。1989年，国务院发布《全民所有制企业临时工管理暂行规定》，劳动部发布《私营企业劳动管理暂行规定》。

第三阶段是《劳动法》颁布以后，我国劳动立法进入成熟时期。1994年7月5日，全国人大常委会八届八次会议通过了《中华人民共和国劳动法》，这是我国劳动立法的一个重要里程碑。2001年10月27日，全国人大常委会九届二十四次会议通过了《关于修改〈中华人民共和国工会法〉的决定》和《中华人民共和国职业病防治法》。2002年6月29日，全国人大常委九届二十八次会议通过了《中华人民共和国安全生产法》。以《劳动法》为基本法，国务院及其劳动行政部门制定了许多与其配套的行政法规和规章，其内容包括劳动合同、集体合同、工资、工时、劳动保护、就业促进、劳动力市场管理、职业培训、社会保险等多个方面。

第四阶段是2007年以来，我国劳动立法进入黄金阶段。在构建和谐社会的背景下，2007年先后制定了《中华人民共和国就业促进法》、《中华人民共和国劳动合同法》、《中华人民共和国劳动争议调解仲裁法》，《社会保险法（草案）》进入全国人大常委会审议阶段，故被称为"劳动立法年"。这是我国劳动立法史上前所未有的黄金阶段。

三、国际劳动立法的产生和发展

（一）国际劳动立法的前期发展

19世纪初期，首倡国际劳工立法的是英国空想社会主义者欧文和法国社会活动家大卫·李格兰。1818年，欧文上书"神圣同盟"会议，提出制定国际劳工法的建议。李格兰在1840—1855年多次向欧洲一些主要国家政府呼吁制定国际劳工法，并提出了系统的国际劳工立法设想，但均遭到拒绝。到19世纪下半叶，各国工人运动日益高涨，并形成为国际势力，特别是在各国工会的国际会议上多次讨论了劳工立法问题。在这种形势下，各国政府的态度逐渐有所改变。1890年3月15日，在柏林召开了有15个国家参加的临时会议。会议通过了几项决议，但内容比较空泛，而且缺乏国际公约的效力，会后也没有一个国家实施这些决议。柏林会议虽无实际结果，但却对促进国际劳工立法运动的发展起了积极的推动作用。1900年在巴黎正式成立国际劳工立法协会。1905年协会正式起草了两个公约草案，提交同年由瑞士政府发起召开的伯尔尼国际会议。这次会议通过了《关于禁止工厂女工做夜工的公约》和《关于（在火柴制造中）使用白磷的公约》。1913年协会起草了《关于禁止未成年工做夜工公约》和《关于女工和未成年工工作时间公约》的草案，准备提交1914年国际会议通过。因第一次世界大战爆发，这次会议未能举行，国际劳工立法协会的工作也告停止。虽然国际劳工立法的进程因战争而中断，但这为后来国际劳工组织的成立和发展奠定了基础。

（二）国际劳工组织的产生和发展

国际劳工组织（International Labour Organization，ILO）是联合国的一个专门组织，负责国际劳动与社会政策事务。它的成立是国际劳工法发展的一个里程碑，它所制定的国际劳工公约与建议书是国际劳工法的最重要的法源。

1919年，由9个国家的15名委员组成的劳动委员会拟定了《国际劳工组织章程草案》和一个包括9项原则的宣言，于1919年4月提交"巴黎和会"讨论通过，编入《凡尔赛和平条约》。这个章程和宣言被称为"国际劳动宪章"。1919年6月，国际劳工组织正式宣告成立，作为国际联盟的一个自治的附属机构。1919年10月，国际劳工组织在华盛顿召开了第一届国际劳工大会，并制定了最初的6个国际劳工公约和6个劳工建议书。

第二次世界大战期间，国际联盟解体，但是国际劳工组织作为一个独立的国际组织仍继续存在。1944年，国际劳工组织在美国费城召开第26届国际劳工大会，41个国家的代表参加了会议。这次大会通过了著名的《费城宣言》（Declaration of Philadelphia）。战争结束后，国际劳工组织于1946年与新成立的联合国签订协议，成为联合国专门负责劳动与社会事务的专门机构。当今的国际劳工组织已经成为一个具有广泛代表性和重要影响力的国际组织，为提高国际劳动标准作出了突出的贡献。

国际劳工组织的主要机构是国际劳工大会、理事会和国际劳工局。此外，地区会议和产业委员会是重要的辅助机构。国际劳工大会就是会员国代表大会，是国际劳工组织的最高权力机构。国际劳工大会的一个重要组织原则是"三方原则",即政府、雇主与工人代表共同在国际劳工大会上开展对话,对一切问题都平等地表达自己的观点与投票的制度。理事会是国际劳工组织的执行机构,负责决定国际劳工大会一切会议的议程和日期,选举国际劳工局局长,起草国际劳工大会议案和预算案并提交大会表决,并对国际劳工局的活动进行指示与协调。国际劳工局是国际劳工组织的常设秘书处,主要任务是处理国际劳工组织的日常事务,包括为国际劳工大会准备材料和提供信息,应各国政府请求提供劳动立法与行政等方面的技术帮助、出版刊物、筹措资金,等等。

(三)国际劳工立法

国际劳工立法又称国际劳工标准,是指国际劳工组织制定的与劳动者权益有关的国际最低标准。国际劳工标准包括两种形式:第一种形式是国际劳工公约(Convention),这是一种正式的国际公约,各成员国一旦批准,就要承担遵守公约的义务。公约对没有批准的国家没有约束力。第二种形式是国际劳工建议书(Recommendation),这是一种非正式的文件,不需要成员国批准,只是供成员国在制定相应的国内法律或者政策时参考,不具有约束力。在实践中,往往在制定一个公约的同时另外制定一个同样名称但内容更为详尽具体的补充建议书。截至2003年6月30日,国际劳工组织一共通过了184项公约和194项建议书。其中,有八项最基本的国际劳工公约。这八项国际劳工公约又可以分为四类,具体包括:(1)关于自由结社与集体谈判权的公约,包括1948年《结社自由及保护组织权公约》(第87号公约)和1949年《组织权与集体谈判权公约》(第98号公约)。(2)关于废除强迫劳动的公约,包括1930年《强迫劳动公约》(第29号公约)和1957年《废除强迫劳动公约》(第105号公约)。(3)关于平等权方面的公约,包括1958年《消除就业和职业歧视公约》(第111号公约)和1951年《同工同酬公约》(第100号公约)。(4)关于禁止使用童工方面的公约,包括1973年《准予最低就业年龄公约》(第138号公约)和1999年《禁止和立即行动消除最恶劣形式的童工劳动公约》(第182号公约)。

国际劳工标准对世界劳动立法具有十分重要的意义,对于促进各国的劳动保护水平,改善劳动者的生活状况起到了十分积极的作用。国际劳工组织一直努力制定一套国际劳工标准体系,以尽量统一各国的国内劳动标准。国际劳工标准已经成为各国劳工立法的重要参照,对于促进国际劳工运动的发展与国际劳工利益的保护发挥着重要作用。然而,因为各国经济、社会发展水平差距悬殊,一些发达国家常常认为国际劳工标准过低,但是对于大多数发展中国家,一些国际劳工标准却又显得脱离实际,高不可攀。因此,国际劳工组织应当尽量综合考虑各国的不同情况，特别是要考虑发展中国家的实际困难，以制定一些切实可行的基本劳动标准。

（四）国际劳工立法与中国

1919年，中国政府作为战胜国参加了"巴黎和会"，签署了最后的《巴黎和约》，成为国际劳工组织的创始成员国。1944年，中国成为国际劳工组织的常任理事国之一。1949年中华人民共和国成立后，台湾当局继续占据着国际劳工组织中的中国席位。1971年联合国大会通过决议，恢复我国在联合国的合法席位，并通知我国政府参加国际劳工大会和其他会议。1983年，中国政府正式恢复参加国际劳工大会以及其他活动。

从1930—1949年，当时的中国国民党政府一共批准了14个国际劳工公约。1949年以后，台湾当局占据国际劳工组织中的中国席位，又批准了23个公约。中国政府恢复在国际劳工组织的活动时，经过对国际劳工公约的研究和审查，于1984年5月对旧中国政府批准的14个国际劳工公约予以重新承认，同时宣布解放后台湾当局用中国名义对23个国际劳工公约的批准为非法和无效。从1984年以后，中国政府又批准了11个劳工公约，包括1987年批准的1983年《残疾人职业康复和就业公约》（第159号公约），1990年批准的1951年《同工同酬公约》（第100号公约），1990年批准的1976年《三方协商促进履行国际劳工标准公约》（第144号公约），1994年批准的1990年《作业场所安全使用化学品公约》（第170号公约），1997年批准的1964年《就业政策公约》（第122号公约），1998年批准的1973年《准予最低就业年龄公约》（第138号公约），2001年批准的1978年《劳动行政管理公约》（第150号公约）和1988年《建筑业安全卫生公约》（第167号公约），2002年批准的1999年《禁止和立即行动消除最恶劣形式的童工劳动公约》（第182号公约），2005年批准的1958年《消除就业和职业歧视公约》（第111号公约），2006年批准的1981年《职业安全和卫生及工作环境公约》（第155号公约）。至此，我国一共承认和批准了25个公约。

我国在进行国内劳动立法时，也适当借鉴了国际劳工公约和建议书的有关规定。在其内容中，有些是对已批准公约的实施，如实行每周两天休息制度、制定最低工资办法、禁止使用妇女从事矿山井下工作、限定最低就业年龄、实行男女工人同工同酬等；而有的则是对尚未批准的公约和建议书的采用，如促进就业政策和措施、禁止强迫劳动、规定工作时间和休息休假制度、实行劳动安全卫生措施、改进社会保险制度、实行劳动监督检查制度等。

第二节　劳动法的概念和调整对象

一、劳动法的概念

劳动法，又称劳工法，是一个有多种含义的概念。一是指法律体系中的劳动法律部门，即调整劳动关系以及与劳动关系密切联系的其他社会关系的法律规范的总和；二是指一个国家的劳动法典，如《苏俄劳动法典》、《法国劳动法典》和《中华人民共和国劳动法》等；三是劳动法学或劳动法课程。本书中所使用的"劳动法"概念，仅限于第一种含义。关于劳动法概念的内涵，一般以其调整对象来说明。在法学界，劳动法的调整对象已被公认是劳动关系以及与劳动关系密切联系的其他社会关系。

劳动关系是一个以劳动力和劳动为内涵要素的概念，要认识劳动关系，先必须了解什么是劳动。劳动，是一个使用十分广泛的概念，其含义往往因使用范围不同而有所差异。一般意义上的劳动，是指人们在物质生产和精神生产过程中，通过使用（消费）劳动力，利用劳动资料作用于劳动对象，创造使用价值以满足人们需要的有目的的活动。它是人类社会存在和发展的最基本条件。

在实践中，劳动的类型复杂多样。依劳动力使用方式不同，可分为自我使用劳动力的劳动和供他人使用劳动力的劳动。前者指劳动力所有者运用自己的劳动力生产使用价值，如劳动者自给自足生产、自我生活服务，以及向社会提供劳动成果而非劳动力的个体商品生产。后者指劳动力所有者将其劳动力提供给他人使用的劳动，亦即使用他人劳动力所进行的劳动，又可分为劳动力有偿供他人使用和无偿供他人使用两种情形。劳动法中的劳动，属于劳动力所有者将其劳动力有偿地提供给他人使用的劳动。

劳动法中的劳动，除了有其一般含义外，还有其特定内涵，主要包括：

（1）职业劳动。即从目的来看，它是作为一种谋生手段的职业劳动，亦即为获取报酬作为其生活主要来源，而相对固定在一定劳动岗位上所从事的劳动。"义务劳动"和其他无偿劳动，以及虽有一定物质补偿但目的不在于以此谋生的劳动（如现役军人的军工劳动），都不属于劳动法所指的劳动。

（2）受雇劳动。从主体上看，它是以受雇人（或雇工，我国一般称职工）身份为雇主所从事的劳动，又称他雇劳动。这既区别于自雇劳动和家庭成员劳动，又区别于劳务性劳动，如履行出版约稿、加工承揽、技术咨询等义务的劳务活动。

（3）集体劳动。即它是雇主组织的集体劳动。劳动者由雇主组织起来并在雇主指挥或指派下，以雇主的名义共同从事劳动。

（4）从属性劳动。即劳动者在雇主所组织的劳动中处于从属地位，受雇主的内部劳动规则约束，受雇主意志支配。

（5）自由劳动。即劳动者虽然受雇主约束，但具有人身自由。这区别于罪犯、劳教人员和战俘的劳役劳动。

综上所述，劳动法意义上的劳动，专指职工为谋生而从事的，履行劳动法律法规、集体合同和劳动合同书规定义务的集体劳动。

二、劳动法的调整对象

（一）劳动关系

劳动过程的实现，必须以劳动力和生产资料两大要素相结合为前提。也就是说，劳动过程即劳动力与生产资料两种要素的动态结合过程。在劳动力和生产资料分别归属于不同主体的社会条件下，只有这两种主体之间形成劳动力与生产资料相结合的社会关系，劳动过程才得以实现。作为劳动法调整对象的劳动关系，是指劳动力所有者（劳动者）与劳动力使用者（用人单位）之间，为实现劳动过程而发生的一方有偿提供劳动力由另一方用于同其生产资料相结合的社会关系。

1. 劳动关系的特征

在现代市场经济中，劳动关系的特征主要表现在：（1）它的当事人一方固定为劳动力所有者和支出者，称劳动者；另一方固定为生产资料占有者和劳动力使用者，称用人单位（或雇主）。其中，劳动者在劳动过程中及其前后都是劳动力所有者，并且在劳动过程中还是劳动力支出者；用人单位以占有生产资料即劳动力吸收器，作为其成为劳动力使用者的必要条件。（2）它的内容以劳动力的所有权与使用权相分离为核心。在劳动关系中，劳动力所有权以依法能够自由支配劳动力并且获得劳动力再生产保障为基本标志；劳动力使用权则只限于依法将劳动力用于同生产资料相结合。一方面，劳动者将其劳动力使用权让渡给用人单位，由用人单位对劳动力进行分配和安排，以同其生产资料相结合；另一方面，劳动者仍然享有劳动力所有权，用人单位在使用劳动力的过程中应当为劳动者提供保障劳动力再生产所需要的时间、物质、技术、学习等方面的条件，不得损害劳动力本身及其再生产机制，也不得侵犯劳动者转让劳动力使用权的自由和在劳动力被合法使用之外支配劳动力的自由。（3）它是人身关系属性和财产关系属性相结合的社会关系。由于劳动力的存在和支出与劳动者的人身须臾不可分离，劳动者向用人单位提供劳动力，实际上就是劳动者将其人身在一定限度内交给用人单位，因而劳动关系就其本来意义说是一种人身关系。由于劳动者是以让渡劳动力使用权来换取生活资料，用人单位要向劳动者支付工资等物质待遇，这是一种等量劳动交换。就此意义而言，劳动关系同时又是一种财产关系。（4）它是平等与不平等兼有的社会关系。劳动者与用人单位之间通过相互选择和平等协商，以合同形式确立劳动关系，并可以通过协议来续延、变更、暂停、终止劳动关系。这表明劳动关系是一种平等关系。然而，劳动关系当事人双方在劳动力市场上处于实质上不平等状态，劳动者处于弱势地位，且劳动关系一经缔结，劳动者就成为用人单位的职工，用人单位就成为劳动力的支配者和管理者，这使得劳动关系又具有隶属性质。

2. 劳动法调整劳动关系的范围

在历史上劳动法调整劳动关系的范围有一个由小到大的发展过程。最初，劳动法仅调整纺织工厂中童工、女工的劳动关系，以后逐渐推广到工业、商业、海运、农业等各个行业中各种劳动者的劳动关系。但是，具体到某个国家在某个发展阶段的劳动法来说，调整劳动关系的范围是有所限定的。

从现在各国的劳动法来看，调整劳动关系的范围有三种情况：（1）将各种劳动关系都纳入劳动法调整范围，如朝鲜。（2）劳动法调整一定范围内的劳动关系，而将法定某种或某几种劳动关系列于劳动法调整范围之外，例如，日本、加拿大、匈牙利等国劳动法只调整城镇的劳动关系而不调整乡村的关系，政府雇员、家庭佣人的劳动关系在许多国家劳动法的调整范围中也未包括。（3）原则上将各种劳动关系都纳入劳动法调整范围，但同时又将特定某种或某几种劳动关系置于各项具体劳动法律制度的调整范围之外，例如，前苏联、蒙古的劳动法对集体农庄庄园和其他合作社社员的劳动关系的调整，就是如此。

我国《劳动法》第2条规定："在中华人民共和国境内的企业、个体经济组织和与之形成劳动关系的劳动者，适用本法。""国家机关、事业组织、社会团体和与之建立劳动合同关系的劳动者，依照本法执行。"《劳动合同法》第2条规定："中华人民共和国境内的企业、个体经济组织、民办非企业单位等组织与劳动者建立劳动关系，订立、履行、变更、解除或者终止劳动合同，适用本法。""国家机关、事业单位、社会团体和与其建立劳动关系的劳动者，订立、履行、变更、解除和终止劳动合同，依照本法执行。"

上述规定表明：（1）企业、个体经济组织、民办非企业单位等组织的劳动关系都归劳动法调整。其中，企业是指以营利为目的从事生产经营活动的经济组织，包括公司、合伙企业、独资企业和合作社等法定形态的企业。个体经济组织，依据《关于贯彻执行〈中华人民共和国劳动法〉若干问题的意见》第1条规定，是指一般雇工在7人以下的个体工商户。但是，如果虽以个体工商户注册登记，但没有招用雇工，仅由家庭成员提供劳动，就不是用人单位。民办非单位，根据《民办非企业单位登记管理暂行条例》的规定，是指企业事业单位、社会团体和其他社会力量以及公民个人利用非国有资产举办的，从事非营利性社会服务活动的社会组织。它与事业单位的区别在于其资产属于非国有资产，与企业的区别在于非营利性。《劳动合同法》所规定的"等组织"，是指企业、个体经济组织、民办非企业单位，以及国家机关、事业单位、社会团体以外，雇佣劳动者的各种组织，如会计师事务所、律师事务所、基金会、外国法人驻华机构等，但不包括集体所有制农业生产经营组织、农户和列入民法适用范围的雇主。（2）国家机关、事业组织、社会团体中，除公务员和参照公务员法管理的工作人员以外的劳动关系归劳动法调整。这里所指的劳动者范围，既包括工勤人员，也包括除公务员和参照公务员法管理的工作人员以外的管理人员和专业人员。《劳动合同法》第96条规定："事业单位与实行聘用制的工作人员订立、履行、变更、解除或者终止劳动合同，法律、行政法规或者国务院另有规定的，依照其规定执行；未作规定的，依照本法有关规定执行。"（3）国家机关、事业组织、社会团体的非合同劳动关系，即公务员和依法参照执行公务员制度的劳动者的劳动关系，以及农村农业劳动者、现役军人、家庭佣人等的劳动关系，不归劳动法调整，而分别归相应的公务员法、农业法、军事法、民法调整。

【资料链接】 公务员不是劳动法中的劳动者是许多国家立法的共识。例如，德国《劳动法院法》第5条第2款规定，公务员不是劳动法意义上的雇员。因为公务员是依据公法而工作的，是通过国家主权文件任命的。虽然公务员的工作也是劳动，由此可以把国家看成是最大的雇主，把公务员也看成为国家的雇员，但国家的雇员并不等同于劳动关系中的劳动者。正如德国劳动法所强调，"劳动法并不是关于劳动的法，而是关于依附劳动合同的劳动的法"[①]。

---

① 王益英主编. 外国劳动法和社会保障法. 北京：中国人民大学出版社，2001：71.

（二）与劳动关系密切联系的其他社会关系

劳动法在以劳动关系作为主要调整对象的同时，还调整与劳动关系密切联系的其他社会关系。

1. 劳动法所调整的其他社会关系的特征

劳动法所调整的其他社会关系，即在劳动关系运行过程中及其前后为实现劳动关系而发生的社会关系。这些社会关系与劳动关系的密切联系主要表现在：（1）它的当事人一般有一方是劳动者或用人单位，而另一方是劳动关系相关人，或者双方均为劳动关系相关人或用人单位。所谓劳动关系相关人，即劳动关系当事人之外与劳动关系运行相关的主体，如劳动行政部门、工会、用人单位团体、职业培训机构、劳动争议处理机构、社会保险经办机构等。（2）它的目的是实现劳动关系，即它是为实现劳动关系而发生的社会关系。其中，有的是劳动关系赖以建立的必要前提，例如，劳动人事行政部门、用人单位主管部门与用人单位在职工招用和调配方面的社会关系，职业培训单位与劳动者、用人单位之间在就业前培训方面的社会关系，等等；有的是为了使劳动关系正常运行而伴随劳动关系发生的，例如，工会与用人单位、职工之间在保护职工合法权益方面的社会关系，劳动争议调解、仲裁机构与用人单位、职工之间在处理劳动争议方面的社会关系，等等；有的是劳动关系的直接后果，例如，社会保险机构与失业人员、退休人员、死亡职工遗属之间在社会保险方面的社会关系，等等。

2. 劳动法所调整的其他社会关系的内容和性质

劳动法所调整的其他社会关系，就其内容而言，包括下述几个主要方面：（1）劳动力资源开发和配置的社会关系；（2）工资总量宏观调控和实施工资保障的社会关系；（3）劳动安全卫生管理和服务的社会关系；（4）社会保险及其管理的社会关系；（5）集体谈判和协商的社会关系；（6）劳动争议调解和仲裁的社会关系；（7）监督用人单位遵守劳动法的社会关系。

劳动法所调整的其他社会关系，就其性质而言，包括下述几种主要类型：（1）劳动行政关系。即行政机关和经授权具有行政职能的有关机构与用人单位及其团体、劳动者及其团体和劳动服务主体之间，由于执行劳动行政职能而发生的社会关系。（2）劳动服务关系。即劳动服务主体与用人单位和劳动者之间由于为劳动关系运行提供社会服务而发生的社会关系。（3）劳动团体关系。即劳动者团体（工会）与用人单位团体之间，劳动者团体（工会）与其成员或用人单位之间，用人单位团体与其成员或劳动者之间，由于协调劳动关系和维护劳动关系当事人利益而发生的社会关系。（4）劳动争议处理关系。即劳动争议处理机构与劳动争议当事人（或其他人）之间因调解、仲裁劳动争议而发生的社会关系。

第三节 劳动法的基本原则和特征

一、劳动法的基本原则

（一）劳动法基本原则的概念

劳动法的基本原则，是指集中体现劳动法的本质和基本精神，主导整个劳动法体系，为劳动法调整劳动领域社会关系所应遵循的基本准则，它是劳动法的核心和灵魂。任何法律部门，都有自己的基本原则，只不过存在形式不尽相同。有的法律部门，基本原则的内容被集中规定在本法律部门的基本法中，如民法、婚姻法等；有的法律部门，基本原则的内容在法律中没有集中规定，需要通过理论抽象过程，在众多法律规范所体现的基本精神中确定，因而往往作为理论形态而存在，如刑法、行政法、经济法等。我国劳动法的基本原则，目前尚无集中的立法规定，科学确定其内容，是劳动法学的重要任务之一。

（二）劳动法基本原则的功能

劳动法基本原则的功能，概而言之，就是对劳动法如何调整劳动关系以及与其密切联系的其他社会关系进行规范。其功能具体表现在三个方面：

1. 在劳动法体系中的凝聚和统帅功能

劳动法体系由若干项劳动法律制度和众多劳动法规所组成，其中各项劳动法律制度和劳动法规在内容和调整范围上都不尽相同。它们只有在各自的具体内容中贯彻和体现劳动法基本原则的精神，才能形成有统一的核心和灵魂并互相协调的有机整体；也只有在劳动法基本原则的统帅下，才能在各自调整范围内按共同规则相互配合，既充分发挥各自特定的调整作用，又有效地形成劳动法体系总体调整功能。

2. 在劳动立法中的依据和准则功能

劳动法基本原则在劳动法律规范中的具体落实和体现，是通过劳动立法过程实现的。制定各项新的劳动法规，都应当以劳动法基本原则作为确定其具体内容的依据和准则，从而保证各项劳动法律规范都符合劳动法基本原则的要求；对劳动法规的修改和补充，不得违背劳动法基本原则，并且必须保证修改和补充后的内容能更好地体现劳动法基本原则的精神。

3. 在劳动执法中的指导和弥补功能

劳动法基本原则的法律调整作用，是通过劳动执法过程最终实现的。在劳动执法中，对被适用的具体法条的解释，需要以劳动法基本原则为指导；尤其是有权解释和据此作出的处理决定，更不得同劳动法基本原则相悖。当劳动执法中遇到法律漏洞或法律矛盾时，由于劳动法基本原则内涵容量大、适应性强，执法者就可以运用劳动法基本原则，即依据劳动法基本原则的有关精神，补充法律漏洞、解决法律冲突，这实际上对劳动立法的不足起到了弥补作用。

（三）劳动法基本原则的内容

劳动法基本原则内容，可以表述为以下各项：

1. 劳动既是公民权利又是公民义务原则

《宪法》规定，我国公民有劳动的权利和义务。这准确表述了劳动的法律性质和国家对劳动的基本态度，为劳动法调整劳动关系以及与其密切联系的其他社会关系，确立了出发点。它表明，有劳动能力的公民从事劳动，既是行使国家赋予的权利，又是履行对国家和社会所承担的义务。

劳动是公民的权利，即每个有劳动能力的公民都有从事劳动的平等权利。对公民来说，意味着享有包括平等就业权和自由择业权在内的劳动权利。即公民不论性别、民族和财产状况等因素的不同，都有权实现就业，通过劳动获取生活主要来源；有权依法选择适合自己特点的职业和用人单位，参与这种选择过程中的竞争；有权利用国家和社会所提供的各种就业服务和保障条件，以提高就业能力和增加就业机会。对用人单位来说，意味着必须尽可能提供更多的就业岗位，平等地录用符合条件的职工，履行提供失业保险、就业服务、职业培训等方面的职责；并且不得以歧视或其他任何方式阻碍公民劳动权的实现。对国家而言，意味着应当为公民实现劳动权提供各种保障，从宏观上确保全体公民有均等的就业机会，通过促进社会发展来创造就业条件，保护公民劳动权不受侵犯。

劳动也是公民的义务，对公民而言，意味着一方面作为国家和公有生产资料的主人，应当具有参加劳动的高度自觉性和光荣感；另一方面，必须以劳动作为谋生手段，在积极争取国家和社会提供的就业机会的同时，努力通过各种方式为自己创造就业机会，并在劳动岗位上踏实履行各项义务。对用人单位而言，意味着有权组织职工参加劳动，要求职工遵守劳动纪律和完成劳动任务。对国家来说，意味着应当提倡和组织劳动竞赛，奖励劳动模范和先进工作者；促使公民以劳动作为其获取生活主要来源的基本手段；禁止和制裁非法的不劳而获行为。

2. 保护劳动者合法权益原则

保护劳动者，历来是各国劳动法所奉行的主旨。劳动法应当对劳动者的权益提供全面、平等、优先和最基本的保护。

所谓全面保护，是指劳动者的合法权益，无论是财产权益或人身权益，无论法定权益或约定权益，无论其内容涉及经济、政治、文化等哪个方面，无论它存在于劳动关系缔结前后或终止以后，都要置于劳动法的保护范围之内。

所谓平等保护，即全体劳动者合法权益都平等地受到劳动法的保护。其含义和要求包括两个层次：（1）各种劳动者平等保护。对于民族、种族、性别、职业、职务等不同的各种劳动者来说，在劳动法上的法律地位一律平等，劳动法所直接规定和要求的劳动基准都一律适用，禁止对任何劳动者在劳动方面的歧视。（2）对特殊劳动者群体的特殊保护。在劳动者中，还存在着由于特定原因而具有某种特殊利益的群体，如妇女劳动者、未成年劳动者、残疾劳动者、少数民族劳动者等。特殊劳动者群体除了受到劳动法的一般保护外，其特殊利益还受到特殊保护。这种特殊保护是对一般保护的必要补充，旨在使特殊劳动者群体的特殊利益与一般劳动者的共有利益一样受到平等保护。

所谓优先保护，即在特定的条件下，当对劳动者利益的保护与用人单位利益的保护发生冲突时，劳动法应优先保护劳动者的利益。例如，在生产过程中，当安全与生产发生冲突时，应当坚持安全重于生产的原则。又如，在企业出现冗员和经济不景气情况下，为保障充分就业，控制失业率，应当对企业裁员行为实行严格限制。

所谓基本保护，即对劳动者基本利益的保护。在劳动者利益结构中，维持劳动力再生产所必要的人身安全健康、基本生活需要等属于基本利益，是劳动者的切身利益，保护劳动者首先就是要保护劳动者的基本利益。为此在劳动立法中，国家对劳动者的基本利益规定最低标准，要求用人单位向劳动者支付的利益不得低于这种标准，从而使劳动者的基本利益获得绝对性保护。

3. 劳动力资源合理配置原则

劳动关系作为劳动力与生产资料相结合的社会关系，亦即劳动力资源配置的社会形式。就此意义而言，劳动法也是劳动力资源配置法，当然要以实现劳动力资源配置合理化为己任。劳动法应当以此为目标，对劳动力资源的宏观配置和微观配置进行规范。

劳动力资源的宏观配置，即社会劳动力在全社会范围内各个用人单位之间的配置。为了使劳动者各尽所能在宏观上成为现实，必须通过劳动力市场对劳动力资源进行宏观配置。劳动法对此所负的任务，就是要促成和发展劳动力市场，确立和完善以市场配置机制为主，以行政配置机制为辅的劳动力资源配置体制，维护劳动力市场的运行秩序。劳动力资源的微观配置，即在用人单位内部对劳动者的劳动岗位、劳动时间和劳动任务的安排，也就是用人单位组织其劳动者在劳动过程中的分工和协作，使各个劳动者的劳动在时间和空间上组成一个有机整体。为了确保在微观上实现劳动者各尽所能，在劳动法中，应当摆正劳动者利益和劳动效率的位置，并使二者形成相互依存、彼此促进的关系。即是说，一方面，劳动法通过保护劳动者利益，来调动劳动者的积极性，增强劳动者的素质，改善劳动者的劳动条件，从而提高劳动效率；另一方面，劳动法通过提高劳动效率，并使劳动效率与劳动者利益挂钩，从而为增进劳动者利益创造有利条件。

二、劳动法的基本特征

（一）公法与私法的兼容

公法与私法的划分，源于古罗马法，其界限在法理上颇有分歧。不过，各种见解中都含有一个基本共识，即公法涉及宏观利益（国家利益和社会公共利益），其调整原则是公法不得由当事人协议变更，即公法关系完全依法设定；私法涉及私人（公民个人和法人）利益，即微观利益，其调整原则是"协议就是法律"，即私法关系容许协议设定。

在西方国家，当劳动关系最初由民法调整时，作为雇佣合同关系而存在的劳动关系只是纯粹的私法关系；当劳动关系从民法中脱离出来由劳动法调整以后，继续允许雇主与劳动者以合同形式确立劳动关系和明确相互权利义务，但同时又对劳动关系作出许多必须由雇主严格遵循而不容其自主选择或与劳动者协议变通的规定，如最低就业年龄、最高工时、最低工资、劳动安全卫生条件等劳动基准。雇主在劳动关系运行过程中遵守劳动基准，不仅是对劳动者的义务，而且是对国家的义务。劳动关系不再只是私法关系，而是一种具有公法关系性质的私法关系。因而，劳动法被称为私法公法化的法律部门。

在我国，劳动关系和劳动法的公私法性质变化情况，正好与西方国家相反。在计划经济体制中，实行的是统分统配的就业制度，统规统调的工资制度和统包统揽的劳动保险制度，劳动关系是劳动行政关系的延伸和附属，属于纯粹的公法关系。在这种条件下的劳动法实际上就是劳动行政法，属于完全意义上的公法。实行经济体制市场化改革以后，企业被赋予用工自主权，劳动者被赋予择业自主权；劳动合同普遍推行，使劳动关系的运行和内容越来越取决于双方当事人的合意；劳动行政职能由对劳动关系的决定和支配，逐渐转变为对劳动关系的指导、监督和保障。这样，劳动关系不再是纯粹的公法关系，而兼有私法关系属性，原来只是公法的劳动法也随之渐有了私法特色。可以说，我国劳动法是一个公法私法化的法律部门。

（二）劳动者保护法与劳动管理法的统一

劳动法首先是劳动者保护法。毋庸置疑，劳动法要保护劳动关系的双方当事人，但在总体上它向保护劳动者倾斜。这主要表现在：（1）在劳动法与劳动关系双方当事人之间权利义务的规定中，偏重于规定劳动者的权利和用人单位的义务。可以说，劳动法对劳动者是权利本位，对用人单位则是义务本位。（2）对劳动者利益，劳动法以强行性规范规定只准提高而不准降低的最低标准，使其得到最基本的保护；对用人单位利益，则无这种保护性规定。（3）劳动法对用人单位单方解除劳动关系实行严格限制，不仅规定必备的许可性条件，而且规定禁止性条件和限制性条件；对劳动者单方解除劳动关系，有的国家不规定条件，有的国家则只规定许可性条件而不规定禁止性条件和限制性条件。（4）在劳动监督检查制度中，劳动监察对象一般只限于或者主要是用人单位是否遵守劳动法的行为；至于劳动者是否遵守劳动法的行为，许多国家并不规定为劳动监察的对象。

劳动法同时也是劳动管理法。在市场经济中，劳动力资源配置效率的提高尽管依赖于市场机制，但与劳动管理密切相关；至于劳动力资源配置效率与社会公平的关系，更离不开劳动管理的协调功能；另外，劳动关系的和谐稳定状态，也只有在劳动管理的作用下才有可能形成和保持。因而，在现代市场经济国家的劳动法中，劳动管理规范是必备的重要内容。例如，美国有专门的《美国劳动管理关系法》。在计划经济中，劳动力资源由计划配置，社会主义国家的劳动法中，劳动管理规范占有很大比重。我国劳动制度实行市场化改革，但对于国家来说，这种改革只是要转变劳动管理职能，而不是要取消劳动管理；特别是我国还属于发展中国家，面临着劳动力大规模转移、劳动生产率不高等问题，充分发挥国家的劳动管理职能比在发达国家中显得更为重要。所以，经济体制改革以来，在我国制定的劳动法规中，劳动管理规范仍占有相当比重。

综上所述，劳动法就其宗旨而言具有双重性：既是劳动者保护法又是劳动管理法。其中，作为劳动者保护法，主要体现公平；作为劳动管理法，主要追求效率。

（三）劳动关系协调法和劳动标准法的结合

劳动法虽然向保护劳动者倾斜，但同时也兼顾对用人单位的保护。因为，劳动法是以协调方法和标准化方法作为其基本的调整方法。在此意义上可以认为，劳动法既是劳动关系协调法，又是劳动标准法。

劳动关系也是一种利益关系，劳动者与用人单位之间利益矛盾的存在具有客观必然性，为使这种矛盾限制在不影响劳动关系正常运行的范围，劳动法的任务就是要对劳动关系进行协调。劳动法通过劳动合同、集体合同、职工民主管理和劳动争议处理等制度，使劳动关系能够保持正常运行。同时，劳动法对劳动关系的协调，是以劳动标准为基础的。即在劳动法中规定和确认一系列劳动标准，要求在劳动标准的基础上对劳动关系进行协调。所以，在劳动法体系中，劳动标准法与劳动关系协调法处于同等重要的地位，并且相辅相成，共同构成劳动法的基本内容。

(四) 实体法和程序法的配套

在法律体系中，实体法与程序法之间是一种相互依存的关系。一般表现为，一定的实体法部门必须有一定的程序法部门与之相对应。劳动法则不然，它并非单纯的实体法或程序法部门。这是因为劳动法的调整对象是一个由劳动领域中多种社会关系所构成的，以劳动关系为主的系统。其中，为实现劳动关系而发生的各种社会关系中有许多属于程序性关系，它们分别与劳动关系的特定内容和运行环境相对应，是劳动关系正常运行在程序上的必要条件或保障。例如，劳动关系的建立，必须经由招工程序和劳动合同订立程序；劳动关系运行因发生争议而受阻，只有经过劳动争议调解或仲裁程序才能恢复运行或终止；劳动关系中以劳动基准为依据的内容，往往要通过劳动监察程序才可以实现。所以，各国劳动法都由实体法和程序法所构成。在众多劳动法律法规中，除了少量为单纯的程序性法规之外，往往是实体法规范和程序法规范兼而有之，只不过二者在所在法规中各自所占的比例有所不同而已。

【前沿提示】

网络时代对现代劳动关系的影响

网络时代带来了劳动者就业的灵活化和分散化，但也给劳动者权益维护带来了新的难题，使传统的劳动法面临着网络时代的新挑战。

传统的劳动者权益保护法律制度是与工业时代的劳动制度相适应的，其主要特征是劳动的场所集中、时间节奏单一、所需技能单纯。然而，网络时代新兴的就业形式，其特色是劳动的场所分散、时间节奏多样、所需技能复杂。这使得传统的劳动者权益保护法律制度与网络时代的社会现实有一定的落差，表现为合同存续期间由传统的不定期性转为定期性，工作时间由固定时间如每日 8 小时、每周 40 小时转为灵活有弹性的工作时间，工作场所由集中转为分散，劳动关系也由传统的双边关系转为多边关系。①

此外，网络时代对工会的冲击很大，"就其核心而论，资本是全球性的。依照常规，劳工则是地方性的，信息主义的历史现实正是精确地利用网络的分散化力量，导致了资本的集中与全球化。劳工在操作的层面瓦解，在组织上片段化，在存在上多样化，在集体行动上则被区隔"。"网络在全球层次上的跨越部门与活动领域，整合了资本家的利益；其间并非没有冲突，但是都依循相同的统合逻辑。劳工失去了集体认同，在能力、工作条件与其利益和计划上日益个体化。"概括而言，"在网络社会的情境下，资本在全球层次上协调统合，劳工却个体化了"。② 工会如何团结分散的劳动者，如何争取劳动者权益都面临着新的挑战。

【思考题】

1. 劳动法产生的前提条件是什么？
2. 什么是劳动法？劳动法的调整对象是什么？
3. 作为劳动法调整对象的劳动关系有何特征？我国现阶段劳动法调整劳动关系的范围是什么？
4. 劳动法有何特征？其基本原则是什么？

---

① 黄越钦. 劳动法新论. 北京：中国政法大学出版社，2003：8-9.
② ［美］曼纽尔·卡斯特. 网络社会的崛起. 夏铸九等，译. 北京：社会科学文献出版社，2003：574-576.

第二章 劳动法主体

【引言】劳动法的主体及其权利与义务由劳动法律规范具体确定。我国劳动法的主体主要包括劳动者、用人单位、劳动团体、劳动行政主体以及劳动服务主体。其中,劳动关系的当事人——劳动者和用人单位是劳动法上最重要的两类主体,劳动法的立法宗旨和目的最终都通过劳动者和用人单位的权利与义务来实现。

【学习目的与要求】通过本章的学习,学生应了解劳动法主体的概念、特征和种类,掌握立法关于各类劳动法主体的有关规定,并重点掌握劳动法上最重要的两类主体即劳动者和用人单位的基本内容。

【知识结构简图】

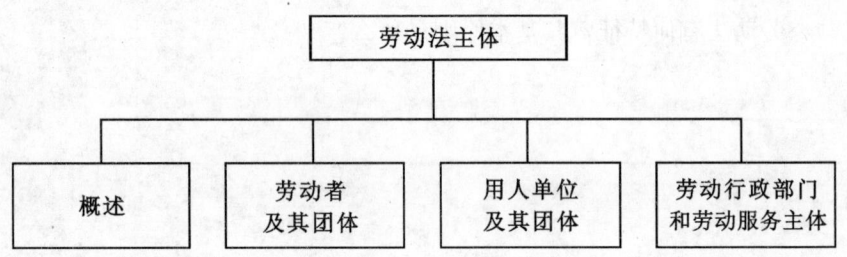

【引例】据新闻报道,一名工厂企业主将27名童工拘禁在浴室里长达3天3夜之久。

这名企业主叫吴章极,开办了一家扎丝厂。他经人介绍招来了27名童工。然而中央电视台《焦点访谈》节目对非法使用童工现象进行曝光后,在全市各部门的严厉查禁下,吴章极犹如惊弓之鸟。可就在此时,他非但没有主动向有关部门坦白自己的违法行为,反而异想天开地以为避过这阵风头就能太平无事了。某日夜晚,他将这些童工用车运到一个小村其娘舅家藏起来,几天后,又将童工转移到同村另一户人家的2楼浴室,将浴室门从外反锁住。直到3天3夜后,27名年幼的童工才在当地派出所入室检查时获救。吴章极最终因此事被法院以非法拘禁罪,判处有期徒刑1年零6个月。

第一节 概　　述

一、劳动法主体的概念

劳动法主体，是指劳动法中法律关系的参与者，即享有和承担劳动法所规定的权利（职权）和义务（职责）的公民、组织和机关。

在世界各国，哪些公民、组织和机关能成为劳动法主体以及能成为什么样的劳动法主体，都由劳动法律规范所具体确定，并且必须同劳动法的调整对象及其范围相符。在现代，劳动法的调整对象及其范围已经表明，劳动法主体具有下述特征：

1. 主体范围的广泛性

随着劳动法调整范围不断扩大，几乎已将各行各业的劳动关系以及与其密切联系的其他社会关系列为劳动法的调整对象。因而，劳动法主体的存在范围遍及经济和社会各个领域。

2. 主体资格的双重性或多重性

经劳动法调整而形成的法律关系有多种类型，同一个公民、组织和机关往往同时参与其中两种或更多的法律关系，而在不同的法律关系中则有不同的主体资格。例如，一个公民可以同时具有劳动者和劳动行政相对人双重资格；一个学校可以同时具有用人单位、职业培训机构和劳动行政相对人资格。

二、劳动法主体的种类

劳动法主体一般可分为下述几种类型：（1）劳动主体，即劳动者，是劳动力的所有者和支出者。（2）用人主体，即用人单位，是劳动力的使用者。（3）劳动行政主体，亦称劳动管理主体，是实现劳动行政职能的国家机关，包括劳动行政机关和其他有关行政机关，如人事、卫生、金融等职能管理机关和用人单位主管机关。（4）劳动团体，又称职业团体，是分别由劳动者和用人单位依法组成的，旨在维护和增进本团体成员在劳动关系中的共同利益的社会团体。劳动者团体，一般称工会；用人单位团体，在国外一般指雇主协会。（5）劳动服务主体，是为劳动关系的运行和发展提供社会服务的组织，如职业介绍机构、职业培训机构、社会保险经办机构、劳动安全卫生检测检验机构等。

三、劳动法主体的立法

如何确立各种劳动法主体的法律地位，是劳动法的一个基本问题。各国立法对此都高度重视。总而言之，关于劳动法主体的立法，除了整个劳动法体系都是以劳动者的法律地位为中心从而可称为劳动者法（劳工法）以外，对其他劳动法主体所采用的立法模式，主要有以下几种：

（1）就某种劳动法主体制定专项劳动法规。例如，许多国家和地区有专项的职业组合法、工会法、职业学校法等。

（2）在劳动法典中就某种或某几种劳动法主体设置专门部分。例如，《卢旺达劳工法》中设有职业组织篇和行政管理组织及执行方法篇；《菲律宾劳工法》对全国劳资关系委员会、劳资关系管理局、劳工组织都分别列专章规定。

（3）以相关立法作为确立某种劳动法主体的法律依据。例如，劳动法中对作为用人主体的企业一般不作专门规定，而以企业法确立企业为用人主体的法律依据；又如，行政法中关于行政机关的规定，也是确立劳动行政主体的法律依据。

（4）分别在有关专项劳动法规中对某种劳动法主体的法律地位作出规定。例如，劳动争议仲裁机构、职业技能鉴定机构等的法律地位，分别被规定在劳动争议仲裁、职业技能鉴定等专项法规中。

第二节 劳动者及其团体

一、劳动者

（一）劳动者的概念和范围

劳动者，作为一个法律概念有广义和狭义之分。其广义是指具有劳动权利能力和劳动行为能力（但并不一定已参加劳动关系）的公民；其狭义仅指职工。职工亦有广义和狭义之分，其广义是指具有劳动权利能力和劳动行为能力并且依法参与劳动关系（但并不一定为劳动法律关系）的公民，此即一般法律意义上的职工；其狭义仅指具有劳动权利能力和劳动行为能力，并且依法参与劳动法律关系的公民，此即劳动法意义上的职工。

劳动法意义上的职工，在外国还有雇工、劳工、受雇人、雇员、员工等称谓。从许多国家的劳动法所规定的职工定义和范围来看，职工的概念一般包括四层含义：（1）职工是被录用（雇佣）的人员；（2）职工是在用人单位（雇主）管理下从事劳动的人员；（3）职工是以工资为劳动收入的人员；（4）法定某种或某几种人员不属于职工，例如，国家公务人员、军事人员、农业工人、家庭佣人，在有些国家被劳动法列于职工范围之外。因此，职工可以定义为，用人单位所录用（雇佣）并在用人单位管理下从事劳动以获取工资收入的法定范围内的劳动者。

除了劳动法意义上的职工以外，我国的广义劳动者还包括非劳动法意义上的职工（国家公务员等）、城镇失业人员和待分配人员、农民、个体工商业者和退休人员等。尽管他们不是劳动法律关系的主体，但由于其某些权利和义务仍由劳动法所规定，可以依法参与劳动法律关系，在一定范围内是劳动行政法律关系的劳动行政相对人，并且还同某些劳动服务主体有一定的法律关系，因而也是作为劳动法主体的劳动者。

（二）劳动者的资格

公民成为劳动者必须具备法定的前提条件，这在法学上统称为劳动者资格。它所包括的劳动权利能力和劳动行为能力共同决定着公民参与劳动法律关系的范围和享有并行使劳动权利、承担并履行劳动义务的范围。

1. 劳动权利能力

劳动权利能力，是指公民依法能够享有劳动权利和承担劳动义务的资格。它表明公民依法可以成为哪些劳动权利的享有者和哪些劳动义务的承担者。

劳动权利能力和劳动权是两个不同的概念。劳动权是宪法赋予公民的获得有酬职业劳动的基本权利。它与劳动权利能力的区别主要在于：（1）根据不同。劳动权直接以宪法为依据；劳动权利能力则直接以有关劳动法规为根据。（2）内容不同。劳动权即劳动机会保障权，其内容包括就业权和择业权；劳动权利能力的内容则与公民在劳动力市场上和劳动过程中的各项权利和义务相一致。（3）意义不同。劳动权只是意味着公民有以劳动谋生，并要求国家和社会为其提供劳动机会的权利；劳动权利能力则是公民具体实现劳动权的必备法律资格的一个方面。

劳动权利能力与劳动权利也有区别，主要在于：（1）根据不同。劳动权利能力只直接以有关劳动法规为根据；劳动权利的直接根据除了有关劳动法规之外，还有劳动合同、集体合同和用人单位内部劳动规则等。（2）属性不同。劳动权利能力是劳动者法律资格的一个方面；劳动权利则是劳动法律关系内容的一部分。（3）意义不同。劳动权利能力只是界定公民能够参与哪些劳动法律关系和享有哪些权利、承担哪些义务的范围；劳动权利则主要是公民参与劳动法律关系之后实际享有的各项具体权利。

公民的劳动权利能力应当具有平等性。这既是现代市场经济的必然要求，也是现代国际社会通行的惯例。国际劳工组织1958年通过的第111号公约《消除就业和职业歧视公约》中规定，会员国应制定一项促进就业、职业机会均等和待遇均等的国家政策，以消除这方面的性别、种族等任何歧视，还应采取措施保证这一政策实施。1964年通过的第122号公约《就业政策公约》又规定，会员国应实行积极政策，保证有工作供给寻找工作并有能力工作的人，是每个人有资格享有最能充分发挥其技能与才能的机会，获得最合适的工作，不分种族、肤色、性别、宗教、政见、民族、血统或社会出身。现代各国的劳动法都体现了劳动权利能力平等的精神，只不过在不同的国家实现平等的程度不尽相同而已。

在我国，公民的劳动权利能力在总体上具有平等性。这表现在，凡有劳动能力的公民，其劳动权利能力不因种族、民族、信仰、性别、财产状况等因素的不同而受限制或被剥夺。但是，在现阶段，我国还是一个发展中国家，经济体制改革尚未完成，存在着社会生产力水平不高、城乡之间和地区之间经济不平衡，劳动力市场不完善，人口数量多而素质低等问题，使得公民的劳动权利能力还处在相对平等阶段，即公民的劳动权利能力由于某种因素不同而有一定差别。

根据我国现行法规和政策的规定，公民的劳动权利能力要受到一定因素的制约。其中主要有：（1）户籍。它对劳动权利能力的制约表现在两个方面。其一，户籍性质的限制。按户籍性质不同，一般可分为农业户籍和非农业户籍。在市场化和城市化过程中，农业户籍劳动者进城就业的限制虽然在逐步减少，但仍然多于非农业户籍劳动者就业的限制。其二，户籍区域的限制。原则上要求用人单位优先招用有本地户籍的劳动者；某些地区对外来劳动力就业和外地调入职工，还存在着限制性规定，但限制的力度正在减小。（2）职数。即允许公民同时从事职业的数目。我国以往一直实行"一人一职"的原则，即一个公民在同一期间只能成为一个用人单位的职工，只允许参与一个劳动关系。实行经济体制改革以后，特定条件下的业余兼职已为有关法规和政策所允许，并且，在职人员从事第二职业的范围呈扩大趋势。但是，对第二职业予以适当限制仍是必要的，从事第二职业的应是一定范围内的职工。（3）制裁。因违法或违纪而受到的制裁中，有的含有限制劳动权利能力的内容或后果。例如，严重违反会计法规和财经纪律的会计人员，被撤职后不得再担任会计工作。

2. 劳动行为能力

劳动行为能力，是指公民依法能够以自己的行为行使劳动权利和履行劳动义务的资格。它表明公民依法可以成为哪些劳动权利的行使者和哪些劳动义务的履行者。

劳动行为能力和劳动能力并非同一个概念，主要区别在于：（1）根据不同。劳动能力的有无和大小，直接以人体生理和心理因素为根据；劳动行为能力则直接以有关劳动法规为依据。（2）属性不同。劳动能力作为人的生存能力的一部分，只具有自然属性；劳动行为能力作为劳动者法律资格的一个方面，则具有法律属性。（3）意义不同。劳动能力只是表明公民身体中所存在的体力和脑力的实然状态；劳动行为能力则是国家对公民一定劳动能力的法律认可，它表明法律对公民在体力和脑力上所要求的应然状态。

劳动法对劳动行为能力作出规定的客观依据，是公民的劳动能力水平，以及国家利益和社会利益的要求。公民只有在其劳动能力达到符合国家利益和社会利益要求的水平，并且能自由支配的条件下，才会被劳动法确认为有劳动行为能力。因此，劳动行为能力主要取决和受制于下述因素：

（1）年龄。在世界各国，都把年龄作为推定劳动行为能力有无和大小的一种法定依据。按年龄对劳动行为能力的法律意义不同，可分为三种：

①劳动行为能力起始年龄，即最低就业年龄，未满此年龄的公民，被规定为无劳动行为能力人。国际劳工组织1973年通过的第138号公约《准予最低就业年龄公约》规定，应逐步把准许就业的最低年龄提高到与幼年人体力智力充分发展相适应的水平，应不低于完成国家义务教育的年龄，并在任何情况下不应低于15周岁，发展中国家可初步定为14周岁；同时，准许特定的例外情况不受此限。目前，法定最低就业年龄在有的国家规定为16周岁，有的国家规定为15周岁，有的国家规定为14周岁。在我国，最低就业年龄规定为16周岁，除文艺、体育和特种工艺单位经县级以上劳动行政部门批准可招用未满16周岁的公民为文艺工作者、运动员和艺徒以外，任何单位都不得与未满16周岁的公民发生劳动关系。

②完全劳动行为能力年龄，即成年人的起始年龄，已满此年龄的公民即成年人才可成为完全劳动行为能力人，未满此年龄而已满最低就业年龄的公民即未成年人则只能成为限制劳动行为能力人。《准予最低就业年龄公约》规定，对有可能危害未成年人身体健康、安全和道德的职业或工作，最低就业年龄不应低于18周岁。现在大多数国家的规定都与此一致，只有少数几个国家规定为16周岁。在我国，劳动法规中明确规定，不得招用已满16周岁未满18周岁的公民从事过重、有毒、有害的劳动或者危险作业。

③退休年龄。在各国劳动法中，对劳动行为能力的终止年龄一般未作明确规定，而只是规定退休年龄。但退休年龄不能认为是推定劳动行为能力完

全丧失的年龄。按我国现行劳动法规的规定，达到退休年龄的公民，只应推定为限制劳动行为能力人，仍允许其从事不妨碍老年人身体健康的劳动。

(2) 健康。在劳动法中，要求劳动者必须具备自己所从事的职业所必需的健康条件。这主要包括三个方面的限制：

①疾病的限制。各种岗位的职工，都不得患有本岗位所禁忌或不宜的特定疾病。

②残疾的限制。完全丧失劳动能力的残疾人为无劳动行为能力人，部分丧失劳动行为能力的残疾人只能从事与其残疾状况所允许的职业。

③妇女生理条件的限制。国家禁止招用女职工从事危害妇女生理健康的某些特定职业；女职工在经期、孕期、哺乳期时，不得安排其从事某些特定的作业。

应明确的是，法律上把健康规定为劳动行为能力的一种限制性因素，主要是基于对劳动行为能力被限制者的保护；并且，这种限制是同对被限制者的特殊保障措施并存的。在国际劳工公约和各国劳动立法中，都有对残疾人和妇女劳动行为能力的实现给予特殊保障的专门规定。

(3) 智力。在劳动行为能力的构成中，智力的意义不亚于体力，并且随着人类劳动的复杂化程度提高而越来越重要。在劳动法中，要求劳动者必备的智力因素包括：

①精神健全。这是对劳动行为能力的起码要求，因而，精神病患者被规定为无劳动行为能力人。

②文化水平。许多国家要求，就业者必须完成国家义务教育。我国规定，禁止任何组织和个人招用应当接受义务教育的适龄儿童、少年就业；招工必须以具有初中以上文化程度的公民为对象。

③技术水平。对于一些技术性职业，具有一定技术水平是劳动者从事该职业的必备条件。在有关法规中，对某些特定岗位的劳动者应具有的技术水平，还作了严格规定。例如，驾驶员、电工、起重工等特种作业人员，必须经技术考核合格并取得驾驶执照、操作证等证件，方可从事该项工作。

(4) 行为自由。有劳动能力的公民，只有具备支配自己劳动能力所必要的行为自由，才能以自己的行为去实现劳动权利和劳动义务。如果公民的行为自由被依法剥夺或受到特定限制，其劳动行为能力就会受到相应的影响。例如，因触犯刑法而被处以自由刑的公民，在服刑期间由于无行为自由而无权自由支配自己的劳动力，就丧失成为劳动法律关系主体的资格；在职职工能否参与第二职业劳动法律关系，也应以在保证全面履行本职劳动义务的同时是否还具备履行第二职业劳动义务所必需的行为自由为限。

3. 劳动者资格的特征

公民的劳动者资格与民事主体资格相比较，主要有下述不同：

（1）产生的时间和根据不同。劳动权利能力和劳动行为能力同时开始于达到法定最低就业年龄，以具有一定劳动能力为根据。民事权利能力则开始于公民出生，以其生命之存在为根据；民事行为能力的起始年龄小于法定最低就业年龄，仅以具有辨认自己行为的能力为依据。

（2）终止的时间和原因不同。劳动权利能力和劳动行为能力均由于公民完全丧失劳动能力而同时终止，认定公民劳动能力是否完全丧失应以国家规定的标准为依据。民事权利能力因公民死亡而终止；民事行为能力因公民丧失辨别自己行为的能力而终止，但公民完全丧失劳动能力时其民事行为能力则不一定终止。

（3）权利能力与行为能力的相互关系不同。劳动权利能力与劳动行为能力统一而不可分割，一般都只能由本人实现，不允许他人代理。民事权利能力与民事行为能力在一定条件下可以分别存在，即有民事权利能力的公民可以不具有或不完全具有民事行为能力，而由他人代理实现其民事行为能力。

（4）权利能力和行为能力的制约因素不同。劳动权利能力和劳动行为能力所受到的许多限制，对于民事权利能力和民事行为能力来说，并不存在。例如，公民参与民事法律关系的范围，并不因性别、文化或技术水平的不同而相异；一个公民可以同时参与多个民事法律关系；公民的行为自由被依法剥夺后，仍具有民事主体资格等。

（三）劳动者的劳动权利和劳动义务

我国《劳动法》第3条规定："劳动者享有平等就业和选择职业的权利、取得劳动报酬的权利、休息休假的权利、获得劳动安全卫生保护的权利、接受职业培训的权利、享受社会保险和福利的权利、提请劳动争议处理的权利以及法律规定的其他劳动权利。""劳动者应当完成劳动任务，提高职业技能，执行劳动安全卫生规程，遵守劳动纪律和职业道德。"

根据上述规定和其他法律规定，劳动者在劳动关系中和劳动力市场上，都享有一定的劳动权利并负有一定的劳动义务。劳动力市场，是劳动力供需双方通过相互选择和协商一致而使劳动力和生产资料走向结合的市场。劳动者作为劳动力供方主体，在劳动力市场上的权利主要集中于就业的实现，劳动关系是劳动者与用人单位通过劳动力市场，以劳动合同缔结的劳动力与生产资料相结合的关系。在劳动关系中，劳动者作为用人单位相对人而享有的权利，主要集中于劳动条件的获取。前一种权利的实现是获得后一种权利的前提，后一种权利的实现是行使前一种权利的目的。这两种权利的区别主要在于：(1) 前一种权利的主体是有资格进入劳动力市场的各种劳动者，主要是尚未就业的劳动者，同时还包括已就业的劳动者；后一种权利的主体则只限于作为劳动关系当事人的劳动者，即通常所说的职工，而不包括尚未就业的劳动者和非雇佣就业的劳动者。(2) 前一种权利是相对于国家（政府）、就业服务主体和劳动力需求方的权利；后一种权利主要是相对于用人单位的权利。(3) 前一种权利主要表现为法定权利，后一种权利兼有法定权利和约定权利双重属性。(4) 前一种权利多不具有可诉性；后一种权利则具有可诉性。

1. 职工的劳动权利和劳动义务

劳动者同用人单位缔结劳动关系后，作为用人单位的职工，依据劳动法律规范、集体合同和劳动合同的规定，享有劳动权利和承担劳动义务。

职工的劳动权利一般包括：(1) 参加劳动。主要指有权参加用人单位所组织的劳动；有权请求用人单位按照法定或约定要求为其安排劳动岗位（工种），并提供必要的生产资料；有权拒绝各种形式的强迫劳动。(2) 劳动报酬权。主要指有权按自己提供劳动的数量和质量取得劳动报酬，女职工还有权要求实行男女同工同酬；有权获得最低工资保障、工资支付保障和实际工资保障。(3) 休息权。主要是指有权在法定工作时间之外免予履行劳动义务；有权在休假和休养期间享有规定的各种待遇；有权要求用人单位安排劳动任务不得超过法定最高工时和不得违法组织加班加点。(4) 劳动安全卫生权。主要指有权获得符合劳动安全卫生标准的劳动条件和接受劳动安全卫生知识的教育；有权拒绝用人单位提出的违章作业要求，并在劳动过程中遇有严重危及生命安全的危险时采取紧急避险行为；有权要求进行定期健康检查；职业病患者有权要求不从事所禁忌的工作，有权要求及时治疗并调离原岗位。(5) 社会保险权。主要是指有权要求用人单位为其办理失业、养老、工伤等项目的社会保险，并按规定交纳保险费；有权在劳动能力丧失或使用中断期间要求社会保险经办机构和用人单位支付社会保险待遇；(6) 劳动福利权。主要是指有权享用社会公共福利设施和本单位集体福利设施，有权要求用人单位支付法定和约定的福利性津贴。(7) 职业培训权。主要是指有权利用用人单位提供的职业培训条件和参加用人单位组织的职业培训；经职业培训而提高劳动能力的，有权要求用人单位按照其劳动能力进行使用和给予待遇。(8) 团结权和职工民主管理权。主要是指有权组织和加入工会，参加工会所组织的各项活动；有权通过职代会等形式参与本单位的民主管理；有权对本单位管理人员的违法违纪行为提出批评和控告。(9)

劳动关系存续决定权。主要是指有权就劳动法律关系的续延、变更、暂停和解除依法进行意思表示，即单方决定或者与用人单位协议。（10）请求保护权，或称法律救济权。主要是指有权在发生劳动争议时申请调解、仲裁和提起诉讼；有权在合法权益受到侵犯时请求有关国家机关、工会组织依法给予保护。

职工的劳动义务，一般包括：（1）劳动给付义务。即必须按照劳动法规、集体合同、劳动合同和用人单位所要求的项目、时间、地点、方式、定额和质量，亲自完成劳动任务。（2）忠实义务。即作为用人单位的劳动组织成员而必须在劳动过程中忠实于用人单位，维护和增进而不损害用人单位的利益。这是基于劳动关系的人身性、隶属性和诚实信用原则而产生的义务。主要表现为：服从用人单位的指挥和监督；遵守用人单位的劳动纪律和其他规章制度；保守在劳动中所了解到的用人单位的商业秘密；向用人单位报告、上交在劳动中所获得的应归用人单位所得的一切财产等。（3）法律责任。劳动者违反上述劳动给付义务和忠实义务，应当承担相应的法定或约定责任，如因违反劳动纪律而承受纪律处分并赔偿违纪行为给用人单位所致财产损失，因违反劳动合同而承担违约责任等。

【案例 2-1】

2001 年 10 月，西安重型机械研究所（以下简称"西重所"）高级工程师裴某利用工作之便，将西重所设计的板坯连铸机主体设备图纸拷贝到自己的电脑中。2002 年 8 月，裴某应聘到武汉中冶连铸公司担任副总工程师。同年国庆节，裴某返回西安，将上述图纸资料带回武汉，输入中冶连铸公司的局域网，用于项目设计。2003 年 7 月，发现图纸被中冶连铸公司盗用，西重所遂向警方报案。经公安机关立案侦查，中冶连铸公司使用的图纸就是西重所设计的图纸。利用这一技术秘密，中冶连铸公司与四川和山东两家公司签订了总价款 1.4 亿元的合同，牟取了巨额利润。而该图纸是裴某提供的，其行为给西重所造成了至少 148 万元的经济损失。

2006 年 2 月，西安市中院一审认为，裴某利用工作之便盗窃单位商业秘密，允许他人使用，后果特别严重，构成侵犯商业秘密罪。作为附带民事诉讼被告人，中冶连铸公司大量使用西重所的商业秘密，与其他企业签订合同，是给西重所造成经济损失的直接责任人，也是侵权行为的直接受益人，应承担赔偿损失的民事责任。西安市中院遂以侵权商业秘密罪判处裴某有期徒刑 3 年，并判处罚金 5 万元；裴某及附带民事诉讼被告人中冶连铸公司共同赔偿西重所经济损失 1782 万元。宣判后，裴某、中冶连铸公司、西重所均表示不服,并提起上诉。2006年10月,在审理过程中,西重所与中冶连铸公司及裴某就附带民事诉讼达成了调解协议,刑事部分也在10月审理终结。陕西省高院认为原审判决定罪准确,量刑适当,审判程序合法,裁定驳回上诉,维持原判。

点评:本案因其诉讼标的巨大而被媒体称为"中国侵犯商业秘密第一案",在同类案件中具有一定的代表性。商业秘密是企业重要的无形资产,对企业在市场竞争中的生存和发展有重要影响。加强技术人员及高管的管理就成为商业秘密保护的重要环节。而掌握商业秘密的员工,也应尊重企业的商业秘密,不侵犯企业的商业秘密,否则,除了要承担民事责任外,还可能要承担刑事责任。

2. 劳动者在劳动力市场上的劳动权利和劳动义务

劳动者在劳动力市场上的劳动权利,按照我国有关劳动法规的规定,主要包括有权接受职业介绍机构介绍就业、自愿组织就业和自谋职业,属于国家安置对象的,还有权要求国家安置就业;有权选择职业和用人单位,并与用人单位签订劳动合同以确立劳动关系;有权参加各种形式的就业前培训和转业培训;有权参加由政府和劳动就业服务机构组织的生产自救、以工代赈和其他有津贴的劳动;有权在失业期间获得保险和福利方面的物质帮助等。

【案例2-2】

2008年6月23日,在一起涉及就业歧视的劳动争议中,北京市朝阳区法院一审判决认定,北京比德创展通讯技术有限公司(以下简称"比德公司")对"乙肝小三阳"求职者高先生不予录用系就业歧视,依据《劳动法》与劳动和社会保障部《关于维护乙肝表面抗原携带者就业权利的意见》判决比德公司向高先生作出书面赔礼道歉,并赔偿高先生1.7万元余元经济损失和2000元精神损害抚慰金。

26岁的高先生原是上海一家电脑公司的工程师。在顺利通过比德公司的录用测试后,高先生得到公司部门经理答复,可以接收他任职。2007年5月14日,办理了离职手续的高先生来到北京被告单位参加培训、体检。6月1日,他拿到体检结果,上面显示"乙肝小三阳"。6月4日,高先生到公司报到,公司拒绝与其签订劳动合同,人事经理让其回去等消息。高先生后来起诉至法院,要求被告赔礼道歉,赔偿经济损失和精神损害抚慰金近8万元。

庭审中,比德公司称拒绝录用高先生不是因为乙肝体检结果,而是他未参加 5 月 16 日至 5 月 18 日的培训及培训后的测评，培训不合格，不符合上岗要求。法院经调查认为，比德公司要求高先生体检的时间为 2007 年 5 月 30 日，而培训时间是在 5 月 16 日。如因培训不合格或其他原因拒绝录用，则公司在培训结束一段时间后还要求高先生入职体检，与常理不符。因此，法院认定"乙肝小三阳"是导致高先生被拒绝录用的原因，而《劳动法》第 3 条规定劳动者享有平等就业的权利，该公司违反了《劳动法》中关于平等就业原则的规定，判决支持了高先生的主张。

点评：本案是《中华人民共和国就业促进法》自 2008 年 1 月 1 日实施以来北京市首例诉讼就业歧视胜诉案。该案的突破意义不仅仅在于首次以判决的形式支持了公民反就业歧视的合理主张，更是首次仅仅运用法律的基本原则作出人性化的判决。此外，判决中将精神损害抚慰金从通常的人身、名誉、隐私损害领域延伸到反就业歧视的劳动争议中，也是一个具有历史意义的突破。

劳动者在劳动力市场上的劳动义务，按照我国有关劳动法规的规定，主要包括接受国家机关和社会组织对劳动力市场的管理和监督；遵守劳动力流动的秩序；不违法缔结劳动关系等。

劳动者在劳动力市场上的劳动权利和劳动义务中，还涉及劳动者能否从事第二职业的问题。第二职业，又称附劳动、兼职或兼差，其狭义仅指在职职工又与其他用人单位缔结的第二个劳动关系，其广义还包括不缔结劳动关系的业余劳动等在内。一些国家和地区的劳动立法表明：（1）劳动者有从事第二职业的权利，法律上对第二职业也不应禁止；（2）劳动者从事的第二职业不得妨碍其对第一职业劳动给付义务和忠实义务的履行，法律上应优先强制劳动者履行第一职业的义务；（3）凡是与劳动者的第一职业义务有冲突的第二职业，劳动者未经第一职业用人单位同意不得从事；（4）特定职业（岗位）的劳动者若从事第二职业会危害国家利益或社会公共利益的，法律上应禁止其从事第二职业。根据我国《劳动合同法》的规定，劳动者有权从事第二职业，但须得到用人单位同意，且不得影响第一职业工作任务的完成。

二、工会

（一）劳动者的团结权

团结权，又称劳动者结社权或劳动者组织权，一般是指劳动者为实现维持和改善劳动条件之基本目的，而结成暂时或永久的团体并使其运作的权利，具体则指劳动者组织工会并参加工会活动的权利。其广义是指劳动者成立工会并通过工会进行集体谈判和劳动争议等手段来维护自己利益的权利，一般包括组织工会权、集体谈判权和集体行动权；其狭义仅指组织工会权。

团结权虽然源于结社权，但又不等同于结社权。结社权作为自由基本权产生于18、19世纪，而团结权作为社会基本权产生于20世纪，二者有根本差异。正因为如此，《世界人权宣言》（1948年）在第20条规定结社权的同时又在第23条规定劳动者的团结权。团结权是一种特定的结社权，即劳动关系中的劳动者为维护和扩张其在劳动关系中的利益而组织团体的社会法上的权利。其特殊性表现在：

1. 主体特定

即只能是劳动关系中的劳动者。宪法上的结社权为公民权利，而非某个社会阶层所专有。而团结权提出之处，其主体既包括劳动者也包括雇主。但在1948年12月通过的《世界人权宣言》中则规定为组织和参加工会的权利，这表明团结权的主体是劳动者。1949年6月通过的国际劳工组织第98号公约即《组织权与集体谈判权公约》中，尽管还有"工人组织和雇主组织均应享有充分的保护的规定"，但其重心已转向对劳动者团结权的保护，把禁止干涉工人组织工会和保护工人团结权作为公约的基本精神和主要内容。自此以后，所谓团结权主要是指劳动者的团结权。

2. 目的特定

即只能是为了维持和改善劳动者的劳动条件。结社权的目的具有多样性，一般有营利与非营利之分。营利目的的结社如公司，非营利目的的结社可分为政治结社（如政党）与非政治结社（如公益组织）。但无论如何，结社权行使的终极目的是为了对抗公权的权威，避免干预和管制。劳动者行使团结权，并不是追求政治、经济、文化上的远大目标，而是维持和改善劳动条件，即通过团结权弥补单个劳动者因势单利薄而不足以与雇主抗衡的缺陷，从而取得足以与雇主抗衡的平等地位。

3. 性质特定

即团结权虽然也是自由权，但更重要的是生存权。团结权旨在保障劳动者的生存权。生存权表现为劳动者个体的权利，这种权利是在劳动关系中具体实现的，团结权所直接追求的是保障劳动者劳动权的实现，以最终实现劳动者的生存权，即通过劳动条件的维持和改善确保劳动者的生存。

（二）西方国家的工会

在西方国家，工会是以维护和改善雇工的劳动条件、提高雇工的经济地位为主要目的，由雇工自愿组织起来的团体或联合体。历史上，国家立法对工会的规定大致经历了绝对禁止、相对禁止和完全承认三个阶段。到第二次世界大战以后，工会在西方各国都获得了合法地位。

在现代，许多国家的宪法都明确肯定了工会的合法地位。例如，意大利宪法规定"职工工会组织自由"；日本宪法规定"劳动者团结的权利受保障"；菲律宾宪法规定"国家将保证工人有组织工会的权利"。同时，许多国家依据宪法制定了工会法或者在劳动法典中对工会作了专门规定。

工会的合法地位不仅为国内法所确立，而且还为国际法所保障。1948年联合国《世界人权宣言》中规定，"人人有维护其利益而组织和参加工会的权利"。1949年国际劳工组织在第98号公约《组织权与集体谈判权公约》中规定，"工人应享有充分保护，以抵制在雇佣方面的反工会的歧视行为"，例如"对雇佣工人以其不得加入工会或放弃工会会员资格为录用条件"，"因工人为工会会员或因其在工作时间外，或经雇主同意在工作时间内参加工会活动，而将其开除，或用其他方法使其蒙受损害"。1966年联合国《经济、社会及文化权利国际公约》要求缔约各国承担下述保证：（1）人人有权组织工会和参加其所选择的工会，以促进和保护其经济和社会利益；这种权利只受工会有关规章的限制。（2）工会有权建立全国性的协会或联合会，有权组织和参加国际工会组织。（3）工会有权自由地进行工作，除法律所规定的即在民主社会为了国家安全或者公共秩序的利益或者为保护他人的权利和自由所必需的限制外，不受任何限制。（4）有权罢工，但应按照各个国家的法律行使此项权利。

就一国范围内的工会组织体系而言，在西方国家主要有两种模式：（1）一元化工会组织体系。即全国只有一个统一的工会组织体系，各种形式的工会组织者是同一个全国性工会联合组织的成员，在各个雇佣单位一般只有一个工会组织。例如，德国、奥地利、斯堪的纳维亚等少数国家的工会组织体系属于这种模式。（2）多元化工会组织体系。即在全国并存着几个不同的组织体系，没有一个统括全国各种工会组织的全国性工会联合组织，在各个雇佣单位通常不只存在一个工会组织。例如，在法国和意大利，工厂一级就同时存在几个不同政治派别的工会。在比利时，政府承认基督教联盟、倾向社会党的比利时总劳联和自由工会同盟是"最具有代表性的工会组织"，并授予这些组织以代表工人的合法垄断权。

（三）我国工会的性质和职能

1. 我国工会的性质

《中华人民共和国工会法》（以下简称《工会法》）规定，工会是职工自愿结合的工人阶级的群众组织。《中国工会章程》规定，中国工会是中国

共产党领导的职工自愿结合的工人阶级群众组织,是重要的社会政治团体。这揭示了我国工会的下述性质:

(1) 阶级性。我国工会只能由工人阶级的成员所组成,即有资格成为工会会员的只限于企业、事业组织、国家机关、社会团体等中的以工资收入为主要生活来源的体力劳动者和脑力劳动者。农民和个体工商户不能参加工会,外商投资企业中的外商代理人和私营企业中的业主也不能参加工会。

(2) 群众性。工会是最大限度、广泛地团结、联合广大工人阶级群众的组织。凡属职工,不分民族、性别、宗教信仰、教育程度,都有依法参加和组织工会的权利。

(3) 自愿性。工会坚持入会自愿、退会自由的原则。职工加入工会或退出工会完全是根据本人自愿申请,而不受任何强制和限制。

(4) 政治性。这除了在工会的阶级性中已有体现外,还表现在它是中国共产党领导下的重要社会政治团体。工会参与国家的政治事务,负有维护国家政权的任务。

2. 我国工会的职能

按照《工会法》的规定,我国工会的基本职能有:

(1) 维权职能。工会在维护全国人民总体利益的同时,有责任维护职工的合法权益。工会必须密切联系职工,听取和反映职工的意见和要求,关心职工的生活,全心全意为职工服务。

(2) 参与职能。工会通过各种途径和形式,参与管理国家事务,管理经济和文化事业,管理社会事务,管理本企业有关事务,协助政府开展工作,巩固工人阶级领导的、以工农联盟为基础的人民民主专政的社会主义国家政权。

(3) 组织职能。工会组织职工依照宪法和法律的规定行使民主权利,参加本单位的民主管理和民主监督;发动和组织职工努力完成生产任务和工作任务;组织职工开展劳动竞赛,开展群众性的合理化建议、技术革新和技术协作活动,提高劳动生产率和经济效益,发展社会生产力。

(4) 教育职能。工会动员和教育职工以主人翁态度对待劳动,爱护国家和企业财产,遵守劳动纪律。工会对职工进行爱国主义、集体主义、社会主义教育,民主、法制、纪律教育,以及科学、文化、技术教育,提高职工的思想、道德、科学、文化、技术、业务素质,使职工成为有理想、有道德、有文化、有纪律的劳动者。

(四) 我国工会的组织体系

我国工会的组织体系,由中华全国总工会、地方总工会、产业工会和基层工会所构成。中华全国总工会是工会的最高领导机关；按行政区划建立的省级、市（县）级地方总工会是工会的地方领导机关；同一国民经济部门和性质相近的几个国民经济部门，根据需要建立全国和地方的产业工会，作为本部门的工会领导机关；基层工会是建立在企业、事业单位、机关、团体中的工会基层组织。

在上述各级工会组织之间，中华全国总工会领导各地方总工会和各产业工会全国组织；地方总工会领导当地的下级地方总工会和产业工会地方组织；铁路、民航两个产业工会全国组织对所属地方产业工会实行系统领导，但须尊重地方总工会的意见；其他产业工会全国组织与地方总工会对所属地方产业工会实行产业和地方双重领导；直辖市和大中城市的地方总工会主要通过同级产业工会对基层工会实行领导；小城市和县总工会，除建立市、县产业工会外，则直接领导基层工会。

（五）我国工会的法律地位

1. 工会具有唯一性和独立性

工会的唯一性，是指工会在我国是唯一合法的、联合广大职工和代表广大职工利益的工人阶级群众组织，在全国范围内具有统一的组织体系。任何单位和个人都不得在职工群众中另行建立独立于工会组织体系之外的同一类型组织，也不得从事任何分裂工会组织的活动。工会的独立性，是指工会是一个独立的工人阶级群众组织，有一套独立的组织体系，在宪法和法律的范围内依据《中国工会章程》独立自主地开展工作。工会服从共产党的政治领导和遵守国家的法律，但不是党和政府的一个部门或附属机构，基层工会和单位行政在法律上处于平等地位。

2. 工会具有法人资格

《工会法》规定，中华全国总工会、地方总工会、产业工会具有社团法人资格；基层工会具备民法规定的法人条件的，依法取得社团法人资格。按民法关于法人成立的规定，各级工会组织从成立之日起，无须进行法人登记就具有法人资格。工会作为法人，依法能够享有包括财产所有权、债权、知识产权、名誉权、名称权等民事权利，并承担相应的民事义务。因而，工会可以签订集体合同，可以依法进行民事活动，可以在诉讼中成为独立的诉讼主体。

（六）我国工会的权利和义务

1. 工会对用人单位的权利和义务

工会对用人单位的权利主要有下述三个方面的内容：

（1）代表职工利益和反映职工要求的权利。工会可以代表职工方与用人单位就签订集体合同进行谈判。单位行政讨论涉及职工切身利益的问题，工会代表应当参加，或由单位行政听取工会的意见；工会也可以就有关职工切身利益的事项提出建议，同单位行政协商处理。用人单位的特定机构，如企业管理委员会、公司监事会等，应当有工会代表参加。

(2) 监督用人单位遵守劳动法的权利。用人单位违反职代会制度和其他民主管理制度，工会有权提出意见，以保障职工依法行使民主管理权利。用人单位违反劳动法规，侵犯职工合法权益，工会有权要求及时纠正，或要求有关部门进行处理，或相互协商解决。用人单位辞退、处分职工，工会认为不适当的，有权提出意见；用人单位在作出开除、除名职工的决定时，应事先将理由通知工会，若决定违反劳动法规定或劳动合同的，工会有权要求重新研究处理。工会发现企业在行政方面违章指挥、强令工人冒险作业，或者生产过程中发现有明显重大事故隐患或职业危害的，有权提出解决的建议；当发现危及职工生命安全的情况时，有权向单位行政建议组织撤离危险现场，单位行政必须及时作出处理决定。

(3) 要求提供保障的权利。工会有权要求用人单位为工会办公和开展活动提供经费和必要的物质条件；按规定为工会工作人员支付工资等各项物质待遇；支持工会依法开展工作。

工会对用人单位的义务主要有：(1) 帮助、指导职工与单位行政签订劳动合同。(2) 参加企业的劳动争议调解工作。(3) 在企业发生停工、怠工事件时，会同单位行政和有关方面，协商解决职工提出的合理要求，尽快恢复正常生产秩序。(4) 协助单位行政办好集体福利事业，做好工资、劳动保护和劳动保险工作。(5) 会同单位行政组织开展业余文化、技术学习和职工培训，提高职工的文化、业务素质，组织职工开展文娱、体育活动。(6) 国有企业工会还应支持厂长（经理）依法行使职权。

2. 工会对政府的权利和义务

工会对政府的权利主要有下述内容：(1) 县级以上各级政府制定国民经济的社会发展计划，省会、自治区首府所在市和国务院批准的较大的市以上的政府研究起草法律和法规、规章，对涉及职工利益的重大问题，应当听取同级工会的意见。(2) 县级以上各级政府及其有关部门在研究制定工资、物价以及劳动保护、劳动保险等重大政策、措施时，应当有同级工会参加研究，听取工会意见。(3) 地方劳动争议仲裁组织应当有同级工会代表参加。(4) 工会有权参加职工伤亡事故和其他严重危害职工健康问题的调查，并向有关部门提出处理意见，有权要求追究有关行政领导人和有关责任人员的责任。(5) 各级政府应当为工会办公和开展活动，提供必要的物质条件。

(6) 各级政府应当保护工会的合法权益不受侵犯。

工会对政府的义务，主要是协助政府开展工作，动员、教育、组织职工贯彻执行政府的政策、规章，实现政府提出的各项任务。

第三节 用人单位及其团体

一、用人单位

（一）用人单位的概念和范围

用人单位，又称用工单位，在许多国家则称为雇主或雇佣人，是指具有用人权利能力和用人行为能力，使用一名以上职工并且向职工支付工资的单位。在劳动法中，它不仅是劳动法律关系的主体，而且是劳动行政法律关系的劳动行政相对人和劳动服务法律关系的劳动服务接收方当事人。

在我国，根据《劳动法》和《劳动合同法》的规定，狭义的用人单位仅包括企业、个体经济组织（仅限于个体工商户）和民办非企业单位等组织；广义的用人单位还包括国家机关、事业组织和社会团体。其中，对国家机关，宜作扩大解释，既包括国家的权力机关、行政机关、审判机关和检察机关，还包括国家的执政党机关、政治协商机关、参政党机关和参政团体机关；事业单位，包括文化、教育、卫生、科研等各种非营利性单位；社会团体，包括各行各业的协会、学会、联合会、研究会、基金会、联谊会、商会等民间组织。用人单位的范围中，尚未包括集体所有制农业生产经营组织、农户和除个体工商户以外的公民个人。狭义的用人单位与国家机关、事业组织和社会团体，在劳动法适用上存在一定差别。根据《劳动合同法》的规定，国家机关、事业单位和社会团体与其建立劳动关系的劳动者，订立、履行、变更、解除和终止劳动合同，依照《劳动合同法》执行；同时，事业单位与实行聘用制的工作人员订立、履行、变更、解除和终止劳动合同，法律、行政法规以及国务院另有规定的，依照其规定执行；未作规定的，依照《劳动合同法》的有关规定执行。

（二）用人单位的资格

用人单位资格（或称用人主体资格），是指成为用人单位所必须具备的法定的前提条件。它决定着一定主体能否参与劳动法律关系、能参与哪些劳动法律关系，以及在劳动法律关系中能享有并行使哪些用人权利、承担并履行哪些用人义务；其内容包括用人权利能力和用人行为能力两方面，由劳动法和相关法律部门所规定。

1. 用人权利能力

用人权利能力，是指用人单位依法能够享有用人权利和承担用人义务的资格。它表明用人单位依法可以成为哪些用人权利的享有者和哪些用人义务的承担者。用人权利能力的范围，往往因用人单位不同而相异，通常表现为国家允许用人单位使用劳动力的限度和要求用人单位为职工提供劳动条件的限度。依我国现行规定，制约用人权利能力范围的主要因素有：

（1）职工编制和招工指标。这是从使用多少职工的角度限制用人权利能力的主要因素。用人单位使用职工的数量，须经有关国家机关批准的职工编制为准，满编和超编单位一般不得调入职工或新招职工；并且，国家机关、事业组织和社会团体招用新职工的数量，不得突破有关国家机关下达给本单位的招工指标。全民所有制单位和县（区）级以上集体所有制单位曾经都要受此限制。在国家把市场经济明确规定为经济体制改革的目标模式以后，企业和个体经济组织的用人数量则不受此限制；而国家机关、事业单位和社会团体仍然要受此限制。

（2）职工录用基本条件。这是从使用什么职工的角度限制用人权利能力的主要因素。各种用人单位都无权录用未达到法定的职工录用基本条件的公民为职工。

（3）工资总额和最低工资标准。这是从分配劳动报酬数量的角度限制用人权利能力的主要因素。凡是工资总额受国家控制的用人单位，实际发给职工的劳动报酬数额，不得超出由国家确定的或者按法定准则确定的工资总额；各种用人单位支付给每个职工的劳动报酬都不得低于国家规定的最低工资标准。企业也只能在工资总额和最低工资标准的限度内行使其劳动报酬分配自主权。

（4）法定工作时间和劳动安全卫生标准。这是从如何使用劳动力的角度限制用人权利能力的主要因素。法定工作时间是允许每天和每周使用劳动力的最长时间，用人单位只能在此限度内决定使用各个职工的劳动力的时间长度。劳动安全卫生标准是要求为职工在劳动过程中的安全和健康提供保障的最低标准，用人单位的劳动保护义务的范围应以此为限。

（5）社会责任。这是从实现社会目标的角度限制用人权利能力的主要因素。在现代社会，各种用人单位都分别在不同程度上对实现社会目标负有责任。社会责任对用人权利能力的制约，一方面是限制用人权利，另一方面是加重用人义务。所负社会责任不同的用人单位，其用人权利能力就存在差别。例如，国有企业的裁员性辞退权所受到的法律限制多于其他企业，法律上特别要求国有企业对富余职工坚持以内部安置为主，其原因之一就是国有企业所负的社会责任重于其他企业。

2. 用人行为能力

用人行为能力，是指用人单位依法能够以自己的行为行使用人权利和履行用人义务的资格。它表明用人单位依法可以成为哪些用人权利的行使者和哪些用人义务的履行者。

用人单位作为一种组织体，它行使用人权利和履行用人义务的行为只能由一定的管理机构和管理人员代表其实施，这种机构和人员就是用人行为能力的实现者。在劳动法中，代表用人单位行使用人权利和履行用人义务的管理机构和管理人员，统称为单位行政（或雇主代表）。单位行政的范围内不包括用人单位中的党、团、工会、妇联等组织，因为它们各自具有同用人单位彼此独立的法律地位和与用人单位不同的性质。作为单位行政的管理人员在实现用人行为的过程中，涉及用人单位、单位行政和职工三者之间的关系，并且管理人员中大多数兼有单位行政和职工双重身份。为此，立法中有必要明确：（1）管理人员相对于其他被其管理的职工来说，属于单位行政，其实现用人行为能力的行为所引起的法律后果应当由用人单位承受；（2）管理人员相对于与其有劳动关系的用人单位来说，属于职工，其实现用人行为能力的行为同时也是向用人单位履行劳动义务的行为；（3）管理人员作为单位行政身份实现用人行为能力，不应当影响其作为职工而依法享有的权利和承担的义务。

任一主体只有在其所具备的物质、技术和组织等条件，足以按法定要求为职工提供一定的劳动条件，从而能够容纳一定职工并保障职工合法权益时，才会被认为具有一定的用人行为能力。因而，用人行为能力的范围主要受下述因素的制约：

（1）财产因素。用人单位只有具备一定的归自己独立支配的财产，才能够使用劳动力并维持劳动力再生产。其中，作为劳动力吸收器的生产资料和购置生产资料的资金最为重要。只有成为生产资料占有者，才有可能成为用人单位。

（2）技术因素。在一般情况下，用人单位占有的生产资料只有与一定的技术因素相结合，才可能构成符合法定要求的劳动条件。特别是履行劳动安全卫生方面的义务，更依赖于一定的技术条件。此外，用人单位要求职工完成一定的劳动定额，也必须以具备一定的技术条件为前提。

(3) 组织因素。用人单位只有形成一定的组织结构，才能将劳动力在一定分工和协作的条件下与生产资料相结合，因而要求用人单位具有一套合法的劳动组织机构和劳动规则。在实践中，用人单位的职工容量和劳动效率同组织条件的关系尤为密切，用人单位为职工提供的工资、福利等待遇的水平，也会受组织条件的影响。

3. 用人单位资格与民事主体资格的关系

在现实生活中，用人单位资格和民事主体资格为同一主体所兼有，是一种普遍现象。因而，明确这两种资格的联系和区别，有助于进一步认识用人单位资格。

用人单位资格与民事主体资格的联系，主要表现在：

(1) 用人单位资格与民事主体资格在内容上有一定交叉。例如，用人单位资格和法人资格以及非法人组织民事主体资格，都以一定的财产条件作为其必要内容；在法人资格和非法人组织民事主体资格的内容中，都含有一定的用人单位资格。

(2) 用人单位资格一般依存于一定的民事主体资格。例如，用人单位资格的取得，往往以取得一定的民事主体资格为前提；用人单位资格的存续，通常为实现一定的民事主体资格所必需；企业、个体经济组织和事业组织的民事主体资格变更，可能导致其用人单位资格相应变更；随着民事主体资格的消灭，相应的用人单位资格也必然消灭。

用人单位资格与民事主体资格的区别，主要表现在：

(1) 法律设定用人单位资格的主要目的，在于确保用人单位有可靠的能力实现劳动者合法权益；法律设立民事主体资格的主要目的，在于维护市场准入的秩序，保障市场交易的平等、自由和安全。

(2) 用人单位资格主要是对用人单位使用劳动力和保障劳动力再生产的必要条件提出基本要求；民事主体资格主要是对民事主体实现商品交换的必备条件提出基本要求。因而，用人单位资格对其中的财产条件注重从生产资料使用价值的角度提出要求，民事主体资格对其中的财产条件注重从资金数额的角度提出要求。就民事主体资格中的财产条件与用人单位资格中的财产条件相比，一般来说，前者数额相对较大，后者内涵相对较复杂。

(3) 用人单位资格受国家控制的程度相对较大；民事主体资格受国家控制的程度相对较小。这是由劳动力市场的特殊性和用人行为的社会性所决定的。就劳动力市场与其他市场比较，国家干预对劳动力市场更为必要和重要；就用人行为和民事行为比较，在用人行为中社会性强于经济性，在民事行为中经济性强于社会性。

（4）法人资格和非法人组织民事主体资格在本组织依法成立时开始存在；用人单位资格则必须经国家有关机关专门确认才开始存在。也就是说，任何一个组织都并不因为取得民事主体资格而当然取得用人单位资格。

（三）用人单位的用人权利和用人义务

1. 用人单位的用人权利

不同类型的用人单位，其具体的用人权利不尽相同。用人权利的内容一般包括下述几个方面：

（1）录用职工方面的权利。主要是有权按国家规定和本单位需要择优录用职工，企业还可自主决定招工的时间、条件、方式、数量、用工形式。

（2）劳动组织方面的权利。主要是有权按国家规定和实际需要确定机构、编制和任职资格条件；有权任免、聘用管理人员和技术人员，对职工进行内部调配和劳动组合，给职工下达生产或工作任务；并对职工的劳动实施指挥和监督。

（3）劳动报酬分配方面的权利。主要是有权按国家规定确定工资分配办法；有权通过考核或考试确定职工的工资级别，企业还有权制定职工晋级增薪、降级减薪的办法，自主决定晋级增薪、降级减薪的条件和时间。

（4）劳动纪律方面权利。主要是有权制定和实施劳动纪律；有权决定对职工的奖惩。

（5）劳动法律关系存续方面的权利。主要是有权与职工通过协议方式，续订、变更、暂停或解除劳动合同；有权在具备法定或约定条件时单方解除劳动合同。

2. 用人单位的用人义务

用人单位对职工的义务主要包括：

（1）付酬义务，即按法定和约定要求向职工支付劳动报酬；

（2）安全卫生义务，即向职工提供符合劳动安全卫生基准的劳动条件；

（3）帮助义务，即以保险、福利等方式为职工及其亲属提供物质帮助；

（4）使用义务，一方面必须适当安排职工的劳动岗位并提供必要的劳动条件，而不使劳动力在劳动关系存续期间处于非自愿闲置状态；另一方面不得使用暴力、威胁等手段强迫职工劳动以及不得滥用加班加点劳动；

（5）培训义务，即建立职业培训制度，为职工培养和提高职业技能提供条件；

（6）制度保障义务，即应当建立和完善规章制度，保障劳动者享有劳动权利和履行劳动义务。

用人单位对国家的义务主要包括必须执行劳动法规、劳动政策和劳动标准，接受国家劳动计划的指导，服从劳动行政部门和其他有关国家机关的管理和监督。

用人单位对工会的义务主要包括必须支持工会依法开展各项活动，与工会签订集体合同并履行集体合同所规定的义务，接受工会的监督。

二、用人单位团体

用人单位团体，在国外通常称雇主协会，是由用人单位依法组成，旨在代表、维护和增进各用人单位（雇主）在劳动关系中的共同利益而与工会抗衡和交涉的团体。在劳动法中它被作为与劳动者团体相对应的一种劳动法主体；在现代的劳动关系协调机制中，它是一种必要的组成部分，对实现劳动关系协调的社会化和组织化具有不可替代的作用。

（一）外国的雇主协会

雇主协会最初是随着工会的产生，为对抗工会而形成的。美国早在18世纪后期就形成了若干雇主协会。早期的雇主协会，就其职能而言属于斗争型协会，反工会活动是其首要职能。随着工人运动的发展和劳资关系的法制化，雇主协会的大多数反工会手段已为法律所禁止，这就促使雇主协会改变职能，逐步转向交涉型协会，即以同工会进行集体交涉（谈判）为主要职能的雇主协会。在现代，雇主协会同工会之间通过集体谈判协调劳资关系，是许多西方国家的一种重要的协调机制，尤其在西欧，这已成为雇主协会的一个主要特征。在现代市场经济国家中，雇主协会已形成多种组织形式，其中包括行业雇主协会、职业或技艺雇主协会和雇主协会联合会，地方性雇主协会和全国性雇主协会。

在国际劳工组织的组织制度和法律文件中，雇主协会被置于同工会平等的地位。国际劳工组织的组织制度一直实行三方性原则，即各成员国代表团需由政府代表2人，劳工、雇主代表各1人组成，政府、劳工、雇主三方都参加各类会议和机构，劳工代表和雇主代表可以自由讨论、各自独立行使表决权。在这里，劳工代表和雇主代表都分别由工会、雇主协会的全国性联合组织或有代表性的组织选派。国际劳工组织还就劳工和雇主双方的结社自由和组织权利制定了有关公约。1948年第87号公约《结社自由及保护组织权公约》中规定，工人与雇主无任何区别地均应有权设立与加入其自行认定的组织，事先无须经过核准，加入组织只须依照有关组织的章程；工会与雇主组织有权制定其组织章程与规则，完全自由地选取自己的代表并组织各自的事务与业务，拟定工作计划，禁止政府机关作任何足以限制或妨碍此项权利合法行使的干涉；行政机关不得对工人与雇主组织予以解散或终止其活动等。

在许多国家中，把工会和雇主协会统称为职业团体或劳动团体，还制定了专项的职业团体法规或者在劳动法典中设置关于职业团体的专篇和专章，规定共同适用于工会和雇主协会的通则，有的国家则在立法上对雇主协会作了特别规定。纵观各国关于雇主协会法律地位的规定，其内容要点一般包括：

（1）雇主协会必须由一定数量的雇主所组成。例如，意大利规定，雇主协会至少须由雇用同一地方特定产业1/10以上劳动者之雇主组成。智利规定，雇主协会至少由10人组成。

（2）雇主协会由雇主自愿加入，有的国家还确认雇主有退出雇主协会的自由。

（3）雇主协会具有公法人资格，是独立于雇主之外的劳动法主体。

（4）雇主协会的机关主要为会员大会和理事会，前者决定重大事项，后者处理日常事务。

（5）雇主协会仅以维护和扩张所代表的各国雇主在劳资关系中的利益为宗旨，而不得有政治目的，因而其不属于政党，也不同于企业集团等经济联合体和旨在维护产业利益的产业组织。

（6）雇主协会不得从事反工会活动。许多国家在立法上把制造困难、阻止雇员加入工会和参加工会活动、参与和干涉工会事务、破坏工会组织的罢工等，列为非法行为而予以禁止。

（7）雇主协会负有协调劳资关系的法定职责。例如，英国《劳资关系法实施细则》明确规定，雇主协会应当同工会一起共同维护产业一级或其他级别上的有效安排，以解决争端和商谈雇用条款以及雇用条件，鼓励协会成员有效解决企业内机构或企业一级的投诉和争端；采取一切合理步骤鼓励协会成员遵守协议，并采用协商一致的程序；搜集和分析劳资关系方面的信息，并将其提供给协会会员等。

（8）雇主协会的会员有缴纳会费的义务，有的要求各会员按平等的数额缴纳，有的则要求按各自雇工数量或年工资总支出额的一定比例缴纳。

（9）雇主协会对其会员中破坏雇主协会协同一致行动者，有权给予处罚，如罚款、强制取消会员资格等。

（10）雇主协会会员不论何种原因，脱离雇主协会，须提前一定期限发出通告。

（二）我国的用人单位团体

在我国现阶段，用人单位团体的角色由中国企业联合会及其团体成员充当。根据《中国企业联合会、中国企业家协会章程（修正案）》（2003年）的规定，企业联合会是企业、企业家（雇主）和企业团体的联合组织，代表企业、企业家（雇主）参加其与劳动行政部门和工会构成的劳动关系协调三方协调机制；以为企业、企业家（雇主）服务为宗旨，遵守国家法律、法规，维护企业、企业家（雇主）的合法权益，促进企业、企业家（雇主）守法、自律，发挥桥梁纽带作用，协调企业与政府、企业与企业、企业与社会、经营者与劳动者的关系。其机构中设有雇主工作部，专门实施用人单位团体职能。但是，中国企业联合会及其团体成员仍然缺乏作为用人单位团体的法律依据和理论依据，尤其是其成员主要是国有企业或国有公司，不足以代表非国有用人单位，故在严格意义上，我国目前还不存在作为劳动法主体的用人单位团体。

第四节　劳动行政部门和劳动服务主体

一、劳动行政部门

（一）概念和法律地位

劳动行政，是指政府及其所属部门依法拥有的协调劳动关系，管理劳动力市场，制定和实施劳动法规政策的职能。在政府职能体系中，它既是社会职能，又是经济职能。劳动行政部门，又称劳动部门，国外称劳工行政部门或劳工部门，即国家各级劳动行政机关的统称，是指政府体系中相对集中行使劳动行政职能的部门。它作为劳动行政法律关系中的劳动行政主体，其法律地位由劳动法和行政法共同确立。

在我国，劳动行政部门是政府中专门对劳动工作实行统一管理和综合管理的一个部门。在劳动行政系统中，它是一种最重要的劳动行政主体，较之其他有一定劳动行政职能的劳动行政主体，如人事行政部门、计划行政部门、教育行政部门等，有着特殊的法律地位。其主要特征表现在：

（1）它是本级政府领导下的专门以劳动管理为其职能的行政机关。而其他劳动行政主体只是兼有同其基本职能相关的一定劳动行政管理职能。

（2）它是本级政府统一管理劳动工作的行政机关。由它统一管理所辖行政区域内各个行业的劳动工作，本级政府中其他各部门的劳动管理工作都要接受它的指导、协调、监督。

（3）它是综合管理劳动工作的行政机关。它所进行的劳动管理，综合包括了劳动力管理、工资管理、劳动保护管理、职业培训管理、社会保险管理等各个方面的内容。而其他职能管理部门所从事的劳动管理，都只限于与其基本职能相关的部分。

（二）我国劳动行政部门的职责

中央一级劳动行政部门的主要职责是主管全国劳动工作，其主要内容包括：

（1）制定和实施劳动政策、法规。主要是根据宪法、法律和行政法规中关于劳动方面的规定，以及党和国家有关劳动方面的方针和政策，制定就业、工资、劳动保护、职业培训、社会保险等的具体政策和规章，并在全国范围内组织实施；对劳动法规和政策的执行情况进行协调和监督。

（2）编制和实施劳动规划和计划。主要是根据国家的统一部署以及国民经济和社会发展的规划、计划，编制劳动、工资方面的全国性规划、计划，并组织实施。

（3）制定和实施劳动标准。主要是拟定或制定劳动安全卫生、劳动定员定额、职业技能、工资、社会保险等标准；协调、指导或监督各行业主管部门制定本行业的劳动标准；组织实施劳动标准，并对劳动标准的执行情况进行检查监督。

（4）组织劳动制度改革。主要是拟订和组织实施全国性的劳动制度改革方案，指导和协调各部门、各地方的劳动制度改革。

（5）进行具体劳动管理。主要包括审核各地方、各部门企业工资总额同经济效益挂钩的方案和指标；组织对行业劳动安全卫生技术设施的评价；主持或参与重大生产安全事故的调查；审查矿山设计和参与矿山投产验收组织鉴定重大安全技术等。

（6）组织劳动科学研究。主要是组织和推动有关就业、劳动定员定额、工资、保险福利、职业培训、劳动保护等方面的科学研究，领导并管理劳动科学研究机构的工作。

（7）组织国际劳动工作合作与交流。主要是按劳动管理的不同内容组织参加国际劳工组织的有关活动和工作，以开展与各国劳动（劳工）行政部门的友好合作关系，管理有关劳动方面的对外技术合作和业务交流。

地方劳动行政部门的主要职责是主管本地方的劳动工作，其内容与中央一级有所不同，偏重于依据劳动法规和政策进行具体劳动管理。主要包括：

（1）管理劳动力市场。主要是组织和建设劳动力市场，指导和监督劳动力市场运行，组织和支持劳动力资源开发，管理失业人员，维护劳动力市场秩序。

（2）协调劳动关系。主要是指导和监督劳动合同和集体合同的签订和履行以及用人单位内部劳动规则的制定和实施，帮助建立和完善职工民主管理制度，处理集体合同争议，并管理劳动争议仲裁工作。

(3) 管理工资。主要是编制地方工资计划，调控企业工资总额，实行工资基金管理，制定和保障实施最低工资。

(4) 管理劳动保护工作。主要是贯彻并监督执行劳动保护法规、政策和标准，检查监督用人单位的劳动安全卫生状况，参加职工伤亡事故的调查和处理。

(5) 实施劳动监察。主要是对用人单位和劳动服务主体遵守劳动法的情况进行监督检查，依法纠正和查处违反劳动法的行为。

2008年3月，根据十一届全国人大一次会议审议通过的《国务院机构改革方案》，合并原人事部、劳动和社会保障部，组建人力资源和社会保障部，同时成立国家公务员局、保留国家外国专家局，由人力资源和社会保障部管理。这是我国转换政府劳动行政职能的重大举措。人力资源和社会保障部的主要职能包括拟定人力资源管理和社会保障政策，统筹机关企事业单位人员管理，整合人才市场与劳动力市场，建立统一规范的人力资源市场，促进人力资源合理流动和有效配置，统筹就业和社会保障政策，建立健全从就业到养老的服务和保障体系。这可分为两大部分：一是以促进就业、维护劳动关系稳定和完善社会保障体系为核心的社会管理和公共服务职能；二是以机关事业单位公职人员管理为核心的公共人事管理职能。

二、劳动服务主体

劳动服务主体，是为劳动者和用人单位实现劳动力与生产资料的结合以及各自的合法权益提供服务的主体。它作为一种劳动法主体，与劳动者和用人单位之间是劳动服务关系，与劳动管理主体之间是劳动行政关系。其主要特征在于：第一，它的基本职能是为劳动者和用人单位提供社会服务，不以营利为目的或者不以营利为主要目的，大多为事业单位；第二，它的主体资格一般必须经劳动和社会保障部门确认，其业务范围只限于劳动行政部门所许可或批准的服务项目，有的经劳动行政部门授权还可代行一定的行政职能。

我国现有的劳动服务主体，按其职能不同，可分为五大类：

（一）劳动就业服务机构

劳动就业服务机构，是为帮助劳动者实现就业而提供服务的机构。它在劳动行政部门及其劳动就业服务管理机构的统一管理下，从事就业登记、就业指导、职业介绍、信息咨询、组织失业人员生产自救、为失业人员提供失业救济等各项就业服务活动。我国现有的就业服务机构主要有下述三种：

1. 就业登记机构

就业登记机构，是指国家规定的负责办理失业登记、求职登记和用人需求的机构。它由职业介绍机构和基层劳动就业服务机构充当。按国家规定，失业登记只可由县级劳动就业服务管理机构指定的职业介绍机构或委托的街道、乡镇、企业的就业服务站办理，其登记对象只限于有本地户籍的城镇失业人员；外地用人单位的用人需求登记只能由县级以上劳动就业服务管理机构指定的职业介绍机构办理；境外雇主的用人需求登记只能由有境外就业服务职能的职业介绍机构办理；其他各种求职登记和用人需求登记，可由各种职业介绍机构和基层劳动就业服务机构办理。

2. 职业介绍机构

职业介绍机构，是经劳动、人事行政部门许可而从事职业中介服务的事业单位。它为劳动力供求双方沟通联系和提供服务，从而帮助求职者实现就业。开办职业介绍机构应符合以下条件：有固定的交流场所和设施；有必要的开办资金；有相应的机构和章程；有明确的业务范围；有一定数量的专职工作人员；法定的其他条件。我国现有的职业介绍机构，主要有下述几种：

（1）劳动行政部门职业介绍机构。即县级以上劳动行政部门开办的职业介绍所和县级劳动行政部门开办的乡镇、街道劳动就业服务站。它属于公益性事业单位，受劳动行政部门领导，由劳动就业服务管理机构直接管理。开办职业介绍所由同级劳动行政部门审批，开办乡镇、街道劳动就业服务站由县级劳动就业服务管理机构审批。其具体职责是执行国家的就业政策，提供劳动力供求信息，开展就业指导与咨询，组织劳动力交流活动。

（2）人事行政部门职业介绍机构，即人才交流中心。专指各地人事行政部门设置的以专业技术人员为介绍对象的职业介绍机构。它受人事行政部门领导和管理，其业务范围主要包括人才信息储存和传递，人才余缺调剂，人才招聘和借调，人才流动争议仲裁，人才培训，人才资源调查和需求预测，人才理论研究和咨询等。

（3）其他（非官方）职业介绍机构。这是指劳动人事行政部门之外的有关部门、单位或个人开办的从事职业介绍业务的机构。其中，非营利性的，须经县级以上劳动就业服务机构审批并颁发职业介绍许可证；营利性的，除办理上述手续外，还要到当地工商行政部门进行登记。它们只能在职业介绍许可证所限定的业务范围内进行劳动力供求中介活动，其服务对象只限于本行政区域内的用人单位和求职者，并且必须接受当地劳动、工商、税务、物价等部门的指导和监督。

（4）境外就业服务机构。专指经劳动和社会保障部批准的从事境外就业服务工作的职业介绍机构。它的设立须由其主管的劳动行政部门在征得同级公安机关同意后报经中央劳动行政部门审批后并颁发境外就业服务许可证。它设立分支机构时，须经省级劳动行政部门同意后，报中央劳动行政部门审批。省级劳动行政部门经中央劳动行政部门授权，也可行使本区域境外就业服务机构的审批职权。境外就业服务机构的主要业务是，为中国公民出境就业以及为境外雇主在境内招聘中国公民提供服务。

3. 劳务派遣单位

劳务派遣单位，是依法从事劳务派遣业务的专门机构。它兼有就业服务主体和雇主双重身份，既为劳动者和用人单位提供派遣就业和派遣用工服务，又承担部分雇主职能。其设立除了遵守《公司法》和其他公司法律法规所规定的设立条件和程序外，还必须遵守特别法的规定（如劳动法的规定）。

(二) 职业培训服务机构

职业培训服务机构，是提供职业培训方面的服务，以满足劳动力供求双方的职业技能开发和使用需要的机构。主要包括职业培训机构和职业技能鉴定机构。

职业培训机构，其广义泛指具有职业培训等的各种主体，包括专门职业培训机构以及兼有职业培训职能的普通学校和承担学徒培训、在岗培训任务的企事业单位；其狭义仅指专门职业培训机构（职业培训实体）。按规定，专门职业培训机构应当具备的基本条件包括稳定的经费来源；与办学规模相适应的办学场所；与专业（工种）设置相适应的培训设备和实习、实验场所；与办学任务相适应的师资和管理人员；必要的教学文件、教材、教具、教学仪器、图书资料和管理制度等。我国现存的专业职业培训机构主要有：(1) 就业训练中心。它是劳动行政部门举办的对需要就业的人员进行初级职业培训的事业单位。其任务是，在国家的就业方针和教学方针指导下，根据经济建设和社会发展的需要，为用人单位培训具有初级技术水平和业务能力、良好职业道德的劳动者；根据需要，还可以承担劳动行政部门委托的有关就业训练的师资培训和教学研究，组织编写教学计划、大纲、教材、教学参考资料，以及对人才需求提供咨询等任务。(2) 技工学校（简称技校）。它是培养中等技术工人的职业技术学校，但在完成既定任务的前提下，也可根据经济和社会发展需要有计划地培养初级技术工人，并承担失业青年、学徒工、在职工人、企业富余人员、乡镇企业工人、军地两用人才的培训任务。(3) 职业中学。它是专门培养初、中级技术劳动后备人员的学校。主要以提高劳动后备人员的文化、技术、业务理论知识和实际操作技能为目的，为其创造就业条件。招生对象一般为初中毕业生，入学实行考试，择优录取。(4) 职业（技术）学校。它是具有职业技术教育和普通教育双重职能，采用半工半读、全日制等多种办学形式的学校。(5) 职工学校。它是企业事业单位或社会力量为提高职工的科学文化和技术业务水平或更新知识而建立的职工培训教学。一般承担在职学历教育和业务文化、技术、业务、政治思想教育等方面的任务。

职业技能鉴定机构，是负责指导和实施对劳动者技术等级进行考核和认定的专门机构。它经劳动行政部门审批方可建立，并在劳动行政部门的管理和监督下进行职业技能鉴定工作。它包括职业技能鉴定指导中心和职业技能鉴定站（所），前者负责组织、协调、指导职业职能鉴定工作，后者负责具体实施职业技能鉴定工作，即具体承担对失业人员、从业人员、军地两用人才、各级各类职业培训机构的毕（结）业生的技术等级考核和发证工作。

(三) 劳动保护服务机构

劳动保护服务机构，是指在劳动行政部门授权或委托的范围内为实现劳动安全卫生提供服务的专门机构。它由劳动行政部门或有关部门设立，其资格须由劳动行政部门和有关部门确认，其业务范围由有关法规直接规定，其业务活动由劳动行政部门和有关部门管理和监督。除劳动保护设备用品经营机构、劳动保护工程施工机构外，均为非营利性单位。

劳动保护服务机构主要有：(1) 劳动保护检验检测机构，即依法对劳动安全卫生条件实施检验检测的机构，包括锅炉压力容器检验机构、劳动安全卫生检测机构、劳动防护用品质量检验机构等。(2) 劳动保护教育机构，即对劳动者和劳动保护管理人员进行劳动安全卫生知识和技术教育的机构，包括劳动保护教育专门机构和兼有劳动保护教育职能的学校等机构。(3) 劳动保护设备用品经营机构，即生产和供应劳动安全卫生设备和用品的企业，一般具有特定劳动安全卫生设备或用品的专营权。(4) 劳动保护工程施工机构，即从事劳动安全卫生设施、设备的建筑、安装施工的企业。它必须符合法定的必备资质条件，并取得特定的施工许可证。(5) 劳动保护技术设计机构，即从事劳动安全卫生设施、设备和用品等项目的技术设计的机构，它在技术人员和技术手段方面必须具备法定条件，并取得特定的设计资格。(6) 职业的防治机构，即从事职业病预防和治疗的医疗机构。(7) 劳动保护研究机构，即从事劳动安全卫生技术和管理研究的机构。

(四) 社会保险服务机构

社会保险服务机构，是经办社会保险业务和为给付社会保险待遇提供相关服务的机构，主要有社会保险经办机构、劳动鉴定机构和医疗机构等。

社会保险经办机构，是劳动行政部门或社会保险行政部门所属的经办职工社会保险业务的事业单位。它负责职工社会保险基金的筹集、管理和支付，以及职工社会保险档案的记载和管理工作。按照市场经济的要求，为给企业创造平等竞争的条件，给劳动者提供公平和可靠的生活保障，在立法中对社会保险经办机构的业务范围应按下述要求确定：（1）就保险种类而言，原则上各种保险都应逐步纳入社会保险经办机构的业务范围。（2）就用人单位和职工而言，社会保险经办机构的业务范围不应为用人单位的所有制性质和职工的身份所限制。

劳动鉴定机构，是依法对患一般疾病或职业病、因工或非因工伤致残，以及长期病休后复工的职工的劳动能力状况，进行检查、鉴别和评定，并根据鉴定结果决定其应享受何种保险待遇、是否可以重新工作的专门机构。

作为社会保险服务机构的医疗机构，是指为医疗保险的被保险人和受益人提供医疗服务的机构。它给付医疗保险待遇的范围、项目和方式，均由社会保险机构、用人单位与医疗机构签订的委托医疗保险服务合同所约定。

（五）其他劳动服务机构

例如，为提供工资支付保障服务的工资基金开户银行，提供劳动福利服务的公共福利机构等。

【前沿提示】

我国工会体制的思考

我国当前的工会系统，是由基层工会委员会、基层工会的联合会、地方各级总工会、全国的或者地方的产业工会、中华全国总工会等各种层级的组织所构成的。关于其组织体制的设计，我国《工会法》第二章规定，工会各级组织按照民主集中制原则建立。上级工会组织领导下级工会组织。全国建立统一的中华全国总工会。基层工会、地方各级总工会、全国或者地方产业工会组织的建立，必须报上一级工会批准。上述规定表明，我国现行的工会体制不同于很多国家所实行的"多元化体制"模式，而是采"单一体制"模式，亦即工会组织在我国具有唯一性。总体上，这一工会体制是适应我国目前的社会经济条件以及政治、法治等制度基础的。存在的问题主要是在现有体制下，如何使工会具有积极维权的动力并在"三方协商机制"中真正作为相对独立的一方主体行使其职工代表权。工会作为劳动者团体，其力量的来源本应是"自下而上"生成的，但由于目前我国工会的高度行政化倾向，事实上已演变成"自上而下"的权力链，而工会对会员和职工应有的维权意识、服务意识被弱化了。同时，在工会组织当前尚未有力渗透到的领域，如何确保那些非正规就业的工人、外来农民工等群体能够切实享受其应有的代表权和参与权？如何对待实践中已经出现的一些由劳动者自发组建的维权团体？这些问题都亟待研究解决。

【思考题】

1. 劳动法上的主体是指什么？有何基本特征？
2. 什么是劳动者？劳动者的法律资格如何？劳动者的权利和义务是什么？
3. 我国工会的性质和职能是什么？工会具有何种法律地位？工会的权利和义务是什么？
4. 什么是用人单位？用人单位的法律资格如何？用人单位的权利和义务是什么？
5. 什么是用人单位团体？我国用人单位的现状如何？
6. 劳动行政部门是指什么？其主要有哪些职责？
7. 劳动服务主体是指什么？其主要种类包括哪些？

第三章 劳动合同

【引言】劳动合同是劳动者与用人单位确立劳动关系、明确双方权利和义务的协议，签订劳动合同对于保护劳动者和用人单位权益均有着重要的意义。

【学习目的与要求】通过本章的学习，学生应理解劳动合同与相关合同的区别和联系，了解劳动合同的概念、特征和形式，理解劳动合同的内容、效力与订立程序。在此基础上重点掌握劳动合同的履行、变更、终止与解除。熟悉与劳动合同相关的法律、法规及相关规定，为今后在工作或生活中实际运用劳动合同打下基础。

【知识结构简图】

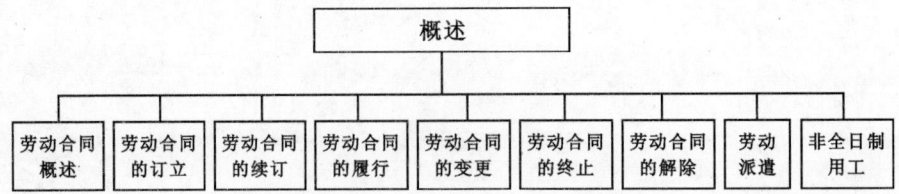

【引例】2008年7月，北京市东城区法院宣判京城首例无固定期限劳动合同解除案，驳回了劳动者的全部请求。2005年，此劳动者进入用人单位日立数据工作，第二年10月与单位签订无固定期限劳动合同，职务是商务经理。公司称其工作范围包括数据录入，但其在此项工作中多次出错，随后表示停止数据录入工作并多次拒绝参加职业培训提升计划。2008年3月，因其拒绝录入工作已有2个多月，单位不得不另行招人填补空缺，遂以该员工严重违反单位规章制度为由，与其解除劳动合同。该员工先后提起劳动仲裁和诉讼。法院审理认为，劳动者严重违反单位规章制度的，用人单位可以解除劳动合同。日立数据曾多次与该员工沟通，其拒不接受，并擅自停止工作，且不参加单位组织的培训，其行为已严重违反了单位的规章制度。法院认为，日立数据以该劳动者违反单位规章制度为由解除劳动合同并无不妥，驳回了该劳动者的全部请求。①

第一节 概 述

一、劳动合同的含义和特征

（一）劳动合同的含义

劳动合同，又称劳工契约或劳动协议，是指劳动者与用人单位确立劳动关系，明确双方权利义务关系，依法经协商而达成的协议。建立劳动关系，应当订立劳动合同，这是劳动法规定的基本内容之一。劳动者与用人单位要实现社会劳动过程，必须首先达成共识，在意思表示一致的基础上才能产生积极效果。因此，建立劳动关系，必须先签订合同。劳动合同从订立之日起便具有法律效力。对用人单位来说，劳动合同是完成一定生产劳动过程的必要条件；对劳动者来说，劳动合同是伴随其参加劳动、进行生产和完成劳动的全过程，是劳动者完成劳动任务并获得劳动报酬的法律依据。

从立法的角度看，最早的劳动合同出现在《法国民法典》中，被称为劳动力租赁契约。② 以后逐渐从民商事合同中分离出来。劳动合同是劳动者获得就业机会，实现劳动权利的主要手段；它是确立个别劳动关系的重要法律形式，也是劳动法调整劳动关系的基本途径。我国的经济体制改革要求劳动力资源配置的市场化，而推行劳动合同制度正是实现市场化的关键步骤。

（二）劳动合同的特征

1. 它是诺成合同

只需双方当事人意思表示一致劳动合同即可成立。

2. 它是附合性合同

双方当事人就劳动合同内容意思表示一致的过程。在实践中通常表现为由劳动者对用人单位提出的劳动合同主要条款附合表示同意的过程。只要用人单位提出的合同条款不违法，这种附合性合意行为即为法律所允许。

3. 它是双务合同

劳动者和用人单位都负有义务，并且各方所负义务既是与各自所享有权

---

① 于杰，王丽娜. 北京首例无固定期合同被解除案员工败诉. 京华时报，2008-07-16(6).

② 拿破仑法典. 北京：商务印书馆，1981：239.

利对应的代价，又是实现对方相应权利的保证。

4. 它是从属合同

按照劳动合同的约定，劳动者在身份上、组织上、经济上从属于用人单位。遵照用人单位的要求为用人单位劳动，完全纳入用人单位的经济组织和生产结构之内。

5. 它是有偿合同

依据劳动合同，劳动者一方面向用人单位提供劳动，另一方面向用人单位取得劳动报酬等劳动力再生产费用，这是一种等量劳动相交换的关系。

6. 它是继续性合同

劳动合同所约定的权利和义务在劳动关系存续期间继续存在，要求由劳动者和用人单位在此期间内继续实现，其中，劳动者应当日复一日、周复一周、月复一月地履行其提供劳动的义务，用人单位履行其义务的行为则应与此相伴随。

7. 它是身份合同

劳动合同亦如委托、居间合同，其当事人双方是一种特定的人身信任关系。因而不能随意寻找他人替代或代理。

二、劳动合同的立法状况

西方工业化国家的劳动合同立法历经了一个由民法到劳动法的过程。20世纪以前，劳动合同被载入民法，完全适用契约自由原则。如法国1804年制定的《拿破仑法典》中有关于劳动合同的专门条款，将其称为"劳动力租赁契约"。在该法典的影响下，意大利、丹麦、西班牙等欧洲国家，加拿大、智利、阿根廷等美洲国家以及日本等亚洲国家，都把劳动合同列为其民法典的内容。①

20世纪初，劳动合同已被认为是独立于民事契约之外的一种契约，劳动合同和劳动关系具有社会性，出于国家干预劳动合同和协调劳动关系的需要，劳动合同立法由民法转入劳动法范畴。

在现代，关于劳动合同的立法有三种模式：一是在劳动法典等劳动基本法中将劳动合同单列为一章或一篇，如德国、日本、加拿大等；二是制定单行的劳动合同法，如意大利、丹麦、印度等；三是仍然沿用民法的合同法或者按普通法对劳动合同进行规范，这只是少数国家，如英国、美国等。

我国的劳动合同立法，已有较长的发展过程。早在土地革命时期，中央苏区的《中华苏维埃共和国劳动法》中，就设有劳动合同专章；抗日战争

---

① 王全兴. 劳动法. 北京：法律出版社，2004：122.

时期，陕甘宁边区的许多法规中也有关于劳动合同的法律规范。中华人民共和国成立以来，劳动合同立法一直是劳动立法的一个重要组成部分。

在我国劳动合同立法的发展过程中，1994年颁行的《劳动法》具有特别重要的意义。它就劳动合同的定义和适用范围，订立、变更和无效，内容、形式和期限，终让和解除等主要问题作出专门规定，为统一和完善劳动合同制度奠定了法律基础，使劳动合同立法进入了一个新的发展阶段。此后，劳动部制定了若干与《劳动法》配套的有关劳动合同的规章。此外，最高人民法院于2001年出台了《最高人民法院关于审理劳动争议案件适用法律若干问题的解释》，之后于2006年、2010年分别出台了《最高人民法院关于审理劳动争议案件适用法律若干问题的解释（二）》、《最高人民法院关于审理劳动争议案件适用法律若干问题的解释（三）》，也就劳动合同适用法律的有关问题作了规定。第十届全国人民代表大会常务委员会第二十八次会议于2007年6月29日通过了《中华人民共和国劳动合同法》，自2008年1月1日起施行，详细规定了有关劳动合同的内容。

三、劳动合同的种类

劳动合同的种类很多，按不同标准和角度可以分为多种类型。在立法上和实践中，最常见的是按照合同期限进行分类。

按照法律对劳动合同有效期限的要求不同，将劳动合同划分为定期劳动合同、不定期劳动合同和以完成一定工作为期限的劳动合同，这是大多数国家劳动方法的通例。我国有关劳动合同的立法也肯定了这种分类。

（一）固定期限的劳动合同

固定期限的劳动合同，亦称定期劳动合同，是指双方当事人在合同中约定了起止日期的劳动合同。劳动合同期限届满，劳动合同即告终止。有固定期限的劳动合同适用范围广泛，它既能保持劳动关系相对稳定，又能促使劳动力合理流动。

（二）无固定期限的劳动合同

无固定期限的劳动合同，亦称无定期劳动合同，是指双方当事人没有约定合同终止日期的劳动合同。在劳动合同书上只写明合同生效的起始日期，没有规定合同终止日期。订立无固定期限的劳动合同，除法律、法规有规定外，双方当事人应当约定变更、解除、终止的合同的条件。只要不出现可以解除、终止劳动合同的条件，劳动者就可以长期在一个单位工作。这种合同适用于工作保密性强、技术复杂、生产（工作）需要长期保持人员稳定的工作岗位。

无固定期限的劳动合同，对于稳定职工队伍、减少因频繁更换关键岗位工作人员而造成的损失、促使职工钻研技术业务、促进经济发展，都有重要意义。同时从就业保障的角度看，无固定期限劳动合同对劳动者更有利，尤其是就防止用人单位在使用完劳动者"黄金年龄段"后不再使用劳动者而言，保护劳动者权益更为有效。所以，我国《劳动合同法》第14条规定了用人单位应当订立无固定期限劳动合同的情形："有下列情形之一，劳动者提出或者同意续订、订立劳动合同的，除劳动者提出订立固定期限劳动合同外，应当订立无固定期限劳动合同：（1）劳动者在该用人单位连续工作满10年的；（2）用人单位初次实行劳动合同制度或者国有企业改制重新订立劳动合同时，劳动者在该用人单位连续工作满10年且距法定退休年龄不足10年的；（3）连续订立二次固定期限劳动合同，且劳动者没有本法第39条和第40条第1项、第2项规定的情形，续订劳动合同的。用人单位自用工之日起满1年不与劳动者订立书面劳动合同的，视为用人单位与劳动者已订立无固定期限劳动合同。"

《劳动合同法实施条例》第11条进一步明确规定："除劳动者与用人单位协商一致的情形外，劳动者依照劳动合同法第14条第2款的规定，提出订立无固定期限劳动合同的，用人单位应当与其订立无固定期限劳动合同。对劳动合同的内容，双方应当按照合法、公平、平等自愿、协商一致、诚实信用的原则协商确定；对协商不一致的内容，依照劳动合同法第18条的规定执行。"

为减轻用人单位的压力，《劳动合同法实施条例》第12条规定了两种例外情形："地方各级人民政府及县级以上地方人民政府有关部门为安置就业困难人员提供的给予岗位补贴和社会保险补贴的公益性岗位，其劳动合同不适用劳动合同法有关无固定期限劳动合同的规定以及支付经济补偿的规定。"

（三）以完成一定工作任务为期限的劳动合同

这是指劳动合同双方当事人约定以完成某项工作作为合同终止日期的劳动合同。当某项工作或工程完成后，劳动合同自行终止。以完成一定工作为期限的劳动合同，实际上是属于有固定期限的劳动合同，但是，与有固定期限的劳动合同也有不同之处，即有固定期限的劳动合同具体规定合同有效的起止日期，而以完成一定工作为期限的劳动合同则以某项工作开始至结束的这段期间为劳动合同的期限。此类合同一般适用于以下情形：一是以完成单项工作任务为期限的劳动合同；二是以项目承包方式完成承包任务的劳动合同；三是因季节原因临时用工的劳动合同；四是其他双方约定的以完成一定工作任务为期限的劳动合同。

四、劳动合同的形式

劳动合同的形式是指当事人意思表示一致的外在表现方式。它对于正确地表现合同的内容，证明合同关系的存在和权利义务的确定，甚至对劳动合同能否成立和是否有效具有重要意义。各国关于劳动合同可以或应当以什么形式存在，都由立法明确规定。劳动合同形式有口头形式和书面形式之分。各国劳动立法对此作出的选择，可归纳为三种模式：一是允许一般劳动合同采用口头形式，只要求特定劳动合同采用书面形式；二是一般要求劳动合同采用书面形式，但允许在特殊情况下劳动合同可采用口头形式；三是要求所有劳动合同都采用书面形式。

我国《劳动合同法》第 10 条规定："建立劳动关系，应当订立书面劳动合同。"第 82 条规定："用人单位自用工之日起超过 1 个月不满 1 年未与劳动者订立书面劳动合同的，应当向劳动者每月支付二倍的工资。"

我国《劳动合同法》对劳动合同形式进行严格要求，是由于书面形式比较严谨、准确可靠且有据可查。以加大用人单位违法成本的方法来促使用人单位及时与劳动者订立书面劳动合同。书面劳动合同是在双方当事人就权利义务达成协议后，用文字形式固定下来作为劳动法律关系确立的凭证。它把劳动合同的内容条文化，便于双方当事人正确履行劳动合同义务，也便于对劳动合同执行情况进行监督和检查，也有利于在发生劳动争议时有据可查，便于分清是非，明确责任，公正及时地处理争议。

劳动合同形式还有主件和附件之分。主件一般是指在确立劳动关系时所订立的书面劳动合同。附件一般是指法定或约定作为劳动合同主件之补充而明确当事人双方相互权利义务的书面文件。在我国，法定的劳动合同附件，主要包括用人单位内部劳动规则，即用人单位劳动规章制度；专项劳动协议，即已确立劳动关系的劳动者与其用人单位就某种事项所签订的专项协议。

第二节　劳动合同的订立和续订

一、劳动合同订立的概念和原则

劳动合同的订立，是指劳动者与用人单位就劳动合同的主要条款经过协商达成一致，并以书面形式明确相互权利义务关系的法律行为。

《劳动合同法》第 3 条规定："订立劳动合同，应当遵循合法、公平、平等自愿、协商一致、诚实信用的原则。"订立劳动合同，应当遵循以下原则：

（一）合法原则

合法原则是指劳动合同的订立不得违反法律、法规的规定，特别是不得违反强制性法律规范和强制性劳动标准。无论合同的当事人、内容和形式，还是订立合同的程序，都必须符合有关劳动法律、法规的要求。合法原则意味着对自由意愿的限制，其目的归根结底在于从宏观的层面上平衡社会利益关系，维护必要的社会秩序。

合法原则是合同订立的基本原则，其基本要求有四点：一是订立劳动合同的目的必须合法，当事人不得以订立劳动合同的合法形式掩盖非法意图和违法行为。二是订立劳动合同的主体必须合法，即双方当事人必须具备法律、法规规定的主体资格。三是劳动合同的内容必须合法。劳动合同的内容是对双方当事人劳动权利和劳动义务的具体规定。当事人双方在确定具体的劳动权利和义务时，不得违背国家有关法律、法规的规定。例如，有的劳动合同规定，"发生工伤事故，单位概不负责"、"旷工3天予以除名"、"不享受星期天休假"等均属于内容违法。四是劳动合同订立的程序和形式合法。劳动合同订立的程序和形式必须符合法律规定，未经双方协商一致、强迫订立的劳动合同无效，同时劳动合同应以书面形式订立。

（二）公平原则

公平原则是指劳动合同内容应当公平、合理，就是在符合法律规定的前提下，劳动合同双方当事人公正、合理地确立双方的权利义务。这有利于平衡劳动合同双方当事人的利益，有利于建立和谐稳定的劳动关系。公平原则要求劳动合同双方当事人之间的权利义务公平合理，要大体上平衡，强调一方给付与对方给付之间的等值性。需要注意的是，《劳动合同法》的立法目的是强调"保护劳动者的合法权益"，又称倾斜保护劳动者合法权益，其目的是平衡劳动者和用人单位实质上的不平等，从而实现实质公平，因此在理解劳动合同当事人双方权利义务的配置上不宜强调绝对的对等。形式公平要求双方当事人权利义务具有对等性，一方享有权利、他方负有义务。但绝对化的形式公平有时是不利于保护劳动者的，需要实质公平来予以平衡。

（三）平等自愿原则

订立劳动合同，应当遵循平等自愿原则。所谓平等，是指订立合同双方当事人的法律地位平等，都有权选择对方并就合同内容表示自己的意志。只有当事人双方法律地位平等，才具有协商的前提条件。所谓自愿，是指劳动合同的订立及合同内容的达成完全出于当事人自己的意愿，是其真实意思的表示，任何一方不得把自己的意志强加于对方，除合同管理机关依法监督外,任何第三方都不得干涉合同的订立。凡是采取强迫、欺诈、威胁等手段,把自己的意愿强加于对方的,都不符合自愿原则。平等是自愿的基础和前提,自愿是平等的必然体现。

(四) 协商一致原则

协商一致原则是指劳动合同的全部内容在法律、法规允许的范围内,由双方当事人共同讨论、协商,取得完全一致的意见后再确定。协商一致的关键是一致,没有达成一致的意思表示,合同就不能成立。

(五) 诚实信用原则

诚实信用原则是指双方当事人在订立劳动合同过程中要诚实、讲信用,并按照诚信原则履行自己基于合同或者法律规定而对对方所承担的各种义务。这就要求在订立劳动合同时,双方都不得有欺诈行为,不得隐瞒真实状况,如《劳动合同法》第8条规定:"用人单位招用劳动者时,应当如实告知劳动者工作内容、工作条件、工作地点、职业危害、安全生产状况、劳动报酬,以及劳动者要求了解的其他情况;用人单位有权了解劳动者与劳动合同直接相关的基本情况,劳动者应当如实说明。"

二、劳动合同订立的程序

订立劳动合同的程序,是指劳动者和用人单位通过协商,就合同内容达成合意,签订劳动合同的动态过程。与订立合同的一般过程相同,劳动合同的订立过程中双方的协商也可以分解为要约和承诺两个基本步骤。但是劳动合同的订立在进入正式协商阶段之前往往还有一个准备阶段,这一准备过程甚至比协商合同内容本身更为重要。双方当事人在准备阶段先进行初步接触,目的是相互了解对方的情况,然后根据所掌握的信息来决定是否与对方进入正式协商阶段。即所谓劳动力市场的双向选择主要发生在准备阶段。当然,由于生产要素市场中资本是比劳动力更为稀缺的资源,资本所有者与劳动力所有者的双向选择权实际上并不对称。根据我国《劳动法》的有关规定以及订立劳动合同实践,签订劳动合同的程序一般为:

(一) 确定劳动合同当事人的阶段

在准备阶段中当事人可以通过各种方式获取对方的信息,以便确定满意的协商对象。最常见的方法是当面交谈,也可以通过笔试加深了解。某些单位需要大规模招收员工时,一般会在相关媒体上发布招聘广告,然后对报名的应聘者进行全面、综合考核,经过筛选后确定符合条件的应聘者并向其发放录用通知书。录用通知书是一种单方的法律行为,表明招聘方愿意与应聘方通过订立劳动合同来建立劳动关系。其效果是使被录用方获得与录用方签订劳动合同的权利。但录用通知书并不是劳动合同，被录用者完全可以放弃自己所获得的权利。

（二）确定劳动合同内容的阶段

1. 提出劳动合同草案

用人单位向劳动者提出拟订的劳动合同草案，并说明各条款的具体内容和依据。

2. 介绍内部劳动规则

在提出合同草案的同时，用人单位还必须向劳动者详细介绍本单位内部劳动规则。

3. 商定劳动合同内容

用人单位与劳动者在劳动合同草案和内部劳动规则的基础上，对合同条款逐条协商一致后以书面形式确定其具体内容。对劳动合同草案，劳动者可提出修改和补充意见，并就此与用人单位协商确定。对内部劳动规则，劳动者一般只需表示接受与否即可，而不能与用人单位协商修改或补充其内容，不过，双方可以在劳动合同中作出不同于内部劳动规则某项内容或者指明不受内部劳动规则某项内容约束而对劳动者更有利的约定。

4. 签名盖章

劳动者和用人单位应当在经协商一致所形成的劳动合同文本中签名盖章，以此标志双方意思表示一致的完成。在我国，凡属于不需要鉴证的劳动合同，在双方当事人签名盖章后即告成立。

5. 鉴证

在我国，按照国家规定或当事人要求而需要鉴证的劳动合同，应当将其文本送交合同签订地或履行地的合同鉴证机构进行鉴证。凡需要鉴证的劳动合同，经鉴证后才可生效。

三、劳动合同的内容

劳动合同的内容是指劳动者与用人单位之间设定劳动权利和义务的具体规定。劳动合同内容直接涉及劳动者与用人单位的切身利益，也关系到国家劳动法律、法规和政策的贯彻实施。

（一）法定必备条款

劳动合同的法定条款是指法律要求劳动合同必须具备的合同条款。我国《劳动合同法》第17条规定："劳动合同应当具备以下条款：（1）用人单位的名称、住所和法定代表人或者主要负责人；（2）劳动者的姓名、住址和居民身份证或者其他有效身份证件号码；（3）劳动合同期限；（4）工作内容和工作地点；(5) 工作时间和休息休假；(6) 劳动报酬；(7) 社会保险；(8) 劳动保护、劳动条件和职业危害防护；(9) 法律、法规规定应当纳入劳动合同的其他事项。"

1. 劳动合同期限条款

劳动合同的期限，是指劳动合同效力所及的时间长度，也就是劳动合同的有效期限。一项劳动合同，明确规定有效期限是必不可少的，除依法允许订立不定期合同的情况以外，都应当规定合同有效期限，其中应包括合同的生效日期和终止日期，或者决定合同有效期限的工作（工程）项目。

2. 工作内容和工作地点条款

即关于劳动者的劳动岗位、劳动任务条款。所谓工作内容，是指劳动法律关系所指向的对象，即劳动者都必须具体从事一定种类或者内容的劳动。劳动合同中的工作内容条款，是劳动合同的核心条款之一，它是用人单位使用劳动者的目的，也是劳动者通过自己的劳动取得劳动报酬的根据。工作地点是指劳动者具体工作的地方。

3. 工作时间和休息休假条款

工作时间应明确约定，包括工作时间的计算方法，具体是指是执行标准工时、综合计算工时还是不定时计算工时，以及加班加点的相关约定等。休息休假是指劳动者在工作时间之外享有的休息休假的权利和时间，具体包括国家法定休息日、国家法定节假日，以及劳动者享有的探亲、婚丧、计划生育、带薪年休假等。这些均应在劳动合同中予以明确约定。

4. 劳动报酬条款

劳动报酬条款是指关于劳动报酬的形式、构成、标准等方面的条款。劳动报酬是劳动者履行劳动义务之后享有的主要权利，也是用人单位的一项主要义务。劳动关系双方在约定劳动报酬时，不得违反法律、法规有关工资的支付形式、支付期限等保障性规定；也不得与当地政府颁布的最低工资标准和集体合同中有关工资标准的内容相抵触。

5. 社会保险条款

社会条款是指在劳动合同中，应约定用人单位应依照国家和地方有关社会保险的规定，为劳动者办理社会保险，按时足额缴纳社会保险费。解除、终止合同后，用人单位必须按国家或地方规定为劳动者办理有关社会保险的转移手续。

6. 劳动保护、劳动条件和职业危害防护条款

即关于用人单位应当为劳动者提供劳动安全卫生条件和生产资料条件的条款。劳动保护，是指用人单位为了保障劳动者在劳动过程中的身体健康与

生命安全，预防伤亡事故和职业危害的发生而采取的有效措施。在生产劳动过程中，存在着各种不安全、不卫生的因素。国家为了保障劳动者的身体健康和生命安全，通过制定相应的法律和行政法规、规章，规定劳动保护规则，以保护劳动者的健康和安全。劳动条件是指劳动者完成劳动任务的必要条件。如必要的劳动工具、工作场所、劳动经费、技术资料等必不可少的物质技术条件和其他工作条件。劳动保护和劳动条件是劳动合同中不可缺少的内容，当事人如果对此有特别约定的，应当在合同中加以明确具体的规定。职业危害防护是指在工作中提供相应防护条件，以预防职业危害的发生。

若缺乏必备条款，提供劳动合同文本的用人单位应负法律责任。《劳动合同法》第81条规定："用人单位提供的劳动合同文本未载明本法规定的劳动合同必备条款或者用人单位未将劳动合同文本交付劳动者的，由劳动行政部门责令改正；给劳动者造成损害的，应当承担赔偿责任。"

需要注意的是，劳动合同必备条款不全，并不必然导致劳动合同无效。《劳动合同法》第18条规定："劳动合同对劳动报酬和劳动条件等标准约定不明确，引发争议的，用人单位与劳动者可以重新协商；协商不成的，适用集体合同规定；没有集体合同或者集体合同未规定劳动报酬的，实行同工同酬；没有集体合同或者集体合同未规定劳动条件等标准的，适用国家有关规定。"

（二）约定条款

约定条款是指在法定必备条款之外，双方当事人自愿协商并约定的合同条款。《劳动合同法》第17条第2款规定："劳动合同除前款规定的必备条款外，用人单位与劳动者可以约定试用期、培训、保守秘密、补充保险和福利待遇等其他事项。"

1. 试用期条款

试用期是指用人单位和劳动者为了相互了解、相互选择而约定的考察期。试用期届满后，双方都满意的，被试用者即成为用人单位的正式职工。需特别注意的是当事人约定试用期时不能违反以下规定：（1）劳动合同期限3个月以上不满1年的，试用期不得超过1个月；劳动合同期限1年以上不满3年的，试用期不得超过2个月；3年以上固定期限和无固定期限的劳动合同，试用期不得超过6个月。（2）同一用人单位与同一劳动者只能约定一次试用期。（3）以完成一定工作任务为期限的劳动合同或者劳动合同期限不满3个月的，不得约定试用期。（4）试用期包含在劳动合同期限内。劳动合同仅约定试用期的，试用期不成立，该期限为劳动合同期限。（5）劳动者在试用期的工资不得低于本单位相同岗位最低档工资或者劳动合同约定工资的 80%，并不得低于用人单位所在地的最低工资标准。（6）在试用期中，除劳动者有《劳动合同法》第 39 条和第 40 条第 1 项、第 2 项规定的情形外，用人单位不得解除劳动合同。用人单位在试用期解除劳动合同的，应当向劳动者说明理由。

2. 培训条款

培训条款是指用人单位与劳动者在劳动合同中约定由用人单位为劳动者提供专项培训费用，对其进行专业技术培训的条款。专项培训并非用人单位的法定义务，因此一般要同时约定劳动者的服务期。我国《劳动合同法》第 22 条规定："用人单位为劳动者提供专项培训费用，对其进行专业技术培训的，可以与该劳动者订立协议，约定服务期。劳动者违反服务期约定的，应当按照约定向用人单位支付违约金。违约金的数额不得超过用人单位提供的培训费用。用人单位要求劳动者支付的违约金不得超过服务期尚未履行部分所应分摊的培训费用。用人单位与劳动者约定服务期的，不影响按照正常的工资调整机制提高劳动者在服务期期间的劳动报酬。"

3. 保密和竞业禁止条款

保密条款是指劳动者对用人单位的商业秘密负有保密义务的合同条款。保密的客体是商业秘密和与知识产权相关的保密事项。所谓商业秘密是指不为公众所知悉，能为权利人带来经济利益，具有实用性并由权利人采取措施将其保密的技术、经营信息（如产品、方法、配方、工艺、客户情况、财务状况、经营管理方法等）；所谓与知识产权相关的保密事项是指尚未依法取得知识产权但与知识产权相关的事项，主要包括专利、外观设计等。从雇佣关系的角度看，各国法律都要求雇员对雇主负有忠诚的义务，保密便是由此派生出的雇员义务之一。因为泄露他人的商业秘密有可能是出于不正当竞争的动机，所以对商业秘密的保护也是《反不正当竞争法》的重要内容之一。保密条款往往和竞业禁止条款紧密联系在一起。我国《劳动合同法》第 23 条规定："用人单位与劳动者可以在劳动合同中约定保守用人单位的商业秘密和与知识产权相关的保密事项。对负有保密义务的劳动者，用人单位可以在劳动合同或者保密协议中与劳动者约定竞业限制条款，并约定在解除或者终止劳动合同后，在竞业限制期限内按月给予劳动者经济补偿。劳动者违反竞业限制约定的，应当按照约定向用人单位支付违约金。"

竞业禁止也称竞业限制。竞业禁止条款是指约定限制或禁止雇员从事或参与从事与用人单位同业竞争的活动，以保护单位利益的合同条款。这就意味着劳动者在本单位工作期间或离开用人单位后的一定期限内不得经营、为他人经营或与他人合伙经营与原单位有竞争的业务（包括生产同类产品、提供同类服务或从事其他同类业务），竞业禁止条款一般包括竞业禁止的具体范围、竞业禁止的期限、补偿费的数额及支付方法、违约责任等内容。

我国《劳动合同法》第 24 条规定："竞业限制的人员限于用人单位的高级管理人员、高级技术人员和其他负有保密义务的人员。竞业限制的范围、地域、期限由用人单位与劳动者约定，竞业限制的约定不得违反法律、法规的规定。在解除或者终止劳动合同后，前款规定的人员到与本单位生产或者经营同类产品、从事同类业务的有竞争关系的其他用人单位，或者自己开业生产或者经营同类产品、从事同类业务的竞业限制期限，不得超过 2 年。"

4. 补充保险和福利待遇

用人单位与劳动者可以约定对劳动者的补充保险。补充保险是指由用人单位根据自身经济实力，在国家规定的实施政策和实施条件下为本单位职工所建立的一种辅助性保险，包括补充养老保险和补充医疗保险等。

用人单位与劳动者可以约定对劳动者的福利待遇。福利待遇一般称为职工福利，是指用人单位和有关社会服务机构为满足劳动者生活的共同需要和特殊需要，在工资和社会保险之外向职工及其亲属提供一定货币、实物、服务等形式的物质帮助。

四、劳动合同的效力

（一）劳动合同的成立

劳动合同的成立是指劳动合同的缔约双方当事人因意思表示一致而达成协议的客观事实。劳动合同成立的基本要件是双方意思表示一致。如果当事人约定了成立的特殊要件，则劳动合同于该要件具备时成立。绝大多数劳动合同的成立与生效是同时发生的。也有一些劳动合同成立后因某种原因推迟生效或无法生效。可见劳动合同的成立并不完全等同于劳动合同的生效，劳动合同成立与劳动合同生效是既有联系又有区别的两个法律概念。

（二）劳动合同的生效

劳动合同的生效，是指劳动合同具有法律效力的起始时间，即依法成立的劳动合同，从成立之日起或约定生效之日起对当事人双方产生法律约束力。

一般而言，劳动合同生效必须符合下列条件：

（1）合同的主体必须合法（具备法定的劳动权利能力和行为能力）；（2）合同的内容和形式必须合法；（3）订立合同的程序必须合法；（4）当事人的意思表示必须真实（意思表示须出自本人意愿，表示的内容和内心意愿应当一致）。

(三)劳动合同的无效

无效的劳动合同,是指当事人违反法律规定,订立不具有法律效力的劳动合同。它虽然是当事人双方协商订立的,但因违反法律规定,国家不予承认,法律不予保护。无效的劳动合同,从订立的时候起,就没有法律约束力。我国《劳动合同法》第 26 条规定:"下列劳动合同无效或者部分无效:(1)以欺诈、胁迫的手段或者乘人之危,使对方在违背真实意思的情况下订立或者变更劳动合同的;(2)用人单位免除自己的法定责任、排除劳动者权利的;(3)违反法律、行政法规强制性规定的。"

1. 劳动合同无效或部分无效的原因

根据《劳动合同法》第 26 条的规定,劳动合同无效的原因有下列几种:

(1)意思表示不真实的劳动合同。劳动合同的订立必须遵循平等自愿、协商一致的原则,只有这样才能保证劳动合同的真实性、合法性。劳动合同意思表示不真实主要为以欺诈、胁迫的手段或者乘人之危,使对方在违背真实意思的情况下订立或者变更劳动合同。

(2)用人单位免除自己的法定责任、排除劳动者权利的劳动合同。在实践中,用人单位以要劳动者放弃法定权利作为签订劳动合同的条件,如工资低于最低工资标准、用人单位可随时解除合同且无须支付经济补偿金、用人单位不给办理社会保险,甚至约定"工伤概不负责"等,其意图就是要免除其法定责任,这些条款都是无效的。

(3)违反法律、行政法规强制性规定的劳动合同。劳动合同违反法律、行政法规,是指劳动合同的内容违反法律、行政法规的强制性的法律规范。这里的法律是指全国人大及其常委会制定的法律规范,行政法规是国务院制定的法律规范。

2. 劳动合同无效的程度

无效劳动合同可以分为全部无效和部分无效两类。全部无效劳动合同,是指劳动合同条款全部无效;部分无效劳动合同,是指劳动合同部分条款无效,其余条款仍然具有法律效力。我国《劳动合同法》第 27 条规定:"劳动合同部分无效,不影响其他部分效力的,其他部分仍然有效。"

3. 无效劳动合同的确认

无效劳动合同的确认,是指具有无效劳动合同确认权的专门机构,依法对违反劳动法律、法规的劳动合同进行审查,确认并宣告其无效的职权活动。《劳动合同法》第 26 条第 2 款规定:"对劳动合同的无效或者部分无效有争议的,由劳动争议仲裁机构或者人民法院确认。"

4. 无效劳动合同的法律后果

劳动合同经法定机关依法确认为无效,其法律后果一般是自订立时起就没有法律约束力。其法律后果如下:

(1) 依法确认和保护劳动者合法权益。对此应理解为自订立时起无效劳动合同就不能作为确定当事人权利和义务的依据,而不应理解为像无效民事合同那样自订立时起就不对当事人产生权利和义务。这是因为劳动力支出后就不可回收,由此决定了对无效劳动合同已履行的部分,即劳动者实施的劳动行为和所得的物质待遇,不能适用返还财产、恢复原状的处理方式,并且对处于事实劳动关系中的劳动者应当依法予以保护。此即《劳动合同法》第28条规定:"劳动合同被确认无效,劳动者已付出劳动的,用人单位应当向劳动者支付劳动报酬。劳动报酬的数额,参照本单位相同或者相近岗位劳动者的劳动报酬确定。"

(2) 赔偿损失。赔偿损失是指对合同无效有过错的当事人一方有责任赔偿因之给对方造成的损失。按《劳动法》第97条的规定:"由于用人单位的原因订立的无效合同,对劳动者造成损害的,应当承担赔偿责任。"可见,考虑到用人单位对无效合同形成原因的特殊影响,《劳动法》确立的是用人单位单方赔偿责任原则。

五、劳动合同的续订

(一) 劳动合同的续订的概念

劳动合同的续订,是指合同当事人双方依法达成协议,使原订的即将期满的劳动合同延长有效期限的法律行为。其有以下特征:(1) 续订是在合同当事人双方均已确定的前提下进行的;(2) 续订是原订劳动合同所确立的劳动关系的续延,而不是在原劳动关系终止后再次确立新的劳动关系;(3) 续订以原订劳动合同为基础,当事人双方继续享有和承担与原合同一样或基本相同的权利和义务,因而对劳动者不再实行试用期。

(二) 劳动合同续订的要求

劳动合同的续订,和首次订立一样,应当适用平等、自愿和协商一致原则,应当具有法定的必备条件。

1. 可以续订的只限于一定范围内的定期劳动合同,劳动合同续订不能超过一定的次数或期限

有的国家由于对定期合同的最长期限作了规定,因而立法中对其续订的次数和期限也予以限制。例如,法国规定,定期劳动合同只能延期一次,并且不得超过原合同约定的延长期限。又如,德国规定,定期劳动合同的期限

最长不得超过 5 年，且只能延长一次。在我国，按现行劳动法规规定，在劳动行政部门确定的有害身体健康的工种、岗位招用的农民工，劳动合同的期限最多不能超过 8 年。在我国的现行立法中，对农民定期轮换工劳动合同和外国人劳动合同的最长期限（分别为 8 年、5 年）作了规定，因而这两种合同的续订不得超过此期限。

2. 劳动合同续订须由当事人双方同意

有的国家要求当事人双方同意续订合同的意思表示载于原合同中，例如，法国规定，有约定允许延期之条款的劳动合同，才可以续订；有的国家仅要求在合同续订前当事人双方同意续订即可，我国就是如此。

3. 在特定条件下劳动合同当然续订

例如，我国原劳动部规定，劳动合同期满后，因用人单位方面原因未办理终止或续订手续而形成事实劳动关系的，视为双方同意续订劳动合同，用人单位应及时办理续订手续。

4. 在特定条件下应续订为不定期劳动合同

例如，德国规定，劳动合同如第二次延期，则要订立不定期劳动合同。我国《劳动合同法》第 14 条规定："有下列情形之一，劳动者提出或者同意续订、订立劳动合同的，除劳动者提出订立固定期限劳动合同外，应当订立无固定期限劳动合同：（1）劳动者在该用人单位连续工作满 10 年的；（2）用人单位初次实行劳动合同制度或者国有企业改制重新订立劳动合同时，劳动者在该用人单位连续工作满 10 年且距法定退休年龄不足 10 年的；（3）连续订立二次固定期限劳动合同，且劳动者没有本法第 39 条和第 40 条第 1 项、第 2 项规定的情形，续订劳动合同的。"

（三）劳动合同续订的程序

立法所要求的劳动合同续订程序，一般包括以下环节：一是当事人双方就劳动合同的续订，签订书面协议；二是原劳动合同在签订书面协议后经过鉴证、备案或其他程序的，续订合同的协议也应办理同样的手续。

第三节　劳动合同的履行和变更

一、劳动合同的履行

（一）劳动合同履行的含义和原则

劳动合同的履行，是指劳动合同当事人履行劳动合同所规定义务的法律行为。劳动合同依法订立就必须履行，这既是劳动法赋予合同当事人双方的义务，也是劳动合同对合同当事人双方具有法律约束力的主要表现。

劳动合同的履行应遵循以下几个原则：

1. 亲自履行原则

合同当事人双方都必须以自己的行为履行各自依据劳动合同所承担的义务，而不得由他人代理。其中，劳动者的义务只能由本人履行。因为劳动力存在于劳动者自己的体内，劳动者提供劳动与其人身紧密联系、不可分割，受个人素质、工作技能和工作态度等因素的影响，每个劳动者提供劳动的质量是有明显差别的。用人单位对劳动者的权利和义务只限于劳动者本人。用人单位作为一个组织，其义务依法应由单位行政管理机构和管理人员在其职责范围内履行，其后果由用人单位承担。总而言之，劳动者不能将应由自己完成的工作交由第三方代办，用人单位也不能将应由自己对劳动者承担的义务转嫁给其他第三方承担。

2. 全面履行原则

合同当事人必须履行劳动合同的全部条款和各自承担的全部义务。要求劳动合同的当事人双方必须按照合同约定的时间、期限、地点，用约定的方式，按质、按量全部履行自己承担的义务。劳动合同规定的各项条款是相互联系的有机整体，任何一方当事人都不得分割履行某些条款的规定或者不按合同约定履行。当事人是否全面履行劳动合同，是衡量当事人是否违约的基本法律标准。

3. 协作履行原则

协作履行，是指合同当事人在履行合同过程中应当相互协作，在遇到履行困难时相互给予理解和帮助，共同完成劳动合同规定的义务。劳动合同在履行期间，劳动者作为用人单位的职工，要在用人单位指挥、安排下进行劳动。因此，履行中当事人之间的相互协作，对达到合同目的非常重要。劳动关系是一种需要劳动者与用人单位互助合作才能在既定期限内存续和顺利实现的社会关系，要求在劳动合同履行过程中始终坚持协作。合同当事人双方应当相互关心，为对方履行义务提供条件；用人单位劳动管理和劳动者民主参与应当协调一致，以便相互督促和协商；任何一方遇到困难，对方都应当在法律允许的范围内尽力给予帮助；劳动者违纪，用人单位应当以思想教育为主，并帮助其改正；用人单位违约，劳动者应当及时反映问题，尽快协助纠正，并设法防止和减少损失；因履行合同发生争议，应当及时协商解决。

（二）特殊情形下劳动合同的履行

1. 向第三人履行

劳动合同的任何一方当事人，一般都只向对方当事人履行义务，并且，要求对方当事人履行义务的请求权一般不得转让给第三人。换言之，只有在法律允许的特殊情况下，劳动者或用人单位才应当向第三人履行义务。关于劳动者向第三人履行劳动给付义务的条件，有的国家（如德国）立法规定，在劳动合同已有向第三人提供劳动之约定，或者雇主要求向第三人提供劳动并取得劳动者同意的情况下，劳动者才应当向第三人履行劳动给付义务；但是，在雇主死亡而其营业由其继承人承受，或者雇主的营业转让第三人的情况下，若劳动合同无特别约定，劳动者应当向第三人履行劳动给付义务，而不必取得劳动者同意。关于用人单位向第三人履行劳动待遇给付义务的条件，各国都严格实行法定原则，即只有在法律特别规定的场合，用人单位才可以将工资等劳动待遇向法定第三人按法定标准支付一定数额，而不允许合同当事人就此作出约定。

2. 用人单位变更名称、法定代表人时劳动合同的履行

我国《劳动合同法》第33条规定："用人单位变更名称、法定代表人、主要负责人或者投资人等事项，不影响劳动合同的履行。"用人单位变更名称、法定代表人、主要负责人或者投资人等事项，并不改变用人单位这个实体组织独立承担民事责任的性质，用人单位仍要继续履行其与劳动者已经订立的劳动合同。

3. 用人单位合并或者分立时劳动合同的履行

我国《劳动合同法》第34条规定："用人单位发生合并或者分立等情况，原劳动合同继续有效，劳动合同由承继其权利和义务的用人单位继续履行。"对于单位合并、分立的法律效果，我国《民法通则》第44条规定："企业法人分立、合并，它的权利和义务由变更后的法人享有和承担。"因此，变更后的用人单位承继的范围包括劳动者，承继的内容包括对劳动合同的继续履行。

4. 对于劳动合同履行地与用人单位注册地不一致时劳动标准的适用选择

我国《劳动合同法实施条例》第14条规定："劳动合同履行地与用人单位注册地不一致的，有关劳动者的最低工资标准、劳动保护、劳动条件、职业危害防护和本地区上年度职工月平均工资标准等事项，按照劳动合同履行地的有关规定执行；用人单位注册地的有关标准高于劳动合同履行地的有关标准，且用人单位与劳动者约定按照用人单位注册地的有关规定执行的，从其约定。"

（三）劳动合同的中止履行

劳动合同的中止履行是指劳动合同因发生法定事由暂时停止履行，待引起该事由的障碍消除后继续履行的制度。按照有关规定，劳动合同出现以下

情形可以中止履行：

（1）经双人当事人协商一致；

（2）劳动者因涉嫌违法犯罪被限制人身自由；

（3）劳动者暂时无法履行劳动合同的义务，但仍有继续履行的条件和可能；

（4）发生不可抗力致使合同暂时不能履行；

（5）劳动者应征入伍或者履行国家规定的其他法定义务；

（6）法律、法规规定或者劳动合同约定的其他中止情形。

劳动合同中止期间，劳动关系保留。中止履行的情形消失，仍具备继续履行劳动合同条件的，应当继续履行；不具备继续履行劳动合同条件的，劳动合同终止。当事人继续履行劳动合同的，劳动合同中止的时间不计入劳动合同期限。

二、劳动合同的变更

劳动合同的变更，是指合同当事人双方或单方依法修改或补充劳动合同内容的法律行为。它发生于劳动合同生效后尚未履行或尚未完全履行期间，是对劳动合同所约定的权利和义务的完善和发展，是确保劳动合同全面履行和劳动过程顺利实现的重要手段。依法订立的劳动合同具有约束力，双方必须履行劳动合同约定的义务，任何一方当事人不能擅自变更劳动合同的内容。但是，这并不意味着劳动合同不可以变更，在符合法定或约定的情况下，合同当事人可以对合同的内容进行变更。我国《劳动合同法》第35条规定："用人单位与劳动者协商一致，可以变更劳动合同约定的内容。变更劳动合同，应当采用书面形式。变更后的劳动合同文本由用人单位和劳动者各执一份。"

（一）劳动合同的变更原则

按《劳动法》的有关规定，无论因何种事由引起劳动合同的变更，都必须经双方当事人在平等自愿的基础上通过协商一致达成协议才能生效。换言之，劳动合同的变更与劳动合同的订立一样都是双方的法律行为，单方面擅自变更劳动合同的行为不发生法律效力。我国《劳动合同法》第3条规定："订立劳动合同，应当遵循合法、公平、平等自愿、协商一致、诚实信用的原则。"这同样适用于劳动合同的变更。

（二）劳动合同的变更内容

劳动合同变更的对象，只限于劳动合同中的部分条款。它应当符合下述要求：

1. 劳动合同变更的对象是尚未履行或者尚未完全履行的有效条款

已履行完毕的条款再无变更的必要和可能；而无效的条款应予取消，不应适用变更。

2. 劳动合同变更的对象是依法可予变更的条款

换言之，依法不应作为变更对象的条款，如合同当事人条款，不得进行变更。

3. 劳动合同变更的对象是引起合同变更的原因所指向的条款

合同变更由于法定或约定的原因不同，所应变更的条款也就有所差异。凡是与合同变更的原因无关条款，就不必予以变更。即是说，只有在订立劳动合同所依据的主客观条件发生变化，致使劳动合同中一定条款的履行成为不可能或不必要的情况下，劳动合同才可变更。

（三）劳动合同变更的原因

实践中，引起劳动合同变更的原因，按照其来源不同可大致归纳为三个方面：

1. 用人单位方面的原因

如转产、调整生产任务或生产经营项目、重新进行劳动组合、修订劳动定额、调整劳动报酬或职工福利分配方案、发生严重亏损、防止泄露商业秘密等。

2. 劳动者方面的原因

如劳动者身体健康状况发生变化、劳动能力部分丧失、所在岗位与其职业技能不相适应、职业技能提高到一定等级等。

3. 客观方面的原因

如订立劳动合同时所依据的法规、政策发生变化，国民经济调整，社会动乱，自然灾害等。

4. 当事人双方协商同意

如双方当事人经协商，一致同意变更劳动合同的相关内容。

（四）劳动合同变更的程序

我国立法所规定的劳动合同变更，一般为协议变更。其法定的程序包括下述主要环节：

1. 提出变更要求

需要变更合同的一方当事人，应当事先向对方当事人提出变更合同的要求，说明变更合同的理由、条款、条件，以及请求对方当事人答复的期限。

2. 按期作出答复

得知对方当事人提出的变更合同的要求后，通常应当在对方当事人要求的期限内作出答复，可以表示同意，也可以提出不同意见而要求另行协商，如果不属于法定应当变更合同的情况，还可以表示不同意。

3. 签订书面协议

当事人双方均同意变更合同的，应当就合同变更达成书面协议，并签名盖章。协议书中应当指明变更的条款，并约定所变更条款的生效日期。

4. 鉴证或备案

凡在订立时经过鉴证或备案的合同，变更合同的协议签订后也要办理鉴证或备案手续。

（五）劳动合同变更的法律后果

劳动合同依法变更的法律后果，即合同当事人双方的权利和义务，从变更合同的协议所约定之日起发生变更。如果约定的权利和义务变更日期在合同变更手续完毕日期之前，那么，在前一日期至后一日期之间劳动者因合同变更而应增加的利益，则应当追补，如补发工资等。

第四节　劳动合同的终止和解除

一、劳动合同终止

（一）劳动合同终止的概念

劳动合同的终止，是指劳动合同的法律效力依法被消灭，亦即劳动合同所确立的劳动关系由于一定法律事实的出现而终结，劳动者与用人单位之间原有的权利和义务不复存在。

劳动合同的终止在法理上有广义和狭义之分：狭义的终止是指劳动合同依法或依约定的条件具备而自行消灭，故狭义的终止不包括合同的解除；广义的终止则包括合同的解除。我国劳动法对劳动合同终止和解除采并列说，因此劳动合同法上的劳动合同终止是关于狭义的劳动合同终止的规定。

（二）劳动合同终止的事由

根据我国《劳动合同法》第44条关于劳动合同终止的规定，能够引起劳动合同终止的事由，主要有以下几种：

（1）劳动合同期满的。定期劳动合同在其有效期限届满时，除依法续订合同和其他依法可延期的情况外，即行终止。

（2）劳动者开始依法享受基本养老保险待遇的。

（3）劳动者死亡，或者被人民法院宣告死亡或者宣告失踪的。

（4）用人单位被依法宣告破产的。

(5) 用人单位被吊销营业执照、责令关闭、撤销或者用人单位决定提前解散的。

(6) 法律、行政法规规定的其他情形。

为防止用人单位通过合同约定随意扩大劳动合同终止情形,《劳动合同法实施条例》第13条规定:"用人单位与劳动者不得在劳动合同法第44条规定的劳动合同终止情形之外约定其他的劳动合同终止条件。"

二、劳动合同解除

(一) 劳动合同解除的概念和特征

劳动合同的解除,是指劳动合同订立后、有效期限届满前,双方当事人或一方当事人提前终止劳动合同的法律效力,解除双方的劳动权利与义务关系的行为。

劳动合同的解除,即合同当事人依法提前结束劳动合同的法律效力。它较之劳动合同终止的其他形式,具有以下特点:

(1) 它是劳动合同的提前终止。对于定期合同而言,是在合同目的完全实现之前,并且合同当事人双方仍具备法律资格时终止,而不同于因合同目的完全实现或合同当事人丧失法律资格而终止。

(2) 它是劳动合同因合同当事人依法作出提前终止合同的意思表示而终止。在具备合同解除的条件而无合同当事人解除合同的意思表示时,劳动合同仍未解除。因而,不同于劳动合同在一定法律事实出现后无须合同当事人有终止合同之意思表示的当然终止或强制终止。

(3) 劳动合同的解除是一种法律行为,既可以表现为单方的法律行为,也可以表现为双方的法律行为。

(二) 当事人双方协商一致解除劳动合同的情形

劳动合同经当事人双方协商一致可解除,立法对这种解除方式一般不规定条件,只要求解除合同的合意在内容、形式、程序上合法即可。我国《劳动合同法》第36条规定:"用人单位与劳动者协商一致,可以解除劳动合同。"当事人双方协商解除劳动合同,要符合以下条件:

(1) 双方当事人之间的劳动合同依法成立且生效;

(2) 协商解除是在被解除的劳动合同依法成立生效之后、尚未完全履行之前;

(3) 是双方自愿、平等协商达成一致意见,任何一方当事人均不得采取暴力、威胁等手段强制对方同意解除劳动合同。

（三）用人单位单方面解除劳动合同的情形

用人单位单方面解除劳动合同的，已经履行的劳动合同仍然有效，用人单位必须按照约定支付劳动报酬。按照我国《劳动合同法》第39、40、41条的规定，用人单位单方面解除劳动合同有以下几种情形：

1. 即时辞退

即时辞退，是指用人单位无须向劳动者预告就可随时通知劳动者解除劳动合同的情形。这是因劳动者过错而引起的，一般适用于劳动者经试用不合格，或者劳动者违纪、违法达到一定严重程度，或者劳动者存在其他过错等情形。在实践中，用人单位和劳动者在事实上处于不平等的状态，为防止用人单位利用其强势地位任意解除劳动合同，法律必须对用人单位随时解除劳动合同的情形进行限制。我国《劳动合同法》第39条明确规定了6种情形：

（1）劳动者在试用期间被证明不符合录用条件的。

这又简称试用不合格。是否合格，应当以书面记载的录用条件和招用时规定的文化、技术、身体、品质等条件为准，在具体录用条件不明确时，还应以是否胜任商定的工作为准。不合格，既包括完全不具备录用条件，也包括部分不具备录用条件，但都必须由用人单位对此提出合法有效的证明。是否在试用期间，应当以劳动合同为准，若劳动合同约定的试用期间超出法定最长时间，则以法定最长期限为准；若试用期届满后仍未办理劳动者转正手续，则不能认为还处在试用期间，即不能再以试用不合格为由辞退劳动者。此外，根据《劳动合同法》第21条规定，用人单位在试用期间解除劳动合同的，应当向劳动者说明情况。

（2）劳动者严重违反用人单位的规章制度的。

用人单位规章制度是指用人单位为加强劳动管理而制定，在本单位实施的保障劳动者依法享有劳动权利和履行劳动义务的行为准则。用人单位依法制定的规章制度对单位的全体劳动者都有约束力。

用人单位的规章制度，也不是用人单位随意制定的，对此我国立法有明确限制，如《劳动合同法》第4条规定："用人单位应当依法建立和完善劳动规章制度，保障劳动者享有劳动权利、履行劳动义务。用人单位在制定、修改或者决定有关劳动报酬、工作时间、休息休假、劳动安全卫生、保险福利、职工培训、劳动纪律以及劳动定额管理等直接涉及劳动者切身利益的规章制度或者重大事项时，应当经职工代表大会或者全体职工讨论，提出方案和意见，与工会或者职工代表平等协商确定。在规章制度和重大事项决定实施过程中，工会或者职工认为不适当的，有权向用人单位提出，通过协商予以修改完善。用人单位应当将直接涉及劳动者切身利益的规章制度和重大事项决定公示,或者告知劳动者。"

劳动者违反用人单位规章制度是否达到"严重"程度,一般应当以劳动法规所规定的限度和用人单位规章制度的具体界限为准,并按照规章制度规定的程序处理,但不得违法。

(3) 劳动者严重失职,营私舞弊,给用人单位造成重大损害的。

即劳动者在履行劳动合同期间,违反其忠于职守、维护和增进用人单位利益的义务,有未尽职责的严重过失行为或者利用职务之便牟取私利的故意行为,使用人单位的有形财产、无形财产或人员遭受重大损害,用人单位即可单方面解除劳动合同。这里所指的严重失职或营私舞弊,必须是导致用人单位利益遭受重大损害,但不够刑罚处罚的程度,如果劳动者被追究刑事责任,则依据《劳动合同法》第39条第6款解除劳动合同。

(4) 劳动者同时与其他用人单位建立劳动关系,对完成本单位的工作任务造成严重影响,或者经用人单位提出,拒不改正的。

即所谓"兼职",《劳动合同法》并没有对此作出禁止性规定,其主动权在用人单位。用人单位允许劳动者"兼职",劳动合同继续履行不受影响;用人单位不允许,可以解除劳动合同,但须具备以下条件,一是对完成本单位的工作任务造成严重影响,二是经用人单位提出,拒不改正的。

(5) 因《劳动合同法》第26条第1款第1项规定的情形致使劳动合同无效的。

即劳动者以欺诈、胁迫的手段或者乘人之危,使用人单位在违背真实意思的情况下订立或者变更劳动合同的,用人单位可随时通知劳动者解除劳动合同。

(6) 被依法追究刑事责任的。

即劳动者在劳动合同存续期间,因严重违法,构成犯罪,被人民法院依法追究刑事责任的,用人单位可随时解除劳动合同。但是,对依照刑法处以管制者、宣告缓刑者,以及被免予刑事处罚者,虽然立法规定可予辞退,而在实践中,一般可不予辞退。因为在这些情况下,劳动者仍有履行劳动合同的行为自由,并且,保留其劳动关系更有利于本人的改造。

2. 预告辞退

预告辞退,是指劳动合同生效之后,基于客观情况的变化使劳动合同无法履行,用人单位经过预告解除劳动合同,即用人单位须向对方预告后才可解除劳动合同。其法定许可性条件,一般限于在劳动者无过错的情况下由于主客观情况变化而导致劳动合同无法履行的情形,又称为无过失性解除。根据我国《劳动合同法》第40条规定,有下列情形之一的,用人单位提前30

日以书面形式通知劳动者本人或者额外支付劳动者1个月工资后，可以解除劳动合同：

（1）劳动者患病或者非因工负伤，在规定的医疗期满后不能从事原工作，也不能从事由用人单位另行安排的工作的。

这里的医疗期，是指劳动者因患病或非因工负伤，停止工作治病休息的时间，此期间不得解除劳动合同。而医疗期的期限，是指根据劳动者工龄等条件，依法可以享受的停工治疗并发给病假工资的期间，而不是劳动者病伤治愈所实际需要的医疗期，一般为3—24个月。劳动者在规定的医疗期届满后，其病伤尚未医疗终结或者医疗终结但其劳动能力受损，经劳动鉴定机构证明，缺乏丧失从事原工作或者用人单位在现有条件下为其所安排新工作的劳动能力，而无法继续履行劳动合同时，用人单位可以预告辞退。

（2）劳动者不能胜任工作，经过培训或者调整工作岗位，仍不能胜任工作的。

这里的"不能胜任工作"，是指不能按要求完成劳动合同中约定的任务或者同工种、同岗位人员的工作量。劳动者在试用期满后不能胜任劳动合同所约定的工作，用人单位应对其进行培训或者为其调整工作岗位，如果劳动者经过一定期间的培训或调整岗位后仍不能胜任原约定的工作，或者对重新安排的工作也不能胜任，就意味着劳动者缺乏履行劳动合同的劳动能力。用人单位适用该项规定解除劳动合同时必须满足三个条件：一是证明劳动者不能胜任工作；二是证明对劳动者进行了培训或调整工作岗位；三是经培训或调岗后，劳动者被再次证明不能胜任工作。

（3）劳动合同订立时所依据的客观情况发生重大变化，致使劳动合同无法履行，经用人单位与劳动者协商，未能就变更劳动合同内容达成协议的。

这里的客观情况，是履行原劳动合同所必要的客观条件，如自然条件、原材料或能源供给条件、生产设备条件、产品销售条件、劳动安全卫生条件等。客观情况发生重大变化是指，上述客观条件由于发生不可抗力或者出现其他情况，而导致劳动合同全部或部分无法继续履行的情况。此时，用人单位应当就劳动合同变更问题与劳动者协商，如果劳动者不同意变更劳动合同，原劳动合同所确立的劳动关系就没有存续的必要，用人单位可以解除劳动合同。

劳动者有以上三种情况之一的，用人单位可以解除劳动合同。但是应当遵循以下法定程序：提前30日以书面形式通知劳动者本人或者额外支付劳动者1个月工资。

3. 经济性裁员

经济性裁员是指用人单位为了克服经营困难，一次性辞退部分劳动者的行为，以此作为改善生产经营状况的一种手段。其原因在于经济方面，即用人单位由于生产经营状况发生变化而出现劳动力过剩现象，因而被称为经济性裁员。其表现形式是批量辞退（或称集体辞退），而非单个辞退。在市场经济中，裁员具有不可避免性，但又会给社会和劳动者带来不利后果，即影响社会稳定和增加就业压力。因而，立法对裁员既允许又从严限制。我国立法曾经只允许外商投资企业和私营企业在一定条件下裁员，而不允许公有制企业裁员。根据《劳动合同法》的规定，各种企业在一定条件下均可裁员，这符合企业平等竞争的要求。

由于经济性裁员对劳动者本人会造成重大影响，而这种影响并非是由于劳动者本人原因引起的，完全是由于劳动者自身之外的原因甚至是用人单位的原因，是让劳动者对与之无关的行为或事件承担不利后果和责任。为了平衡这种关系，我国《劳动合同法》做了如下限制：

（1）在裁员规模上的限制：如用人单位需要裁减人员20人以上或者裁减不足20人但占企业职工总数10%以上的，用人单位必须经过一定程序后，方可裁减人员。

（2）在裁员程序上的限制：一是说明情况，即用人单位应提前30日向工会或者全体职工说明情况；二是听取意见，即用人单位应听取工会或者职工的意见；三是报告，即用人单位应向劳动行政部门报告裁减人员方案。

（3）裁员时应当优先留用的人员：一是与本单位订立较长期限的固定期限劳动合同的；二是与本单位订立无固定期限劳动合同的；三是家庭无其他就业人员，有需要扶养的老人或者未成年人的。

（4）裁员后在6个月内重新招用人员的，应当通知被裁减的人员，并在同等条件下优先招用被裁减的人员。

（5）在实体要件上，只有在《劳动合同法》第41条规定的4种情形下，用人单位才可以进行裁员：第一，依照企业破产法规定进行重整的；第二，生产经营发生严重困难的；第三，企业转产、重大技术革新或者经营方式调整，经变更劳动合同后，仍需裁减人员的；第四，其他因劳动合同订立时所依据的客观经济情况发生重大变化，致使劳动合同无法履行的。

4. 用人单位单方面解除劳动合同的限制

依据我国《劳动合同法》第42条规定，劳动者有下列情形之一的，即便是具备了《劳动合同法》规定的即时辞退、预告辞退的条件，用人单位也不得依照《劳动合同法》的规定解除劳动合同：（1）从事接触职业病危害作业的劳动者未进行离岗前职业健康检查，或者疑似职业病病人在诊断或者医学观察期间的；（2）在本单位患职业病或者因工负伤并被确认丧失或者部分丧失劳动能力的；（3）患病或者非因工负伤，在规定的医疗期内的；（4）女职工在孕期、产期、哺乳期的；（5）在本单位连续工作满15年，且距法定退休年龄不足5年的；（6）法律、行政法规规定的其他情形。

同时，用人单位单方解除劳动合同，应当事先将理由通知工会。用人单位违反法律、行政法规规定或者劳动合同约定的，工会有权要求用人单位纠正。用人单位应当研究工会的意见，并将处理结果书面通知工会。

（四）劳动者单方面解除劳动合同的情形

1. 即时辞职

即时辞职，又称劳动者随时解除劳动合同，是指劳动者无须向用人单位预告就可随时通知用人单位解除劳动合同的情形。这对于用人单位在暂时无人顶替辞职者岗位的情况下，将对正常营业造成一定影响。因而，立法一般只限于用人单位有过错行为的场合允许即时辞职。

根据我国《劳动合同法》第38条规定，用人单位有下列情形之一的，劳动者可以随时解除劳动合同：（1）未按照劳动合同约定提供劳动保护或者劳动条件的；（2）未及时足额支付劳动报酬的；（3）未依法为劳动者缴纳社会保险费的；（4）用人单位的规章制度违反法律、法规的规定，损害劳动者权益的；（5）用人单位以欺诈、胁迫的手段或者乘人之危，使劳动者在违背真实意思的情况下订立或者变更劳动合同的；（6）法律、行政法规规定劳动者可以解除劳动合同的其他情形。

2. 预告辞职

预告辞职即劳动者不需要提供任何理由，只需按照法定程序通知用人单位即可解除劳动合同的情况。在劳动合同履行过程中，劳动者进入工作场所，在用人单位的管理、指挥、监督下从事劳动。相对于用人单位而言，劳动者处于弱势地位，因而《劳动合同法》赋予劳动者预告辞职的权利。

按照《劳动合同法》第37条规定，劳动者预告辞职应满足以下要求：（1）按照法定的期限：在试用期内须提前3日；不在试用期内须提前30日。（2）通知用人单位：试用期内口头、书面通知均可；不在试用期内必须书面通知用人单位。

3. 立即解除劳动合同

按照《劳动合同法》第38条规定，在用人单位严重违法、劳动者人身自由和人身安全受到威胁时，劳动者可以立即解除劳动合同，而不需要通知用人单位。这主要包括两种情况：（1）用人单位以暴力、威胁或者非法限制人身自由的手段强迫劳动者劳动的；（2）用人单位违章指挥、强令冒险作业危及劳动者人身安全的。

三、劳动合同终止或解除的法律后果

劳动合同终止或解除的法律后果，从广义而言，包括劳动合同依法终止或解除所导致的法律后果，以及违法解除劳动合同所导致的法律后果；从狭义而言，仅指劳动合同依法终止或解除所导致的法律后果，即在依法终止或解除劳动关系并消灭当事人双方权利义务的同时，对当事人双方附随产生新的权利义务，又称为附随义务。这里仅取其狭义。

（一）用人单位的附随义务

（1）支付经济补偿。即在法定条件下，用人单位应当按照法定的项目和标准，向劳动者（或者亲属）一次性支付经济补偿。

关于经济补偿的范围。按照《劳动合同法》第47条规定，有下列情形之一的，用人单位应当向劳动者支付经济补偿：第一，劳动者依照本法第38条规定解除劳动合同的，此即劳动者即时辞职的；第二，用人单位依照本法第36条规定向劳动者提出解除劳动合同并与劳动者协商一致解除劳动合同的，此即双方协商一致解除劳动合同的；第三，用人单位依照本法第40条规定解除劳动合同的，此即预告辞退；第四，用人单位依照本法第41条第1款规定解除劳动合同的，此即因企业重整引起的经济性裁员；第五，除用人单位维持或者提高劳动合同约定条件续订劳动合同，劳动者不同意续订的情形外，依照本法第44条第1项规定终止固定期限劳动合同的，此即因劳动合同期满，合同终止；第六，依照本法第44条第4项、第5项规定终止劳动合同的，此即因法定原因终止劳动合同的情形；第七，法律、行政法规规定的其他情形，即我国《劳动合同法实施条例》第22条规定，以完成一定工作任务为期限的劳动合同因任务完成而终止的，用人单位应当依照劳动合同法的规定向劳动者支付经济补偿。

关于经济补偿的标准及计算方法。按照《劳动合同法》第47条规定，经济补偿按劳动者在本单位工作的年限，每满1年支付1个月工资（所称月工资是指劳动者在劳动合同解除或者终止前12个月的平均工资）的标准向劳动者支付。6个月以上不满1年的，按1年计算；不满6个月的，向劳动者支付半个月工资的经济补偿。劳动者月工资高于用人单位所在直辖市、设区的市级人民政府公布的本地区上年度职工月平均工资3倍的，向其支付经济补偿的标准按职工月平均工资3倍的数额支付，向其支付经济补偿的年限最高不超过12年。

关于工作年限，我国《劳动合同法实施条例》第10条规定："劳动者非因本人原因从原用人单位被安排到新用人单位工作的，劳动者在原用人单位的工作年限合并计算为新用人单位的工作年限。原用人单位已经向劳动者支付经济补偿的，新用人单位在依法解除、终止劳动合同计算支付经济补偿的工作年限时，不再计算劳动者在原用人单位的工作年限。"

关于工资标准，我国《劳动合同法实施条例》第27条规定："劳动合同法第47条规定的经济补偿的月工资按照劳动者应得工资计算，包括计时工资或者计件工资以及奖金、津贴和补贴等货币性收入。劳动者在劳动合同解除或者终止前12个月的平均工资低于当地最低工资标准的，按照当地最低工资标准计算。劳动者工作不满12个月的，按照实际工作的月数计算平均工资。"

关于经济补偿金的按段计算，按照《劳动合同法》第97条规定："本法施行前已依法订立且在本法施行之日存续的劳动合同，继续履行；……本法施行之日存续的劳动合同在本法施行后解除或者终止，依照本法第四十六条规定应当支付经济补偿的，经济补偿年限自本法施行之日起计算；本法施行前按照当时有关规定，用人单位应当向劳动者支付经济补偿的，按照当时有关规定执行。"

（2）用人单位应当在解除或者终止劳动合同时，出具解除或者终止劳动合同的证明。

（3）用人单位应当在解除或者终止劳动合同时，办理档案和社会保险关系转移手续。

（4）用人单位对已经解除或者终止的劳动合同的文本，至少保存2年备查。

（二）劳动者的附随义务

这是指劳动者因劳动合同终止或解除后对用人单位所负的义务：

1. 结束并移交事务

劳动合同终止或解除后，劳动者应当依其忠实义务的要求，结束其正在进行中的事务、对紧急事务作应急处理，同时，向用人单位办理事务移交手续，对原归其保管的物品，在交接前负责继续保管。

2. 继续保守商业秘密

劳动者对其在劳动关系存续期间得知的商业秘密，在劳动合同终止后一定期限内应当继续保密。我国规定，掌握商业秘密的劳动者按合同约定，在劳动合同终止后一定期限内，不得到与原用人单位生产同类产品或经营同类业务已有竞争关系的其他用人单位任职，也不得自己生产与原用人单位有竞争关系的同类产品或经营同类业务。

3. 支付违约金

劳动者对劳动合同解除有过错的，应当按照法定或约定的要求，向用人单位支付违约金。按照我国《劳动合同法》的规定，有以下两种情形：（1）用人单位为劳动者提供专项培训费用，对其进行专业技术培训的，可以与该劳动者订立协议，约定服务期。劳动者违反服务期约定的，应当按照约定向用人单位支付违约金。违约金的数额不得超过用人单位提供的培训费用。用人单位要求劳动者支付的违约金不得超过服务期尚未履行部分所应分摊的培训费用。（2）用人单位与劳动者可以在劳动合同中约定保守用人单位的商业秘密和与知识产权相关的保密事项。对负有保密义务的劳动者，用人单位可以在劳动合同或者保密协议中与劳动者约定竞业限制条款。劳动者违反竞业限制约定的，应当按照约定向用人单位支付违约金。

第五节　劳动派遣和非全日制用工

一、劳务派遣

（一）劳务派遣的概念和特征

劳务派遣，又称劳动派遣、劳动力租赁，是指由派遣机构与被派遣劳动者订立劳动合同，由被派遣劳动者向实际用工单位给付劳务，劳动合同关系存在于派遣机构与被派遣劳动者之间，但劳动力给付的事实则发生于被派遣劳动者与实际用工单位之间。

劳务派遣具有如下特征：

1. 劳动者的雇佣和使用分离

这是劳务派遣的最本质特征。在一般劳动关系中，用人单位直接雇佣和使用劳动者，并向劳动者支付工资报酬，而在劳务派遣中，劳动者虽然与劳务派遣单位建立劳动关系，但实际使用劳动者的却是用工单位。

2. 劳务派遣中具有三个主体

由于劳务派遣中雇佣与使用劳动者的主体相分离，在劳务派遣关系中存在三个主体：劳务派遣单位、劳动者、实际用工单位。三个主体的权利和义务由法律规定。一般而言，各国劳动法都规定劳务派遣单位与用工单位对劳动者单独或连带承担一般劳动关系中的雇主义务。

3. 劳务派遣关系中存在一组合同

其中一个是劳务派遣单位与被派遣劳动者之间的劳动合同，另一个是劳务派遣单位与用工单位之间的劳务派遣协议。

与传统的用工方式相比，劳务派遣能够满足用人单位灵活用工的需求，在实践中得到了广泛的应用，但是，劳务派遣特殊的三方关系构造也容易被一些用人单位利用来逃避法律义务，损害劳动者的权益。因此我国《劳动合同法》确认了劳务派遣的合法性，同时对其各个方面进行了限制。

（二）劳务派遣的具体形式

1. 完全派遣

由派遣公司承担一整套员工派遣服务工作，包括人才招募、选拔、培训、绩效评价、报酬和福利、安全和健康等。

2. 转移派遣

有劳务派遣需要的企业自行招募、选拔、培训人员，再由派遣公司与员工签订劳动合同，并由派遣公司负责员工的报酬、福利、绩效评估、处理劳动纠纷等事务。

3. 减员派遣

减员派遣是指企业对自行招募或者已雇佣的员工，将其雇主身份转移至派遣公司。企业支付派遣公司员工派遣费用，由派遣公司代付所有可能发生的费用，包括工资、资金、福利、各类社保基金以及承担所有雇主应承担的社会和法律责任。其目的是减少企业固定员工，增强企业面对风险时的组织应变能力和人力资源的弹性。

4. 试用派遣

这是一种新的派遣方式，用人单位在试用期间将新员工转至派遣公司，然后以派遣的形式试用，其目的是使用人单位在准确选才方面更具保障，免去了由于选拔和测试时产生的误差风险，有效降低了人事成本。

5. 短期派遣

用人单位与劳务派遣机构共同约定一个时间段来聘用和落实被派遣的人才。

6. 项目派遣

企事业单位为了一个生产或科研项目而专业聘用相关的专业技术人才。

7. 晚间派遣

用人单位利用晚上的特定时间，获得急需的人才。

8. 钟点派遣

以每小时为基本计价单位派遣特种人员。

9. 双休日派遣

以周六、周日为基本计价单位派遣人员。

10. 集体派遣

国有企事业单位通过劳务派遣机构把闲置的人员部分或整体地派遣给第三方。

（三）劳务派遣的作用

劳务派遣对促进派遣员工就业、提高派遣员工的职业技能和执业能力、保障派遣员工的合法权益、解决派遣员工的后顾之忧等发挥了非常重要的作用，主要体现在以下几个方面：

（1）建立起新型的劳动关系，有助于保障派遣员工的合法权益；充分利用劳动部门的就业平台和资源优势，为派遣员工提供更多的就业机会和更为广阔的职业选择；重视派遣员工的教育培训工作，有效提升派遣员工的职业素质和职业技能，提高派遣员工的职业选择能力。

（2）劳务派遣不仅保证了派遣员工的工资收入水平，而且还可以利用内部的岗位空间和岗位调整，提高派遣员工的工资收入；可节省用人单位招聘员工的各项费用，如场地租用费、广告费等；同时也避免用人单位自行招进不符合要求人员造成的损失和处理的麻烦。

（3）实行劳务派遣可以节省用人单位劳动力使用和管理成本；用人单位可根据生产经营需要，随时要求派遣机构增减派员，有利于用人单位用人的灵活性；也可使用人单位从繁杂的劳动保障事务中解脱出来，有利于用人单位集中精力抓好生产经营。

（四）对劳务派遣单位的规制

1. 劳务派遣单位的设立要求

我国《劳动合同法》明确规定了劳务派遣单位的性质，即劳务派遣单位只能采取公司的组织形式设立。根据《劳动合同法》第57条的规定，经营劳务派遣业务的注册资本不得少于200万元。这与《公司法》规定的公司设立最低注册资本3万元人民币相比，劳务派遣公司的成立条件更为严格。

2. 劳务派遣单位的用人单位地位

《劳动合同法》第58条规定："劳务派遣单位是本法所称用人单位，应当履行用人单位对劳动者的义务。劳务派遣单位与被派遣劳动者订立的劳动合同，除应当载明本法第17条规定的事项外，还应当载明被派遣劳动者的用工单位以及派遣期限、工作岗位等情况。劳务派遣单位应当与被派遣劳动者订立2年以上的固定期限劳动合同，按月支付劳动报酬；被派遣劳动者在无工作期间，劳务派遣单位应当按照所在地人民政府规定的最低工资标准，向其按月支付报酬。"

3. 劳务派遣协议

《劳动合同法》第59条规定："劳务派遣单位派遣劳动者应当与接受以

劳务派遣形式用工的单位（以下称用工单位）订立劳务派遣协议。劳务派遣协议应当约定派遣岗位和人员数量、派遣期限、劳动报酬和社会保险费的数额与支付方式以及违反协议的责任。用工单位应当根据工作岗位的实际需要与劳务派遣单位确定派遣期限，不得将连续用工期限分割订立数个短期劳务派遣协议。"

4. 劳务派遣单位对被派遣劳动者的义务

《劳动合同法》第60条规定："劳务派遣单位应当将劳务派遣协议的内容告知被派遣劳动者。劳务派遣单位不得克扣用工单位按照劳务派遣协议支付给被派遣劳动者的劳动报酬。劳务派遣单位和用工单位不得向被派遣劳动者收取费用。"

5. 跨地区派遣劳动者的特殊规定

《劳动合同法》第61条规定："劳务派遣单位跨地区派遣劳动者的，被派遣劳动者享有的劳动报酬和劳动条件，按照用工单位所在地的标准执行。"

6. 禁止情形

《劳动合同法实施条例》第30条规定："劳务派遣单位不得以非全日制用工形式招用被派遣劳动者。"

（五）对用工单位的规制

《劳动合同法》第62条规定，用工单位应当履行下列义务：（1）执行国家劳动标准，提供相应的劳动条件和劳动保护；（2）告知被派遣劳动者的工作要求和劳动报酬；（3）支付加班费、绩效奖金，提供与工作岗位相关的福利待遇；（4）对在岗被派遣劳动者进行工作岗位所必需的培训；（5）连续用工的，实行正常的工资调整机制；（6）用工单位不得将被派遣劳动者再派遣到其他用人单位。

（六）被派遣劳动者的权利义务

1. 被派遣劳动者同工同酬的权利

《劳动合同法》第63条规定："被派遣劳动者享有与用工单位的劳动者同工同酬的权利。用工单位应当按照同工同酬原则，对被派遣劳动者与本单位同类岗位的劳动者实行相同的劳动报酬分配办法。用工单位无同类岗位劳动者的，参照用工单位所在地相同或者相近岗位劳动者的劳动报酬确定。"

2. 被派遣劳动者参加或组织工会的权利

《劳动合同法》第64条规定："被派遣劳动者有权在劳务派遣单位或者用工单位依法参加或者组织工会，维护自身的合法权益。"

（七）劳动合同的解除

《劳动合同法》第65条规定："被派遣劳动者可以依照本法第36条、

第 38 条的规定与劳务派遣单位解除劳动合同。被派遣劳动者有本法第 39 条和第 40 条第 1 项、第 2 项规定情形的，用工单位可以将劳动者退回劳务派遣单位，劳务派遣单位依照本法有关规定，可以与劳动者解除劳动合同。"也就是说，被派遣劳动者可以依照双方协商一致解除劳动合同，可以在用人单位有过错时随时或立即解除劳动合同。在被派遣劳动者有过错或两种无过失（劳动者患病或非因工负伤，在规定的医疗期满后不能从事原工作，也不能从事由用人单位另行安排的工作的情形；劳动者不能胜任工作，经培训或调整工作岗位，仍不能胜任工作的情形）的情形下，用工单位可以将劳动者退回劳务派遣单位，由劳务派遣单位依法与劳动者解除劳动合同。

解除或终止劳务派遣用工劳动合同的经济补偿金和赔偿金，与解除或终止一般劳动合同一样。《劳动合同法实施条例》第 31 条规定："劳务派遣单位或者被派遣劳动者依法解除、终止劳动合同的经济补偿，依照劳动合同法第 46 条、第 47 条的规定执行。"第 32 条规定："劳务派遣单位违法解除或者终止被派遣劳动者的劳动合同的，依照劳动合同法第 48 条的规定执行。"

（八）其他

1. 劳务派遣适用范围的限制

《劳动合同法》第 66 条规定："劳动合同用工是我国的企业基本用工形式。劳务派遣用工是补充形式，只能在临时性、辅助性或者替代性的工作岗位上实施。

前款规定的临时性工作岗位是指存续时间不超过 6 个月的岗位；辅助性工作岗位是指为主营业务岗位提供服务的非主营业务岗位；替代性工作岗位是指用工单位的劳动者因脱产学习、休假等原因无法工作的一定期间内，可以由其他劳动者替代工作的岗位。

用工单位应当严格控制劳务派遣用工数量，不得超过其用工总量的一定比例，具体比例由国务院劳动行政部门规定。"

2. 自设劳务派遣单位的禁止

《劳动合同法》第 67 条规定："用人单位不得设立劳务派遣单位向本单位或者所属单位派遣劳动者。"

二、非全日制用工

（一）非全日制用工的界定

《劳动合同法》第 68 条规定："非全日制用工，是指以小时计酬为主，劳动者在同一用人单位一般平均每日工作时间不超过4小时,每周工作时间累计不超过24小时的用工形式。"

由于每日在同一用人单位工作时间较少,非全日制用工可以建立多重劳动关系。《劳动合同法》第69条第2款规定:"从事非全日制用工的劳动者可以与一个或者一个以上用人单位订立劳动合同;但是,后订立的劳动合同不得影响先订立的劳动合同的履行。"

(二)非全日制劳动合同的形式

《劳动合同法》第69条第1款规定:"非全日制用工双方当事人可以订立口头协议。"尽管此处使用了"协议"一词代替了"劳动合同",但全国人大常委会法制工作委员会在解释时指出,该条是关于非全日制用工的劳动合同订立的规定。依据此规定,非全日制用工可以订立口头合同,当然,如果双方当事人协商一致,非全日制用工也可以订立书面劳动合同。

允许非全日制用工订立口头劳动合同,是根据实践中非全日制劳动合同的订立情况以及非全日制劳动的短期性、灵活性用工的特点而规定的。非全日制用工灵活性的特点,主要表现为两方面:一是劳动者工作时间短,且可以建立多重劳动关系;二是合同当事人双方可随时终止劳动关系。如果要求非全日制用工也订立书面劳动合同,可能会抑制非全日制用工的发展,不利于促进就业。

(三)非全日制劳动合同的内容

1. 非全日制用工禁止约定试用期。《劳动合同法》第70条规定:"非全日制用工双方当事人不得约定试用期。"

2. 非全日制用工的工资保障。《劳动合同法》第72条规定:"非全日制用工小时计酬标准不得低于用人单位所在地人民政府规定的最低小时工资标准。非全日制用工劳动报酬结算支付周期最长不得超过15日。"

(四)非全日制劳动合同的终止

《劳动合同法》第71条规定:"非全日制用工双方当事人任何一方都可以随时通知对方终止用工。终止用工,用人单位不向劳动者支付经济补偿。"

【前沿提示】

1.《劳动合同法》是"单保护"还是"双保护"?

任何一部法律或一个法律部门,对所调整的社会关系的各方当事人都会保护其合法权益,但在立法目的条款中有的作"双保护"表述,有的作"单保护"表述。前者如《合同法》第1条中"保护合同当事人的合法权益"的规定，这意味着给双方当事人以同等力度的保护，即平等保护；后者是将保护某方当事人合法权益在立法目的条款中作明确表述，而将保护他方当事人合法权益的精神蕴含于其他条款中，如《担保法》第1条中"保障债权的实现"，《消费者权益保护法》第1条中"保护消费者的合法权益"，《劳动法》第1条中"保护劳动者的合法权益"，《刑法》第1条和《刑事诉讼法》第1条中"惩罚犯罪，保护人民"，这只是表明偏重或倾斜保护某方当事人的合法权益，即对某方当事人的保护力度相对较大，并不意味着只保护某方当事人而不保护他方当事人。劳动法区别于民法的根本标志是，劳动法基于劳动关系中劳动者是相对弱者的假设，在保护双方当事人合法权益的同时，偏重保护劳动者合法权益，故立法目的条款中作"单保护"表述；民法基于平等主体的假设，对当事人双方的合法权益给予平等保护，故立法目的条款中作"双保护"表述。

2. 劳动合同属于民事合同吗？

有的观点认为，劳动合同（或雇佣合同）是一种民事合同，有的国家至今还将其纳入民法的调整范围。其实，劳动合同作为从民事合同中分离出来的一种特殊合同，虽然具有合同的一般性，更有其基于劳动者是弱者的特殊性。劳动合同法（或雇佣合同法）在有的国家虽然被纳入民法体系，但处于民事特别法的地位，其"特别"正在于劳动者的弱者地位和对劳动者的偏重保护以及为实现偏重保护而对契约自由的限制。故不能因劳动合同法被纳入民法体系而否认其偏重保护的特征。而在我国，劳动合同法是劳动法的组成部分，更应当以劳动法为依据，强调偏重保护劳动者。

3. 关于无固定期限劳动合同的解除

无固定期限劳动合同，是指用人单位与劳动者约定无确定终止时间的劳动合同。"无确定终止时间"不是无终止时间，而是指没有确定的终止时间，即期限长短无法提前预料和确定。没有固定的合同终止期限，是无固定期限劳动合同与固定期限劳动合同之间的最大区别。无固定期限劳动合同和其他类型的劳动合同一样，可以依据双方当事人的合意进行变更。变更合同条款时，双方应当按照自愿、平等原则进行协商，不能采取胁迫、欺诈、隐瞒事实等非法手段，同时变更后的内容不违法。

无固定期限劳动合同并不是像很多用人单位及劳动者所认为的那样一旦签订就无法解除，法定情形出现或者双方协商一致，同样可以解除劳动合同。下列情况出现，无固定期限劳动合同可以依法解除：

(1) 用人单位与劳动者协商一致的；
(2) 劳动者在试用期间被证明不符合录用条件的；
(3) 劳动者严重违反用人单位的规章制度的；
(4) 劳动者严重失职，营私舞弊，给用人单位造成重大损害的；
(5) 劳动者同时与其他用人单位建立劳动关系，对完成本单位的工作任务造成严重影响，或者经用人单位提出，拒不改正的；
(6) 劳动者以欺诈、胁迫的手段或者乘人之危，使用人单位在违背真实意思的情况下订立或者变更劳动合同的；
(7) 劳动者被依法追究刑事责任的；
(8) 劳动者患病或者非因工负伤，在规定的医疗期满后不能从事原工作，也不能从事由用人单位另行安排的工作的；
(9) 劳动者不能胜任工作，经过培训或者调整工作岗位，仍不能胜任工作的；
(10) 劳动合同订立时所依据的客观情况发生重大变化，致使劳动合同无法履行，经用人单位与劳动者协商，未能就变更劳动合同内容达成协议的；
(11) 用人单位依照企业破产法规定进行重整的；
(12) 用人单位生产经营发生严重困难的；
(13) 企业转产、重大技术革新或者经营方式调整，经变更劳动合同后，仍需裁减人员的；
(14) 其他因劳动合同订立时所依据的客观经济情况发生重大变化，致使劳动合同无法履行的。

【思考题】
1. 简述劳动合同的性质及作用。
2. 我国劳动合同法的适用范围是什么？
3. 我国劳动合同的分类包括哪些？
4. 我国劳动合同订立的原则是什么？
5. 劳动合同的内容有哪些？
6. 简述劳动合同的效力。
7. 简述劳动合同的解除。
8. 我国现行立法所规定的经济补偿金制度主要包括哪些内容？
9. 劳务派遣合同的主要内容有哪些？
10. 非全日制用工合同的内容有哪些？

第四章 集体合同

【引言】集体合同是在劳动合同的基础上产生和发展起来的,是产业革命后工人阶级斗争的产物,是协调劳动关系的一项重要劳动法律制度。

【学习目的与要求】通过本章的学习,学生应熟悉集体合同的概念、特征以及制度的产生和发展,重点掌握集体合同的订立、效力、变更、解除和争议的处理等内容。

【知识结构简图】

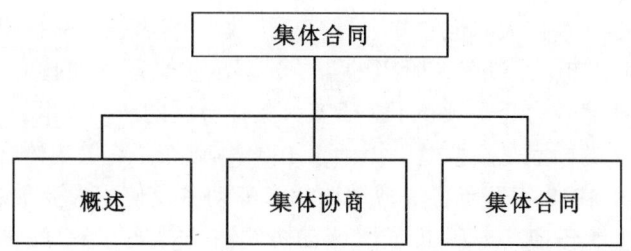

【引例】2005年12月1日,某中外合资企业为了稳定、协调劳动关系,与该中外合资企业的工会组织就职工的劳动报酬、工作时间、休息休假、各种福利待遇等事项签订了集体合同,该集体合同的期限为2006年1月1日至2008年12月31日。其中,集体合同规定职工的月工资不低于1500元。2005年12月25日,双方将集体合同提交当地劳动与社会保障部门审查。截至2006年3月25日,劳动与社会保障部门仍未给予答复,该中外合资企业认为该集体合同没有被劳动与社会保障部门批准,因此,该集体合同未生效。于是,该中外合资企业于2007年10月,分别同每个职工签订劳动合同,职工的月工资标准分为1200元至1400元不等。

请问:

(1) 工会代表职工签订集体合同的主体资格是否合法?为什么?

(2) 该中外合资企业签订的集体合同是否已经生效?为什么?

(3) 该中外合资企业与职工签订的劳动合同中关于工资报酬条款是否

合法？为什么？

(4) 集体合同与劳动合同之间在签订的目的、内容方面有什么区别？

第一节 概 述

一、集体合同的产生和发展

资本主义国家中，集体合同是工人或职员的组织（一般是工会）与企业主或企业主联合会签订的关于出卖劳动力的条件的协议书。在 18 世纪末资本主义自由竞争时期，英国雇佣劳动者团体与工厂雇主签订的劳动协定，是资本主义国家集体合同的萌芽。它是工人为反对个人雇佣契约苛刻的劳动条件而要求签订的。

19 世纪中叶，工人要求改善劳动条件的罢工斗争日益强烈，资本家为避免罢工损失，不得不与工人组织谈判，同意签订集体合同。从此，签订集体合同的范围逐渐扩大。但它并不具有法律效力，法院也不受理集体合同案件。到 20 世纪初，经过工人阶级的斗争，资本主义国家的政府才被迫承认集体合同的法律效力，并颁布了关于签订集体合同的法律。世界上最早进行集体合同立法的国家是新西兰，该国于 1904 年颁布了有关集体合同的法律。此外，德国在 1918 年发布了《劳动协约、劳动者及使用人委员会暨劳动争议调停令》，并于 1921 年颁布了《劳动协约法（草案）》。法国于 1919 年颁布了《劳动协约法》后，又将其编入《劳动法典》。1935 年美国公布了《国家劳工关系法》（《华格纳法》），承认了集体合同的法律效力。

第二次世界大战后，集体合同内容普遍扩大，集体合同逐渐成为调整劳资关系的重要制度，并且其内容也随着劳资关系的变化和力量对比而不断调整。除过去规定的工作时间、工资标准和劳动保护等项内容外，还增加规定了录用、调动和辞退职工的程序、技术培训、休假期限、辞退补助金、养老金和抚恤金的支付条件以及工人组织的权利和工人参加企业管理办法等项内容。但有些国家还没有关于休假待遇、病假待遇、怀孕和分娩待遇的立法，甚至没有关于成年男子劳动时间和职工休假的立法，工人的劳动条件也缺少保障。

1918 年，前苏联借鉴西方国家集体合同的经验，开始制定集体合同制度。苏联于 1918 年 7 月 2 日颁布的第一个集体合同法令是《确定工资定额（工资率）和劳动条件的集体合同批准程序》。1922 年《俄罗斯联邦劳动法典》第 4 章、1970 年《苏联和各加盟共和国劳动立法纲要》第 2 章都对集体合同作了专门规定。在苏联，签订或修订集体合同按法律规定程序进行。合同期限一般为1年。企业行政、工会依靠职工群众定期检查合同执行情况。企业行政违反集体合同的，负经济责任、行政责任或刑事责任；职工个人违反集体合同的，亦要追究其责任。东欧各国也在前苏联的影响下建立了集体合同制度，如保加利亚（1951）、匈牙利（1967）、罗马尼亚（1972）、南斯拉夫（1976）等国所颁布的劳动法典中，都有关于集体合同制度的条款。苏联、东欧国家的集体合同是企业行政和工会为保证完成或超额完成生产计划、加强劳动保护和改善职工物质文化生活条件而签订的双方相互享受权利和承担义务的集体协议书。

集体合同制度在中国由来已久。早在新民主主义革命时期，中国共产党通过中国劳动组合书记部于1922年拟定的《劳动法案大纲》，就明确提出了"劳动者有缔结团体契约权"，把缔结集体合同的权利作为工人运动的斗争纲领之一。在工人阶级的不断斗争下，中华民国时期国民党政府于1930年公布《团体协约法》，承认雇主或雇主团体与工人团体有缔结团体协约的权利，但为了反对工人斗争，又规定"团体协约当事团体对其团员有使其不为一切斗争，并使其不违反团体协约规定的义务"。新中国建立后，集体合同制度得到了较大的发展。《中国人民政治协商会议共同纲领》、《中华全国总工会关于私营工商企业劳资双方订立集体合同的暂行办法》和《中华人民共和国工会法》等明确规定，在私营企业（或同行业）中，工会有权代表工人、职员与资本家签订劳资集体合同，以发挥职工劳动热忱或资方经营生产的积极性。自我国提出建立社会主义市场经济体制后，我国的劳动关系发生了巨大的变化，集体合同的地位也在日益凸显，我国高度重视集体合同制度：1994年《中华人民共和国劳动法》对集体合同作了原则性的规定，确定了集体合同作为一项基本劳动法制度的地位；1994年12月，劳动部制定了《集体合同规定》，就集体合同的签订、审查和争议处理作了较为具体的规定；1995年8月，中华全国总工会制定了《工会参加平等协商和签订集体合同试行办法》，就工会对集体合同允许各环节的参与，规定了较为具体的规则；2000年11月8日，劳动和社会保障部发布《工资集体协商试行办法》，对工资集体协商的内容、协商代表、协商程序和工资协议的审查等内容作了详细规定；2004年1月20日，劳动和社会保障部颁布了新的《集体合同规定》，废止了1994年旧的《集体合同规定》，对集体合同的订立、内容、审查、争议处理等事项作了更为完整和具体的规定。

二、集体合同的作用和意义

(一) 协调劳动关系，防止劳动合同的不公平

签订劳动合同时，单个劳动者处于弱势而不足以同用人单位相抗衡，因而难以争取到公平合理的劳动条件。由工会代表全体劳动者同用人单位签订集体合同，就可以规定集体劳动条件，集体劳动条件是本单位内的最低个人劳动条件。通过集体合同的协商谈判和订立过程，消除劳动者与用人单位之间的利益分歧和矛盾，建立起相互理解、支持、和谐的劳资关系。因此，集体合同能够纠正和防止劳动合同对于劳动者的过分不公平，使之比较公平合理，也使劳资双方在实力上取得基本的平衡。

(二) 维护职工合法权益，调动职工的积极性

许多在劳动合同中难以涉及的职工整体利益问题，可通过集体合同进行约定，如企业工资水平的确定、劳动条件的改善、集体福利的提高等。根据工资方面的法律规定，用人单位在制定工资分配和工资支付制度时应当听取工会和职工代表大会的意见，这实际上就是工资集体协商的基础。此外，在劳动合同的有效期内，如果企业经营状况和社会经济形势等因素发生了较大变化，那么可以通过集体合同调整和保障劳动者的利益。根据劳动法的有关规定，用人单位需要裁减人员，应当征求全体职工意见。因此，在集体合同中明确规定这方面的内容，实际上是将经济性裁员规范化，有利于社会的稳定。

(三) 发挥工会的积极作用，加强企业的民主管理

集体协商和集体合同制度的建立，是职工民主参与管理企业的表现形式。通过集体合同签订和履行的过程，使工会组织密切联系职工、代表和反映职工利益的良好意愿、组织职工履行合同义务的过程。在这一过程中，工会组织在协调劳动关系和维护职工劳动权益的职能能够发挥得更直接、更生动、更有效，使工会的"维权"职能实现得更加具有威信和影响力。

第二节 集体协商

集体协商制度在国际上的通称是"集体谈判"，是劳资关系中的核心问题之一。集体协商是订立集体合同必经的、关键性程序。为推动行业工资集体协商工作，加强维权机制建设，推动建立和谐稳定的劳动关系，中华全国总工会于2009年7月9日下发《中华全国总工会关于积极开展行业性工资集体协商工作的指导意见》。

一、集体协商的概念与特点

（一）集体协商的概念

集体协商（Collective Bargaining）是指用人单位的工会代表或职工代表与用人单位的代表，就劳动条件和劳动报酬标准等进行商谈，并签订集体合同的行为。用人单位与本单位职工签订集体合同或专项集体合同，以及确定相关事宜，应当采取集体协商的方式。国际劳工组织《促进集体谈判公约》第2条将集体谈判定义为：集体谈判是适用于一名雇主、一些雇主或一个或数个雇主组织为一方，一个或数个工人组织为另一方，双方就以下目的所进行的所有谈判：确定工作条件和就业条件；调整雇主与工人之间的关系；调整雇主组织与工人组织之间的关系。集体协商主要采取协商会议的形式。

集体谈判的起源是与工业革命所带来的经济、社会、人口的变化分不开的。集体谈判制度是经济发展的产物，也是工人斗争和工人组织发展的结果。集体谈判权是工人及其工会组织的基本权利之一。

早在19世纪60—70年代，西方国家工人为了改变自己的处境，开展了一系列维权活动，并首先在英国和德国等国产生了部分产业工会与雇主的集体谈判和签订集体合同活动。19世纪末和20世纪初，随着工会地位进一步合法化和工会组织的壮大，集体谈判活动有了新的发展。德、法、美和瑞典等国先后颁布实行了有关集体谈判和集体合同的法规，从而进一步推动了集体谈判活动的法制化和规范化。第二次世界大战后，集体谈判活动在一些国家有了更大的发展。特别是国际劳工组织在1949年通过的《组织权与集体谈判权公约》（第98号公约）和1951年通过的《集体协议建议书》（第91号建议书）等重要文件，对集体谈判制度在各国的普遍实行发挥了积极的推动作用。

20世纪90年代初，我国开始引入集体协商制度。1994年颁布的《劳动法》对集体协商和集体合同制度作了原则性规定，1996年正式建立劳动争议仲裁的三方机制，同时，重点建立平等协商和集体合同制度，2001年新通过的《工会法（修正案）》也对工会参与集体协商提供了法律保障。

（二）集体协商的特点

（1）集体协商代表的身份和人数对等；
（2）集体协商双方代表的法律地位平等；
（3）集体协商是公开、公平、平等的协商；
（4）集体协商是和平协商；
（5）集体协商是在法律、法规规定的范围内协商。

可以说，集体协商是维护职工合法权益不可缺少的、重要的手段；集体协商是协调、稳定劳动关系和维护正常的生产、经营和工作秩序的重要保证；集体协商是保障社会安定的重要方法。

【案例 4-1】

由于对工资分配制度的不满，近年来国内航空业飞行员跳槽、集体"请假"等事件频发，以 2008 年为例，3 月 14 日，上海航空公司 40 余位机长同时报请病假；3 月 28 日，东星航空 11 名机长集体"告假"……这些异常事件凸显了飞行员和航空公司之间劳资矛盾的激化，而 3 月 31 日至 4 月 1 日，东方航空公司云南分公司执飞云南省内的 18 个航班全部集体返航，导致昆明机场较多航班延误，千余名旅客滞留机场。该事件将飞行员与航空公司之间的矛盾推向了顶峰。

【案例 4-2】

国内金融业上市公司公布的财报显示：2007 年，中国平安（601318）集团常务副总经理兼首席保险业务执行官梁家驹以日均 13 万的税前收入，即 4813 万元税前年收入稳拿当年上市公司高管税前年薪收入的头名，刷新了国内最高年薪的历史纪录。深圳发展银行的法兰克纽曼（董事长、CEO）年薪为 2285.00 万元；民生银行董文标（董事长）年薪为 452.89 万元；华夏银行成燕红（监事会主席）年薪为 234.7 万元。用日进斗金来形容金融业高管们的收入，一点也不过分。

由于国有企业出资人职责不到位，或部分企业具有垄断特性，有关部门对高管人员的业绩考核和分配制度尚不科学，因而公众认为让国企高管人员拿高薪不合理，而收益分配倾向管理层，普通职工得到的利益却很少，更让公众质疑。

二、集体协商的主体

国际劳工组织的有关公约强调，集体谈判是由雇主或其组织为一方与工人组织（一般是工会）为另一方的谈判。也就是说，企业集体谈判的主体是企业主或企业主组织与工会双方。他们都必须是依法登记注册的具有法人资格的合法组织。如果企业里有多个工会，则由影响大并且会员多的工会代表工人参加谈判。如果企业里没有工会或会员只占少数时，则由工人选举产生谈判代表。

有些国家的企业在谈判前要组建筹备委员会，由企业主和工会双方对等的代表组成，负责谈判的具体筹备工作，包括确定谈判的主要内容、日期和地点等。在谈判正式开始后，筹备委员会的任务即告结束。同时按照对等的原则由双方谈判班子的代表组成谈判委员会，双方邀请的专家也可参加。该委员会的任务是组织谈判活动，包括起草集体合同文本等。谈判由双方代表轮流主持或中立方人士主持。主持人要坚持独立和公正的立场，不应受其原所在一方利益的驱使而使谈判受到影响。在谈判中双方要各委任一名主要发言人，以便集中陈述本方的意见。同时双方代表享有平等发言权和表决权。

我国 2004 年 5 月 1 日实施的新《集体合同规定》明确指出，企业代表，由其法定代表人担任或指派。职工一方由工会代表；未建立工会的企业由职工民主推举代表，并须得到半数以上职工的同意。集体协商代表每方为 3~10 名，双方人数对等，确定一名首席代表。工会一方首席代表不是工会主席的，应由工会主席书面委托；双方应另行指定一名记录员。为了保证双方协商代表的代表性，用人单位协商代表与职工协商代表不得相互兼任。

三、集体协商的内容

集体协商的双方可以就劳动报酬、工作时间、休息休假、保险福利、劳动安全与卫生等劳动关系的各个方面进行谈判和交涉。谈判的倡议方要提出举行谈判的理由、内容、要求和议案，包括对原有集体合同修改的建议等。如果工会方主动提出谈判建议，其代表应事先调查了解国内和当地的政治经济形势、企业的经营状况、福利保障和劳动保护状况以及职工的要求等，还要研究原合同的执行情况。同时还要准备谈判需要的统计数字和资料等。

我国《集体合同规定》第 13 条规定，集体协商的内容、时间、地点应由双方共同商定。许多国家工会的实践表明，其谈判代表掌握的信息和情况越具体、准确，就越能掌握谈判的主动权，提出的要求也越有说服力。为了防止企业主阻挠工会获得必要的信息，有些国家的法律规定，企业主不得以"商业秘密"等为借口拒绝向工会提供有关信息和资料，否则属违法行为。当然工会也有责任保守企业秘密并对扩散承担责任。有些上级工会为了帮助企业工会开展谈判活动，出版和提供一些与谈判有关的资料等，包括谈判的参考方案与合同的框架内容等。因此，《集体合同规定》第 13 条同时规定，在不违反有关保密法律、法规的规定和不涉及企业商业秘密的前提下，协商双方有义务向对方提供与集体协商有关的情况或资料。

四、集体协商的过程

集体协商在谈判举行阶段,可能出现以下几种情形:一是双方互相妥协,顺利达成协议;二是双方互相讨价还价,谈判陷入僵局,后经协商或调解达成协议;三是谈判陷入僵局且调解失败,导致谈判破裂甚至罢工或闭厂,后又在政府干预下继续谈判,最终达成协议。我国《集体合同规定》第14条规定,协商未达成一致或出现事先未预料的问题时,经双方同意,可以暂时中止协商。协商中止期限最长不超过60天。具体中止期限及下次协商的具体时间、地点、内容由双方共同商定。

此外,劳动和社会保障部于2000年10月10日通过,11月8日起施行的《工资集体协商试行办法》规定,职工和企业任何一方均可提出进行工资集体协商的要求。工资集体协商的提出方应向另一方提出书面的协商意向书,明确协商的时间、地点、内容等。另一方接到协商意向书后,应于20日内予以书面答复,并与提出方共同进行工资集体协商。在不违反有关法律、法规的前提下,协商双方有义务按照对方要求,在协商开始前5日内,提供与工资集体协商有关的真实情况和资料。工资协议草案应提交职工代表大会或职工大会讨论审议。工资集体协商双方达成一致意见后,由企业行政方制作工资协议文本。工资协议经双方首席代表签字盖章后成立。

第三节 集体合同

一、集体合同的概念与特征

集体合同(collective agreement),又称团体协议、集体协议,是集体协商双方代表根据法律、法规的规定就劳动报酬、工作时间、休息休假、劳动安全卫生、保险福利等事项在平等协商一致基础上签订的书面协议。集体合同是集体协商的结果。集体合同制度是当今国际上普遍采用的调整劳动关系的一项重要法律制度。我国1994年制定的劳动法首次从法律制度的层面规定了这一制度,对于保障劳动者的权益,调整和协调劳动关系发挥了重要的作用。

集体合同除了具备一般民事合同所共有的主体平等性、意思表示一致性以及内容合法性等特点以外,还具有以下特征:

1. 集体合同的主体特定

集体合同的一方当事人是用人单位,即劳动力的使用者;而另一方则是由工会代表劳动者，尚未建立工会的用人单位，由上级工会指导劳动者推举的代表与用人单位订立。

2. 集体合同的内容特定

集体合同以协调和规范内部劳动关系为目的，其规定关系到用人单位的劳动者全局性、整体性的利益，故集体合同可以对全体劳动者的劳动条件、劳动标准、集体争议处理等事项进行规定。

3. 集体合同的程序特定

集体合同要经过集体协商程序，《集体合同规定》中对集体谈判主体资格、集体谈判的内容以及冲突的解决等问题均作了特别的规定。与劳动合同不同，它不规定劳动者个人的劳动条件，而规定劳动者的集体劳动条件，一般适用于企业行政（或企业主）和全体工人、职员，也有的适用于企业行政（或企业主）和参加签订集体合同的工会成员。

二、集体合同与劳动合同的区别

集体合同和劳动合同都是调整劳动关系的重要形式和法律制度，两者有着密切的联系，在订立目的、内容等方面也有共同之处，但集体合同和劳动合同又有着明显的区别，两者不能等同，也不能相互代替。两者的主要区别如下：

1. 集体合同与劳动合同的当事人不同

集体合同的当事人一方是代表职工的工会组织，另一方是企业。劳动合同当事人一方是劳动者个人，一方是企事业单位或雇主等。这就是说，劳动者个人作为出卖劳动力的一方不能签订集体协议，而工会组织也不能为劳动者个人签订劳动合同。

2. 集体合同与劳动合同的内容不同

集体合同与劳动合同都以工作任务、劳动条件、劳动报酬、保险福利等为基本内容，但在具体订立协议时是有区别的。集体合同调节集体劳动关系，内容全面、复杂，带有整体性。劳动关系的内容在法律、法规中未作规定或只规定基本标准，以及个人劳动合同中的某些问题未由法律、法规规定的，集体合同都可以规定。而劳动合同的内容比较简单，一般都在法律、法规中直接规定，法律、法规未作规定的，可由劳动合同规定，那是单一的。

3. 集体合同与劳动合同产生的时间不同

集体合同产生于劳动关系运行过程中，它不依单个劳动者参加劳动为前提。而劳动合同产生于当事人一方的劳动者参加劳动前，以劳动者就业为前提，是劳动者个人建立劳动关系的法律凭证。

4. 集体合同与劳动合同的作用不同

集体合同制度的作用在于改善劳动关系，维护职工的群体利益。而劳动合同的作用在于建立劳动关系，维护劳动者个人和用人单位的权益。

5. 集体合同与劳动合同的效力不同

就职工一方来说，集体合同对一个单位的全体职工有效，而劳动合同只对劳动者个人有效，且劳动合同中的劳动条件和劳动报酬的标准不得低于集体合同的约定。

三、集体合同的订立

（一）集体合同的订立主体

根据《集体合同规定》，集体合同签字人为双方的首席代表。集体协商代表每方为3~10名，双方人数对等，确定一名首席代表。工会一方首席代表不是工会主席的，应由工会主席书面委托；双方应另行指定一名记录员。企业代表由其法定代表人担任或指派。职工一方由工会代表；未建立工会的企业由职工民主推举代表，并须得到半数以上职工的同意。协商代表一经产生，无特殊情况，必须履行其义务。遇不可抗力造成空缺的，指派或推举新的协商代表。

职工一方代表在劳动合同期内自担任代表之日起5年以内除个人严重过失外，企业不得与其解除劳动合同。个人严重过失包括严重违反劳动纪律或用人单位规章制度和严重失职、营私舞弊，对用人单位利益造成重大损害以及依法需追究刑事责任等。

（二）集体合同的内容

我国《集体合同规定》第6条采取了15项必备条款，规定了集体合同应当包括以下内容：劳动报酬；工作时间；休息休假；保险福利；劳动安全与卫生；合同期限；变更、解除、终止集体合同的协商程序；双方履行集体合同的权利和义务；履行集体合同发生争议时协商处理的约定；违反集体合同的责任；双方认为应当协商约定的其他内容。

（三）集体合同的期限

集体合同的期限是集体合同的有限存续期间。按照期限形式的不同，集体合同的期限主要有定期集体合同和不定期集体合同。定期集体合同是指明确规定了开始和终止期限的集体合同；不定期集体合同是指只规定了起始时间而未规定终止时间的集体合同。大多数国家法律一般要求集体合同采取定期的形式，以保证劳动者利益随着社会、经济的发展而同步提高。

我国《集体合同规定》第38条规定，集体合同期限为1~3年，在集体合同规定的期限内，双方代表可对集体合同履行情况进行检查。经双方协商一致，也可对集体合同进行修订。

四、集体合同的效力

集体合同的效力是指集体合同的法律约束力。《劳动法》第35条规定：依法签订的集体合同对企业和企业全体职工具有约束力。职工个人与企业订立的劳动合同中劳动条件和劳动报酬等标准不得低于集体合同的规定。《劳动合同法》第54条第2款规定：依法订立的集体合同对用人单位和劳动者具有约束力。行业性、区域性集体合同对当地本行业、本区域的用人单位和劳动者具有约束力。

可见，凡符合法律规定的集体合同，一经签订就具有法律效力。集体合同的法律效力主要包括集体合同的效力范围和效力形式两个方面。

（一）集体合同的效力范围

1. 对人效力

集体合同对人的法律效力是指集体合同对什么人具有法律约束力。一般认为，受集体合同约束的人应当包括集体合同的当事人和关系人。集体合同的当事人是指订立集体合同并受集体合同约束的人，包括工会组织和用人单位或其团体。集体合同的关系人是指未订立集体合同根据我国《劳动法》的规定，依法签订的集体合同对用人单位和用人单位全体劳动者具有约束力。我国《集体合同规定》第2条规定，本规定适用于中华人民共和国境内的企业和实行企业化管理的事业单位。这种约束力表现在：集体合同双方当事人必须全面履行集体合同规定的义务，任何一方都不得擅自变更或解除集体合同。如果集体合同的当事人违反集体合同的规定就要承担相应的法律责任。劳动者个人与用人单位订立的劳动合同中有关劳动条件和劳动报酬等标准不得低于集体合同的规定。

2. 时间效力

集体合同的时间效力是指集体合同从什么时间开始发生效力，什么时间终止其效力。集体合同的时间效力通常以其存续时间为标准，一般从集体合同成立之日起生效，如果当事人另有约定的，应在集体合同中明确规定。集体合同的期限届满，其效力终止。我国规定集体合同的期限为1—3年。

3. 空间效力

集体合同对空间的效力是指集体合同规定的对于哪些地域、哪些从事同一产业的劳动者、用人单位所具有的约束力。企业集体合同、行业集体合同或者全国性的集体合同分别在各自的地域范围内具有相应的法律效力。

（二）集体合同的效力形式

1. 规范效力

集体合同的规范效力是指，集体合同的标准性条款在适用范围内对劳动关系当事人权利义务的确定提供了具体规则，一经合法订立就具有法律约束力。

集体合同确定的劳动标准是在其效力范围内的最低标准，劳动合同关于这些标准的规定不得低于集体合同的规定。在集体合同有规定而劳动合同没有规定或者虽然有规定却被确认无效时，或者集体合同有明确规定而劳动合同规定不明确时，集体合同的规定就当然视为对劳动合同内容的补充。

2. 契约效力

集体合同的契约效力是指，集体合同的规范性条款为订约主体双方设立了明确的权利义务，约束双方在合同期限内必须履行。主要表现为，订约主体要遵守集体合同的运行规则、保持劳动和平、敦促成员履行合同义务、实现集体合同约定的目标等。集体合同当事人不履行或者不完全履行这些义务，都应当承担相应的违约责任。

五、集体合同的变更、解除和终止

（一）集体合同的变更、解除

集体合同的变更是指，集体合同没有履行或者未履行完毕之前，主客观条件发生了变化，当事人依照法定的程序，对原合同中的某些内容进行修改的行为。集体合同的解除是指，集体合同没有履行或者没有完全履行之前，主客观条件发生了变化，致使合同履行成为不可能或者不必要时，当事人依照法定程序，提前结束集体合同效力的行为。《集体合同规定》第40条规定，有下列情形之一的，可以变更或解除集体合同或专项集体合同：用人单位因被兼并、解散、破产等原因，致使集体合同或专项集体合同无法履行的；因不可抗力等原因致使集体合同或专项集体合同无法履行或部分无法履行的；集体合同或专项集体合同约定的变更或解除条件出现的；法律、法规、规章规定的其他情形。

（二）集体合同的终止

集体合同的终止是指，由于一定法律事实的发生致使集体合同的效力消灭。我国《集体合同规定》并未规定集体合同的终止情形，一般而言，集体合同的终止主要包括以下几种情形：

（1）因有效期限届满而终止。集体合同在约定期限届满时，除依法延长以外，应停止其法律效力。

（2）因集体合同的目的实现而终止。集体合同所规定的义务完全履行即表明其目的已经实现，应停止其法律效力。

(3) 因依法解除而终止。

(4) 因裁决或者判决而终止。

集体合同因履行发生争议并申请仲裁或者提起诉讼的，仲裁机构或者法院可以依法作出解除集体合同的裁决或判决。

六、集体合同的审查

根据我国《集体合同规定》，集体合同或专项集体合同签订或变更后，应当自双方首席代表签字之日起 10 日内，由用人单位一方将文本一式三份报送劳动保障行政部门审查。劳动保障行政部门对报送的集体合同或专项集体合同应当办理登记手续。

集体合同或专项集体合同审查实行属地管辖，具体管辖范围由省级劳动保障行政部门规定。中央管辖的企业以及跨省、自治区、直辖市的用人单位的集体合同应当报送劳动保障部或劳动保障部指定的省级劳动保障行政部门。

劳动保障行政部门应当对报送的集体合同或专项集体合同的下列事项进行合法性审查：集体协商双方的主体资格是否符合法律、法规和规章规定；集体协商程序是否违反法律、法规、规章规定；集体合同或专项集体合同内容是否与国家规定相抵触。

劳动保障行政部门对集体合同或专项集体合同有异议的，应当自收到文本之日起 15 日内将《审查意见书》送达双方协商代表。《审查意见书》应当载明以下内容：集体合同或专项集体合同当事人双方的名称、地址；劳动保障行政部门收到集体合同或专项集体合同的时间；审查意见；作出审查意见的时间。《审查意见书》应当加盖劳动保障行政部门印章。

用人单位与本单位职工就劳动保障行政部门提出异议的事项经集体协商重新签订集体合同或专项集体合同的，用人单位一方应当根据《集体合同规定》第 42 条的规定将文本报送劳动保障行政部门审查。

劳动保障行政部门自收到文本之日起 15 日内未提出异议的，集体合同或专项集体合同即行生效。生效的集体合同或专项集体合同，应当自其生效之日起由协商代表及时以适当的形式向本方全体人员公布。

七、集体协商争议的协调处理

集体合同争议是指工会或职工代表与用人单位在举行集体谈判或集体协商，签订集体合同，以及履行集体合同等事项上产生的争议。我国《集体合同规定》将集体合同争议分为集体协商争议和集体合同履行争议：集体协商争议是指因是否进行集体协商发生争议以及集体协商过程中发生的争议；集体合同履行争议是指集体合同在履行过程中发生的争议。因争议的不同，解决争议的机制也不同。

（一）集体协商争议的处理

1. 集体协商争议的处理机关

集体协商过程中发生争议，双方当事人不能协商解决的，当事人一方或双方可以书面形式向劳动保障行政部门提出协调处理申请；未提出申请的，劳动保障行政部门认为必要时也可以进行协调处理。劳动保障行政部门应当组织同级工会和企业组织等三方面的人员，共同协调处理集体协商争议。

2. 集体协商争议的管辖

集体协商争议处理实行属地管辖，具体管辖范围由省级劳动保障行政部门规定。中央管辖的企业以及跨省、自治区、直辖市用人单位因集体协商发生的争议，由劳动保障部指定的省级劳动保障行政部门组织同级工会和企业组织等三方面的人员协调处理，必要时，劳动保障部也可以组织有关方面协调处理。

3. 集体协商争议的处理程序

协调处理集体协商争议，应当自受理协调处理申请之日起30日内结束协调处理工作。期满未结束的，可以适当延长协调期限，但延长期限不得超过15日。

协调处理集体协商争议应当按照以下程序进行：受理协调处理申请；调查了解争议的情况；研究制定协调处理争议的方案；对争议进行协调处理；制作《协调处理协议书》。

《协调处理协议书》应当载明协调处理申请、争议的事实和协调结果，双方当事人就某些协商事项不能达成一致的，应将继续协商的有关事项予以载明。《协调处理协议书》由集体协商争议协调处理人员和争议双方首席代表签字盖章后生效。争议双方均应遵守生效后的《协调处理协议书》。

（二）因履行集体合同发生争议的处理

我国《集体合同规定》第55条规定：因履行集体合同发生的争议，当事人协商解决不成的，可以依法向劳动争议仲裁委员会申请仲裁。在履行集体合同过程中发生的争议，应当先由集体合同双方协商解决。在协商不成或者协商不能时，由当事人根据《企业劳动争议处理条例》申请劳动争议仲裁委员会仲裁；对裁决不服的，可以向人民法院提起诉讼。《劳动合同法》第56条也同样规定：因履行集体合同发生争议，经协商解决不成的，工会可以依法申请仲裁、提起诉讼。

【前沿提示】

1. 如何建立工资共决制度？

建立工会既要扮演"领涨"的角色，更要将着眼点放在建立一种工资共决机制上，即根据企业经济效益、当地 GDP 增长水平、人工成本变化和物价变动等因素，由工人集体或通过工会向企业表达对工资的诉求，企业、职工、工会三方协商形成职工工资的正常增长机制。这样一种共决机制实际是双向的，并不只以涨工资为目的。在成熟的市场经济国家，当经济转好的时候，职工可以通过工会要求企业加薪；当经济萧条时，集体协商又可以使劳资达成妥协，企业对职工进行必要的减薪，以共度时艰，避免大量裁员和企业倒闭。事实上，比单纯地要求涨工资更重要的是，工资共决保护了职工在与企业博弈中的平等地位，职工有了充分的话语权和议价权，工资与经济同步增长才能步入良性循环的轨道。①

2. 工会的代表性和独立性问题

集体谈判制度有效运作的前提是劳资双方彼此独立，谈判主体具有独立性和代表性，具有法定权利和组织能力来代表从企业级别到国家级别的国有和非国有企业的工人和雇主。工会的代表性主要解决工会与劳动者在集体谈判中的关系和地位问题，工会的独立性则主要指工会与管理方之间的关系问题。② 但是在我国的实践中，与中央级别的工会组织强势相比，企业级别的工会组织地位日渐下降。在管理体制上，工会组织隶属于企业，工会不能真正代表雇员的利益，在集体谈判中也就没有讨价还价动因，即使最终通过协商签订了集体协议，也大多流于形式。所以，解决工会的代表性和独立性问题，不仅关系到工会能否代表和维护劳动者利益，而且也是集体谈判制度推行的关键。

【思考题】
1. 什么是集体合同？其与劳动合同有何区别？
2. 什么是集体协商？集体协商的主体和内容是什么？
3. 试述集体合同的效力。

---

① 资料来源：人民网：http://acftu.people.com.cn/GB/71368/7106095.html。
② 程延园. 谈判制度在我国面临的问题及其解决. 中国劳动和社会保障法律网：http://www.cnlsslaw.com/list.asp? Unid=2396.

第五章 工作时间和休息休假

【引言】 工作时间和休息时间的立法始于产业革命以后,是各国劳动立法的重要内容。在当代,缩短工作时间,延长休息时间已成为各国劳动立法的共同趋势。

【学习目的与要求】 通过本章的学习,学生应了解我国工作时间和休息休假的立法现状、工作时间和休息休假的种类,掌握延长工作时间的法律规定,并在实践中树立充分运用法律武器保护劳动者休息权利的意识。

【知识结构简图】

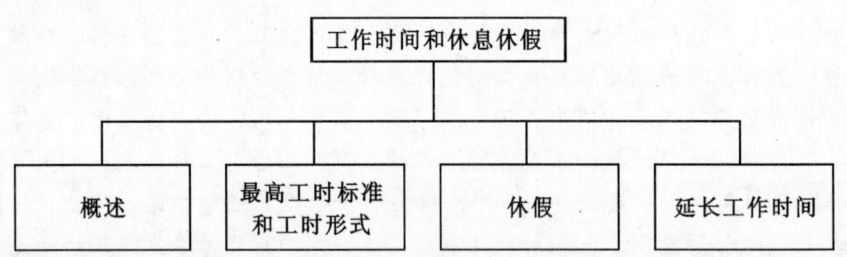

【引例】 张某是某合资大酒店的服务员。根据该酒店的规定,职工每天工作5小时,没有安排休息日。2009年9月的第一个星期天,张某因家中有急事不能上班,于是提出应有休息日,请部门经理批准。部门经理随后向总经理请示,总经理未予批准。

张某不服,又找到总经理面谈。张某说:"别的企业的职工每周都有2天的休息日,我觉得我们每周至少也应安排一个休息日。"可总经理说:"别的企业每天工作时间是8小时,我们酒店每天的工作时间只有5小时,每周工作时间总和只有35小时,比国家规定的40小时还少5个小时,所以我们不再另外安排休息日。"最终双方未能取得一致看法。于是张某向当地劳动争议仲裁委员会提出申诉,请求酒店给予其享受休息日的待遇。

第一节 概　　述

一、工作时间和休息时间的概念和划分

工作时间，又称法定工作时间，是指劳动者为履行劳动义务在法定限度内应当从事劳动和工作的时间。它还有以下几个要点：（1）工作时间是劳动关系中劳动者为用人单位履行劳动义务而从事劳动或工作的时间；（2）工作时间的长度由法律直接规定，或者由集体合同和劳动合同依法约定；（3）劳动者不遵守工作时间要承担法律责任。

工作时间的表现形式有工作小时、工作日和工作周三种，其中工作日即在一昼夜内的工作时间，是工作时间的基本形式。

休息时间，又称法定休息时间，是指法定的劳动者得免予履行劳动给付义务而自行支配的时间。它包含以下几个要点：（1）劳动者在休息时间内免予履行劳动给付义务，即不必为用人单位从事劳动和工作；（2）休息时间由劳动者自行支配，是劳动者实现休息权的必要保证；（3）劳动者在休息时间内的生活保障由用人单位提供；（4）用人单位不得非法占用劳动者的休息时间，如需依法占用，应当给予特别补偿。

工作时间的范围，不仅包括作业时间，还包括准备工作时间、结束工作时间以及法定非劳动消耗时间（如劳动者自然需要中断时间、工艺需要中断的时间、停工待活时间、女职工哺乳婴儿时间等）；不仅包括在岗位上工作的时间，还包括依据法规和单位行政安排离岗从事其他活动的时间。休息时间的范围，包括日常休息时间和休假，前者即工作日内不计入工作时间的间歇时间和计入工作时间的间歇时间（即法定非劳动消耗时间），以及相邻两个工作日之间的休息时间和相邻两个工作周之间的休息时间（即周休日）；后者即劳动者依法享受的各种假日。可见，在工作时间和休息时间之间，一方面既能明确界定范围，另一方面又有一定的交叉，存在计入工作时间的休息时间。

在一定的自然时间内，工作时间与休息时间是一种此长彼短、此短彼长的关系。对劳动者来说，工作时间是支出劳动力的量化形式，休息时间是恢复和增强劳动力的必要时间，二者之间是劳动力的使用和再生产的关系。所以，二者的划分，应当坚持以下基本原则：

（1）保护劳动者身体健康和休息权的实现。工作时间的长度和工作班的安排，不得损害劳动者的身体健康，必须保证劳动者休息权的实现。

(2) 有利于提高劳动效率。要正确处理这两种时间与劳动效率之间的关系，把工作时间的长度限定在足以保证劳动效率达到较高水平的限度内，使劳动者有足够的休息时间来恢复劳动力和提高自身素质，从而提高劳动效率。

(3) 与经济发展和人民生活水平相适应。随着经济发展和人民生活水平的提高，各国的工作时间呈缩短趋势。我国工作时间长度的确定，应当从我国实际情况出发，在经济发展的基础上，不断满足人们日益增长的物质和文化生活需要。因而，国家规定的工作时间长度界限仅具有相对意义，应当允许地方、部门或者单位根据需要和可能进一步缩短工作时间。

二、工时立法概况

工时立法，起始于工业革命以后，在其历史发展过程中，意义最为重大的就是8小时工作制的确立。最早的工厂立法中，限制童工、女工最高工时是其主要内容之一，最后扩展到对成年男工工时的限制。但当时立法上的工时都在8小时以上。例如，法国于1848年规定为不得超过12小时，瑞士于1877年、奥地利于1885年规定为不得超过11小时。

8小时工作制是工人阶级长期争取的目标。英国空想社会主义者罗伯特·欧文早在1817年就把8小时工作制作为其设想的"理想社会"制度的一项重要内容。1833年，在欧文的支持下，具有同情心的工厂主约翰·菲尔第一次提出了在现存制度下实行8小时工作制的改良计划，甚至组织大规模请愿活动，呼吁工厂主、议会和政府推行8小时工作制。1866年第一届国际日内瓦代表大会，根据马克思的倡议，提出了"8小时工作，8小时自己支配，8小时休息"的口号，要求各国制定法律予以确认。1884年，美国和加拿大的8个国际性和全国性的工人团体在芝加哥城集会，决定举行总同盟罢工，以求实现8小时工作制。1886年5月1日，美国芝加哥20万工人举行大罢工，要求实行8小时工作制。经过流血斗争，终于获得了8小时工作制的权利。

关于8小时工作制的立法，最早出现在1908年的新西兰，当时提出了"8小时工作、8小时休息、8小时睡眠"的原则。前苏联在十月革命胜利后的第四天，就颁布了由列宁签署的关于8小时工作制的法令。到第一次世界大战以后，欧洲各国的劳工立法才大多以8小时工作制为原则，如德国、奥地利、捷克斯洛伐克、卢森堡等国于1918年采用，法国、挪威、丹麦、波兰和瑞士于1919年采用。1919年的《国际劳动宪章》中规定，工厂的工作时间以每日8小时或每周48小时为标准，每周至少有一次连续24小时休息，并尽量以星期日为公休日。同年举行的第一届国际劳工大会通过了工业劳动一日8小时的公约。1921年的第三届国际劳动大会通过了工业实行每周休息公约。这两个公约得到许多国家的批准。此后，8小时工作制才成为标准工时制度。在我国，自中华人民共和国成立以来一直实行8小时工作制。

从二十世纪三四十年代开始，有些国家开始实行每周5日40小时工作制。1935年的第19届国际劳工大会通过了每周工时减至40小时的第47号公约。许多工业发达国家先后实行了40小时或40小时以下的工作周制。据国际劳工局1985年统计，在150个成员国中，有80个国家的周工时不到48小时，其中大部分为40小时。近年来一些发达国家的周工时已减至35小时左右，最短的如北欧国家只有30小时。据国际劳工局1984年统计，46个发展中国家有28个国家周工时为40~44小时，其余仍为48小时。

在我国，工时立法一直是劳动立法的重要组成部分。现行工时立法主要有《劳动法》中的"工作时间和休息休假"专章和《国务院关于职工工作时间的规定》（1995年修订）及其《国务院关于职工工作时间的规定的实施办法》（1995年劳动部、人事部分别制定）、《全国年节及纪念日放假办法》（1999年修订）、劳动部《关于企业实行不定时工作制和综合计算工作工时工作制的审批办法》（1994年）、《职工带薪年休假条例》（2007年）等项法规。

三、工时制度演变的两种趋势

（一）工时缩短的评析

工作时间不断缩短已成为世界趋势。其主要原因在于：（1）劳动生产率的提高。由于科技的进步和生产力的发展，劳动生产率的提高意味着完成同样的生产任务只需要更少的时间，工时的减少不会使产量降低，反而可能提高劳动的边际生产力。（2）经济衰退的影响。如西方国家1929—1933年的经济危机对促成40小时工作制起到了重要的作用。在经济萧条时期，企业会自动减少工时以节省开支。（3）居民收入水平的提高。收入提高以后，闲暇对于劳动者显得更为重要，劳动者不愿再用较多的劳动换取更多的收入，因而自愿减少劳动力的供给。（4）国际劳工组织政策的影响。提高工资和缩短工时一直是国际劳工组织的纲领。国际劳工组织领导下的国际工人运动，对雇主缩短工作时间具有不可忽视的作用。国际劳工公约对各国法定工时的缩短也具有引导和促进作用。

在现实和理论上，与经济发展水平相适应的一定范围内的工时缩短，其对经济的积极意义主要有：(1) 可以使劳动的各个要素得到充分利用；(2) 可以使劳动产品增多；(3) 有利于节约能源；(4) 有利于扩大就业；(5) 有利于提高劳动者的素质；(6) 有利于促进第三产业的发展。

(二) 工作班制逐渐走向灵活化和多样化及其评析

20世纪70年代初，德国率先出现了弹性工时制，这种工作班制很快风靡世界。继弹性工时制之后，发达国家出现了适应时代需求的多种形式的工作班制，主要由紧缩工作班制、间隔工作班制、分职制、变动工作班制等。

弹性工时，又称灵活工时或部分就业工时，是指在非常规工时制的基础上，根据企业对劳动力的需求状况灵活安排职工工作时间的一种制度创新。在这种制度安排下，不是采用全日工时制，而是实行部分就业模式，即劳动者自主、灵活地选择工作时间。这种创新为人力资源的市场优化配置、实现人力资源的共享、强化人力资源的使用效率提供了可能性。目前已成为国际公认的大趋势。在国外，劳动力市场中弹性工时制人员的比例正在逐渐增加，联合国经合组织（OECD）提供的数据表明，20世纪90年代中期，澳大利亚、丹麦、荷兰、挪威四国的弹性工时制人员占受雇人员的比例分别达到18%、24.3%、23.5%、28.6%。

实行弹性工时制的积极意义主要在于：(1) 可以弥补传统工时制的不足。(2) 有助于人力资源的优化配置。(3) 有利于增加岗位。在弹性工时制下，劳动者有选择有时段间隔地就业，这样，数量一定的就业岗位就被分割为数倍于原单位的量，工时越短，新增的就业岗位就越多。

四、工时立法的任务和内容

关于工时立法的任务，有两种观点。"单一保护说"认为，工时立法的任务就在于限制工时长度，保护劳动者的休息权。"保护和管理双重任务说"认为，工时立法除了负有上述保护任务外，在现代国家中还负有从管理的角度规范工时组织和安排，以提高工时利用率的任务。我们认为，赋予工时立法以管理任务，在现代经济中确有一定的必要性，但保护任务作为工时立法的传统任务，应当是现代工时立法的主要任务，管理任务只宜置于次要地位。

基于上述认识，工时立法的主要内容应当包括下述几个方面：(1) 规定最高工时标准，即规定工时上限，允许在集体合同和劳动合同中约定在此限度内缩短工时长度；(2) 规定最低休息时间标准，即只规定休息时间的下限，允许在集体合同和劳动合同中约定在此基础上增加休息时间；(3) 规定作息办法，为工作时间和休息时间的组织和安排提供规范；(4) 规定工时延长制度，限制工时延长和设定工时延长补偿标准；（5）规定侵犯劳动者休息权的法律责任。

还值得注意的是，弹性工时制作为一种特殊的用工形式和就业形式，应当纳入劳动法的调整范围，但它又不能完全适应基于正规就业和传统用工形式的一般劳动法。这就需要制定适用于弹性工时制劳动者的特别法，对弹性工时制劳动者在劳动合同、工作时间、休息休假、工资、劳动安全卫生、社会保险和福利等方面的特殊规则作出规定，并明确在哪些事项上同传统工时制劳动者应当享有平等待遇。其中，在工时立法中，应当就弹性工时制劳动者加班加点的特殊界限、休息休假的特殊安排、法定最高工时和休假休假在双重或多重劳动关系中的适用等问题作出规定。

第二节 最高工时标准和工时形式

一、最高工时标准

最高工时标准，又称法定最长工时，是指法律规定的在一定自然时间（一日或一周）内工作时间的最长限度。它有法定日最长工时和周最长工时两种形式。根据我国现行立法规定，日最长工时为8小时，即劳动者每日工作时间不得超过8小时；周最高工时为40小时，即劳动者平均每周工作时间不得超过40小时。

最高工时标准是法定的强制性标准，其法律效力主要表现在：（1）在全国范围内应当普遍执行最高工时标准，除了具备法定特殊情形外，用人单位不得突破法定最长工时的限制；（2）对实行计件工资的劳动者，用人单位应当根据日和周最长工时，合理确定其劳动定额和劳动报酬；（3）企业因生产特点不能按照法定日和周最长工时的要求实行作息办法而采用其他工时形式的，必须符合法定条件，并且履行法定审批程序；（4）实行综合计算工时工作制的，其平均日（周）工时应当与法定日（周）最长工时基本相同；（5）用人单位不遵守最高工时标准，违法延长工时的，应当追究法律责任。

各国关于最长工时的立法表明，缩短法定最长工时，已成世界性趋势。我国法定周最长工时，中华人民共和国成立以来一直为48小时，从1994年3月1日起缩短为44小时，从1995年5月1日起进一步缩短为40小时。

二、工时形式

（一）标准工时形式

标准工时形式，又称标准工时，是指法定的在正常情况下普遍使用的，按照正常作息办法安排的工作日和工作周，即标准工作日和工作周。其主要特点：（1）它以正常情况作为其适用条件；（2）它普遍适用于一般职工；（3）它是按正常作息办法安排工时，属于均衡工时制；（4）它一般以法定最长工时作为其时间长度，我国规定为每周5个工作日，每个工作日8小时；（5）它被作为确定其他工作日长度的基准。

劳动和社会保障部于2008年1月3日通过的《关于职工全年月平均工作时间和工资折算问题的通知》（劳社部发〔2008〕3号）规定，根据《全国年节及纪念日放假办法》，全体公民的节日假期由原来的10天增设为11天。据此，职工全年月平均制度工作天数作相应调整，具体计算如下：

（1）年工作日：365天-104天（休息日）-11天（法定节假日）=250天

（2）季工作日：250天÷4季=62.5天/季

（3）月工作日：250天÷12月=20.83天/月

（4）工作小时数的计算：以月、季、年的工作日乘以每日的8小时

（二）非标准工时形式

非标准工时形式，又称非标准工时制，是指法定只适用于特殊情形，并且工时长度和作息办法都不同于标准工时制的工时形式。我国立法对非标准工时形式规定了下述内容：

1. 非标准工作日的类型和适用范围

（1）缩短工作日及其适用范围。

缩短工作日，是指法定在特殊条件下实行的工作时间少于标准工作日长度的工作日。在我国，目前允许实行缩短工作日的情形限于下述几种：①特定的岗位。从事矿山井下作业、高山作业、严重有毒有害作业、特别繁重和过度紧张的体力劳动的职工，每个工作日的时间要少于8小时。②夜班。实行三班制的企业，从事夜班工作的时间比白班减少1小时。在这里夜班一般是指在当日晚上10点至次日早晨6点之间当班。③哺乳期女工。哺乳未满周岁婴儿的女职工，每班工作时间内可哺乳两次，每次30分钟；多胞胎生育的每多哺乳一婴儿，每次哺乳时间增加30分钟；一班内两次哺乳可以合并使用。哺乳时间和哺乳往返时间算作工作时间。④未成年工和怀孕女工。未成年工应实行少于8小时工作日制度。怀孕7个月以上的女职工，在正常

工作时间内应安排一定的休息时间。

（2）延长工作日及其适用范围。

延长工作日，是指法定在特殊条件下实行的超过标准工作日长度的工作日，适用于从事受自然条件或技术条件限制的季节性作业的职工，并且只能在一年中的某段时间（忙季）实行；以后应当以实行缩短工作日或者补休的方式，抵补超过标准工作日长度的工时，因而对实行缩短工作日者应当综合计算工时。

（3）不定时工作日及其适用范围。

不定时工作日，又称不定时工作制，是指法定的在特殊条件下实行的，每日无固定起讫时点，亦即不固定计算工作日长度的工作日。它可以适用于下述几种职工：①高级管理人员、外勤人员、推销人员、部分值班人员和工作无法按标准工作时间衡量的其他职工；②长途运输人员、出租汽车司机和铁路、港口、仓库的部分装卸人员以及因工作性质特殊，需要机动作业的职工；③其他因生产特点、工作特殊需要和职责范围关系，适合实行不定时工时制的职工。

（4）连续工作日及其适用范围。

连续工作日，是指法定在特殊条件下实行的，两个以上工作日连续使用、相邻工作日之间无离岗休息时间的工作日。它只适用于交通、铁路、邮电、水运、航空、渔业等行业中，因工作性质特殊，需要连续作业的职工；它不是实行超过标准工作日长度的工作日，而是将两个以上标准工作日连续使用，即不间隔地连续两个以上工作日不离开岗位，其间应当享有的日常休息时间留在连续工作结束后集中享用，因而，对实行连续工作日者应当综合计算工时。

2. 非标准工时形式的管理

为了加强对非标准工时形式的管理，我国作了下述规定：（1）非标准工时形式只能在符合法定条件的情况下实行。现行法规对实行缩短工作日、不定时工作日、延长工作日和连续工作日，分别规定了各自必须具备的条件。另外，原劳动部规定，在市场竞争中由于外界因素影响而生产任务不均衡的企业，可以对部分职工参照实行非标准工时形式。（2）实行非标准工时形式必须履行法定审批程序。中央直属企业实行非标准工时形式，经国务院行业主管部门审核，报国务院劳动行政部门批准。地方企业实行延长工作日、不定时工作日、连续工作日的，按省级劳动行政部门制定并报请国务院劳动行政部门备案的审批办法，报请审批；实行缩短工作日的，经当地主管部门审核，报当地劳动行政部门批准。国家机关、事业单位实行非标准工时形式，由各省、自治区、直辖市和各主管部门按隶属关系提出意见，报国务院人事行政部门批准。(3) 实行非标准工时形式必须确保职工休息权的实现和生产、工作任务的完成。对实行除缩短工作日以外的其他非标准工时形式的职工，用人单位应当根据《劳动法》的有关规定，在保障职工身体健康并充分听取职工意见的基础上，可采用集中工作、集中休息、轮休调休、弹性工作时间等方式。(4) 实行非标准工时形式可综合计算工时。对实行延长工作日或连续工作的职工，以及其他适用于综合计算工时的职工，可分别以周、月、季、年等为周期，综合计算工时，但其平均日工时和平均周工时应当与法定标准工时基本符合。

第三节 休 假

休假，简而言之，即劳动者带薪休息，是法定的劳动者得免予上班劳动并且有工资保障的休息时间。它是休息时间的重要组成部分。我国《劳动法》和有关法规所规定的休假，主要有下述几种：

一、法定节假日

法定节假日，是指根据国家、民族的传统习俗而由法律规定的在节日实行的休假。严格地说，法定节日并非专为劳动者规定的，但由于它涉及劳动者中断劳动以及用人单位得继续依法支付工资，所以，劳动法对此作了专门规定。

根据我国现行立法的规定，用人单位在法定应当放假的节日和纪念日，应当安排劳动者休假。

全体公民放假的节日有：(1) 新年，放假1天（1月1日）；(2) 春节，放假3天（农历除夕、正月初一、初二）；(3) 清明节，放假1天（农历清明当日）；(4) 劳动节，放假1天（5月1日）；(5) 端午节，放假1天（农历端午节当日）；(6) 中秋节，放假1天（农历中秋当日）；(7) 国庆节，放假3天（10月1日、2日、3日）。

部分公民放假的节日及纪念日有：(1) 妇女节（3月8日），妇女放假半天；(2) 青年节（5月4日），14周岁以上的青年放假半天；(3) 儿童节（6月1日），不满14周岁的少年儿童放假1天；(4) 中国人民解放军建军纪念日（8月1日），现役军人放假半天。少数民族习惯的节日，由各少数民族聚居地区的地方人民政府，按照各该少数民族习惯，规定放假日期。

上述法定节假日中，凡属假日，如适逢星期六、星期日，应当在工作日补假。部分公民放假日，如果适逢星期六、星期日，则不补假。

二、年休假

年休假是指劳动者每年享有的保留原职和工资的连续休假。许多国家的劳动法都明确规定，享受年休假是劳动者一项不容剥夺也不许放弃的重要休息权；以支付经济补偿来代替年休假，被认为是违法行为；企业有义务根据职工的要求和照顾生产需要适当安排年休假，一般不允许推迟到下一年享受；在年休假期间内，一般不得被所在单位辞退或解除劳动合同。

年休假制度一般规定年休假的适用范围、享受条件、休假期限、工资待遇、具体使用办法等，其中最主要的是连休假的享受条件和休假期限。根据国际劳工组织1936年第52号公约规定：连续工作1年后年休假至少应有6个工作日，未成年工和学徒工为12个工作日。1970年的第132号公约又修改为：连续工作6个月者有权享受年休假，连续工作6—12个月者有权享受与其工作时间相称的年休假，连续工作1年者年休假不应少于3个工作周。我国在20世纪50年代初期，曾在部分职工中试行过年休假，但未能坚持。学校教职工的寒暑假制度，从事有害健康、特别繁重工作的工人每年集中一段时间休假的制度，实际上也是一种年休假制度。《劳动法》规定：国家实行年休假制度，劳动者连续工作满1年以上的，享受带薪年休假，具体办法由国务院规定。2007年12月，国务院制定了《职工带薪年休假条例》，该条例从2008年1月1日起施行。其主要内容有：

1. 年休假的适用范围和享受条件

机关、团体、企业、事业单位、民办非企业单位、有雇工的个体工商户等单位的职工连续工作1年以上的，享受年休假。职工累计工作已满1年不满10年的，年休假为5天；已满10年不满20年的，年休假为10天；已满20年的，年休假为15天。

职工有下列情形之一的，不享受当年的年休假：（1）职工依法享受寒暑假，其休假天数多于年休假天数的；（2）职工请事假累计20天以上且单位按照规定不扣工资的；（3）累计工作满1年不满10年的职工，请病假累计2个月以上的；（4）累计工作满10年不满20年的职工，请病假累计3个月以上的；（5）累计工作满20年以上的职工，请病假累计4个月以上。

2. 年休假的安排

单位根据生产、工作的具体情况，并考虑职工本人的意愿，统筹安排职工年休假。年休假在一个年度内可以集中安排，也可以分段安排，一般不跨年度安排。单位因生产、工作特点确有必要跨年度安排职工年休假的，可以跨1个年度安排。

3. 年休假的工资待遇和未休补偿

职工在年休假期间享受与正常工作期间相同的工资收入。单位确因工作需要不能安排职工休年休假的，经职工本人同意，可以不安排职工休息休假。对职工应休未休的年休假天数，单位应当按照该职工日工资收入的300%支付年休假工资报酬。

【案例5-1】

2006年1月，黄女士与上海某婚庆公司签订劳动合同，其工作岗位是仓库管理员。2008年6月3日，黄女士因不满公司在用工方面的不规范，向公司提出辞职，随后申请劳动仲裁，要求公司支付2008年年休假工资688.5元。同年8月，仲裁委员会裁决不予支持。同年11月，人民法院一审判决上海某婚庆公司支付黄女士2008年未休年休假的工资561.1元。

点评： 本案是自2008年1月1日《职工带薪年休假条例》施行以来，上海首例辞职员工要求用人单位支付年休假工资案。本案中，公司认为员工只有在做满整年的前提下才能享有年休假的说法欠妥，因为根据2008年《企业职工带薪年休假实施办法》的规定，在解除或者终止劳动合同时，当年度未安排职工休满应休年假的，应当按照职工当年已工作的时间折算应休未休年假天数及其工资报酬。

4. 法律责任

用人单位不安排职工休年休假又不依照法律规定给予年休假工资报酬的，由县级以上地方政府人事部门和劳动保障部门依据职权责令限期改正；对逾期不改正的，除责令该单位支付年休假工资报酬外，用人单位还应当按照年休假工资报酬的数额向职工加付赔偿金；对拒不支付年休假工资报酬和赔偿金的，属于公务员和参照公务员法管理的人员所在单位的，对直接负责的主管人员以及其他直接责任人员依法给予处分；属于其他用人单位的，由劳动保障部门、人事部门或者职工申请法院强制执行。

三、探亲假

探亲假，是指法定给予家属分居两地的职工，在一定时期内与父母或配偶团聚的假期。我国现行法规中关于探亲假的规定有下述主要内容：

1. 享受探亲假的条件

凡工作满1年的职工，与配偶或父母不在一起居住，又不能在公休假日团聚的，可以享受探望配偶或父母的探亲假待遇。这里的"父母"，对已婚职工来说，仅限于职工本人的父母，而不包括职工配偶的父母。职工如果与父母一方能在公休假日团聚的，不能享受探望父母的探亲假待遇。

2. 探亲假的假期

按规定，有以下几种情形：（1）职工探望配偶的，每年给予探亲假一次，假期为30天。（2）未婚职工探望父母的，原则上每年给假1次，假期为20天；如果因工作需要，当年用人单位不能给假，或者职工本人自愿两年探亲1次，可两年给假1次，假期为45天。（3）已婚职工探望父母的，每4年给假1次，假期为20天。（4）凡已实行周期性集中休假制度的职工（如学校教师），应在休假期间探亲，如休假较短，可由本单位适当安排，补足其探亲假天数。

四、其他假期

除了上述假期外，依规定还有女职工产假、职工婚丧假等。用人单位均应依法支付工资。例如，《劳动法》第62条规定，"女职工生育享受不少于90天的产假"，等等。

第四节 延长工作时间

一、延长工作时间的概念和形式

延长工作时间，是指工作时间超出法定正常界限在休息时间范围内延伸，即职工在正常工作时间以外应当休息的时间内进行工作。有两种形式：（1）加班，指职工在法定节假日或周休日进行工作；（2）加点，指职工在标准工作日以外延长时间进行工作，即提前上班或推迟下班。可见，加班加点都是相对特定的工作日形式而言的，对实行标准工作日或缩短工作日者，才存在加班加点；对实行不定时工作日者，则不存在加班加点；对实行延长工作日或连续工作日者，在综合计算工时的结果是平均日（周）工时超过法定标准工时的情况下其超出部分应视为加班或加点，工作日正好是法定节假日的也应视为加班。

工作日的时间长度和上下班时间一般具有固定性，这虽然同生产、工作的常规需要相适应，却难以满足生产、工作的特殊需要，加班加点正是因为能够弥补这种不足而有存在的必要。但是，加班加点意味着挤占休息时间，同法定最高工时标准相矛盾，因此，在工时立法中，对加班加点既允许又限制，并规定补偿标准，以防止加班加点的滥用，保障劳动者休息权和有关权益的实现。

二、延长工作时间的限制

1. 延长工时的人员范围限制

我国立法规定，禁止安排未成年工、怀孕7个月以上的女职工和哺乳未满周岁婴儿的女职工参加加班加点。

2. 一般情况下延长工时的条件、程序和长度限制

（1）延长工时的条件。在我国《劳动法》中，仅要求延长工时应当以"生产经营需要"为条件，但未明确规定"生产经营需要"的具体情形。在实践中，有必要由集体合同约定，或者由用人单位与工会共同界定"生产经营需要"的具体范围。

（2）延长工时的程序。《劳动法》规定，用人单位由于生产经营需要而安排延长工时的，应当事先与工会和劳动者协商。即用人单位应当事先就加班加点的理由、工作量计算和所需职工人数，向工会说明，并征得工会同意。

（3）延长工时的长度。《劳动法》规定，由于生产经营需要而延长工时的，一般每日不得超过1小时；因特殊原因需要，在保障劳动者身体健康的条件下每日不得超过3小时，但每周不得超过36小时。

【案例5-2】

王某大学毕业后应聘到一家广告公司工作，与公司签订了1年的劳动合同。公司实行每日工作8小时、每周工作40小时的标准工时制度，并以此为依据确定和支付王某工资。王某工作很认真，但由于刚参加工作，对业务不甚熟悉，其他同事能完成的工作他有时不能在8小时内完成，为了不影响工作进度，便主动利用下班时间加班完成。

一年合同期满时，王某表示不再续签劳动合同，但要求公司支付其在一年内的加班工资，并出示了期间的考勤记录。公司以实行标准工时制度、对加班另有规定、王某自愿主动加班并非公司安排为由，拒绝支付加班工资。双方发生争议。

点评：本案的焦点是劳动者主动延长工作时间能否要求支付加班工资。《劳动法》第44条和《工资支付暂行规定》第13条规定，用人单位延长劳动者的工作时间应当支付加班工资，在条文表述上都将用人单位"安排"劳动者延长工作时间作为补休和支付加班工资的前提，对此可解释为延长工

作时间是用人单位的原因造成的。具体到本案，公司实行标准工时制并有相应的加班制度，王某加班是自己不能按时完成工作任务导致的，因此属于自愿加班，并非用人单位的原因造成，也没有办理延长工作时间的履行手续，要求公司支付加班工资缺乏法律依据。

3. 延长工时不受程序、长度限制的特殊情形

根据《劳动法》和《国务院关于职工工作时间的规定》及其《国务院关于职工工作时间的规定的实施办法》的规定，延长工时不受上述程序、长度限制的特殊情形有：（1）发生自然灾害、事故或者其他原因，使人民的安全健康和国家资财遭到严重威胁，需要紧急处理的；（2）生产设备、交通运输线路、公共设施发生故障，影响生产和公众利益，必须及时抢修的；（3）必须利用法定节日或公休日的停产期间进行设备检修、保养的；（4）国家机关、事业单位为完成国家紧急任务或完成上级安排的其他紧急任务，以及商业、供销企业在旺季完成收购、运输加工农副产品紧急任务；（5）为完成国防紧急任务，或者完成上级在国家计划外安排的其他紧急生产任务的；（6）法律、行政法规规定的其他特殊情形。

三、延长工时的补偿

立法关于延长工时补偿的规定，兼有职工利益补偿和限制延长工时双重功能。我国现行的延长工时补偿有两种形式，即补休和支付加班加点工资，对于法定节假日以外延长工时，应当优先采用补休形式。我国立法关于加班加点工资的规定，有下述主要内容：

1. 加班加点工资的范围

国家机关、社会团体、事业单位的职工，企业中适用事假照发工资制度的职工，加班加点后只安排补休而不发放加班加点工资。其中不适用事假照发工资制度的职工，在法定节假日以外休息时间加班加点后不能安排补休的，在法定节假日加班的，都应发给加班加点工资。劳动者在完成劳动定额和规定工作任务后参加用人单位安排的加班加点，才发给加班加点工资。企业由于生产任务不足或者未按计划完成生产任务，为了突击完成任务或者突击完成临时承揽的生产任务而加班加点，不得发放加班加点工资。

2. 加班加点工资的标准

《劳动法》规定，用人单位应当向职工支付高于正常工作时间工资的加班加点工资，其标准分别为：（1）加点不低于正常工时工资的150%；（2）

周休息日加班不低于正常工时工资的200%；（3）法定节假日加班不低于正常工时工资的300%。实行计件工资的劳动者在完成计件定额任务后加班加点的，分别按照不低于其本人法定工作时间计件单价的150%、200%、300%支付加班加点工资。在这里，作为计算加班加点工资基数的正常工作时间工资，有日工资和小时工资两种。日工资为本人月工资标准除以平均每月法定工作天数（实行每周40小时工作制的为21.16天）所得的工资额；小时工资为日工资标准除以8小时所得的工资额。

3. 加班加点工资的管理

国家规定，企业主管部门根据各企业的不同生产情况，应分别核定企业全年发放加班加点工资总额，并报当地劳动部门审批，同时还要抄送开户银行。企业发放的加班加点工资总额超过核定限额的部分，应从当年的奖金总额中予以扣除。凡未核定加班加点工资限额的，银行不得支付加班加点工资。企业主管部门、劳动行政部门对加班加点工资的发放必须加强监督，对滥发加班加点工资的单位和滥批加班加点工资的部门必须严肃处理并坚决纠正。

四、法律责任

1. 强迫延长工时的法律责任

用人单位未与工会和劳动者协商，强迫劳动者延长工作时间的，应给予警告，责令改正，并可按每名劳动者每延长工作时间1小时罚款100元以下的标准处罚。

2. 超过法定时数延长工时的法律责任

用人单位在由于生产经营需要而延长工时的情况下，1日内延长工时超过3个小时或1个月内延长工时超过36小时的，应给予警告，责令改正，并可按每名劳动者每超过1小时罚款100元以下的标准处罚。

3. 安排法定禁止延长工时人员延长工时的法律责任

用人单位安排在哺乳未满1周岁的婴儿期间的女职工和怀孕7个月以上的女职工延长工作时间和夜班工作的，应责令改正，并按每侵害1名女职工罚款3000元以下的标准处罚。

4. 拖欠、拒付加班加点工资或低于法定标准发放加班加点工资的法律责任

加班加点工资标准属于法定标准。根据《劳动合同法》第85条的规定，用人单位安排加班不支付加班工资的，即无故拖欠、拒付加班加点工资，或无故扣除而低于法定标准发放加班加点工资的，由劳动行政部门责令

限期支付加班费,逾期不支付的,责令用人单位按应付金额50%以上100%以下的标准向劳动者加付赔偿金。

【思考题】
1. 工作时间和休息时间的概念是什么?
2. 工时形式主要有哪些?我国现阶段的标准工时形式如何?
3. 我国现行立法规定的休假主要有哪些种类?
4. 延长工作时间是指什么?我国立法对延长工作时间是如何规定的?

第六章 工 资

【引言】工资制度是我国劳动法的一项重要制度。工资是劳动者及其家庭成员生活的主要来源，不仅关系到劳动者的身心健康，也是劳动者发展的需要。

【学习目的与要求】通过本章的学习，学生应了解工资立法的基本原则，掌握基本工资制度、最低工资制度和工资支付保障制度。

【知识结构简图】

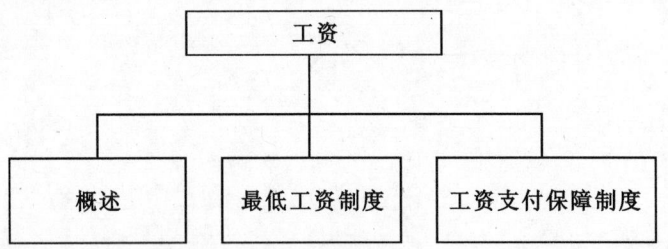

【引例】某厂是一家外商独资企业，2001年开业，2002年扩大了生产规模，同时招收了26名女工。在签订用工协议时，棉纺厂提出试用期3个月，每月工资600元，试用期满后每月工资800~1200元。然而在试用期的3个月，工厂以这些女工应当交纳保证金为由，没有发给工资。在女工成为正式工后，工厂仍未发给工资，只给了每人200元生活费。其理由是企业近来没有资金，由于订单接得不多，流动资金都购买了原料，等过一段时间再补发。在市劳动仲裁委员会的调解下，双方达成调解协议，企业将拖欠的工资发给其职工，并向每位女工赔偿了拖欠工资的损失费。

第一节 概 述

一、工资的概念

工资又称薪金，是指用人单位依据国家有关规定或集体合同、劳动合同的约定，以货币的形式直接付给本单位劳动者的劳动报酬，一般包括计时工资、计件工资、奖金、津贴和补贴、延长工作时间的工资报酬以及特殊情况下支付的工资等。工资是劳动者劳动报酬的重要组成部分，是劳动者的基本生活来源。在政治经济学中，工资本质上是劳动力的价值或价格。工资是生产成本的重要部分。

工资不能完全等同于劳动报酬，除工资形式外，劳动报酬还包括劳务费、佣金、稿酬等。与劳动报酬相比，工资的特征主要有以下几点：

第一，工资是职工基于劳动关系所获得的劳动报酬，这是其最基本的特征。

第二，工资是用人单位对职工履行劳动义务的物质补偿。用人单位以支付工资的方式获得劳动者让渡的劳动力使用权，支付工资是其义务。

第三，必须以法定方式支付。工资的支付方式、数额、时间等都必须符合法律法规的规定。

调动劳动者的积极性需要把精神鼓励和物质鼓励结合起来。工资，是物质鼓励的主要内容，也是按劳分配原则的体现形式。工资制度的建立与改革，工资水平的逐步提高，对调动广大工作人员的工作积极性，促进行政和管理工作的改善，促进国民经济和各项社会主义建设事业的发展，都起到了积极的作用。具体作用有：（1）调动广大工作人员工作的积极性。（2）保障广大干部的生活消费需要，不断提高干部的物质和文化生活水平。（3）协调干部之间、干部与其他职工之间的关系，促进与其他职工之间的关系，促进社会的安定团结。（4）促进工作人员的合理配置和人才的合理流动。（5）合理监督社会劳动量与消费量。

【案例6-1】

某IT企业由于产品调整，需要将职工甲所在的部门撤销，该部门所有员工均被分配到其他部门从事新工作，而甲不愿到任何其他部门工作，企业只好以其所在的部门被撤销，导致劳动合同中与其约定的工作内容无法履行，双方又不能就变更工作内容达成一致为理由，依据《劳动法》第26条第3项的规定，解除了与甲的劳动合同。关于补偿金问题上，双方发生了争议。

该企业认为，国家关于给予职工解除劳动合同经济补偿金规定中所说的，"按职工在本单位的工作年限，每满1年，发给相当于1个月工资的经济补偿"中所说的"工资"，是指按月发给职工的固定工资。但甲却认为，企业这种理解对自己是不利的，他觉得这里的"工资"不只包括固定工资，还应当包括职工领取的奖金以及加班费。

点评：现实中，职工从企业得到的收入名目繁多，如基本工资、职务工资、岗位工资、计时工资、计件工资、奖金、各种补贴、津贴、加班费等，这些项目中哪些应计算在补偿金内？哪些不应该计算在补偿金内？为了解决这个问题，明确并统一工资概念，原国家劳动部《关于贯彻执行〈中华人民共和国劳动法〉若干问题的意见》第53条中指出："劳动法中的'工资'是指用人单位依据国家有关规定或劳动合同的约定，以货币形式直接支付给本单位劳动者的劳动报酬，一般包括计时工资、计件工资、奖金、津贴和补贴、延长工作时间的工资报酬以及特殊情况下支付的工资等。"

由此可见，案例中甲的观点是正确的，企业在计发解除合同的经济补偿时，所使用的"工资"应当包括其奖金和加班费。企业管理者们的观点从表面上看似乎有一定道理，但实质上是与国家规定相悖的。

二、工资立法的基本原则

在我国社会主义市场经济中，为提高劳动者的积极性，实现公平合理，工资立法应当把效率与公平统一起来，在促进效率提高的前提下体现公平。我国《劳动法》第46条明确规定："工资分配应当遵循按劳分配原则，实行同工同酬。工资水平在经济发展的基础上逐步提高。国家对工资总量实行宏观调控。"这是我国工资立法应当坚持的基本原则。

（一）按劳分配原则

按劳分配原则是指把劳动量作为个人消费品分配的主要标准和形式，按照劳动者的劳动数量和质量分配个人消费品，多劳多得，少劳少得。按劳分配原则是马克思在《哥达纲领批判》中首先提出的，列宁在《国家与革命》中进一步加以阐发。按劳分配是社会主义公有制的产物，又是社会主义公有制的实现，是对剥削制度的根本否定，是历史的一大进步。按劳分配原则能够打破收入上的平均主义，根据劳动的质量和数量确定工资制度，合理拉开不同岗位的收入差距，体现奖勤罚懒、奖优罚劣，对于调动劳动者的积极性，建设社会主义，有着重大作用。

社会主义市场经济条件下实现按劳分配原则的特点：第一，按劳分配是社会主义初级阶段分配方式的主体，而不是社会唯一的分配原则。第二，还不可能在全社会范围内按统一标准实现。第三，只能以商品交换实现的价值量所曲折反映的劳动量为尺度。第四，还必须通过商品货币形式实现。

实行按劳分配，是由我国现实的经济条件决定的。生产资料公有制是实行按劳分配的前提；社会主义公有制条件下生产力的发展水平是实行按劳分配的直接原因。在我国现阶段，由于社会生产力发展还没有能够达到产品极大丰富的程度，工农之间、城乡之间、脑力劳动和体力劳动之间还存在着差别，劳动还未成为人们生活第一需要等原因，只能实行按劳分配的原则，多劳多得，少劳少得。由于劳动能力不同，家庭人口不同，劳动者的收入水平和生活水平实际上是不平等的，这是一个"弊病"，但在社会主义初级阶段是不可避免的。实行按劳分配的原则，必须反对平均主义，选择合适的按劳分配的形式。

（二）同工同酬原则

同工同酬原则，是指用人单位应当对从事相同工作、付出等量劳动，并且取得相同劳动业绩的劳动者同等地支付劳动报酬。同工同酬原则，最早是我国《宪法》明确规定的原则之一。我国《宪法》第48条规定："中华人民共和国妇女在政治的、经济的、文化的、社会的和家庭的生活等各方面享有同男子平等的权利。国家保护妇女的权利和利益，实行男女同工同酬，培养和选拔妇女干部。"《关于贯彻执行〈中华人民共和国劳动法〉若干问题的意见》第49条规定："在企业全面建立劳动合同制度以后，原合同制工人与本企业内的原固定工应享受同等待遇。"原劳动部办公厅《对〈关于临时工的用工形式是否存在等问题的请示〉的复函》中更明确指出："劳动法实施后，所有用人单位与职工全面实行劳动合同制度，各类职工在用人单位享有的权利是平等的。"《劳动合同法》更是明确规定在实际用工之后、劳动合同订立之前，就适用同工同酬原则；当出现了劳动关系双方签订的劳动合同对劳动报酬约定不明确，协商也不能解决争议集体劳动合同又没有对劳动报酬规定的，实行同工同酬原则；而对于被派遣劳动者享有的获得劳动报酬权利也同样与用工单位的劳动者同工同酬；至于对无效劳动合同的处理，《劳动合同法》也是规定了要适用同工同酬原则进行处理。

（三）在经济发展的基础上逐步提高工资水平的原则

工资水平是指一定区域内一定时期内职工平均工资的高低程度。工资水平不仅反映社会经济整体发展水平、地区发展水平的高低和劳动者物质文化生活水平，而且也反映了国家、用人单位、劳动者三者之间的利益分配关系。工资水平的提高与经济发展有着密切的联系，合理的工资水平必须建立在经济发展的基础上。党的十七大明确提出，合理的收入分配制度是社会公平的重要体现，应着力提高低收入者收入，逐步提高扶贫标准和最低工资标准。

该原则包括两方面的内容：第一，工资水平的提高应当与经济发展水平相一致。社会主义的生产目的，就是通过经济的不断发展，最大限度地满足社会不断增长的物质文化需要。但是由于我国的经济发展水平与发达国家相比，仍然有较大的差距。因此职工工资水平必须建立在发展生产的基础上，使国家经济不断发展。第二，工资水平只能在经济发展的基础上逐步提高。

影响工资水平的因素主要有内在因素和外在因素。内在因素包括劳动者的劳动、职务的高低、技术和训练水平、工作的时间性、工作的危险性、年龄与工龄；外在因素则包括生活费用与物价水平、企业负担能力、地区和行业间通行的工资水平、劳动力市场的供求状况、劳动力的潜在替代物以及产品的需求弹性等。工资属于分配领域，而分配由生产所决定。经济发展水平的增长是阶段性的，因此工资的提高也不可能一蹴而就，只能建立在经济增长和劳动生产率提高的基础上。

【案例6-2】

在《中国证券报》的网络调查中，收入分配制度改革首次进入最受关注话题"三甲"。而从之前召开的地方两会上也可以预见，"涨工资"将成为2011年两会的一大热点。在2011年多个地方的两会政府工作报告中，"提高居民收入在国民收入分配中的比重，提高劳动报酬在初次分配中的比重"成为共识。河南把增加农民收入、改善农村民生作为调整国民收入分配格局的重要内容。湖南更是提出"力争城乡居民收入增幅与人均生产总值增幅基本同步"的目标。

三、工资制度

作为依法独立核算的法人单位，用人单位应当享有充分的工资自主权，这是市场经济体制对现代企业制度的必然要求。因此，《劳动法》第47条明确规定："用人单位根据本单位的生产经营特点和经济效益，依法自主确定本单位的工资分配方式和工资水平。"我国现行的工资制度一般包括下列内容：

（一）企业基本工资制度

工资制度是根据国家法律和政策制定的，同时也体现着企业战略目标、生产经营状况、岗位性质和自身的人员素质状况等。根据员工工资构成的不同，可以将企业的工资制度划分为岗位工资制、技能工资制、绩效工资制和结构工资制四种模式：

1. 岗位工资制

岗位工资制是以员工在企业中担任的职位和岗位为基础确定工资等级和工资标准、进行工资支付的工资制度。它的最大特点是"对岗不对人"，工资水平的差异来源于员工岗位的不同，在相同岗位上工作的员工，获得相同的工资。岗位工资制包括岗位等级工资制和岗位薪点工资制两种类型。实行岗位工资制的前提是有科学、严密的岗位分析，并以此为基础进行严格的岗位评价，按照岗位评价的结果将岗位进行等级排列。因此企业往往是根据员工所在岗位以及该岗位劳动责任轻重、劳动强度大小和劳动条件好差等因素进行岗位评价和岗位排序，然后确定岗位工资，可以一岗一薪，也可以一岗数薪。岗位工资制比较适用于部门与岗位之间责、权、利明确的企业。

2. 技能工资制

技能工资制强调根据员工的个人能力提供工资，而且只有确定员工达到了某种技术能力标准以后，才能对员工提供与这种能力相对应的工资。技能工资制包括技术工资制和能力工资制两种类型。技能工资制的适用范围比较窄，只适用于技术复杂程度高、劳动熟练程度差别大的企业，或者是处于艰难期，急需提高企业核心能力的企业，以及提倡员工参与管理的企业。技能工资制适应了一般员工的价值观，能有效调动员工学习新知识、掌握新技能的积极性；并通过鼓励员工学习各种技能和在各职系流动来培养员工的流动性；提高了员工素质，增加了组织人员安排的灵活性，支持了扁平型组织结构。但是，技能工资制强调按照员工精通要求掌握的技术，忽略了员工工作绩效与能力的实际发挥程度之间的联系；易造成组织直接劳动成本和培训成本的增加；操作比较复杂，如技能认证较麻烦、将能力量化衡量困难等。

3. 绩效工资制

绩效工资制是以员工的工作业绩为基础支付工资，支付的主要依据是工作业绩和劳动效率，员工工资与绩效直接挂钩，随绩效而浮动。最常见的形式有计件工资制、销售提成制。绩效工资制主要适用于以下类型的企业或部门：工作任务饱满，有超负荷工作的必要；绩效能够自我控制，员工可以通过主观努力改变绩效等。绩效工资制的显著优点是激励效果好，可以削减成本改进业绩；但易助长员工的短期行为，使员工只重视眼前效益，不重视长期发展，没有学习新知识、新技能的动力；过于强调个人业绩，不重视与人合作和交流，不适合合作性强的复杂性工作。

4. 结构工资制

结构工资制也称多元工资制、分解工资制和组合工资制，是把影响和决定员工工资的各种主要因素分解开来，分别依据绩效、技术和培训水平、岗位、工龄等因素确定工资额。结构工资制的工资结构使员工在各个方面的劳动付出都有与之对应的工资，员工只要在某一个因素上比别人出色，都能在工资上反映出来。它代表着我国企业工资制度的改革方向，目前已被越来越多的企业所采用。根据各企业的具体情况不同，结构工资制中的工资项目和比例也不尽相同。因此，实行结构工资制的前提是如何根据企业的实际情况，合理确定结构工资中各工资单元及其相对权重。结构工资制吸收了前面几种工资制度的长处，全面考虑了员工对企业的投入，有较强的灵活性、适应性，有利于合理安排企业内部各类员工的工资关系，能够有效地调动各方面员工的工作积极性，充分发挥工资的激励功能，但工资结构的设计和管理比较复杂。企业在应用结构工资制时，确定工资结构及相对权重是难点和重点，不科学的工资结构无法起到激励和引导作用，使员工产生不公平感，进而消极怠工。因此，工资结构的确定，既要考虑到满足员工基本生活需要，又要考虑到员工教育背景、能力及对企业的贡献，合理拉开收入差距。

（二）工资调整制度

工资调整制度是工资等级制度的补充。其主要内容有考核升级、自动增加工资、考核定级、提高工资标准等，使工资制度在变动中趋向平衡和合理。

（三）工资支付制度

工资支付制度是指计算支付职工工资的有关原则、标准和具体立法的一种制度。主要包括支付原则、各类人员的工资待遇和特殊情况下的工资处理等内容。

（四）工资基金管理制度

工资基金指用人单位从其经营或者利润中提取的用于职工工资的那部分基金。通常所说的工资基金管理指国家规定一系列的工资基金审批程序和监督措施，对各单位工资基金的使用进行监督、审计等行政管理活动。

四、工资形式

工资形式是指计量劳动和支付工作的方式。用人单位根据本单位的生产经营特点和经济效益，依法自主确定本单位的工资分配方式和工资水平。工资形式主要有：

1. 计时工资

这是按照职工的技术熟练程度、劳动繁重程度和工作时间的长短来计算和支付工资的一种分配形式。它由两个因素决定：一是工资标准；二是实际工作时间。

2. 计件工资

这是按照工人生产的合格品的数量（或作业量）和预先规定的计件单价，来计算报酬的一种工资形式。它不是直接用劳动时间来计量，而是用一定时间内的劳动成果来计算，因此，它是间接用劳动时间来计算的，是计时工资的转化形式。计件工资使报酬直接与劳动成果挂钩，是按劳分配的一种表现。

3. 提成工资

这是用人单位根据职工业绩的一定比例计发职工劳动报酬的工资计算方式。实行提成工资形式的用人单位，在科学合理的劳动定额的基础上，其支付劳动者的工资不得低于当地的最低工资标准。

4. 奖金

这是指支付给职工的超额劳动报酬和增收节支的劳动报酬。奖金制度能够使劳动者的收入与劳动贡献联系在一起，起到奖励先进，鞭策后进的作用。奖金包括：生产奖；节约奖；劳动竞赛奖；机关、事业单位的奖励工资；其他奖金。

5. 津贴

这是指补偿职工在特殊条件下的劳动消耗及生活费额外支出的工资补充形式。常见的包括矿山井下津贴、高温津贴、野外矿工津贴、林区津贴、山区津贴、驻岛津贴、艰苦气象台站津贴、保健津贴、医疗卫生津贴等。此外，生活费补贴、价格补贴也属于津贴。

一般来说，用人单位向劳动者支付的下列款项不属于工资范围：（1）单位支付给劳动者个人的社会保险福利费用，如丧葬费、生活困难补助费、计划生育补贴等；（2）劳动保护方面的费用，如用人单位支付给劳动者的工作服、解毒剂、清凉饮料费用等；（3）按规定未列入工资总额的各种劳动报酬及其他劳动收入，如根据国家规定发放的创造发明奖、国家星火奖、自然科学奖、科学技术进步奖、合理化建议和技术改进奖、中华技能大奖等，以及稿费、讲课费、翻译费等。

【案例6-3】计件工资该如何确定？

小李在北京一家电子元件厂工作，但厂里没有和他签订劳动合同，只是老板口头上承诺他，工资按照计件工资来计算。厂里的订单很多，要经常加班加点根本没有节假日和周末休息日。再加上厂里的生活条件太差，他时常感到头晕、恶心，可只能硬撑着。半年后，小李由于长期营养不良贫血而准备辞职，于是要求老板支付加班工资。老板却以计件工资没有固定时间也没有加班为由，拒绝支付。后来，小李到劳动监察部门投诉。最后双方达成调解协议：由电子元件厂老板当场支付给小李工资5320元。

点评：《劳动法》第37条规定，对实行计件工作的劳动者，用人单位应当根据《劳动法》第36条的工时制度合理确定其劳动定额和计件报酬标准。本案中，元件厂对小李实行计件工资制度，但他在工作旺季每天都要工作十三四个小时，远远超过了每天8小时的工作时间，而且还没有节假日、周末休息日。因此，小李可以要求老板在计件工资的基础上支付他们延长工作时间的工资增加额，用人单位应当支付小李延长工作时间期间的工资差额。

第二节 最低工资制度

一、最低工资制度的概念

《最低工资规定》第3条规定："本规定所称最低工资标准，是指劳动者在法定工作时间或依法签订的劳动合同约定的工作时间内提供了正常劳动的前提下，用人单位依法应支付的最低劳动报酬。本规定所称正常劳动，是指劳动者按依法签订的劳动合同约定，在法定工作时间或劳动合同约定的工作时间内从事的劳动。"由此可见，国家实行最低工资保障制度。

最低工资的产生是工人阶级斗争的结果，随着工人运动的高涨和社会经济的发展，资本主义国家很快普遍实行了最低工资制度。最低工资制度最早产生于19世纪末的资本主义国家。1894年新西兰率先建立了最低工资制度、随后澳大利亚、英国、法国、美国等也结合本国的实际情况，建立了各自的最低工资制度。它是商品经济和现代工资发展到一定阶段的必然产物。中国于1993年开始建立最低工资制度，目前这项制度已经在全国各省、自治区、直辖市全面实行。

建立最低工资制度对于职工以及整个国民经济来说无疑具有现实意义。劳动和社会保障部明确指出，健全并严格执行最低工资制度是政府调节企业工资分配的重要措施。进一步做好这项工作，在经济发展基础上逐步合理提高低收入劳动者的工资水平，有利于维护劳动者的合法权益，更好地保障劳动者个人及其家庭成员的基本生活；有利于扩大消费需求，促进国民经济又好又快发展；有利于改善工资分配关系，促进社会公平，实现社会和谐。

二、最低工资的确定标准

最低工资标准，又称最低工资率，它是指国家依法规定的单位劳动时间的最低工资数额。它的确立关系着劳动者最低生活水平的维护，是最低工资立法的核心问题。由于我国幅员辽阔，各个地区生产、生活水平差异较大，建立统一的最低工资标准并不现实，因此应允许各地根据具体情况而确定本地最低工资标准。我国《劳动法》第48条明确规定："最低工资的具体标准由省、自治区、直辖市人民政府规定，报国务院备案。"省、自治区、直辖市范围内的不同行政区域可以有不同的最低工资标准。

我国《劳动法》第 49 条规定："确定和调整最低工资标准应当综合参考下列因素：（1）劳动者本人及平均赡养人口的最低生活费用；（2）社会平均工资水平；（3）劳动生产率；（4）就业状况；（5）地区之间经济发展水平的差异。"

此外，劳动与社会保障部修订公布的《最低工资规定》中，对确定和调整月最低工资标准，还规定了应当参考职工个人缴纳的社会保险费和住房公积金等因素。《最低工资规定》还规定，确定和调整小时最低工资标准，应在颁布的月最低工资标准的基础上，考虑单位应缴纳的基本养老保险费和基本医疗保险费因素，同时还应适当考虑非全日制劳动者在工作稳定性、劳动条件和劳动强度、福利等方面与全日制就业人员之间的差异。

【案例 6-4】我国最低工资偏低

"如果按照国际上通用的方法，即月最低工资一般是月平均工资的 40%～60%，那么，全国目前没有任何一个省市达到了这个要求。"深圳当代社会观察研究所所长刘开明披露、并经过劳动和社会保障部证实的这一说法，再次暴露出当前各地最低工资标准偏低的事实。

点评：最低工资过低，不仅对经济发展具有很强的杀伤力，而且不利于低收入者权益的保护，也不利于社会利益的公平分配。最低工资过低，损害更重的是底层普通劳动者的利益，使他们的付出与收入严重失衡。

对最低工资标准的重视程度，检验着各地对低收入劳动者分享经济发展成果的态度。因此，合理确定最低工资标准，实现最低工资标准应随当地经济发展速度同步增长，充分监督落实最低工资标准，这是各地政府部门不可推卸、不能怠慢的责任。①

三、最低工资的制定程序

最低工资标准的确定和调整方案，由省、自治区、直辖市人民政府劳动保障行政部门会同同级工会、企业联合会或者企业家协会研究拟订，并将拟订的方案报送劳动保障部。方案内容包括最低工资确定和调整的依据、适用范围、拟订标准和说明。劳动保障部在收到拟订方案后，应征求全国总工会、中国企业联合会、企业家协会的意见。劳动保障部对方案可以提出修订意见，若在方案收到后 14 日内未提出修订意见的，视为同意。

省、自治区、直辖市劳动保障行政部门应将本地区最低工资标准方案报

---

① 资料来源：人民网，http://politics.people.com.cn/GB/30178/4371923.html。

省、自治区、直辖市人民政府批准，并在批准后7日内在当地政府公报上和至少一种全地区性报纸上发布。省、自治区、直辖市劳动保障行政部门应在发布后10日内将最低工资标准报劳动保障部。

最低工资标准发布实施后，如最低工资标准的相关确定因素发生变化，应当适时调整。最低工资标准每两年至少调整一次。

四、最低工资的保障和监督

为了保证用人单位支付给劳动者的工资不低于当地最低工资标准，国家规定了具体的最低工资的保障措施。

（一）最低工资支付的保障

《最低工资规定》中要求用人单位应在最低工资标准发布后10日内将该标准向本单位全体劳动者公示。在劳动者提供正常劳动的情况下，用人单位应支付给劳动者的工资在剔除下列各项以后，不得低于当地最低工资标准：（1）延长工作时间工资；（2）中班、夜班、高温、低温、井下、有毒有害等特殊工作环境、条件下的津贴；（3）法律、法规和国家规定的劳动者福利待遇等。实行计件工资或提成工资等工资形式的用人单位，在科学合理的劳动定额基础上，其支付劳动者的工资不得低于相应的最低工资标准。此外，劳动者依法享受带薪年休假、探亲假、婚丧假、生育（产）假、节育手术假等国家规定的假期间，以及法定工作时间内依法参加社会活动期间，视为提供了正常劳动，因此，用人单位依法应支付不得低于最低工资标准的劳动报酬。

（二）对最低工资执行的监督

各级人民政府劳动行政主管部门负责对最低工资标准执行情况进行检查和监督。此外，工会还有权对最低工资执行情况进行监督，发现企业支付给劳动者的工资低于有关最低工资的，有权要求有关部门进行处理。

五、违反最低工资规定的法律责任

根据《最低工资规定》，其适用于在中华人民共和国境内的企业、民办非企业单位、有雇工的个体工商户（以下统称用人单位）和与之形成劳动关系的劳动者。国家机关、事业单位、社会团体和与之建立劳动合同关系的劳动者，依照本规定执行。因此有关部门和用人单位在确定和执行最低工资时，必须严格按照国家法律法规。一旦违反则要承担相应的法律责任。《劳动法》、《最低工资规定》中均作了明确规定，主要包括以下几个方面：

（一）确定最低工资标准违法的法律责任

省、自治区、直辖市人民政府劳动行政部门确定最低工资标准违反法律规定时，由国务院劳动行政主管部门责令限期改正。

（二）用人单位违反最低工资给付规定的法律责任

用人单位违反最低工资给付规定时，由当地劳动行政主管部门责令其限期改正，逾期未改正的，对用人单位和责任人给予经济处罚。

（三）用人单位支付给劳动者的工资低于最低工资率的法律责任

由劳动保障行政部门责令其限期补发所欠劳动者工资，并可责令其按所欠工资的 1~5 倍支付劳动者赔偿金。劳动者与用人单位之间就执行最低工资标准发生争议，按劳动争议处理有关规定处理。

第三节 工资支付保障制度

工资支付是工资分配的最终环节，它是否合理合法，直接影响到劳动者的切身利益，必须依法确定并予以保障。工资支付保障制度是用人单位必须按照劳动法的有关规定支付劳动者的工资，禁止任意克扣工资，国家对用人单位工资支付实行监督的制度。

我国现行《宪法》第 13 条中明确规定："国家依照法律规定保护公民的私有财产权和继承权。"《劳动法》第 50 条规定："工资应当以货币形式按月支付给劳动者本人。不得克扣或者无故拖欠劳动者的工资。"第 51 条规定："劳动者在法定休假日和婚丧假期间以及依法参加社会活动期间，用人单位应当依法支付工资。"具体而言，我国工资支付保障制度包括工资支付形式的保障、工资支付时间的保障、对工资扣除和扣留的保障以及特殊情况下的工资支付保障等问题。

一、工资支付形式

工资是劳动者付出劳动的报酬，是劳动者及其家庭成员生活的保证。《劳动法》明确规定"工资应当以货币形式按月支付给劳动者本人"，原劳动部《工资支付暂行规定》也明确规定"工资应当以法定货币支付。不得以实物及有价证券替代货币支付"。法律规定以货币形式支付劳动者工资，不仅由于货币是市场经济条件下商品的流通手段和支付手段，而且能够保证劳动者真正实现按劳分配，而实物则无法实现货币的职能作用。可见，法律对工资支付的形式是十分明确而肯定的，没有任何例外条件，以任何理由和借口用实物或有价证券支付工资的做法都是违法的,侵害了劳动者的劳动报酬权。

【案例6-5】关注：零工资就业

面对严峻的就业形势,一些大学毕业生开始尝试新的就业方式——"零工资就业",通过干一段时间无报酬的工作,赢得就业机会。但这种既无承诺、又无保障的就业模式,引起了各方面的争议。需要指出的是,"零工资就业"是一把"双刃剑",毕业生固然可以利用这段时间积累经验,企业也可以多方面考察员工,而大学生的超低工资会使人怀疑上大学的必要性,甚至出现新的"读书无用论"。

点评： 专家提醒,"零工资就业"既违反劳动法,又可能导致个人权利丧失。对此,业内人士对就业者一旦发生工伤事故很可能丧失应有的权利无不担忧。试工应按照试用期规定执行,"零工资就业"不是好办法。还有专家指出,"零工资就业"还涉嫌不正当竞争。"零工资就业"和"零工资用工"不仅使劳资双方的不平等地位扩大甚至恶化,而且容易出现就业陷阱。

二、工资支付时间

《劳动法》明确规定,"工资应当以货币形式按月支付给劳动者本人。不得克扣或者无故拖欠劳动者的工资"。也就是说,工资的支付周期不应超过1个月,用人单位至少每月支付一次工资,工资必须在用人单位与劳动者约定的日期支付,超过规定的期限支付工资都是违法的。保证工资的及时支付,就是保障劳动者的劳动报酬权、保障劳动者的基本生活。

【案例6-6】

李先生系某公司营销人员,双方协商签订劳动合同,约定：公司聘用李先生为营销员,合同期限2年,公司支付给李先生的工资由基本工资和提成两部分组成,基本工资于每月10日支付,提成于次月10日结算支付。合同签订后,李先生即开始上班工作。

1年后,李先生营销业绩大幅提升,提成也逐渐增加。但是,由于公司的财务人员经常生病,营销业绩的统计经常延迟,提成结算不能按时完成,无法在次月10日及时支付。虽然公司在遇到这种情况时会向员工说明情况并保证在几日内支付工资,但李先生相当不满。当公司再次以财务人员病假为由通知李先生工资将晚3天支付时,李先生不同意。当月11日他以公司未按照劳动合同的约定支付劳动报酬为由,向公司提出解除劳动合同,并要求公司承担违约责任支付 25% 补偿金和支付解除合同补偿金。公司表示等 2 日财务人员上班后即可支付工资,但李先生坚持解除合同,双方由此发生争议。

点评:本案中,当事人双方对工资事项的约定有工资结算、工资支付、支付日期等约定,双方在实际履行中,公司在工资支付形式、支付标准及约定数额等方面并无违法和违约情形,但存在未按约定期限支付工资的情形。根据该情形的实际情况,公司虽未按期支付工资,但不属于"无故拖欠"范畴,况且公司已将情况如实告知员工。因此,根据以上各项规定,李先生提出解除合同的事由不属可以当即解除的规定范围,其要求公司支付解除合同的经济补偿金依据不足。

三、对工资扣除和扣留的保障措施

劳动者在法定工资时间内提供了正常劳动的前提下领取足额工资,是劳动者的合法权益,应当受到法律的保护,任何单位不得无故克扣,否则是对劳动者合法权益的侵犯。我国《劳动法》第 50 条明确规定:"不得克扣或者无故拖欠劳动者的工资。"为了保证劳动者的工资不被克扣或者拖欠,有关劳动法律、法规对扣除工资作了严格的规定。

(一)对代扣工资的限制

《工资支付暂时规定》第 15 条规定,用人单位不得克扣或者无故拖欠劳动者工资。但有下列情况之一的,用人单位可以代扣劳动者工资:(1)用人单位代扣代缴的个人所得税;(2)用人单位代扣代缴的应由劳动者个人负担的各项社会保险费用;(3)法院判决、裁定中要求代扣的抚养费、赡养费;(4)法律、法规规定可以从劳动者工资中扣除的其他费用。

需要注意的是,以下减发工资的情况不属于"克扣":(1)国家的法律、法规中有明确规定的;(2)依法签订的劳动合同中有明确规定的;(3)用人单位依法制定并经职代会批准的厂规、厂纪中有明确规定的;(4)企业工资总额与经济效益相联系,经济效益下浮时,工资必须下浮的(但支付给提供正常劳动职工的工资不得低于当地的最低工资标准);(5)因劳动者请事假等相应减发工资等。

"无故拖欠"不包括以下情形:(1)用人单位遇到非人力所能抗拒的自然灾害、战争等原因,无法按时支付工资;(2)用人单位确因生产经营困难、资金周转受到影响,在征得本单位工会同意后,可暂时延期支付劳动者工资,延期时间的最长限制可由各省、自治区、直辖市劳动行政部门根据各地情况确定。除上述情况外,拖欠工资均属无故拖欠。

（二）扣除数额的限制

《工资支付暂行规定》第 16 条规定，因劳动者本人原因给用人单位造成经济损失的，用人单位可按照劳动合同的约定要求其赔偿经济损失。经济损失的赔偿，可从劳动者本人的工资中扣除。但每月扣除的部分不得超过劳动者当月工资的 20%。若扣除后的剩余工资部分低于当地月最低工资标准，则按最低工资标准支付。

四、特殊情况下的工资支付保障

《劳动法》第 51 条规定："劳动者在法定休假日和婚丧假期间以及依法参加社会活动期间，用人单位应当依法支付工资。"

1. 法定休假日期间的工资支付

法定休假日是法律、法规规定的劳动者休假的时间，包括法定节假日和法定带薪年休假。休息权是劳动者的一项基本权利，受到法律的严格保护。法定节假日包括元旦、春节、国际劳动节、国庆节以及其他可以放假的节日。按照规定，在法定节假日期间，用人单位应当依法安排劳动者休假，并按劳动者正常工资依法向劳动者支付工资。如果用人单位在法定节假日安排劳动者工作，应当支付不低于其正常工作时间工资的 300%的工资报酬。

2. 婚丧假期间的工资支付

婚丧假是指劳动者本人结婚以及其直系亲属死亡时依法享有的假期。享受婚丧假是劳动者的合法权利。用人单位在劳动者的婚丧假期间，应当根据实际情况给予劳动者往返所需要的路程假。婚丧假期间和与之相关的路程假期间，用人单位应按照劳动者提供了正常工作而向劳动者支付工资。

3. 劳动者依法参加社会活动期间的工资支付

《工资支付暂行规定》第 10 条指出，劳动者在法定工作时间内依法参加社会活动期间，用人单位应视同其提供了正常劳动而支付工资。依法参加的社会活动包括：依法行使选举权或被选举权；当选代表出席乡（镇）、区以上政府、党派、工会、青年团、妇女联合会等组织召开的会议；出任人民法庭的陪审员或者证明人；出席劳动模范、先进工作者大会；《工会法》规定的不脱产工会基层委员会委员因工会活动占用的生产或工作时间；企业领导指定参加的会议或群众性工资时间；以及其他依法参加的社会活动等。

4. 非因劳动者原因停工、停产的工资支付

《工资支付暂行规定》第 12 条指出，非因劳动者原因造成单位停工、停产在一个工资支付周期内的，用人单位应按劳动合同规定的标准支付劳动者工资。超过一个工资支付周期的，若劳动者提供了正常劳动，则支付给劳

动者的劳动报酬不得低于当地的最低工资标准；若劳动者没有提供正常劳动，应按国家有关规定办理。

5. 企业依法破产的工资支付

《工资支付暂行规定》第 14 条指出，用人单位依法破产时，劳动者有权获得其工资。在破产清偿中用人单位应按《中华人民共和国企业破产法》规定的清偿顺序，首先支付欠付本单位劳动者的工资。

6. 劳动者在法定标准工作时间以外工作的工资支付

《工资支付暂行规定》第 13 条规定，用人单位在劳动者完成劳动定额或规定的工作任务后，根据实际需要安排劳动者在法定标准工作时间以外工作的，应按以下标准支付工资：

（1）用人单位依法安排劳动者在日法定标准工作时间以外延长工作时间的，按照不低于劳动合同规定的劳动者本人小时工资标准的 150% 支付劳动者工资；

（2）用人单位依法安排劳动者在休息日工作，而又不能安排补休的，按照不低于劳动合同规定的劳动者本人日或小时工资标准的 200% 支付劳动者工资；

（3）用人单位依法安排劳动者在法定休假节日工作的，按照不低于劳动合同规定的劳动者本人日或小时工资标准的 300% 支付劳动者工资。

实行计件工资的劳动者，在完成计件定额任务后，由用人单位安排延长工作时间的，应根据上述规定的原则，分别按照不低于其本人法定工作时间计件单价的 150%、200%、300% 支付其工资。

经劳动行政部门批准实行综合计算工时工作制的，其综合计算工作时间超过法定标准工作时间的部分，应视为延长工作时间，并应按本规定支付劳动者延长工作时间的工资。实行不定时工时制度的劳动者，不执行上述规定。

【前沿提示】

1. 争议：我国是否需要最低工资制度？

最低工资制度是伴随着争议而诞生的。赞成者认为，最低工资制度可以保证工人购买基本生活必需品的收入，可以防止雇主剥削工人，维护社会公平；最低工资会使雇主更注意技术效率，提高劳动生产率，从而在很大程度上缓解了传统经济理论所预期的失业后果。但是，反对者认为它增加了低技术工人的失业并带来了社会资源配置效率的损失。

我国国内也存在这样的争议,据《新快报》报道:原广州地铁老总、现执掌广州白云国际机场的卢某某,道出了一个颇有争议的观点:现在的经济形势下,大家有工作就行了,别这么多要求了,政府不要再搞最低工资标准了,最低薪水应由市场决定。著名经济学家张五常亦认为"最低工资对经济的杀伤力严重"。

2. 农民工讨薪问题

2003年10月27日,温家宝总理路过重庆龙泉村,熊德明"向总理说了实话",反映她丈夫的2300元工钱被拖欠。总理当即指示地方政府要解决好拖欠民工工资问题,6个小时后她拿到了被欠的工钱。

据《中国青年报》报道,2005年1月25日,多名农民工在郑州市中孚紫东苑小区讨薪时,连续3次遭到手持钢管、砍刀的歹徒袭击,先后有7人被送往医院急救。

来自南京市总工会的消息说,2009年南京市总工会共接到6000多起讨薪案,能够解决的只有1000余起,只占全部案件的六分之一,而建筑业是"重灾区"。

农民工是我国改革开放和工业化、城镇化进程中涌现的一支新型劳动大军,他们对我国现代化建设作出了重大贡献。然而,与之不相称的是农民工的合法权益不能得到有效保护,农民工的工资经常被无故拖欠。农民工讨薪难已成为备受关注的热点问题,也成为一个较为突出的社会问题。造成农民工讨薪难的主要原因包括立法不完善、劳动监督不够严格、执法力度疲软、劳动市场体系不健全、农民工社会地位处于弱势、自我保护意识差等多方面原因。解决农民工讨薪难的对策主要有:

第一,完善立法和制度建设。例如,可建立农民工工资支付保障制度,如上海市2000年试行的小企业欠薪保障金制度是较成功的尝试。国家可制定专门的《欠薪保障法》或在《劳动法》中予以补充规定,建立并推行欠薪保障金制度,保证农民工实际获得工资,避免社会矛盾。再如,可加大对拖欠农民工工资行为的制裁力度。可以通过立法提高赔偿金的数额,如对拖欠工资的用人单位责令支付应发工资1~5倍的赔偿金,以高额的罚款遏制工资拖欠行为。除对拖欠农民工工资的用人单位处以经济处罚外,还可采取包括企业信用、行业准入等一系列的降级限制措施。如北京市建委和北京市劳动社会保障局规定:对建筑企业恶意欠付民工工资并造成社会影响的,实行"一票否决制"予以清出北京建筑市场,今后不得在北京承接任何工程。上海、重庆、贵阳等地也作出了相似规定。

第二，加大对农民工的司法救助力度。例如，可扩大司法救助的范围，降低法律援助门槛，对涉及农民工的案件实行"优先受理、优先审理和优先执行"，为保护农民工的权益开通绿色通道，在完善审判流程管理的同时，加强对农民工维权案件的跟踪督察，加大对侵犯农民工权益犯罪案件的打击力度。在缓减免诉讼费上对农民工给予倾斜，真正让农民工打得起官司。

第三，加大普法宣传力度，提高农民工的维权意识与维权能力。法律知识欠缺是农民工讨薪难的一个重要因素，而普法活动不仅可以提高民工的维权意识还可以增强其维权能力，因为农民工只有学法、懂法，才能用法，发生纠纷以后才能比较理性地行事，也才能降低诉讼活动的各种交易成本。普法宣传可以通过发放普法小册子、以案释法、举办法制讲座、集中咨询等形式，向农民工宣传劳动法、工会法、安全生产法、工作保险条例等相关法律法规及司法解释，使他们懂得法律的相关规定，知道怎样维护自己的合法权利。

【思考题】
1. 什么是工资？工资的立法原则有哪些？
2. 工资有哪些形式？
3. 最低工资标准的确定和调整应考虑哪些因素？
4. 工资法律保障制度的内容有哪些？

第七章 劳动保护

【引言】劳动保护是我国劳动者应当享有的一项基本权利。为了保证劳动者的生命安全和身体健康，必须规范劳动安全和卫生。劳动安全卫生法律制度是我国劳动者应当享有的一项基本权利的保障。

【学习目的与要求】通过本章的学习，学生应了解劳动安全卫生法律制度的基本概念、劳动安全技术规程，掌握女职工和未成年工的特殊劳动保护以及劳动保护管理制度的基本内容。

【知识结构简图】

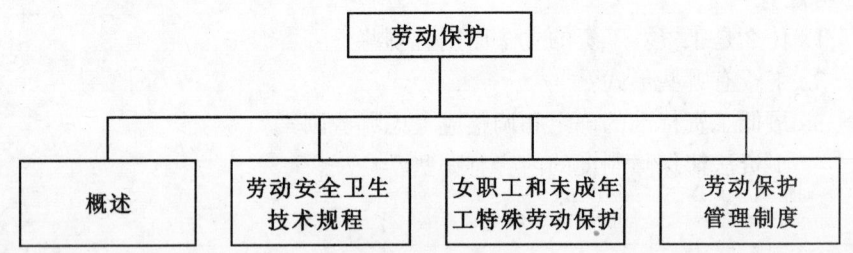

【引例】位于山西省临汾市襄汾县陶寺乡的新塔矿业有限公司塔山铁矿尾矿库，总库容约30万立方米，坝高约50米。2008年9月8日8时许，该尾矿库突然发生溃坝，尾砂流失量约20万立方米，沿途带出大量泥沙，流经长度达2公里，最大扇面宽度约300米，过泥面积30.2公顷，导致死亡271人。时任国家安监总局局长的王君用了24个字形容这家铁矿企业："只讲生产、不讲安全，只讲效益、不讲安全，只讲赚钱、不讲安全。"他同时指出，监管部门对企业的违法生产行为没有严厉打击，最终酿成大祸。事故发生后，孟学农辞去山西省省长的请求，免去张建民山西省副省长职务，相关责任人受到相应处罚。

第一节 概 述

一、劳动保护的概念

劳动保护是指国家和单位为保护劳动者在劳动生产过程中的安全和健康所采取的立法和组织、技术措施的总称。劳动安全卫生保护制度是指国家为了保护劳动者在生产过程中的安全与健康而制定的法律规范的总称。劳动保护有利于不断改善劳动条件，使不安全的、有害健康的作业安全化、无害化，使繁重的体力劳动机械化、自动化，实现安全生产和文明生产。

劳动保护包括劳动安全和劳动卫生两个方面。劳动安全是指在生产劳动过程中，防止中毒、车祸、触电、塌陷、爆炸、火灾、坠落、机械外伤等危及劳动者人身安全的事故发生。劳动卫生是指对劳动过程中的不良劳动条件和各种有毒有害物质的防范，或者是防范职业病的发生。

二、劳动保护的方针

劳动安全卫生保护的方针是"安全第一、预防为主"。安全生产是生产力发展水平和社会公共管理水平的综合反映。党的安全生产方针是完整的统一体，坚持安全第一，必须以预防为主，实施综合治理；只有认真治理隐患，有效防范事故，才能把"安全第一"落到实处。只有将"安全第一，预防为主"的指导思想同时贯穿于整个劳动安全卫生法律制度之中，才能使这项制度形成一个科学、有效的有机统一体。

我国《劳动法》规定，用人单位必须建立、健全劳动安全卫生制度，严格执行国家劳动安全卫生规程和标准，对劳动者进行劳动安全卫生教育，防止劳动过程中的事故，减少职业危害。劳动安全卫生设施必须符合国家规定的标准。新建、改建、扩建工程的劳动安全卫生设施必须与主体工程同时设计、同时施工、同时投入生产和使用。用人单位必须为劳动者提供符合国家规定的劳动安全卫生条件和必要的劳动防护用品，对从事有职业危害作业的劳动者应当定期进行健康检查。

第二节 劳动安全卫生技术规程

一、劳动安全技术规程

劳动安全技术规程是指国家为了保护劳动者在劳动过程中的安全，防止伤亡事故发生所采取的各种安全技术保护措施的规章制度。改善劳动条件，保护劳动者在生产中的安全和健康，是我们国家的一项重要政策，也是社会主义企业管理的基本原则之一。我国各行业需要共同遵守的劳动安全技术规程，主要包括工厂、矿山、建筑安装工程等安全技术规程。

（一）工厂安全技术规程

《劳动法》第53条规定："劳动安全卫生设施必须符合国家规定的标准。新建、改建、扩建工程的劳动安全卫生设施必须与主体工程同时设计、同时施工、同时投入生产和使用。"

1. 厂房、建筑物和通道的安全要求

建筑物必须坚固安全，如有损坏或者危险迹象应当立即进行修理；动力间、锅炉房、瓦斯发生室应与其他工作间隔开，屋顶要求轻便，设置符合防火防爆的规定；厂内道路要求平坦、通畅，夜间有足够的照明设备；道路和轨道交叉处有明显的警告标志、信号装置或者落杆；为生产所设的坑、壕和池，应该有围栏或盖板等。

2. 工作场所的安全要求

机器和工作台等设备的布置，必须科学、合理，便于操作；原材料、成品、半成品的堆放必须不妨碍生产的正常进行和通行；废料应及时清除；在容易使脚部潮湿、受寒的工作地点，要设木头站板。

3. 机器设备的安全要求

机器设备的危险部分，如传动带、明齿轮、砂轮、电锯、接近地面的联轴节、转轴、皮带轮和飞轮等，都要安装防护装置；压力机械的施压部分，如延压机、冲压机等均要有安全装置等。

4. 电器设备的安全要求

电器设备和线路的绝缘要良好，裸露的带电导体应该安装在碰不着的处所，否则应当设置安全遮挡和明显的警告标志；行灯的电压不能超过36伏特，在金属容器内或潮湿处不能超过12伏特等。

5. 动力锅炉和压力容器的安全要求

动力锅炉要求有准确、有效的安全阀、压力表和水位表；各种气瓶的存放和使用，都必须距离明火10公尺以上等。

（二）建筑安装工程安全技术规程

对从事高空作业的工人，必须进行身体检查，患有高血压、心脏病、癫痫病以及其他不适宜在高空作业的人，禁止从事高空作业。施工现场要有交通指示标志，危险地区应悬挂"危险"或"禁止通行"的明显标志，夜间要有红灯警示。凡是承载机械或超过15公尺高的脚手架，必须先行设计，经批准后才可搭设。脚手架的负荷量,每平方米不得超过270公斤。进行土方工程前,应做好必要的地址、水文和地下设备的调查和勘查工作。拆除工程应在施工前对建筑物现状进行详细调查,并组织设计,经总工程师批准后才可动工。

(三) 矿山安全技术规程

1. 矿山建设的安全要求

矿山建设工程的设计必须符合矿山安全规程和行业技术规范,如矿井的通风系统、供电系统、提升和运输系统、防水和排水系统、防火灭火系统、防瓦斯系统和防尘系统等。

2. 矿山开采的安全要求

矿山开采必须具备保障安全生产的条件,执行开采不同矿种的矿山安全规程和行业技术规范。矿山使用有特殊安全要求的设备、器材、防护用品和安全测试仪器,必须符合国家标准或者行业标准。

3. 矿山作业场所的安全要求

矿山企业必须对冒顶、片帮、边坡滑落和地表塌陷,瓦斯、煤尘爆炸,地面和井下火灾、水灾、爆破作业等危害安全的事故隐患采取严密的预防措施。

二、劳动卫生技术规程

劳动卫生技术规程是指国家为了保护劳动者在劳动过程中的健康,防止有毒有害物质的危害和防止职业病发生所采取的各种防护措施的法律规范的总称。

(一) 防止有毒有害物质危害

对于散发有害健康的蒸汽、气体和粉尘的设备要严加密闭,必要时应安装通风、吸尘和净化装置。有毒物和危险物品应该分别储藏在专设场所,并严格管理。在接触腐蚀性物质并且有烧伤危险的工作地点,应该有冲洗设备。对有传染病危险的原料进行加工时,必须采取严格的防护措施。对于有毒或有传染性危险的肥料,应该在当地卫生机关的指导下进行处理。

(二) 防止粉尘危害

凡有粉尘作业的单位应采取综合防尘措施和无尘措施或低尘的新技术、新工艺、新设备,使作业场所的粉尘浓度不超过国家卫生标准。任何单位未经上级部门批准,不得停止运行或拆除防尘设施。各单位对在职和离职的从事粉尘作业的职工,必须定期进行健康检查。

(三) 防止噪声和强光刺激

对于发生强烈噪声的生产，应该尽可能在设有消声设备的单独工作房中进行。对于在有噪声、强光、辐射热和飞溅火花、碎片、刨屑的场所操作的工人，应配备必要的个人防护用品。应采取各种措施防止噪声和强光对劳动者的身体健康造成损害。

(四) 防暑降温、防冻取暖和防潮湿

对室内工作地点的温度经常高于32°C的，应该采取降温措施。对室内工作地点的温度经常低于5°C的，应设置取暖设备。对生产劳动过程中用水较多或产生大量潮湿气体的工作场所，应采取排水防湿设施。

(五) 通风和照明

工作场所的光线应当充足，采光部分不要遮蔽；通道应该有足够的照明；人工照明设备应该保持清洁完好。室内工作场所应采取自然通风或机械通风等方式，以保持良好的通风条件和工作环境。

(六) 生产辅助设施和个人防护用品

用人单位应根据需要，设置浴室、厕所、更衣室、休息室、妇女卫生室等生产辅助设施，并经常保持完好和清洁卫生。为保证劳动者的安全和健康，预防工伤事故的发生，对在某些危害安全和健康条件下工作的劳动者，用人单位应供给必要的个人防护用品，如防寒服、防护手套、防护帽、防护面具等。

第三节 女职工和未成年工特殊劳动保护

一、女职工的特殊劳动保护

女职工的特殊劳动保护，又称母性保护，是指根据妇女的身体结构、生理机能特点，以及生育、哺育、教育子女的需要和劳动条件可能产生的影响，在生产劳动过程中对其采取特别的保护措施。一般说来，女性的生理、身体的特点，使其负重能力比男子差；对有毒有害物质的抵抗能力也逊于男性，因此有必要对女性的劳动进行特殊保护。

随着世界各国社会的进步和民主程度的提高，目前多数国家都制定了对女职工进行特殊劳动保护的法律，我国也相继制定了《妇女权益保障法》、《劳动法》、《女职工劳动保护特别规定》、《女职工禁忌劳动范围的规定》等保护女职工的法律法规。如《妇女权益保障法》规定，任何单位均应根据妇女的特点，依法保护妇女在工作和劳动时的安全和健康，不得安排不适

合妇女从事的工作和劳动。妇女在经期、孕期、产期、哺乳期受到特殊保护。我国《劳动法》第59~63条也规定了对女职工的特殊劳动保护措施。

(一) 女职工禁忌从事的劳动范围

《劳动法》第59条规定:"禁止安排女职工从事矿山井下、国家规定的第四级体力劳动强度的劳动和其他禁忌从事的劳动。"

矿山井下工作,主要是常年从事矿山井下的各种劳动,不包括临时性工作,如女医务人员临时的救治工作,目前世界各国都规定禁止妇女从事矿山井下的劳动。

根据国家标准《体力劳动强度分级》规定,第四级体力劳动是指8小时工作日平均耗能值为11304.4千焦耳/人,劳动时间率为77%,即净劳动时间为370分钟,相当于"很重"强度的劳动。

根据《女职工劳动保护特别规定》,禁止安排女职工从事其他禁忌性的劳动还包括:每小时负重6次以上、每次负重超过20公斤的作业,或者间断负重、每次负重超过25公斤的作业。

(二) 女职工在经期禁忌从事的劳动范围

(1) 冷水作业分级标准中规定的第二级、第三级、第四级冷水作业;

(2) 低温作业分级标准中规定的第二级、第三级、第四级低温作业;

(3) 体力劳动强度分级标准中规定的第三级、第四级体力劳动强度的作业;

(4) 高处作业分级标准中规定的第三级、第四级高处作业。

(三) 怀孕女职工禁忌从事的劳动范围

(1) 作业场所空气中铅及其化合物、汞及其化合物、苯、镉、铍、砷、氰化物、氮氧化物、一氧化碳、二氧化碳、氯、已内酰胺、氯丁二烯、氯乙烯、环氧乙烷、苯胺、甲醛等有毒物质浓度超过国家职业卫生标准的作业;

(2) 从事抗癌药物、己烯雌酚生产,接触麻醉剂气体等的作业;

(3) 非密封源放射性物质的操作,核事故与放射事故的应急处置;

(4) 高处作业分级标准中规定的高处作业;

(5) 冷水作业分级标准中规定的冷水作业;

(6) 低温作业分级标准中规定的低温作业;

(7) 高温作业分级标准中规定的第三级、第四级的作业;

(8) 噪声作业分级标准中规定的第三级、第四级的作业;

(9) 体力劳动强度分级标准中规定的第三级、第四级体力劳动强度的作业;

(10) 在密闭空间、高压室作业或者潜水作业,伴有强烈振动的作业,或者需要频繁弯腰、攀高、下蹲的作业。

(四) 对女职工产期的保护

我国《劳动法》第62条规定:"女职工生育享受不少于90天的产假。"《女职工劳动保护特别规定》第7条规定:"女职工生育享受98天产假,其中产前可以休假15天;难产的,增加产假15天;生育多胞胎的,每多生育1个婴儿,增加产假15天。女职工怀孕未满4个月流产的,享受15天产假;怀孕满4个月流产的,享受42天产假。"女职工在产假期间享受生育津贴。

(五) 哺乳期保护

哺乳期保护是对女职工哺乳未满1周岁婴儿期间的特殊保护。《劳动法》第63条规定:"不得安排女职工在哺乳未满1周岁的婴儿期间从事国家规定的第三级体力劳动强度的劳动和哺乳期禁忌从事的其他劳动,不得安排其延长工作时间和夜班劳动。"《女职工劳动保护特别规定》第9条规定:"用人单位应当在每天的劳动时间内为哺乳期女职工安排1小时哺乳时间;女职工生育多胞胎的,每多哺乳1个婴儿每天增加1小时哺乳时间。"此外,女职工在哺乳期禁忌从事的劳动范围主要包括:(1) 孕期禁忌从事的劳动范围的第一项、第三项、第九项;(2) 作业场所空气中锰、氟、溴、甲醇、有机磷化合物、有机氯化合物等有毒物质浓度超过国家职业卫生标准的作业。

二、未成年工的特殊劳动保护

未成年工的特殊劳动保护是指针对未成年工处于生长发育期的特点,以及接受义务教育的需要,采取的特殊劳动保护措施。对于未成年工,世界各国劳动法规定不完全一致。在我国,未成年工一般是指年龄满16周岁未满18周岁的劳动者。未成年工的身体发育尚未完全定型,正在向成熟时期过渡。过重的劳动、不良的工作环境、过度紧张的劳动、不适的工具等,对未成年工的身体健康都会产生影响。因此,对未成年工的劳动要进行特殊保护,使未成年劳动者能够在参加劳动的同时,身体得到正常发育,学习得到逐步提高,安全有所保障、确保培养合格的社会主义建设者。我国制定了一系列的对未成年工特殊劳动保护的法律和法规,主要有《关于加强和改进学徒培训工作的意见》、《国有企业招用工人暂行规定》、《私营企业暂行规定》、《禁止使用童工的规定》、《未成年人保护法》、《劳动法》等。

(一) 最低就业年龄

在充分考虑国际劳工组织制定的最低就业年龄的基础上,根据我国实际情况和《义务教育法》的实施，我国确定公民的法定最低就业年龄为16周岁。

《劳动法》第15条规定："禁止用人单位招用未满16周岁的未成年人。"第58条规定："未成年工是指年满16周岁未满18周岁的劳动者。"《未成年人保护法》第38条规定："任何组织或个人不得招用未满16周岁的未成年人，国家另有规定的除外。"国务院《禁止使用童工规定》中也明确规定，国家机关、社会团体、企业事业单位、民办非企业单位或者个体工商户均不得招用不满16周岁的未成年人；禁止任何单位或者个人为不满16周岁的未成年人介绍就业；禁止不满16周岁的未成年人开业从事个体经营活动；不满16周岁的未成年人的父母或者其他监护人应当保护其身心健康，保障其接受义务教育的权利，不得允许其被用人单位非法招用等。对于违反上述规定的单位和个人，要依法承担相应的法律责任。

《劳动法》第15条同时还规定："文艺、体育和特种工艺单位招用未满十六周岁的未成年人，必须依照国家有关规定，履行审批手续，并保障其接受义务教育的权利。"2002年12月1日起施行的《禁止使用童工规定》第13条规定，文艺、体育单位经未成年人的父母或者其他监护人同意，可以招用不满16周岁的专业文艺工作者、运动员。用人单位应当保障被招用的不满16周岁的未成年人的身心健康，保障其接受义务教育的权利。文艺、体育单位招用不满16周岁的专业文艺工作者、运动员的办法，由国务院劳动保障行政部门会同国务院文化、体育行政部门制定。

学校、其他教育机构以及职业培训机构按照国家有关规定组织不满16周岁的未成年人进行不影响其人身安全和身心健康的教育实践劳动、职业技能培训劳动，不属于使用童工。

（二）未成年工的禁忌劳动范围

为了保护未成年工的健康成长，国际劳工立法和各国都有关于禁止未成年工从事的劳动范围。我国《劳动法》第64条规定："不得安排未成年工从事矿山井下、有毒有害、国家规定的第四级体力劳动强度的劳动和其他禁忌从事的劳动。"

根据《未成年工特殊保护规定》，用人单位不得安排未成年工从事以下范围的劳动：

(1)《生产性粉尘作业危害程度分级》国家标准中第一级以上的接尘作业；

(2)《有毒作业分级》国家标准中第一级以上的有毒作业；

(3)《高处作业分级》国家标准中第二级以上的高处作业；

(4)《冷水作业分级》国家标准中第二级以上的冷水作业；

(5)《高温作业分级》国家标准中第三级以上的高温作业；

(6)《低温作业分级》国家标准中第三级以上的低温作业；

(7)《体力劳动强度分级》国家标准中第四级体力劳动强度的作业；

(8) 矿山井下及矿山地面采石作业；

(9) 森林业中的伐木、流放及守林作业；

(10) 工作场所接触放射性物质的作业；

(11) 有易燃易爆、化学性烧伤和热烧伤等危险性大的作业；

(12) 地质勘探和资源勘探的野外作业；

(13) 潜水、涵洞、涵道作业和海拔 3000 米以上的高原作业（不包括世居高原者）；

(14) 连续负重每小时在 6 次以上并每次超过 20 公斤，间断负重每次超过 25 公斤的作业；

(15) 使用凿岩机、捣固机、气镐、气铲、铆钉机、电锤的作业；

(16) 工作中需要长时间保持低头、弯腰、上举、下蹲等强迫体位和动作频率每分钟大于 50 次的流水线作业；

(17) 锅炉司炉。

另外，《未成年工特殊保护规定》中还规定，未成年工患有某种疾病或具有某些生理缺陷（非残疾型），用人单位不得安排其从事以下范围的劳动：

(1)《高处作业分级》国家标准中第一级以上的高处作业；

(2)《低温作业分级》国家标准中第二级以上的低温作业；

(3)《高温作业分级》国家标准中第二级以上的高温作业；

(4)《体力劳动强度分级》国家标准中第三级以上体力劳动强度的作业；

(5) 接触铅、苯、汞、甲醛、二硫化碳等易引起过敏反应的作业。

（三）未成年工的定期健康检查

为了保证未成年工身体健康，对未成年工进行定期体检是用人单位必须应该进行的重要措施。《劳动法》第 65 条规定："用人单位应当对未成年工定期进行健康检查。"根据《未成年工特殊保护规定》第 6 条的规定，用人单位应按下列要求对未成年工定期进行健康检查：(1) 安排工作岗位之前；(2) 工作满 1 年；(3) 年满 18 周岁，距前一次的体检时间已超过半年。

未成年工的健康检查，应按本规定所附《未成年工健康检查表》列出的项目进行。用人单位应根据未成年工的健康检查结果安排其从事适合的劳动,对不能胜任原劳动岗位的,应根据医务部门的证明,予以减轻劳动量或安排其他劳动。

(四) 未成年工使用和特殊保护的登记制度

为了规范用人单位使用未成年工的用工行为,维护未成年工的合法权利,《未成年工特殊保护规定》对未成年工的使用和特殊保护实行登记制度。

(1) 用人单位招收使用未成年工,除符合一般用工要求外,还须向所在地的县级以上劳动行政部门办理登记。劳动行政部门根据《未成年工健康检查表》、《未成年工登记表》,核发未成年工登记证。

(2) 各级劳动行政部门须按《劳动法》和《未成年工特殊保护规定》中的有关规定,审核体检情况和拟安排的劳动范围。

(3) 未成年工须持未成年工登记证上岗。

(4) 未成年工登记证由国务院劳动行政部门统一印制。

未成年工上岗前用人单位应对其进行有关的职业安全卫生教育、培训;未成年工体检和登记,由用人单位统一办理和承担费用。

县级以上劳动行政部门对用人单位执行本规定的情况进行监督检查,对违反本规定的行为依照有关法规进行处罚。各级工会组织对本规定的执行情况进行监督。

第四节 劳动保护管理制度

劳动保护管理制度是指国家和用人单位为保护劳动者在劳动过程中的安全和健康而采取的各项管理措施的统称,它是企业管理制度的重要组成部分。早在1963年国务院就发布了《关于加强企业生产中安全工作的几项规定》,在其中规定了安全生产责任制、安全技术措施计划、安全生产教育、安全生产的定期检查与伤亡事故的调查和处理等制度。《劳动法》第52条也明确规定:"用人单位必须建立、健全劳动安全卫生制度,严格执行国家安全卫生规程好标准,对劳动者进行劳动安全卫生教育,防止劳动过程中的事故,减少职业危害。"我国目前比较成熟的劳动保护管理制度有安全生产责任制、安全技术措施计划制度、安全生产教育制度、劳动安全卫生监察制度、安全生产伤亡事故职业病统计报告和处理制度、"三同时"制度等。

一、安全生产责任制

安全生产责任制是指企业各级领导、职能部门、工程技术人员和生产工作在劳动生产过程中，对各自职务或业务范围内的安全生产负责的制度。安全生产责任制是用人单位行政岗位责任制度和经济责任制度的重要组成部分，是最基本的职业安全健康管理制度，也是企业劳动保护管理制度的核心。为了加强安全生产监督管理，防止和减少生产安全事故，保障人民群众生命和财产安全，促进经济发展，我国历来高度重视企业的安全生产。《安全生产法》第4条规定，生产经营单位必须遵守本法和其他有关安全生产的法律、法规，加强安全生产管理，建立、健全安全生产责任制度，完善安全生产条件，确保安全生产。

根据我国《安全生产法》第17条的规定，生产经营单位的主要负责人对本单位安全生产工作负有下列职责：(1) 建立、健全本单位安全生产责任制；(2) 组织制定本单位安全生产规章制度和操作规程；(3) 保证本单位安全生产投入的有效实施；(4) 督促、检查本单位的安全生产工作，及时消除生产安全事故隐患；(5) 组织制定并实施本单位的生产安全事故应急救援预案；(6) 及时、如实报告生产安全事故。

矿山、建筑施工单位和危险物品的生产、经营、储存单位，应当设置安全生产管理机构或者配备专职安全生产管理人员。其他生产经营单位，从业人员超过300人的，应当设置安全生产管理机构或者配备专职安全生产管理人员；从业人员在300人以下的，应当配备专职或者兼职的安全生产管理人员，或者委托具有国家规定的相关专业技术资格的工程技术人员提供安全生产管理服务。生产经营单位委托工程技术人员提供安全生产管理服务的，保证安全生产的责任仍由本单位负责。

用人单位安全生产责任制的核心是实现安全生产的"五同时"，就是在计划、布置、检查、总结、评比生产的同时，计划、布置、检查、总结、评比安全工作。其内容大体分为两个方面，一是纵向方面各级人员的安全生产责任制，即各类人员（从最高管理者、管理者代表到一般员工）的安全生产责任制；二是横向方面各分部门的安全生产责任制，即各职能部门（如安技、设备、技术、生产、财务等部门）的安全生产责任制。

二、安全技术措施计划制度

安全技术措施计划制度是职业安全健康管理制度的一个重要组成部分，是企业有计划地改善劳动条件和安全卫生设施，防止工伤事故和职业病的重要措施之一。它是企业生产、技术、财务计划的组成部门之一。企业在编制生产、技术、财务计划的同时，必须编制安全技术措施计划。安全技术措施所需要的设备、材料，应该列入物资、技术供应计划，对于每项措施应当确定实现的期限和负责人，企业的领导应当对安全技术措施计划的编制和贯彻执行负责。这种制度对企业加强劳动保护，改善劳动条件，保障职工的安全和健康，促进企业生产经营的发展都起着积极作用。

编制职业安全健康措施计划主要依据以下几方面：（1）国家发布的有关职业安全健康政策、法规和标准；（2）在职业安全健康检查中发现而尚未解决的问题；（3）造成伤亡事故和职业病的主要原因和所应采取的措施；（4）生产发展需要所应采取的安全技术和工业卫生技术措施；（5）安全技术革新项目和职工提出的合理化建议。

安全技术措施计划编制的主要内容包括：（1）单位或工作场所；（2）措施名称；（3）措施内容和目的；（4）经费预算及其来源；（5）负责设计、施工的单位或负责人；（6）开工日期及竣工日期；（7）措施执行情况及其效果。

职业安全健康措施计划的范围应包括改善劳动条件、防止伤亡事故、预防职业病和职业中毒等内容，具体有以下几种：

（1）安全技术措施，即预防劳动者在劳动过程中发生工伤事故的各项措施，包括防护装置、保险装置、信号装置、防爆炸设施等措施。

（2）职业健康措施，即预防职业病和改善职业健康环境的必要措施，包括防尘、防毒、防噪音、通风、照明、取暖、降温等措施。

（3）辅助用室及设施，即为保证生产过程安全卫生为目的所必需的用室及一切措施，包括更衣室、沐浴室、消毒室、妇女卫生室、厕所等。

（4）职业安全健康宣传教育措施，即为宣传普及职业安全健康法律、法规、基本知识所需要的措施，其主要内容包括职业安全健康教材、图书、资料，以及职业安全健康展览和训练班等。

编制计划时，用人单位领导应根据本企业的情况，分别向车间提出具体要求，进行布置。车间领导要会同有关单位和人员制定出本车间的具体措施计划，经群众讨论，送安技部门审查汇总，技术部门编制，计划部门综合后，由用人单位领导召开各管理、生产部门等负责人参加的会议，确定措施项目，明确设计、施工负责人，规定完成日期，经领导批准后，报请上级部门核定。根据上级核定的结果，与生产计划同时下达各车间贯彻执行。

三、安全生产教育制度

安全生产教育制度是企业帮助职工提高安全生产意识，普及安全技术法规知识，教育和培训职工掌握安全技术常识的一项经常性教育制度。《中华人民共和国劳动法》明确规定：用人单位要"对劳动者进行劳动安全卫生教育","从事特种作业的劳动者必须经过专门培训并取得特种作业资格"。用人单位的安全教育工作是贯彻用人单位方针、实现安全生产、文明生产、提高员工安全意识和安全素质、防止产生不安全行为、减少人为失误的重要途径。

1995年11月8日劳动部颁布的《企业职工劳动安全卫生教育管理规定》对生产岗位员工安全教育、管理人员安全教育和组织管理作了具体规定。安全生产教育制度一般包括以下几种：

1. 管理人员的安全生产教育

企业法定代表人和厂长、经理必须经过安全教育并经考核合格后方能任职。安全教育时间不得少于40学时。安全教育的教材由劳动行政部门指定或认可。安全教育应包括国家有关劳动安全卫生的方针、政策、法律、法规及有关规章制度，工伤保险法律、法规，安全生产管理职责、企业劳动安全卫生管理知识及安全文化，有关事故案例及事故应急处理措施等项内容。

企业安全卫生管理人员必须经过安全教育并经考核合格后方能任职。安全教育时间不得少于120学时。安全教育由地市级以下劳动行政部门认可的单位或组织进行。安全教育应包括国家有关劳动安全卫生的方针、政策、法律、法规和劳动安全卫生标准，企业安全生产管理、安全技术、劳动卫生知识、安全文化，工伤保险法律、法规，职工伤亡事故和职业病统计报告及调查处理程序，有关事故案例及事故应急处理措施等项内容。安全教育考核合格者，由劳动行政部门发给任职资格证。

企业其他管理负责人（包括职能部门负责人、车间负责人）、专业工程技术人员的安全教育由企业安全卫生管理部门组织实施。安全教育时间不得少于24学时。安全教育应包括劳动安全卫生法律、法规及本部门、本岗位安全卫生职责，安全技术、劳动卫生和安全文化的知识，有关事故案例及事故应急处理措施等项内容。

班组长和安全员的安全教育由企业安全卫生管理部门组织实施。安全教育时间不得少于24学时。安全教育应包括劳动安全卫生法律、法规，安全技术、劳动卫生和安全文化的知识、技能及本企业、本班组和一些岗位的危险危害因素、安全注意事项，本岗位安全生产职责，典型事故案例及事故抢救与应急处理措施等项内容。

2. 特种作业人员的安全生产教育

特种作业是指在劳动过程中容易发生伤亡事故，对操作者本人，尤其对他人和周围设施的安全有重大危害的作业，从事特种作业的人员称为特种作业人员。根据国家经贸委《特种作业人员安全技术培训考核管理办法》的规定，特种作业的范围包括：电工作业；金属焊接切割作业；起重机械（含电梯）作业；企业内机动车辆驾驶；登高架设作业；锅炉作业（含水质化验）；压力容器操作；制冷作业；爆破作业；矿山通风作业（含瓦斯检验）；矿山排水作业（含尾矿坝作业）；由省、自治区、直辖市安全生产综合管理部门或国务院行业主管部门提出，并经国家经济贸易委员会批准的其他作业。

特种作业人员上岗作业前，必须进行专门的安全技术和操作技能的培训教育，增强其安全生产意识，防止由于缺乏安全教育和必要的技能培训而引起伤亡事故。因此，国家经贸委对特种作业人员的培训推行全国统一培训大纲、统一考核教材、统一证件的制度。特种作业人员在独立上岗作业前，必须进行专门的安全技术培训，并获得证书后方可上岗。特种作业人员安全技术考核包括安全技术理论考试与实际操作技能考核两部分，以实际操作技能考核为主。特种作业人员操作证由国家统一印制，地、市级以上行政主管部门负责签发，全国通用。取得特种作业人员操作证者，每两年进行一次复审。未按期复审或复审不合格者，其操作证自行失效。

3. 用人单位员工的安全生产教育

1995年劳动部《企业职工劳动安全卫生教育管理规定》提出了"企业新职工上岗前必须进行厂级、车间级班组级三级安全教育"的要求。三级安全教育时间不得少于40学时。

厂级安全教育由企业主管厂长负责，企业安全卫生管理部门会同有关部门组织实施。厂级安全教育应包括劳动安全文化的基本知识，本企业劳动安全卫生规章制度及状况、劳动纪律和有关事故案例等项内容。车间级安全教育由车间负责人组织实施。车间级安全教育应包括本车间劳动安全卫生状况和规章制度，主要危险危害因素及安全事项，预防工伤事故和职业病的主要措施，典型事故案例及事故应急处理措施等项内容。班组级安全教育由班组长组织实施。班组级安全教育应包括遵章守纪、岗位安全操作规程，岗位间工作衔接配合的安全卫生事项、典型事故案例、劳动防护用品（用具）的性能及正确使用方法等项内容。

《企业职工劳动安全卫生教育管理规定》明确指出，"企业在实施新工艺、新技术或使用新设备、新材料时必须对有关人员进行相应的有针对性的安全教育"；"企业职工调整工作岗位或离岗1年以上重新上岗时，必须进行相应的车间级或班组级安全教育"。因此，在新工艺、新技术、新装备、新产品投产前，也要按新的安全操作规程教育和培训参加操作的岗位工人和有关人员，使其了解新工艺、新设备、新产品的安全性能及安全技术，以适应新的岗位作业的安全要求;当用人单位内部职工从一个岗位调到另一个岗位、或从某工种改变为另一工种、或因放长假离岗1年以上重新上岗时,用人单位必须进行相应的安全技术培训和教育,以使其掌握现岗位安全生产特点和要求。

4. 经常性安全生产教育

无论何种教育,都不可能是一劳永逸的,职业安全健康教育同样如此,必须坚持不懈、经常不断地进行,这就是经常性的职业安全健康教育。在经常性安全教育中,安全思想、安全态度教育最重要。进行安全思想、安全态度教育,要通过采取多种多样的形式和安全活动,激发员工搞好安全生产的热情,促使员工重视和真正实现安全生产。经常性安全教育的形式有:每天的班前、班后会上说明安全注意事项;安全活动日;安全生产会议;事故现场会;张贴安全生产招贴画、宣传标语及标志等。

5. 安全教育的组织管理

企业法定代表人和厂长、经理对本企业安全教育工作负责。企业安全卫生管理部门负责组织实施安全教育工作。

企业安全教育工作应纳入本单位培训教育年度计划和中长期计划,所需人员、资金和物资应予保证。企业应建立健全生产岗位职工安全教育、管理人员安全教育、安全员安全教育和班前教育、事故教育、安全活动日(周、月)等项安全教育制度。企业应建立健全安全教育档案。安全教育档案由企业安全卫生管理部门管理或实行分级管理。

企业对于认真开展安全教育并在防止伤亡事故、减少职业病危害方面作出成绩的单位和职工,应予以表彰和奖励。各级劳动行政部门的劳动安全卫生监察人员有权进入企业,对企业安全教育制度、教育内容、组织实施情况等进行监督检查。劳动行政部门对于认真开展安全教育并在防止伤亡事故、减少职业危害方面作出成绩的企业和人员,应予以表彰和奖励。

四、安全卫生监督检查制度

安全卫生监督检查制度是清除隐患、防止事故、改善劳动条件的重要手段,是企业职业安全健康管理工作的一项重要内容。通过安全卫生监督检查可以发现企业及生产过程中的危险因素,以便有计划地采取措施,保证安全生产。安全卫生监督检查既包括用人单位自身对安全卫生工作进行的经常性检查,也包括由地方劳动行政部门、产业主管部门组织的定期检查。此外,工会组织也有权依法对单位安全卫生情况进行监督检查、组织评比活动。

我国《安全生产法》第56条明确规定,负有安全生产监督管理职责的部门依法对生产经营单位执行有关安全生产的法律、法规和国家标准或者行业标准的情况进行监督检查，行使以下四项职权：

（1）进入生产经营单位进行检查，调阅有关资料，向有关单位和人员了解情况。

（2）对检查中发现的安全生产违法行为，当场予以纠正或者要求限期改正；对依法应当给予行政处罚的行为，依照本法和其他有关法律、行政法规的规定作出行政处罚决定。

（3）对检查中发现的事故隐患，应当责令立即排除；重大事故隐患排除前或者排除过程中无法保证安全的，应当责令从危险区域内撤出作业人员，责令暂时停产停业或者停止使用；重大事故隐患排除后，经审查同意，方可恢复生产经营和使用。

（4）对有根据认为不符合保障安全生产的国家标准或者行业标准的设施、设备、器材予以查封或者扣押，并应当在15日内依法作出处理决定。

安全生产监督管理部门行使监督检查职权时不得影响被检查单位的正常生产经营活动。安全生产监督检查人员应当忠于职守，坚持原则，秉公执法。安全生产监督检查人员执行监督检查任务时，必须出示有效的监督执法证件；对涉及被检查单位的技术秘密和业务秘密，应当为其保密。安全生产监督检查人员应当将检查的时间、地点、内容、发现的问题及其处理情况，作出书面记录，并由检查人员和被检查单位的负责人签字；被检查单位的负责人拒绝签字的，检查人员应当将情况记录在案，并向负有安全生产监督管理职责的部门报告。

负有安全生产监督管理职责的部门在监督检查中，应当互相配合，实行联合检查；确需分别进行检查的，应当互通情况，发现存在的安全问题应当由其他有关部门进行处理的，应当及时移送其他有关部门并形成记录备查，接受移送的部门应当及时进行处理。

生产经营单位对负有安全生产监督管理职责的部门的监督检查人员（以下统称安全生产监督检查人员）依法履行监督检查职责，应当予以配合，不得拒绝、阻挠。

五、劳动安全卫生监察制度

劳动安全卫生监察制度是指国家法律、法规授权的劳动安全卫生监察机构，对用人单位在履行劳动安全卫生制度的情况依法进行监督、检举和惩诫制度。它是劳动监察的重要组成部分。我国的职业安全健康监察起始于20世纪80年代初，先后颁布了一系列有关劳动安全卫生检查的法律法规，主要包括：1982年国务院发布的《锅炉压力容器安全监督暂行条例》、《矿山安全监察条例》；1983年国务院批转《关于加强安全生产和劳动安全监察工作的报告的通知》中明确提出实行国家劳动安全监察制度；1991—1995年，劳动部先后颁布了《粉尘危害分级检查规定》、《起重机械安全监察规定》、《客运架空索道运营与监察规定》、《液化气体汽车罐车监察规程》、《矿山劳动卫生监察程序和办法》、《矿山安全监察员管理办法》、《劳动监察规定》、《劳动安全卫生监察员管理办法》等。此外，中华全国总工会自1985年起也相继颁布了《工会劳动保护监督检查员暂行条例》、《基层（车间）工会劳动保护监督检查委员会工作条例》和《工会小组劳动保护检查员工作条例》等。这些法规对于完善劳动安全卫生国家监察体制建立一支政治觉悟高、业务能力强的劳动安全卫生监察队伍，有很大的推动作用。

我国劳动卫生检查制度分为国家劳动安全卫生监察、专业劳动安全卫生监察和群众劳动安全卫生监察三项。

（一）国家劳动安全卫生监察

国家劳动安全卫生监察制度是指由国家授权的劳动安全卫生监察机构对用人单位及其主管部门执行劳动安全卫生法律法规的情况进行监察的一种制度。国家各级劳动行政主管部门应当设置有关劳动安全卫生监察机构，负责劳动安全卫生的监察工作。国家劳动安全卫生监察具有特殊的法律地位，其设置原则、管理体制、职责、权限、监察人员任免均由国家法律、法规所确定。劳动安全卫生监察机构的监察活动是以国家整体利益出发，以法律、法规为依据，既不受行业部门或其他部门的限制，也不受用人单位的约束，在法律授权范围内可以采取包括强制手段在内的多种监督检查形式和方法来执行监察任务，它是独立于企业之外的国家监察。

（二）专业劳动安全卫生监察

专业劳动安全卫生监察制度是指用人单位的各级主管部门对其所属单位贯彻执行劳动安全卫生法律法规的情况进行监督检查的制度。它是按行政隶属关系进行的自上而下的业务监督，属于内部监督的性质。按照规定，各级主管部门应当制定进行监督检查用人单位执行劳动安全卫生法律法规情况的计划和要求；建立、健全各项监督管理制度；组织、领导基层单位开展各种形式的监督检查活动；采取措施使监督检查活动经常化、制度化；听取工会和劳动行政主管部门针对所属单位在执行劳动安全卫生法律法规中存在的问题的改进意见，责令所属单位及时改进；及时制止和纠正所属单位的违法行为等。

(三)群众劳动安全卫生监察

群众劳动安全卫生监察是指各级工会组织对用人单位贯彻执行劳动安全卫生法律法规的情况进行监督检查的制度。《劳动法》规定，各级工会依法维护劳动者的合法权益，对用人单位遵守劳动法律、法规的情况进行监督。2001年修订的《工会法》第24条规定，工会发现企业违章指挥、强令工人冒险作业，或者生产过程中发现明显重大事故隐患和职业危害，有权提出解决的建议，企业应当及时研究答复；发现危及职工生命安全的情况时，工会有权向企业建议组织职工撤离危险现场，企业必须及时作出处理决定。2002年公布的《安全生产法》第52条也明确规定，工会有权对建设项目的安全设施与主体工程同时设计、同时施工、同时投入生产和使用进行监督，提出意见。工会对生产经营单位违反安全生产法律、法规，侵犯从业人员合法权益的行为，有权要求纠正；发现生产经营单位违章指挥、强令冒险作业或者发现事故隐患时，有权提出解决的建议，生产经营单位应当及时研究答复；发现危及从业人员生命安全的情况时，有权向生产经营单位建议组织从业人员撤离危险场所，生产经营单位必须立即作出处理。工会有权依法参加事故调查，向有关部门提出处理意见，并要求追究有关人员的责任。

六、生产安全伤亡事故、职业病统计报告和处理制度

生产安全伤亡事故、职业病统计报告和处理制度是指对劳动者在劳动生产过程中发生的和生产有关的人员伤亡、财产损失事故的统计、报告、登记、调查、分析和处理的制度。生产安全伤亡事故和职业病统计报告和处理制度是我国职业安全健康的一项重要制度，《劳动法》第57条对此做了明确的规定："国家建立伤亡事故和职业病统计报告和处理制度。县级以上各级人民政府劳动行政部门、有关部门和用人单位应当依法对劳动者在劳动过程中发生的伤亡事故和劳动者的职业病状况，进行统计、报告和处理。"这项制度的内容包括：依照国家法律、法规的规定进行事故的统计；依照国家法律、法规的规定进行事故的报告；依照国家法律、法规的规定进行事故的调查和处理。其目的在于采取积极措施、防止和减少劳动生产的伤亡事故。

(一)伤亡事故的统计报告和处理

我国伤亡事故统计报告和处理工作，经过40多年的不断总结，建立了科学合理的伤亡事故统计报告和处理制度。

1. 伤亡事故的分类

伤亡事故的分类，分别从不同方面描述了事故的不同特点。根据我国有关法规和标准，目前应用比较广泛的伤亡事故分类主要有以下几种：

（1）按伤害程度分类。

轻伤，指损失工作日为一个工作日以上（含1个工作日），105个工作日以下的失能伤害；重伤，指损失工作日为105个工作日以上（含105个工作日）的失能伤害，重伤的损失工作日最多不超过6000日；死亡，有职工死亡或重伤损失工作日超过6000日，这是根据我国职工的平均退休年龄之和计算出来的。

（2）按事故严重程度分类。

轻伤事故，指只有轻伤的事故；重伤事故，指有重伤没有死亡的事故；死亡事故，指一次死亡1~2人的事故；重大伤亡事故，指一次死亡3~9人的事故；特大伤亡事故，指一次死亡10人以上（含10人）的事故。

（3）按事故类别分类。

《企业职工伤亡事故分类》中，将事故类别划分为20类，即物体打击、车辆伤害、机械伤害、起重伤害、触电、淹溺、灼烫、火灾、高处坠落、坍塌、冒顶片帮、透水、放炮、瓦斯爆炸、火药爆炸、锅炉爆炸、容器爆炸、其他爆炸、中毒和窒息、其他伤害等。

2. 伤亡事故的报告

组织在进行伤亡事故报告时，必须严格执行国务院发布的有关伤亡事故报告规程及其他有关规定。

生产经营单位发生生产安全事故后，事故现场有关人员应当立即报告本单位负责人。单位负责人接到事故报告后，应当迅速采取有效措施，组织抢救，防止事故扩大，减少人员伤亡和财产损失，并按照国家有关规定立即如实报告当地负有安全生产监督管理职责的部门，不得隐瞒不报、谎报或者拖延不报，不得故意破坏事故现场、毁灭有关证据。负有安全生产监督管理职责的部门接到事故报告后，应当立即按照国家有关规定上报事故情况。负有安全生产监督管理职责的部门和有关地方人民政府对事故情况不得隐瞒不报、谎报或者拖延不报。有关地方人民政府和负有安全生产监督管理职责的部门的负责人接到重大生产安全事故报告后，应当立即赶到事故现场，组织事故抢救。任何单位和个人都应当支持、配合事故抢救，并提供一切便利条件。

3. 伤亡事故的调查

伤亡事故发生后，为了及时、准确地查清事故原因，查明事故性质和责任，总结事故教训，提出整改措施，并对事故责任者提出处理意见，防止事故再次发生，必须进行调查。事故调查处理应当按照实事求是、尊重科学的原则。轻伤、重伤事故，由企业负责人或其指定人员组织生产、技术、安全等有关人员以及工会成员参加的事故调查组，进行调查。死亡事故，由企业主管部门会同企业所在地设区的市（或者相当于设区的市一级）劳动部门、公安部门、工会组成事故调查组，进行调查。重大死亡事故，按照企业的隶属关系由省、自治区、直辖市企业主管部门或者国务院有关主管部门会同同级劳动部门、公安部门、监察部门、工会组成事故调查组，进行调查。死亡事故和重大死亡事故的调查组应当邀请人民检察院派员参加，还可邀请其他部门的人员和有关专家参加。任何单位和个人不得阻挠和干涉对事故的依法调查处理。

4. 伤亡事故的处理

生产经营单位发生生产安全事故，经调查确定为责任事故的，除了应当查明事故单位的责任并依法予以追究外，还应当查明对安全生产的有关事项负有审查批准和监督职责的行政部门的责任，对有失职、渎职行为的，追究相应的法律责任。

伤亡事故处理工作应当在90日内结案，特殊情况不得超过180日。伤亡事故处理结案后，应当公开宣布处理结果。

县级以上地方各级人民政府负责安全生产监督管理的部门应当定期统计分析本行政区域内发生生产安全事故的情况，并定期向社会公布。

（二）职业病的统计报告和处理

职业病是指劳动者在劳动过程中，因接触粉尘、放射性物质和其他有毒、有害物质等因素而引起的疾病。2002年4月18日卫生部、劳动保障部印发的《职业病目录》将职业病确定为十类，分别为：尘肺、职业性放射性疾病、职业中毒、物理因素所致职业病、生物因素所致职业病、职业性眼病、职业性耳鼻喉口腔疾病、职业性肿瘤以及其他职业病（如金属烟热、职业性哮喘、职业性变态反应性肺泡炎、棉尘病、煤矿井下工人滑囊炎等）。为了防止职业危害和预防职业病，我国先后制定了一系列关于职业病防止和处理的规定。

1. 职业病报告办法

职业病报告必须是国家现行职业病范围内所列举的病种，卫生部曾于1988年修订颁发了《职业病报告办法》，规定了职业病报告的具体办法。根据此规定，地方各级卫生行政部门指定相应的职业病防治机构或卫生防疫机构负责职业病报告工作。职业病报告实行以地方为主，逐级上报的办法。一切企事业单位发生的职业病，都应报告当地卫生监督机构，由卫生监督机构统一汇总上报。

2. 职业病处理

有关职业病的处理，是政策性很强的一项工作，涉及职业病防治及妥善安置职业病患者、患者的劳保福利待遇、劳动能力鉴定及职业康复等工作，目前可按卫生部、劳动部、财政部、全国总工会1987年月11月发布的《职业病范围和职业病患者处理办法的规定》执行。

根据此规定，职工被确诊患有职业病后，其所在单位应根据职业病诊断机构的意见，安排其医疗或疗养。在医治或疗养后被确认不宜继续从事原有害作业或工作的，应自确认之日起的2个月内将其调离原工作岗位，另行安排工作；对于因工作需要暂不能调离的生产、工作的技术骨干，调离期限最长不得超过半年。患有职业病的职工变动工作单位时，其职业病待遇应由原单位负责或两个单位协调处理，双方商妥后方可办理调转手续。并将其健康档案、职业病诊断证明及职业病处理情况等材料全部移交新单位。调出、调入单位都应将情况报告所在地的劳动卫生职业病防治机构备案。职工到新单位后，新发生的职业病不论与现工作有无关系，其职业病待遇由新单位负责。劳动合同制工人、临时工终止或解除劳动合同后，在待业期间新发现的职业病，与上一个劳动合同期工作有关时，其职业病待遇由原终止或解除劳动合同的单位负责。如原单位已与其他单位合并，由合并后的单位负责；如原单位已撤销，应由原单位的上级主管机关负责。

3. 职业病的防治

2001年10月27日第九届全国人民代表大会常务委员会第二十四次会议通过《中华人民共和国职业病防治法》，主要内容包括：关于职业病防治工作的基本方针和基本管理原则的规定、职业病的前期预防、劳动过程中的防护与管理、职业病的诊断管理、对职业病病人的治疗与保障等。此外，该法根据所设定的制度、措施，按照不同违法行为的不同性质、危害后果，规定了相应的法律责任，加大了对违法行为的处罚力度；突出了责令停止产生职业危害的作业、停建、停产直至关闭的处罚；对造成职业危害事故的，依法追究刑事责任。同时，该法还对卫生行政部门及其职业卫生监督执法人员的执法活动做了规范，并明确了相应的法律责任。

【案例7-1】

我国已是世界职业病危害最严重的国家之一。根据卫生部统计：2008年全国新发各类职业病13744例，其中尘肺病10829例，占78.79%，发病工龄比2007年缩短2.35年，实际接尘工龄不足10年的有3420例，占31.58%；群发尘肺病时有发生，仅一次发病超过100人的就有13起。累计报告职业病共704602例，其中累计报告尘肺病638234例。有专家指出：由于现在发布的职业病新发病例数是从覆盖率仅达10%左右的职业健康监护中发现的，所以实际职业病人数将是统计数字的若干倍。而2009年的"安徽省凤阳县石英石加工企业农民工集体罹患尘肺病"、"河南省新密市农民工张海超尘肺病诊断"、"广东省深圳市疑似尘肺病劳务工群体要求诊断"等事件造成了巨大负面影响。职业病给劳动者造成的危害，给国民经济发展和社会稳定和谐带来的影响不容忽视。①

七、"三同时"制度

"三同时"制度，是指凡是我国境内新建、改建、扩建的基本建设项目（工程）、技术改建项目（工程）和引进的建设项目，其职业安全卫生设施必须符合国家规定的标准、必须与主体工程同时设计、同时施工、同时投入生产和使用。对此《中华人民共和国劳动法》第53条做了明确的规定："安全卫生设施必须符合国家规定的标准。新建、改建、扩建工程的劳动安全卫生设施必须与主体工程同时设计、同时施工、同时投入生产和使用。"

"三同时"制度具体包括以下内容：

（1）建设项目在进行可行性研究论证时，必须进行职业安全健康的论证，明确项目可能对职工造成危害的防范措施，并将论证结果载入可行性论证文件。

（2）设计单位在编制建设项目的初步设计文件时，应当同时编制《劳动安全卫生专篇》，职业安全健康的设计，必须符合国家标准或者行业标准。

（3）施工单位必须按照审查批准的设计文件进行施工，不得擅自更改职业安全健康设施的设计，并对施工质量负责。

（4）建设项目的竣工验收必须按照国家有关建设项目职业安全健康验收规定进行。不符合职业安全健康规程和行业技术规范的，不得验收和投产使用。

（5）建设项目验收合格，正式投入运行后，不得将职业安全健康设施闲置不用，生产设施和职业安全健康设施必须同时使用。

---

① 资料来源：中国网，http://www.china.com.cn/news/zhuanti/2010lianghui/2010-03/05/content_ 19535391.htm。

【前沿提示】

工作场所的"性骚扰"

"性骚扰"一词于20世纪60年代首先出现在美国,但一直因被认为是良家妇女外出工作所必须付出的代价而未受到重视。1991年10月,性骚扰才突然成为公众关注的热点——被提名为联邦最高法院候选人的克拉伦斯·托马斯(Clarence Thomas)被指控在任职时曾对女性同事希尔(Anita Hills)加以性骚扰。同年,美国海军在赌城拉斯维加斯希尔顿旅馆举办年会时,又爆发飞行员集体性骚扰女性同僚的丑闻,导致海军部长及几位高级将领为此丢官。这两起著名性骚扰事件在美国各界引起热烈讨论。随着克林顿总统与前阿肯色州职员琼斯女士(Paula Jones)的性骚扰诉讼,"性骚扰"在90年代"登陆"中国。

随着社会的快速变迁,女性参与劳动市场的人数急剧增加,"性骚扰"开始代替"耍流氓"高频率出现。例如,2001年7月,西安市某国有企业职员童女士向西安市莲湖区法院提出起诉,指控其男上司对她进行了长达7年的性骚扰,要求对方赔礼道歉。这是我国首例进入法律程序的性骚扰案,它标志着性骚扰问题终于进入法律的视野。法院于2001年10月26日对该案件进行了不公开审理,认为原告没有出示足够的证据表明性骚扰事实存在,驳回起诉。2002年7月,湖北省出现首例性骚扰案。1997年应聘到武汉市某学校的英语教师何女士因不堪男上司盛某从2000年至今的性骚扰行为,向江汉区法院提起诉讼,并索赔1万元。2003年6月3日,北京市首例性骚扰案开庭:应聘到某IT集团的雷女士因不堪男上司在对其性骚扰失败后多次干扰其在计算机行业就业,以侵犯名誉权为由向海淀法院提起诉讼,并索赔20万元。近年来,"性骚扰"案例不断增加,工作场所性骚扰问题日益严重。据调查,全球工作场所性骚扰严重的国家中,中国位居第二。[1]

中国大陆目前还没有一部专门针对性骚扰的法规,但这并不表明缺乏有

---

[1] 参见《全球工作场所性骚扰严重 中国位居第二》,中国网,http://www.china.com.cn/education/2011-09/21/content_23463607.htm,2011年9月20日访问。

关反对性骚扰行为的条款。如《宪法》规定，公民的人格尊严不受侵犯，禁止用任何方法对公民进行侮辱、诽谤；《民法通则》规定，公民享有名誉权，公民的人格尊严受法律保护，禁止用侮辱、诽谤等方式损害公民的名誉，公民有权要求停止侵害、恢复名誉、消除影响、赔礼道歉，并可以要求赔偿损失；《刑法》规定有猥亵、侮辱妇女罪，侮辱、诽谤罪；《劳动法》有针对工作环境中女工权益保护的专门规定；《公安管理处罚条件》规定，对"侮辱妇女或者进行其他流氓活动"的扰乱公共秩序行为；《妇女权益保障法》规定，妇女的名誉权和人格尊严受法律保护，禁止用侮辱、诽谤、宣扬隐私等方式损害妇女的名誉和人格，等等。各地在制定《妇女利益保障法》的实施办法中，对相关问题做了进一步的规定，如上海规定禁止"以恋爱、征婚，招聘为名或者用其他方式玩弄女性"，禁止"非法搜查妇女的身体"。不过，这些条款存在明显的缺陷：（1）对性骚扰无直接和明确的规定。如《宪法》、《民法通则》仅仅有一些对侵犯公民人身权利的原则性规定，对何种程度的性骚扰，应给予何种程度的制裁，均未见规定。又如，《妇女权益保障法》第34条"妇女的人身自由不受侵犯"、"禁止非法搜查妇女的身体"，也并没有明确的条文说明性骚扰已经使妇女的人身自由受到侵害。这使得在实际操作中有关机构（部门）因尚无具体法规可循而不予办理，受害者权利很难得到保证。（2）条文大多偏向于"公共场合性"，对工作环境中的性骚扰缺乏设定。如《刑法》中"以暴力、胁迫或其他方法强制猥亵妇女或侮辱妇女的"处5年以下有期徒刑或者拘役，但其偏重于考虑"公共场合性"；又如《劳动法》对工作环境中女工权益保护的专门规定主要涉及的是劳动中的孕期、产期及哺乳期等的权益问题，对性骚扰等侵犯女性人身权利的行为没有明确的规定。面对日益严重的工作场所性骚扰现象，必须采取相关措施加以控制。

【思考题】

1. 我国劳动保护的方针是什么？
2. 劳动安全卫生技术规程的主要内容有哪些？
3. 我国是如何规定女职工的特殊劳动保护的？
4. 我国是如何规定未成年工的特殊劳动保护的？
5. 劳动保护管理制度主要包括哪些内容？

第八章 劳动争议处理

【引言】劳动争议是劳动关系当事人之间因劳动的权利和义务而发生的争议，是劳动关系不协调的反映。无论在什么所有制形式和性质的企业中，只有正确地处理劳动争议，才能维护劳动关系双方当事人的合法权益，进而维护社会秩序和正常的经济建设秩序。

【学习目的与要求】本章是劳动法中的程序法部分，通过本章的学习，学生应能运用基本知识和现行规定，分析及时处理劳动争议对稳定社会经济秩序的重要性；让学生重点掌握劳动争议的范围、我国处理劳动争议的机构设置，以及处理劳动争议的程序。

【知识结构简图】

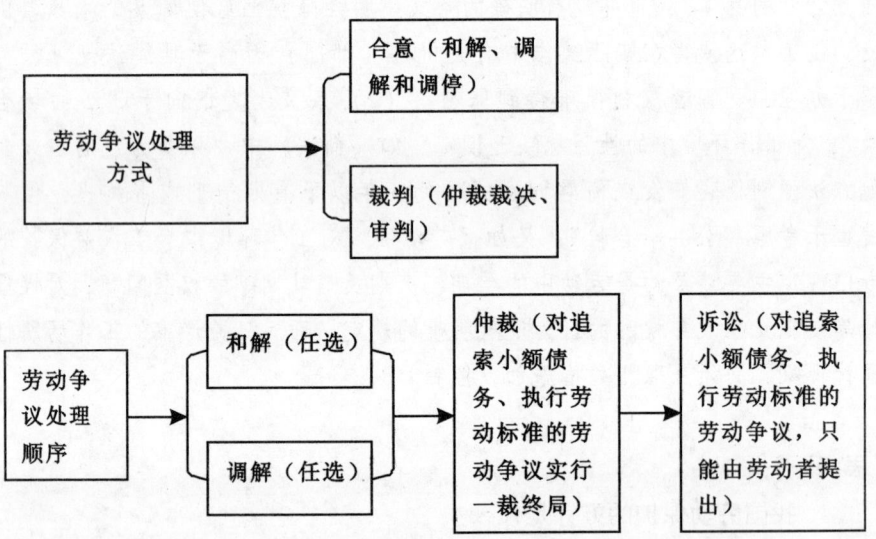

【引例】未签劳动合同不能成为拒付补偿金的理由。

2002年8月，卞某应聘到连云港市一酒店工作，2003年9月2日，卞某在上班期间从酒店二楼摔下，被送到市第一人民医院住院治疗15天，医疗费由酒店支付，10 月 26 日，经市劳动和社会保障局认定卞某为工伤，2004 年 4 月 29 日经市劳动鉴定委员会鉴定为九级伤残，5 月份双方终止了劳动关系，但因经济补偿金等问题产生争议，卞某便向市劳动争议仲裁委员会提出仲裁申请。8 月 30 日，仲裁委员会裁定酒店支付卞某工伤津贴、交通费、伤残鉴定费、就业补助金、经济补偿金等费用 20213 元。但酒店认为，仲裁裁决于法无据，因为双方未签订劳动合同，并且卞某住院治疗费已由其支付，故起诉到连云港市新浦区人民法院，要求确认酒店对卞某不再承担责任。法院认为，卞某在工作期间不慎从楼梯上摔伤，经有关部门认定为工伤，并鉴定为九级伤残，对此，卞某应当享受工伤保险待遇，鉴于双方已经解除了劳动关系，用人单位还应依法发给卞某经济补偿金，故酒店提出不再承担责任的诉讼请求，没有事实和法律依据，法院遂判决驳回酒店的诉讼请求。

第一节 概 述

一、劳动争议的界定

（一）劳动争议的学理界定

劳动争议，又称劳动纠纷和劳资争议。其有广义和狭义之分，广义上的劳动争议是指劳动法中各种主体相互间的争议，包括劳动者、用人单位、劳动者团体（工会）、用人单位团体、劳动管理行政机关、社会保险经办机构或职业培训机构等劳动服务主体之间发生的一切争议，比如劳动合同争议、劳动保险争议、劳动行政争议、集体合同争议等。而狭义上的劳动争议是指劳动者与用人单位之间关于劳动权利和劳动义务而发生的争议，在本章中所指的劳动争议是从狭义上理解的。

（二）劳动争议的法律界定

从严格意义上说，对劳动争议的法律界定是以劳动立法中对劳动争议的受案范围为基础的，在此意义上，可以将立法对受案范围的界定视为对劳动争议的法律界定。

1. 《劳动争议调解仲裁法》以前立法的规定及其评析

（1）《企业劳动争议处理条例》（1993 年）第 2 条和第 39 条中的规定中采用列举式限定了劳动争议的范围，不难发现，其不能涵盖劳动权利义务的全部争议，比如因企业给予职工开除、除名、辞退以外的行政处分所发生的争议都没有包括在内。

（2）《劳动法》（1995 年）和劳动部《关于贯彻执行〈中华人民共和国劳动法〉若干问题的意见》，将用人单位和劳动者双方限定为劳动争议的主体范围,把事实劳动关系所引起的争议也纳入劳动争议的受案范围内,但并没有从争议标的的角度来界定。

(3)《最高人民法院关于审理劳动争议案件适用法律若干问题的解释》(法释〔2001〕14号)第1条中,既把劳动关系存续期间劳动者与用人单位的争议纳入法院受案范围内,也包括了劳动关系终止后双方的非统筹劳动保险争议。

(4)《集体合同规定》(2003年)把履行集体合同的争议纳入了受案范围内,突破了狭义劳动争议的范围。

(5)《最高人民法院关于人民法院审理事业单位人事争议案件若干问题的规定》(法释〔2003〕13号)赋予了人事争议以劳动争议的法律属性,将因辞职、辞退发生的争议纳入法院受案范围内。

(6)《最高人民法院关于审理劳动争议案件适用法律若干问题的解释(二)》(法释〔2006〕6号)采用排除列举的方式规定了劳动争议的受案范围,比如劳动者请求社会保险经办机构发放社会保险金的纠纷就不属于劳动争议范围,但是将劳动者与用人单位因住房制度改革而产生的公有住房转让纠纷也排除在外,是有违合法保护职工住宅福利原则的。

在相当长时间的立法中,对劳动争议的法律界定都存在很多弊端,导致了不同立法对劳动争议受案范围的界定也各有差异,在具体实施的过程中也存在很大争议。

2. 2008年5月1日生效的《劳动争议调解仲裁法》的规定及其评析

《劳动争议调解仲裁法》第2条规定,我国境内的用人单位与劳动者发生的下列劳动争议,适用本法:(1)因确认劳动关系发生的争议;(2)因订立、履行、变更、解除和终止劳动合同发生的争议;(3)因除名、辞退和辞职、离职发生的争议;(4)因工作时间、休息休假、社会保险、福利、培训以及劳动保护发生的争议;(5)因劳动报酬、工伤医疗费、经济补偿或者赔偿金等发生的争议;(6)法律、法规规定的其他劳动争议。

与以往立法相比,有明显的进步,其中体现了三大突破:(1)基于《劳动合同法》将事业单位聘用制劳动关系也纳入其中。(2)明确了因履行劳动合同而发生的争议纳入受案范围,而且包括就业歧视在内的就业争议也作为劳动争议处理。(3)明确了因确认劳动关系发生的争议也纳入受案范围。当当事人之间就劳动关系和劳务关系含混不清时,当事人仍可以得到更全面的保护。

3. 2009年1月1日生效的《劳动人事争议仲裁办案规则》的规定

在第2条第1款中规定,"本规则适用下列争议的仲裁:企业、个体经济组织、民办非企业单位等组织与劳动者之间，以及机关、事业单位、社会团体与其建立劳动关系的劳动者之间，因确认劳动关系，订立、履行、变更、解除和终止劳动合同，工作时间、休息休假、社会保险、福利、培训以及劳动保护，劳动报酬、工伤医疗费、经济补偿或者赔偿金等发生的争议。"这继续肯定了《劳动争议调解仲裁法》的相应成果，将劳动争议的范围明确化。

二、劳动争议的分类

（一）个别争议、集体争议和团体争议

根据职工人数的多少和争议理由，劳动争议可以划分为个别争议、集体争议。个别争议，也称个人争议，是指一两个职工基于共同理由与用人单位之间发生的劳动争议，由职工当事人本人参加争议的处理过程。集体争议，也称多人争议，是指多个（通常为3人以上）职工基于共同理由与用人单位发生的劳动争议。团体争议，也称集体合同争议，是指工会与用人单位或其团体之间因集体合同而发生的争议。它和集体争议的区别主要表现在：(1) 集体争议是关于同一类劳动合同关系的争议；团体争议是关于集体合同的争议。(2) 集体合同的当事人一方是三人以上的职工；团体争议的当事人一方由工会担任。《劳动合同法》第56条规定："用人单位违反集体合同，侵犯职工劳动权益的，工会可以依法要求用人单位承担责任；因履行集体合同发生争议，经协商解决不成的，工会可以依法申请仲裁、提起诉讼。"(3) 集体争议各个当事人具有与用人单位发生劳动争议的共同理由；团体争议以全体职工的整体利益为争议标的。(4) 集体争议的职工当事人应当推举代表参加争议处理程序，职工代表在争议处理过程中的行为只代表其中介入争议的部分劳动者；团体争议中工会方代表的行为涉及工会所代表的全体职工利益，其职务行为对全体职工具有法律意义。

划分个别争议、集体争议和团体争议的意义在于，三者的争议处理程序不同，个别争议的处理适用一般程序，集体争议的处理适用特别程序，并且职工一方必须推举代表参加，而团体争议的处理是由工会主席承担的，对全体职工都发生法律效力。

【案例8-1】

2009年初，南京市鼓楼区法院受理了一起三名农民追薪的案件。李桂定、李新福、谷蕃阳三人都是南京高淳县的农民，他们分别于2002年2月、6月在南京市同一家装潢公司打工，吃尽了苦头，可老板只付了一部分工

资。装潢公司相关人员签字确认尚欠李桂定薪水 14500 元、李新福 3000 元、谷蕃阳 4976 元。此后他们经过多次催要，但老板就是不给钱，眼看春节临近，李桂定等 3 名民工兄弟心急如焚，先通过劳动仲裁，不服仲裁裁决后，决定通过诉讼依法维权。承办法官在三原告没有提出请求的情况下，及时依法对被告装潢公司的资产进行了查封冻结，随后又传被告法定代表人到庭，向其宣讲法律，要求他尽快主动兑付拖欠的民工工资。在法官的主持下，当事人双方很快达成了调解协议，被告方当庭向三原告支付了拖欠工程款。三民工打追薪官司仅用三天时间就拿到了血汗钱。

点评： 对提起集体诉讼的，人民法院立案部门应及时予以审查，凡具备证据规则规定中劳动争议案件初步证据的，均应及时予以立案受理，尽快移交审判部门优先排期处理。

对事实清楚双方争议不大的群体性劳动争议案件，立案部门应当告知或建议劳动者先经各区县辖区内街镇设立的社会矛盾纠纷调处服务中心或人民调解组织调解。劳动者接受建议的，暂缓立案，由法院接待人员与街镇调处中心或社区、企事业单位人民调解组织取得联系，并将纠纷交由该调处中心或组织进行调解或派出人民调解指导员联动调解。经调解成功的，根据劳动者要求应及时予以立案，并以人民法院名义出具调解书。经调解不成的，应及时引导劳动者有序进入诉讼程序；对确有困难的劳动者，应主动协助提请司法行政机关提供司法援助。

（二）权利争议和利益争议

根据争议的内容，劳动争议可以划分为权利争议和利益争议。权利争议，也称既存权利争议，是指因实现劳动法、集体合同或劳动合同规定的权利所发生的争议。其中，作为争议标的的权利，如果属于劳动法中强制性规范所规定的，该权利争议就属于遵守劳动法的争议；如果是由集体合同或者劳动合同依据劳动法中的任意性规范所规定的，该权利争议就属于履行集体合同或者劳动合同的争议。

利益争议，也称将来权利争议，是指因主张有待确定的权利所发生的争议。争议的目的是要求在合同中依法确定多数人的某种利益，使之上升为约定权利。劳动者与用人单位发生利益争议的情况比较少，利益争议主要发生在劳动关系运行过程中的集体合同订立或变更环节，表现为当事人在订立、变更集体合同的协商过程中不能达成一致意见。

划分权利争议和利益争议的主要意义在于，确定不同的争议解决方式。权利争议因为涉及法律问题，一般要通过调解、仲裁或诉讼程序解决。利益争议的解决没有可以引用的实体依据，无法通过诉讼作出裁判，因此一般在政府干预下由双方协商解决。

（三）国内劳动争议和涉外劳动争议

根据当事人是否具有涉外因素，劳动争议可以划分为国内劳动争议和涉外劳动争议。国内劳动争议，是指具有中国国籍的劳动者与用人单位之间的劳动争议。其中包括：我国在国（境）外设立的机构与我国派往该机构工作的人员之间、外商投资企业与中国职工之间所发生的劳动争议。涉外劳动争议，是指当事人一方或双方具有外国国籍或无国籍的劳动争议。它包括中国用人单位与外籍职工之间、外籍雇主与中国职工之间、在华外籍雇主与外籍职工之间的劳动争议。

划分国内劳动争议和涉外劳动争议的意义在于，处理争议时适用的法律不同。处理国内劳动争议时是适用我国法律，而涉外劳动争议的处理要按照国际惯例，适用雇主所在地法律，比如用人单位或雇主在我国境内的涉外劳动争议，也仍应当适用我国法律处理。

三、劳动争议的处理机构

（一）劳动争议调解（调停）机构

劳动争议调解（调停）机构，可以分为五种：（1）劳动（劳工）行政部门所属机构，如新加坡劳工部的劳工关系所属的调解处和雇佣准则处。（2）政府所属机构，如菲律宾的国家调节斡旋委员会、美国的联邦调停调解处。（3）社区型专门调节机构，如丹麦、瑞典设置的由工会和雇主协会共同协商建立并完全独立于政府系统之外的劳动争议调解机构；我国在乡镇、街道设立的具有劳动关系协调组织或劳动争议调解委员会。（4）民事调解机构，如我国的村民委员会和居民委员会设立的人民调解委员会。（5）企业内调解机构，如我国的企业劳动争议调解委员会。

（二）劳动争议仲裁机构

劳动争议仲裁机构，可以分为三种：（1）半官方机构，由政府、工会和雇主协会三方共同建立，如菲律宾的国家劳动关系委员会，我国的劳动争议仲裁委员会。（2）民间机构，由工会、雇主协会共同协商建立或者由其民间组织单独成立，如日本的劳动关系委员会。（3）官方机构，由政府单独设立，如沙特阿拉伯的劳工纠纷局。

（三）劳动争议司法机构

劳动争议司法机构，可以分为两种：（1）普通法院，由国家建立的同意审理包括劳动争议案件在内的各种案件的司法审判机构，如中国、法国、澳大利亚等国家的法院。(2) 劳动法院（法庭），由国家设立专门审理劳动纠纷案件的司法审判机构，如德国劳动法院、芬兰劳工法庭。

四、劳动争议的处理原则

（一）依法处理劳动争议原则

在处理劳动争议过程中，劳动争议处理机构和劳动争议当事人，必须在查清事实的基础上依法解决劳动争议。要查清事实，首先当事人应提出自己的主张和请求，并且要有相关证据；其次，劳动争议处理机构应及时调查取证，两者有机结合，才能达到查清事实的目的。

（1）在处理劳动争议的过程中，必须要以事实为依据，实事求是，认真地进行调查研究，搜集和审查证据，全面客观地了解争议的事实真相。

（2）要以法律、法规、规章为依据。

（3）在查清事实的基础上依法处理，实体方面和程序方面都要合法。

（二）公正原则

要对劳动争议公正处理，就要求劳动争议处理机关做到：

（1）对劳动争议相关事实作出公正的判断。在解决争议过程中，当事人往往对权利义务、争议的认识、主张不一致甚至完全对立，这就要求在解决劳动争议的过程中通过一系列方式方法，回到劳动争议的事实本身，并据此对事实作出判定。

（2）恰当地运用解决劳动争议的法律依据。全面准确地理解法律精神，不拘泥于立法条文的字面表述，而要依据立法原则把握各个条款的真正意义。

（3）适用法律一律平等。劳动争议双方当事人虽然在其劳动关系中存在行政上的隶属关系，但是其法律地位是平等的，即不管用人单位大小如何，也不管职工一方职位高低，双方在法律面前平等，适用法律时不能因人而异。

（三）着重调解劳动争议原则

处理劳动争议，应当重视调解方式，调解既是一道专门程序，也是仲裁和审判程序的重要方法。着重调解原则，首先是有利于增加当事人之间的相互理解，使其在今后的工作中能够相互支持和配合；其次是可以简化程序，有利于及时、彻底地处理劳动争议。实行着重调解的原则应注意：

（1）调解应当在双方自愿的基础上进行，否则不利于调解书的自觉履行，不得对争议案件强行调解，也不得采取强迫或变相强迫的方法进行调解。

（2）调解是处理劳动争议的基本手段，并应当贯穿于劳动争议处理的全过程。调解委员会处理劳动争议的全部工作就是调节，仲裁委员会和法院在处理劳动争议时，应当先行调解。即使进入了裁决或判决程序，在裁决或判决之前还要为当事人提供一次调解的机会，这样有利于减少当事人的心理对抗，促进当事人的和睦团结，而且恰当地运用调解能够较快地解决纠纷。

（3）必须与及时裁决或及时判决相结合起来。对于当事人不愿调解或调解不成的，不应久调不决，以免拖延时间，有损当事人的合法权益。

（四）及时处理劳动争议原则

首先，当事人在发生劳动争议后，要及时、尽快地进行协商解决，协商不成的应依法定程序及时申请调解或请求仲裁，不得拖延。

其次，劳动争议处理机构接到当事人的申请后，应及时决定是否受理、及时审查、尽快结束。

最后，当事人对已经生效的法律文书应当自觉执行，凡是遇到一方拒不执行的，另一方应及时申请强制执行，有关机构或部门也应对局部执行的当事人及时进行说服教育，保证劳动纠纷顺利解决。

五、劳动争议的处理体制

（一）概述

劳动争议处理体制，又称劳动争议处理体系，是指有劳动争议处理的各种机构和方式在劳动争议处理过程中的各自地位和相互关系所构成的有机整体，它表明劳动争议发生后应当通过哪些方式，经由哪些途径处理。

（二）处理方式

各国处理劳动争议的方式，可以分为合意方式和裁判方式两种。

1. 劳动争议处理的合意方式

这是指当事人双方通过自己协商或者在特定机构干预下协商，达成解决劳动争议的协议，具体形式主要表现为：（1）和解，即当事人双方自行协商，达成解决劳动争议的协议。其中没有第三人参与，不受任何程序的约束，协议的达成和遵守完全靠双方自愿。（2）调解，即在第三人的主持下，通过说服、劝导，使劳动争议在双方互谅互让的基础上得到解决，具体表现为用人单位调解机构调解、仲裁程序中的调解和诉讼程序中的调解三种。（3）调停，即当事人双方在第三人的居中调和下，按照第三人提出的调停方案，达成解决劳动争议的建议。虽然都有第三人的介入，但是调停与调解的主要区别在于，调解机构只促成双方和解而并不提出建议，调停机构则主要提出调停方案并且促使当事人接受。① 各国都规定经由合意方式不能解决劳动争议时，会进入到裁判方式的解决当中。

2. 劳动争议处理的裁判方式

即由特定机构对劳动争议依法进行审理并作出具有法律效力的处理决定，使其得以解决，具体表现为：（1）裁决，即由仲裁机构或有关行政机构依法对劳动争议作出裁决；（2）判决，即由审判机关依法对劳动争议作出判决。对于裁判方式中的选择，在各国大致形成了如下几种不同的处理途径。

（三）处理途径

1. 单一仲裁机构处理模式

单一仲裁机构处理模式，是指当经过合意方式仍不能解决劳动争议时，会由仲裁机构的仲裁活动处理，而不是仲裁和司法并存，也不是司法处理。采用这种模式的有澳大利亚、韩国等，比如澳大利亚联邦和各州的产业关系委员会专门处理劳资争议，并且受司法机构的监督。

2. 单一司法机构处理模式

单一司法机构处理模式，是指当经过合意方式仍不能解决劳动争议时，会由司法机构的仲裁活动处理，而不是仲裁和司法并存，也不是仲裁处理。采用这种模式的有德国、意大利、瑞典、芬兰、新西兰、法国等，比如德国的劳动法院除了属于独立法院外，还执行低廉的收费政策，采用简单的方式使劳动争议案件尽快结案等措施。

3. 先裁后审处理模式

先裁后审处理模式，是指当经过合意方式仍不能解决劳动争议时（争议未能和解，并且当事人不愿申请基层调解机构调解或基层调解机构调解不成的），会由劳动仲裁机构仲裁，才能向法院起诉。我国之前就是采用这种方式，《劳动法》第 77 条规定："用人单位与劳动者发生劳动争议，当事人可以依法申请调解、仲裁、提起诉讼，也可以协商解决。调解原则适用于仲裁和诉讼程序。"第 79 条规定："劳动争议发生后，当事人可以向本单位劳动争议调解委员会申请调解；调解不成，当事人一方要求仲裁的，可以向劳动争议仲裁委员会申请仲裁。当事人一方也可以直接向劳动争议仲裁委员会申请仲裁。对仲裁裁决不服的，可以向人民法院提起诉讼。"具体操作规程见下图：

---

① 王益英. 外国劳动法和社会保障法. 北京：中国人民大学出版社，2001：199.

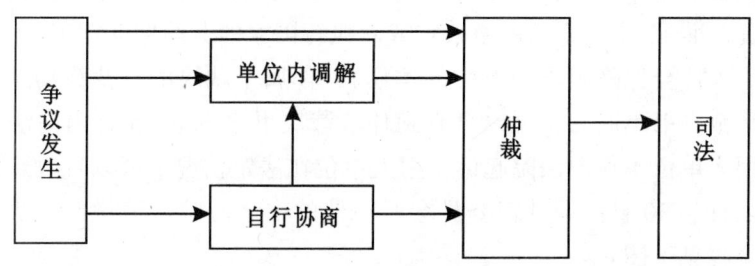

可见，其特征是把仲裁作为诉讼前的必经阶段，但是这增加了处理劳动争议的成本，也有可能导致当事人矛盾的激化，有违及时处理的初衷。

4. 先裁后审模式与一裁终局模式相结合

根据《劳动争议调解仲裁法》第 5 条的规定，"发生劳动争议，当事人不愿协商、协商不成或者达成和解协议后不履行的，可以向调解组织申请调解；不愿调解、调解不成或者达成调解协议后不履行的，可以向劳动争议仲裁委员会申请仲裁；对仲裁裁决不服的，除本法另有规定的外，可以向人民法院提起诉讼。"第 47 条规定："下列劳动争议，除本法另有规定的外，仲裁裁决为终局裁决，裁决书自作出之日起发生法律效力：（1）追索劳动报酬、工伤医疗费、经济补偿或者赔偿金，不超过当地月最低工资标准 12 个月金额的争议；（2）因执行国家的劳动标准在工作时间、休息休假、社会保险等方面发生的争议。"第 48 条规定："劳动者对本法第 47 条规定的仲裁裁决不服的，可以自收到仲裁裁决书之日起 15 日内向人民法院提起诉讼。"第 49 条规定："用人单位有证据证明本法第 47 条规定的仲裁裁决有下列情形之一，可以自收到仲裁裁决书之日起 30 日内向劳动争议仲裁委员会所在地的中级人民法院申请撤销裁决：（1）适用法律、法规确有错误的；（2）劳动争议仲裁委员会管辖的；（3）违反法定程序的；（4）裁决所根据的证据是伪造的；（5）对方当事人隐瞒了足以影响公正裁决的证据的；（6）仲裁员在仲裁该案时有索贿、徇私舞弊、枉法裁决行为的。"

这些规定使得我国在劳动争议处理模式上作了很大的改变，将原来单纯先裁后审模式进行了拓展，增加了一个快速通道，即一裁终局模式。具体表现为：发生了劳动争议后，劳动者可以与用人单位协商；也可以请工会或者第三方共同与用人单位协商，达成和解协议；当事人不愿协商、协商不成或者达成和解协议后不履行的，可以向调解组织申请调解；不愿调解、调解不成或者达成调解协议后不履行的，可以向劳动争议仲裁委员会申请仲裁；对仲裁裁决不服的，可以向法院起诉。但是在这几类劳动争议中（追索劳动报酬、工伤医疗费、经济补偿或者赔偿金并且不超过当地月最低工资标准12个月金额的争议；或者执行国家的劳动标准在工作时间、休息休假、社会保险等方面发生的争议），都属于裁决的一裁终局，劳动者对仲裁裁决书不服的，可以自收到仲裁裁决书之日起15日内向法院起诉，但用人单位不得向法院起诉，用人单位在法定情况下可以自收到仲裁裁决书之日起30日内向仲裁委员会所在地的中级法院申请撤销裁决。具体操作流程见下图：

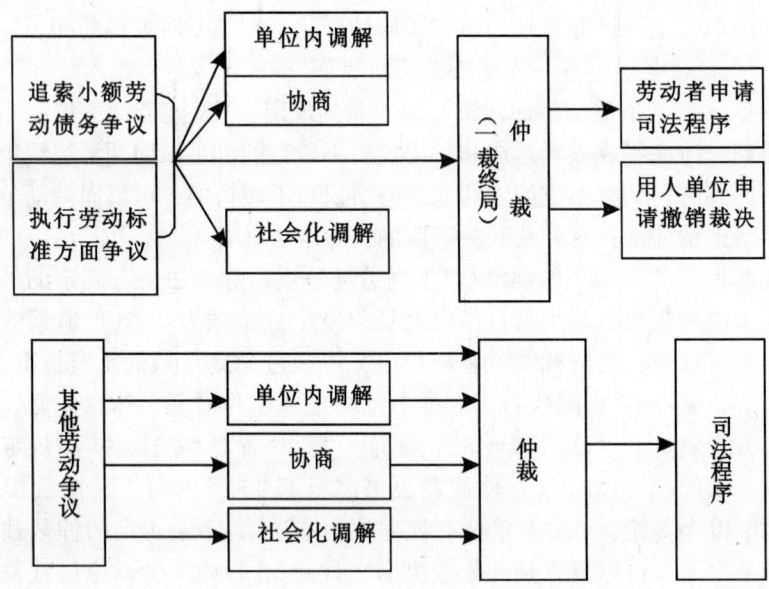

在这种劳动争议处理模式上，对劳动争议处理的任务和责任的配置，凸显了劳动仲裁机构的劳动争议处理主力军角色，扩大了仲裁机构权利，使得长期积累的劳动仲裁资源得以充分运用，也可以促使劳动仲裁机构的办案效率提高，此外还将法院作为劳动争议处理的最后防线，既可以保障劳动争议当事人尤其是劳动者享有的充分诉权，也可以提高劳动法的法律地位和规范能力。

（四）劳动争议处理体制中的"三方机制"

劳动争议除了体制中的"三方机制"，即国家、工会和用人单位团体三方代表参与劳动争议处理过程，共同协调劳动争议当事人双方利益的机制，是劳动关系协调的"三方原则"在劳动争议处理机制中的具体应用。而我国在劳动争议处理体制中建立和完善"三方机制",应当在组织、人事、权限配置等方面落实"三方原则"。

1. "三方原则"在组织方面的落实

在劳动争议处理机构中应当建立由国家、工会和用人单位三方代表组成的组织。其中在劳动争议仲裁机构中,劳动争议仲裁委员会应当由地方劳动行政部门、同级地方工会组织和用人单位团体委派的代表所组成;劳动争议仲裁庭的成员也应当从三方各自委派的仲裁员中指定或选定。在劳动争议审判机构中,合议庭也分别由工会和用人单位团体委派的陪审员组成;审判委员会处理劳动争议案件时,也应当有工会、用人单位团体委派的代表参加。

2. "三方原则"在人事方面的落实

首先要设立正式编制,即劳动行政部门、工会和用人单位团体选派的劳动争议仲裁委员会委员和仲裁员,工会和用人单位团体选派的人民法院合议庭陪审员和审判委员会委员,都应当纳入各自的正式编制中。其次,要有统一的资格标准,即无论哪一方向劳动争议处理机构选派代表,都要有统一的资格条件和标准,尤其是选派的仲裁员和陪审员,都应当具备法定任职条件并取得法定任职资格才可以。

3. "三方原则"在权限配置方面的落实

即劳动争议处理的各项权利都应当依据其特点在三方之间进行合理配置。其中,劳动争议处理规则的制定权,重大案件和疑难案件的处理权,应当由三方分享并共同行使;一般案件的处理权,总体上应当三方分享并共同行使;劳动争议处理的监督权,应当由三方分享,但是可以由各方分别行使和共同行使。

第二节　劳动争议基层调解

一、劳动争议基层调解的概念和特征

（一）劳动争议基层调解的概念

劳动争议基层调解,是指劳动争议调解组织对当事人双方自愿申请调解的劳动争议,在查明事实、分清是非的前提下,依据法律、法规、政策的规定和集体合同、劳动合同的约定,通过说服、劝导和教育,促使当事人双方在平等协商、互谅互让的基础上自愿达成解决劳动争议的协议的行为。以调解方式解决劳动争议是一种非常有效并且有利于改善争议双方当事人关系的

一种方式，因此，在劳动争议处理过程中，调解占有非常重要的地位，但调解并不是解决争议的必经程序，当事人不愿调解或者调解不成的，可以直接申请仲裁。

（二）劳动争议基层调解的特征

（1）基层调解委员会属于群众性组织，属于社会组织，不是国家机构。

（2）调解建立在双方当事人自愿的基础上。即由当事人双方自愿申请才能开始，调解协议必须由当事人依法自愿达成才可以生效。调解委员会也应尊重当事人申请仲裁和诉讼的权利，不能强制调解。

（3）调解协议的效力属于合同效力。只能由当事人自觉履行，当事人不能申请强制执行。如果一方当事人反悔而拒不执行的，另一方可以向仲裁机构申请仲裁。

二、劳动争议调解组织

（一）企业劳动争议调解委员会

企业劳动争议调解委员会，是指在企业内部依法设立的，负责调解本单位劳动争议的组织，各个企业都可以设立调解委员会，设有分支机构的企业还可以在总部和分支机构中分别设立调解委员会。

企业劳动争议调解委员会由下列人员组成：（1）职工代表；（2）企业代表；（3）企业工会代表。职工代表由职工代表大会或者职工大会推举产生；企业代表由厂长或经理指定；企业工会代表由企业工会委员会指定。其主任由工会代表或者双方推举的人员担任，其他成员名单应报送地方总工会和地方劳动争议仲裁委员会备案。企业劳动争议调解委员会在用人单位中具有相对独立的地位，它不隶属于任何一个机构和组织，尤其是独立于单位行政和劳动者之外，用人单位应当支持调解委员会的工作，并承担活动经费和为其提供物质帮助。其办事机构设在企业工会委员会，办事机构负责其委员会的日常工作，主要是接受劳动争议当事人的调解申请，做好调解的登记、档案管理和统计分析工作等。

（二）基层人民调解组织

基层人民调解组织，是指由村民委员会和居民委员会设立的调解民间纠纷的群众性组织。企业、事业单位根据需要可以参照《人民调解委员会组织条例》规定设立人民调解委员会。

人民调解委员会由委员3~9人组成，设主任一人，必要时可以设副主任，其他委员除了由村民委员会成员或居民委员会成员兼任以外，可以由群众选举产生，每三年改选一次，可以连选连任；在多民族居住地区的人民调解委员会中，应当有人数较少的民族的成员；当委员不能任职时，由原选举单位补选；委员严重失职或者违法乱纪的，由原选举单位撤换。

人民调解委员会在基层人民政府和基层人民法院的指导下进行工作，人民调解委员会被赋予劳动争议调解职能后，应当根据劳动争议调解的特点制定相应的特殊规则，同时劳动行政部门和劳动仲裁机构也应当成为人民调解委员会的指导机构。

（三）乡镇、街道劳动争议调解组织

乡镇、街道劳动争议调解组织，是指在企业比较集中的乡镇、街道依法设立的调解劳动争议区域性或行业性组织。其由职工代表、用人单位方面的代表和工会代表组成，主任由同级工会代表担任，办事机构设在同级工会。

三、劳动争议基层调解的程序

（一）申请

当事人通过协商不能解决，或者不愿意协商解决，可以自愿选择申请调解，应当从知道或应当知道其权利被侵犯之日其 30 日内，以口头方式或书面方式向调解委员会提出申请，并填写《劳动争议调解申请书》，其中写明争议的原因、经过，并提出具体的要求。

（二）受理

调解委员会接到提交申请后，应当征询对方当事人的意见，对方当事人不愿意调解的，应做好记录，在 3 日内以书面形式通知申请人。对方同意调解的，调解委员会在 4 日内作出受理或不受理申请的决定，在受理审查中，要审查申请事由是否属于劳动争议、申请人是否适格、申请对方是否明确、调解请求和事实根据是否明确。经审查认为符合受理条件的，予以受理，并通知双方当事人；对不受理的，应向申请人说明理由，并告知应向何处申诉。对调解组织无法决定应否受理的案件，由调解委员会主任决定是否受理。

（三）调解前准备

为了保证调解的顺利进行，在调解前还要做好下述准备工作：（1）进一步审查申请书内容，如果发现内容欠缺的，应当及时通知申请人补充。（2）要求对方当事人就申请的实体请求、事实、理由提出意见和证据。（3）指派调解员对注意事项进行全面调查核实，收集有关证据。（4）拟定调解方案和调解建议。（5）告知双方当事人调解时间和地点。（6）调解员的回避。当调解员中有人是劳动争议当事人或者当事人、代理人的近亲属的；有人与劳动争议有利害关系的；或者与争议当事人、代理人有其他关系而可能影响公正调解的；有私自会见当事人、代理人，或者接受当事人、代理人的请客送礼的情形的，当事人有权以口头申请或书面申请其回避。调解组织应及时对申请作出决定，并口头或书面通知当事人，调解员的回避由调解组织主任决定，调解组织主任的回避由调解组织集体研究决定。

（四）实施调解

1. 召开调解会议

调解委员会主任主持召开由争议双方当事人参加的调解会议，有关单位和个人可以参加调解会议协助调解，简单的争议可以由调解委员会指定 1~2 名调解员进行。争议的职工方在 3 人以上并有共同利益申诉理由的，应当推举代表参加调解活动。

调解会议的程序包括：（1）会议主持人宣布会议开始，书记员向主持人报告大会人员情况；（2）主持人宣布调解目的和调解纪律，告知当事人的应有权利和义务，并宣布申请人请求调解的争议事项；（3）申请人宣读申请书或口头陈述申请事由和理由，最后由对方当事人宣读答辩书或口头陈述；（4）主持人宣读与争议有关的法规政策，之后出示相关证据；（5）当事人双方对宣布的事实、证据发表意见；（6）调解委员会依据查明的事实，提出调解建议，征求双方当事人的意见；（7）如果双方当事人均表示接受调解建议，可以在此建议基础上达成调解协议，并依法制作调解协议书，协议书写明争议双方当事人的姓名、职务、争议事项、调解结果及其他应说明的事项，由调解委员会主任和双方当事人签名或盖章，并加盖调解委员会印章，调解协议书一式三份，双方当事人和调解委员会各一份；（8）如果经过调解达不成协议，应如实记录，并在调解意见书上说明理由，由调解委员会主任签名、加盖调解委员会印章，推荐意见书一式三份，双方当事人和调解委员会各一份。

2. 调解期限

调解委员会调解劳动争议，应当从提出申请之日起 15 日内结束，到期未结束的，视为调解不成，当事人可以依法申请仲裁。

（五）调解协议的效力

调解协议书由双方当事人签名或盖章后，经调解员签名并加盖调解委员会印章后生效。调解协议的效力具体表现在：

1. 一般效力

调解协议对双方当事人具有约束力，当事人应当履行，一方在协议约定期限内不履行调解协议的，另一方当事人可以依法申请仲裁。一方在履行调解协议时反悔的，调解委员会无权强制执行或者限制当事人申请仲裁，只能劝说当事人履行。

2. 特殊效力

因为支付拖欠劳动报酬、工伤医疗费、经济补偿或者赔偿金事项达成的调解协议，用人单位在协议约定期限内不履行的，劳动者可以持调解协议书依法向法院申请支付令，法院应当依法发出支付令。

第三节　劳动争议仲裁

一、劳动争议仲裁的含义和特征

（一）劳动争议仲裁的含义

劳动争议仲裁，是指经过劳动争议当事人的申请，由劳动争议仲裁委员会对争议当事人因劳动权利义务等问题产生的争议进行调解或裁决，其生效的调解书或裁决具有国家强制执行力的一种处理劳动争议的方式。仲裁是解决劳动争议的重要手段，也是诉讼前的法定必经程序，目前是法院审理劳动争议案件的前置手段。劳动争议仲裁就其法律属性而言，是一种兼有行政性和准司法性的行为。其行政性具体表现在：劳动行政部门的代表在仲裁机构组成中居于首席地位，仲裁机构的日常办事机构设置在劳动行政部门等。其准司法性具体表现为仲裁机构的组成、职责、权限、组织活动原则和方式等都具有和审判机关类似的特点。比如，它由国家依法设立、具有依法独立行使仲裁权、审理案件时的仲裁庭组成、仲裁员回避、仲裁程序等方式都和诉讼程序相似。

（二）劳动争议仲裁的特征

（1）仲裁机构是一种依法定原则组成的半官方机构，既不是司法机构，也不是民间组织。

（2）仲裁申请可以由任何一方当事人提起，不用双方当事人合意。

（3）仲裁机构在调解不成的情况下，可以作出裁决，仲裁调解和裁决依法生效后具有强制执行的效力。

（4）仲裁调解和裁决除了法定的一裁终局外，都不具有最终解决争议的效力，也不能由仲裁机构强制执行。

二、劳动争议仲裁的机构

（一）劳动争议仲裁委员会

劳动争议仲裁委员会，是指依法设立的，独立处理劳动争议案件的专门机构。

1. 仲裁委员会的设立

设立仲裁委员会的规则为：（1）按照统筹规划、合理布局和适应实际需要的原则设立；（2）省、自治区政府可以决定在市、县设立；直辖市政府可以决定在区、县设立；（3）直辖市、设区的市也可以设立一个或者若干个劳动争议仲裁委员会；（4）劳动争议仲裁委员会不按照行政区划层层设立。各级仲裁委员会相互间不存在行政隶属关系，各自独立仲裁本行政区域内发生的劳动争议案件，并各自向同级政府负责并报告工作。省级劳动行政部门对本行政区域的劳动争议仲裁工作进行指导。

2. 仲裁委员会的人员组成

根据"三方原则"，仲裁委员会由劳动行政部门代表、工会代表和企业方代表组成，主任由劳动行政部门负责人担任；副主任由仲裁委员会委员协商产生。每方代表的具体人数由三方协商确定，委员的确认或更换，需报同级政府批准。每方代表人数相等而且仲裁委员会组成人员总数必须是单数。

3. 仲裁委员会的职责

其职责主要包括：（1）聘任、解聘专职或者兼职仲裁员；（2）受理劳动争议案件；（3）讨论重大或者疑难的劳动争议案件；（4）对仲裁活动进行监督；（5）总结交流办案经验。

（二）仲裁委员会办事机构

劳动行政部门是劳动争议仲裁委员会进行劳动争议调解、仲裁业务活动的办事机构，负责办理其日常事务，通常也称为仲裁办公室。仲裁办公室具有双重身份和职能，它既是仲裁委员会的办事机构，也是劳动保障行政部门的职能机构。作为劳动争议仲裁委员会的办事机构，它在劳动争议仲裁委员会的领导下，处理劳动争议案件的日常工作；根据劳动争议仲裁委员会的授权负责管理仲裁员，组成仲裁庭、管理政策委员会的文书、档案、印鉴；负责劳动争议及其处理方面的法律、法规和政策咨询；向劳动争议仲裁委员会汇报、请示工作；办理劳动争议仲裁委员会授权或交办的其他事项。作为劳动者行政部门的职能机构，它主要是组织劳动争议处理的理论研究、政策法规研究；制定和完善劳动争议处理的有关制度；监督检查用人单位执行劳动法规和政策的情况，及时纠正违法行为；做好劳动法规和政策的宣传教育工作等。

（三）仲裁庭

仲裁庭是劳动争议仲裁委员会处理劳动争议案件的基本组织形式。劳动争议仲裁委员会裁决劳动争议案件实行仲裁庭制度，按照"一案一庭"的原则组成仲裁庭，受理劳动争议案件。

1. 仲裁庭的组织形式

仲裁庭的组织形式可以分为独任制和合议制两种。独任制，是指由仲裁委员会指定一名仲裁员独任审理仲裁，适用于事实清楚、案情简单、法律适用明确的劳动争议案件。合议制，是指由劳动争议仲裁委员会指定三名或三名以上单数的仲裁员共同审理争议仲裁，其中任命一名首席仲裁员，首席仲裁员由仲裁委员会负责人或其授权的办事机构负责人指定，其他仲裁员由仲裁委员会授权其办事机构负责人指定或由当事人双方依法各选一名。合议庭适用于复杂的或涉及职工人数较多的劳动争议案件的审理。

2. 仲裁规则

仲裁庭在劳动争议仲裁委员会的领导下依法处理劳动争议。仲裁庭对重大或疑难案件，可以提交劳动争议仲裁委员会讨论决定；劳动争议仲裁委员会的决定，仲裁庭必须执行；仲裁庭处理劳动争议结案时，应报劳动争议仲裁委员会主任审批；主任认为有必要时，也可以提交劳动争议仲裁委员会审批。仲裁庭制作的仲裁调解书或裁决书，由仲裁员署名，加盖劳动争议仲裁委员会印章，以仲裁委员会的名义送达双方当事人。

（四）仲裁员

仲裁员，是指由劳动争议仲裁委员会依法聘任的，可以成为仲裁庭组成人员。处理劳动争议的工作人员，分为专职仲裁员和兼职仲裁员。专职仲裁员是指从劳动行政部门专职从事劳动争议处理工作的人员中聘任的仲裁员，并且具有仲裁员资格；兼职仲裁员是指从劳动行政部门非专职从事劳动争议处理的人员、政府其他有关部门的人员、工会、专家、学者、律师中聘任，并且具有仲裁员资格。专职仲裁员和兼职仲裁员在执行公务时，享有同等权利；但兼职仲裁员从事仲裁活动时应当征得其所在单位同意。

1. 仲裁员的任职资格

仲裁员应当公道正派并符合下列条件之一：（1）曾任审判员的；（2）从事法律研究、教学工作并具有中级以上职称的；（3）具有法律知识、从事人力资源管理或者工会等专业工作满5年的；（4）律师执业满3年的。经省级以上劳动行政部门考核认定，具备以上条件的，才赋予仲裁员资格。劳动争议仲裁委员会应当设仲裁员名册，仲裁员在同一时间内只能被一个仲裁委员会聘任，每次聘期为3年。

2. 仲裁员的法定职责

其主要职责有：（1）接受政策委员会办事机构交办的劳动争议案件，参加仲裁庭；（2）进行调查取证，有权以调阅文件或档案、询问证人、现场勘查、技术鉴定等方式向当事人及有关单位、人员进行调查；（3）根据有关法规和政策提出处理方案;(4)对争议当事人双方进行调解工作,促使达成调解协议;(5)审查申诉人的撤诉申请;(6)参加仲裁庭合议,对案件提出裁决意见;(7)及时做好调解、仲裁的文书工作和案卷的整理归档工作;(8)对案件涉及的秘密和个人隐私应保密。

仲裁员私自会见当事人、代理人,或者接受当事人、代理人的请客送礼的,或者有索贿受贿、徇私舞弊、枉法裁决行为的,应当依法承担法律责任,仲裁委员会应将其解聘。

三、劳动争议仲裁委员会的受案范围和管辖

(一)劳动争议仲裁委员会的受案范围

可以申请仲裁的劳动争议有三种情况:(1)发生争议后,当事人不愿协商或协商不成的;(2)发生争议后,不愿调解或经调解不成的;(3)发生争议后,达成了调解协议后不履行的;(4)发生争议后直接向仲裁委员会申请仲裁的。

根据《劳动争议调解仲裁法》规定,劳动争议仲裁委员会受理的劳动争议包括:(1)因确认劳动关系发生的争议;(2)因订立、履行、变更、解除和终止劳动合同发生的争议;(3)因除名、辞退和辞职、离职发生的争议;(4)因工作时间、休息休假、社会保险、福利、培训以及劳动保护发生的争议;(5)因劳动报酬、工伤医疗费、经济补偿或者赔偿金等发生的争议;(6)法律、法规规定的其他劳动争议。

(二)劳动争议仲裁委员会的管辖

劳动争议仲裁管辖,是指各级仲裁委员会之间、同级仲裁委员会之间,受理劳动争议案件的分工和权限。可以明确当事人应在哪一个仲裁委员会申请仲裁,也为各个仲裁委员会审理案件作了内部分工。仲裁管辖实行以地域管辖为主,级别管辖为辅的原则。

1. 地域管辖

地域管辖即在同级仲裁委员会之间,劳动争议案件的管辖划分,一般依照劳动争议发生地的行政区域来确定,仲裁委员会负责本区域内发生的劳动争议案件。但有些特殊情形,比如双方当事人分别向劳动合同履行地和用人单位所在地的仲裁委员会申请仲裁的,由劳动合同履行地的仲裁委员会管辖;发生劳动争议的用人单位与劳动者不在同一个仲裁委员会管辖范围内的,由劳动者工资所在地的仲裁委员会管辖。

2. 级别管辖

即各级仲裁委员会受理劳动争议案件的特定范围,它主要根据案件的性

质、影响范围和繁简程度确定。通常情况下，省级仲裁委员会和设区的市仲裁委员会，负责处理外商投资企业发生的劳动争议案件和在全省、全市有重大影响的劳动争议案件。

3. 移送管辖

即仲裁委员会将已受理的自己无管辖权或不便于管辖的劳动争议案件，依法移送给有管辖权和便于审理此案的仲裁委员会受理。受移送的仲裁委员会对接受的移送案件不得自行再移送，如果认为自己对接受的移送案件确无管辖权的，可以报告劳动行政部门决定是否由它管辖。

4. 指定管辖

即劳动行政部门依法将因管辖权发生争议的劳动争议案件决定由某仲裁委员会管辖。仲裁委员会之间因管辖权发生争议，由双方协商解决，协商不成时，由共同的上级劳动行政部门指定管辖。

四、劳动争议仲裁时效

劳动争议仲裁时效，又称仲裁时效，是指劳动者和用人单位在法定期限内不向劳动争议仲裁机构申请仲裁，而丧失请求劳动争议仲裁机构保护其权利实现的权利的制度。

（一）仲裁时效的起点和期间

仲裁时效期间，也就是劳动争议申请仲裁的时效期间为1年，仲裁时效期间从当事人知道或者应当知道其权利被侵害之日起计算。劳动关系存续期间因为拖欠劳动报酬而发生争议的，劳动者申请仲裁不会受到此时效期间的限制；但是，劳动关系终止的，应当自劳动关系终止之日起1年内提出。

（二）仲裁时效期间的中断、中止

《劳动争议调解仲裁法》第27条第2款规定："前款规定的仲裁时效，因当事人一方向对方当事人主张权利，或者向有关部门请求权利救济，或者对方当事人同意履行义务而中断。从中断时起，仲裁时效期间重新计算。"《劳动人事争议仲裁办案规则》第10条规定："在争议申请仲裁的时效期间内，有下列情形之一的，仲裁时效中断；从中断时起，仲裁时效期间重新计算：（1）一方当事人通过协商、申请调解等方式向对方当事人主张权利的；（2）一方当事人通过向有关部门投诉，向仲裁委员会申请仲裁，向人民法院起诉或者申请支付令等方式请求权利救济的；（3）对方当事人同意履行义务的。"

《劳动争议仲裁调解法》第27条第3款规定："因不可抗力或者有其他正当理由，当事人不能在本条第1款规定的仲裁时效期间申请仲裁的，仲裁时效中止。从中止时效的原因消除之日起，仲裁时效期间继续计算。"《劳动人事争议仲裁办案规则》第11条规定："因不可抗力，或者有无民事行为能力或者限制民事行为能力劳动者的法定代理人未确定等其他正当理由，当事人不能在规定的仲裁时效期间申请仲裁的，仲裁时效中止。从中止时效的原因消除之日起，仲裁时效期间继续计算。"

(三) 仲裁时效期间届满后的法律效力

当事人未向仲裁委员会提出要求仲裁的书面请求，一旦仲裁时效期间已经届满而且也不存在引起仲裁时效中止、中断和延长的法定事由；或者仲裁时效期间在依法中止、中断和延长后届满的，对于当事人提出的超过仲裁时效的仲裁申请，仲裁委员会可以作出不予受理的书面决定，当事人不服而依法向法院起诉的，法院应当受理；对于确实已超过仲裁时效期间的，法院依法驳回诉讼请求。

可见，在仲裁阶段，因时效届满而仲裁委员会不予受理的，消灭的是程序意义上的诉权（仲裁申请权），同时也意味着仲裁阶段的胜诉权的消灭，既没有减少当事人获得法律救济的机会，也便于当事人尽快向法院起诉。这不同于诉讼时效届满的法律后果，在诉讼阶段，因时效届满而消灭的则是当事人实体意义上的诉权。

【案例 8-2】

原告陆某于 2005 年 2 月进入某外商投资企业工作。2005 年 2 月至 2008 年 5 月期间，企业按照农村养老保险费的缴费标准为陆某缴纳了相应的社会保险费。2008 年 5 月，陆某离职。陆某得知原企业正在为在职职工按照城镇社会保险费缴费标准补缴若干年前的社保费。陆某便要求原企业也为他按城镇社会保险费缴费标准补缴 2005 年 2 月至 2008 年 5 月的社会保险费，但企业以陆某已离职为由不同意补缴。

2010 年 8 月，陆某向劳动争议仲裁委员会申请仲裁，要求企业补缴社会保险费。仲裁委员会以陆某请求已超过仲裁申请时效为由不予受理。陆某不服，诉至法院。

点评：法院审理后认为，用人单位未依法履行缴纳社会保险费的义务，劳动者一方应在劳动关系存续期间或劳动关系解除、终止后 1 年内申请劳动仲裁。在被告按照农村养老保险费的缴费标准为原告缴纳相应的社会保险费时，原告即已知晓当时的缴费标准，劳动争议因此发生，原告则应当在法律规定的争议发生之日起 1 年内申请仲裁，积极主张自己的权利。但是，直至其离职，原告也从未向被告提出过要求按照当地城镇职工养老保险费的缴费标准补缴相应的社会保险费。现原告陆某于2010年8月才向被告主张要求补缴并申请仲裁，明显已超过法律规定的仲裁申请时限，已丧失实体上的胜诉权。因此法院判决驳回陆某的诉讼请求。

五、劳动争议仲裁的参加人

劳动争议仲裁的参加人包括：（1）劳动争议当事人。即发生劳动争议的劳动者和用人单位，劳务派遣单位或者用工单位与劳动者发生劳动争议的，以劳务派遣单位和用工单位为共同当事人。（2）代表人。用人单位由其法定代表人或主要负责人参加仲裁活动；劳动者方代表为10人以上并有共同理由的，应当推举3~5名代表参加仲裁活动，代表人数由仲裁委员会确定。（3）代理人。当事人可以委托代理人参加仲裁活动，当事人要委托他人参加仲裁活动的，应当向仲裁委员会提交由委托人签名或盖章的委托书，其中要写明委托事项和权限。丧失或部分丧失民事行为能力的劳动者，由其法定代理人代为参加仲裁活动；无法定代理人的，由仲裁委员会为其指定代理人。劳动者死亡的，由其近亲属或者代理人参加仲裁活动。（4）第三人。与劳动争议案件的处理结果有利害关系的第三人，可以申请参加或者由仲裁委员会通知其参加仲裁活动。

六、劳动争议仲裁程序

（一）提出仲裁申请

劳动争议当事人向仲裁委员会申请仲裁，应当在仲裁时效期间内，向有管辖权的仲裁委员会提出书面仲裁申请，并按照被申请人人数提交副本。

仲裁申请书应当载明下列事项：（1）劳动者的姓名、性别、年龄、职业、工作单位和住所，用人单位的名称、住所和法定代表人或者主要负责人的姓名、职务；（2）仲裁请求和所根据的事实、理由；（3）证据和证据来源、证人姓名和住所。书面仲裁申请确有困难的，可以口头申请，由劳动争议仲裁委员会记入笔录，并告知对方当事人，经申请人签名或者盖章确认。申请劳动争议仲裁一律免费。劳动争议仲裁委员会的经费由财政予以保障。申请人的书面仲裁申请材料齐备的，仲裁委员会应当出具收件回执。

对于仲裁申请书不规范或者材料不齐备的，仲裁委员会应当当场或者在5日内一并告知申请人需要补正的全部材料。申请人按要求补正全部材料的，仲裁委员会应当出具收件回执。

《劳动人事争议仲裁办案规则》第33条规定，"仲裁委员会在申请人申请仲裁时，可以引导当事人通过协商、调解等方式解决争议，给予必要的法律释明及风险提示"。可见，通过仲裁委员会的引导，能最大化地减少劳动争议双方之间的矛盾。

（二）受理

仲裁委员会办事机构接到仲裁申请后应依法审查，审查内容包括：申请人是否与本案有直接利害关系、申请仲裁的争议是否属于劳动争议、是否属于仲裁委员会受理内容、是否属于本仲裁委员会管辖、申请材料是否齐备并符合要求、是否超过了仲裁时效期间。

仲裁委员会办事机构收到仲裁申请之日起5日内，认为符合受理条件的，应当受理，并通知申请人；认为不符合受理条件的，应书面通知申请人不予受理并说明理由。对仲裁委员会不予受理或者逾期未作出决定的，申请人可以就该劳动争议事项向法院提起诉讼。

仲裁委员会受理后，应当在5日内将仲裁申请书副本送达被申请人，被申请人收到仲裁申请书副本后，应当在10日内向仲裁委员会提交答辩书，由仲裁委员会在收到后5日内将答辩书副本送达申请人，被申请人未提交答辩书的，不影响仲裁程序的进行。被申请人可以在答辩期间提出反申请，仲裁委员会应当自收到被申请人反申请之日起5日内决定是否受理并通知被申请人。决定受理的，仲裁委员会可以将反申请和申请合并处理。该反申请如果是应当另行申请仲裁的争议，仲裁委员会应当书面告知被申请人另行申请仲裁；该反申请如果是不属于应当受理的争议，仲裁委员会应当向被申请人出具不予受理通知书。

（三）仲裁准备

仲裁委员会决定受理的案件，应当在收到仲裁申请之日起5日内依法组成仲裁庭，并将仲裁庭的组成情况书面通知当事人。仲裁庭由三名仲裁员组成，设首席仲裁员。简单劳动争议案件可以由一名仲裁员独任仲裁。

仲裁员有下列情形之一的，应当回避，当事人也有权以口头或者书面方式提出回避申请：（1）是本案当事人或者当事人、代理人的近亲属的；（2）与本案有利害关系的；（3）与本案当事人、代理人有其他关系，可能影响公正裁决的；（4）私自会见当事人、代理人，或者接受当事人、代理人的请客送礼的。仲裁委员会对回避申请应及时作出决定，仲裁委员会主任的回避由仲裁委员会决定，其他人员则由仲裁委员会主任决定，并以口头或书面方式通知当事人。

仲裁庭成员应认真审阅申请、答辩材料，调查、收集证据，查明事实，拟定处理方案。仲裁庭应当在开庭5日前，将开庭日期、地点书面通知双方当事人，当事人有正当理由的，可以在开庭前3日前请求延期开庭。是否延期，由仲裁委员会决定。

（四）开庭

仲裁公开进行，但当事人协议不公开进行或者涉及国家秘密、商业秘密和个人隐私的除外。申请人收到书面通知，无正当理由拒不到庭或者未经仲裁庭同意中途退庭的，可以按撤回仲裁申请处理，申请人重新申请仲裁的，仲裁委员会不予受理。被申请人收到书面通知，无正当理由拒不到庭或者未经仲裁庭同意中途退庭的，对被申请人可以缺席裁决。《劳动人事争议仲裁办案规则》第26条规定，"仲裁委员会应当建立案卷查阅制度。对不需要保密的内容，应当允许当事人及其代理人查阅、复印"，这增加了劳动争议仲裁办案工作的透明度，有利于规范仲裁机构的行为。

《劳动争议调解仲裁法》第37条规定："仲裁庭对专门性问题认为需要鉴定的，可以交由当事人约定的鉴定机构鉴定；当事人没有约定或者无法达成约定的，由仲裁庭指定的鉴定机构鉴定。根据当事人的请求或者仲裁庭的要求，鉴定机构应当派鉴定人参加开庭。当事人经仲裁庭许可，可以向鉴定人提问。"第38条规定："当事人在仲裁过程中有权进行质证和辩论。质证和辩论结束时，首席仲裁员或者独任仲裁员应当征询当事人的最后意见。"第39条规定："当事人提供的证据经查证属实的，仲裁庭应当将其作为认定事实的根据"。

质证和辩论之后，终结时首席仲裁员或者独任仲裁员应当征询当事人的最后意见，当事人提供的证据经查证属实的，仲裁庭应当将其作为认定事实的根据；仲裁庭应当将开庭情况记入笔录，笔录由仲裁员、记录人员、当事人和其他仲裁参加人签名或者盖章。

当事人申请仲裁后，可以自行和解，达成和解协议的，可以撤回仲裁申请。仲裁庭在作出仲裁裁决前，应当先行调解，即在查明事实的基础上促使双方当事人自愿达成协议。经调解达成协议的，仲裁庭应当根据协议内容制作仲裁调解书，调解书应写明仲裁请求和当事人协议的结果，由仲裁员签名并加盖仲裁委员会印章，送达双方当事人，调解书经双方当事人签收后，仲裁调解书自送达当事人之日起生效。

仲裁庭裁决劳动争议案件，实行少数服从多数的原则，不同意见必须如实记入笔录，仲裁庭不能形成多数意见时，裁决应当按照首席仲裁员的意见作出。仲裁庭作出裁决时，对案件中一部分事实已经清楚的，可以就该部分先行裁决。仲裁庭对追索劳动报酬、工伤医疗费、经济补偿或者赔偿金的案件，当事人之间权利义务关系明确并且不先予执行将严重影响申请人的生活的,根据当事人的申请,可以裁决先予执行,移送人民法院执行。劳动者提出先予执行申请的,可以不提供担保。

仲裁庭作出裁决后应制作裁决书,裁决书应当载明仲裁请求、争议事实、裁决理由、裁决结果和裁决日期,由仲裁员签名并加盖仲裁委员会印章。对裁决持不同意见的仲裁员,可以签名,也可以不签名。当庭裁决要在7日内发送裁决书,定期另庭裁决的要当庭发给裁决书。

仲裁庭应当自仲裁委员会受理仲裁申请之日起45日内结案,对于案情复杂需要延期的,经仲裁委员会主任批准,可以延期并书面通知当事人,但延长期限不得超过15日。逾期未作出仲裁裁决的,当事人可以就该劳动争议事项向法院起诉。

【案例8-3】

郭小姐2008年5月份到某开发商处从事售楼员工作,双方口头约定按销售额的2‰支付"提成"。但开发商始终未向郭小姐支付提成款。截至2009年1月份,该开发商已累计欠郭小姐提成款5万余元,郭小姐多次催要无果后,申请劳动仲裁,要求该开发商支付提成款5万余元。由于郭小姐拿不出双方关于"提成"约定的任何有效证据,劳动仲裁委最终驳回了郭小姐的申请。

点评:根据"谁主张,谁举证"的原则,申诉人负有举证责任。因申诉人不能提供有效证据,所以仲裁委员会驳回其请求。

(五)仲裁裁决的效力

1. 终局裁决

终局裁决的适用范围为:(1)追索劳动报酬、工伤医疗费、经济补偿或者赔偿金,不超过当地月最低工资标准12个月金额的争议;(2)因执行国家的劳动标准在工作时间、休息休假、社会保险等方面发生的争议。以上的劳动争议申请,在作出裁决后,劳动者未因不服裁决而依法起诉,并且用人单位未依法申请撤销裁决的,裁决书自作出之日起发生法律效力。

终局裁决不发生法律效力的表现,主要有以下两类:(1)劳动者对仲裁裁决不服,可以自收到仲裁裁决书之日起15日内向法院提起诉讼;(2)用人单位有证据证明仲裁裁决适用法律、法规确有错误的;或者仲裁委员会无管辖权的;或者违反法定程序的;或者据以裁决的证据是伪造的;或者对方当事人隐瞒了足以影响公正裁决的证据的;或者仲裁员在仲裁该案时有索贿受贿、徇私舞弊、枉法裁决行为的，可以自收到仲裁裁决书之日起30日内向仲裁委员会所在地的中级法院申请撤销仲裁裁决。法院经组成合议庭审查核实后应当裁定撤销，仲裁裁决被法院裁定撤销的，当事人可以自收到裁定书之日起15日内就该劳动争议向法院提起诉讼。

2. 其他裁决

当事人对于其他的劳动争议案件的仲裁裁决不服的，可以自收到仲裁裁决书之日起15日内向法院提起诉讼；期满不起诉的，裁决书发生法律效力。

生效的仲裁调解书和裁决书，当事人必须执行；一方当事人不执行的，另一方当事人可以申请人民法院强制执行，受理申请的法院应当依法执行。

【案例8-4】

小李未满14岁，在一家饮料厂上班，每月工资1000元。一天在工作时，小李不小心被机器设备砸伤左手臂造成骨折。事后，小李家人找到单位负责人要求单位进行工伤赔偿，被单位拒绝，单位认为小李不是场内的工作人员，是自己违反厂里规定擅自进入场内走动，是由于他个人不遵守工厂规定才受伤的，单位没有责任，不需要承担任何赔偿。可是小李的父母却认为，既然是在工作时间受的伤，单位就有责任进行赔偿。因此小李直接到法院起诉，申请工伤赔偿。这种情况小李能够获得工伤赔偿吗？

点评：是否能获得工伤赔偿需要进行工伤认定，而童工不是劳动关系的主体，不能进行工伤认定。不过小李的这种情况还是可以得到赔偿的。《劳动合同法》规定了非法用工给劳动者造成损害的，应当承担赔偿责任的相关内容。根据《禁止使用童工规定》第10条规定："童工患病或者受伤的，用人单位应当负责送到医疗机构治疗，并负担治疗期间的全部医疗和生活费用。童工伤残或者死亡的，用人单位由工商行政管理部门吊销营业执照或者由民政部门撤销民办非企业单位登记；用人单位是国家机关、事业单位的，由有关单位依法对直接负责的主管人员和其他直接责任人员给予降级或者撤职的行政处分或者纪律处分；用人单位还应当一次性地对伤残的童工、死亡童工的直系亲属给予赔偿，赔偿金额按照国家工伤保险的有关规定计算。"所以小李在出事后可以首先到有关部门确定是否构成了伤残，如果构成伤残则应与单位协调，由单位按照工伤保险有关规定进行赔偿，若因赔偿发生争议还可以申请劳动仲裁。

对这种情况，可以提出两条建议：一是按照国务院《禁止使用童工规定》，以赔偿金额争议为由提请劳动仲裁，由劳动争议仲裁委员会作出裁决；二是按照《劳动法》，直接到法院起诉，申请工伤赔偿。但更为适合小李的还是第一条建议,即申请劳动仲裁。如果仲裁结果出来,厂方不上诉,便可直接执行,这样既节省时间,还省掉了诉讼费用。

第四节 劳动争议诉讼

一、劳动争议诉讼的含义和特征

(一)劳动争议诉讼的含义

劳动争议的诉讼,是指劳动争议当事人不服劳动争议仲裁委员会的裁决,在法定期限内向法院起诉,法院在受理后,依法对劳动争议案件进行审理的活动。在我国,劳动诉讼是法院以民事诉讼的方式来审理和解决劳动争议案件,实体上适用劳动法,程序上适用民事诉讼法。

(二)劳动争议诉讼的特征

劳动争议诉讼和其他非诉讼手段相比,有以下特点:(1)诉讼以国家强制力为解决争议的后盾。协商体现的是争议主体本身的意志,调解和仲裁主要依靠主持调解或仲裁的人员的影响,它们都不是依靠国家强制力来解决争议。而诉讼的强制力不仅体现在应当事人的申请,而且法院还会采取若干强制手段。(2)诉讼是劳动仲裁后的重新处理方式,而仲裁是诉讼前的必经处理方式。法院对劳动争议的审判权高于仲裁委员会的仲裁权,具体体现在:仲裁以当事人撤诉或达成调解协议而结案时,当事人无权起诉;仲裁以裁决结案时,当事人不服裁决,有权在收到裁决书之日起15日内起诉;仲裁委员会以超过仲裁时效等为理由决定不予受理的,当事人也有权自收到不予受理的书面裁决之日起15日内起诉。(3)诉讼可以保障其他手段的法律效力。当事人不执行生效的仲裁调解书或者裁决书时,仲裁委员会无权强制执行,只能由另一方当事人向法院提出强制执行的申请。

【案例8-5】劳动者要善于通过合法途径维权

张女士在2002年到某私营企业从事房地产售后服务工作,2004年底因为业主把存折交由张女士保管,并委托她在楼宇质量问题解决后,告知业主交款。第二天,业主从张女士手中取回存折。2005年12月底,该私营企业以张女士在负责催收业主购房欠款时,不把公司利益放在首位,擅自把巨额欠款退还给业主,导致公司无法将欠款追回,造成巨大经济损失为由,对张女士作出了开除处理,并追究给私营企业造成的经济损失的赔偿责任,同时也扣发了张女士的部分工资。张女士不服,就于2006年1月提起劳动争议仲裁,劳动仲裁裁决认定了私营企业对张女士的开除处理决定并无不妥,驳回了其要求经济补偿金的请求,只支持了张女士对没有领回的工资和要求补交社会保险的请求。张女士不服,起诉到法院要求讨回公道。法院认为私营企业对张女士的开除处理违法了劳动法,支持了原告要求经济补偿金的请求。

点评: 当前,我国劳动争议案件呈大幅上升趋势,绝大部分是用人单位损害劳动者的合法权益。前述案例中张女士之所以最后维权成功,在于她通过合法途径主张了自己的权利。劳动者在维权过程中要注意以下事项:

首先,劳动者应当在规定的时效内向有管辖权的主体主张权利。根据我国现行立法规定,申请劳动争议仲裁的,应当自当事人知道或应当知道其权利被侵害之日起1年内向劳动争议仲裁委员会申请仲裁;对劳动争议仲裁裁决不服,提起诉讼的,应当自收到仲裁裁决书之日起15日内,向人民法院提起诉讼;劳动者如果受工伤或患职业病,用人单位应当自事故伤害发生之日或被诊断、鉴定为职业病之日起30日内向劳动保障行政部门提出工伤认定申请。用人单位在上述期限内未提出工伤认定申请的,受害职工或其直系亲属、工会组织可自事故发生之日或被诊断为职业病之日起1年内直接提出工伤认定申请。

其次,劳动者要善于保存能证明与用人单位建立劳动关系的证据。这些证据中最直接的证据就是与用人单位签订的劳动合同。《劳动合同法》第7条规定:"用人单位自用工之日起即与劳动者建立劳动关系。"劳动者自进入到用人单位开始工作即与用人单位建立了劳动关系。如果用人单位没有签订劳动合同,劳动者在进入用人单位工作后,要妥善保管好配发的工作服、工作证、胸卡、考勤记录、开会通知、工资单或工资卡以及报销凭据等能证明双方存在劳动关系的证据。一旦发生劳动纠纷,这些都能成为法庭上制胜的武器。

二、受案范围

(一) 一般范围

法院受理劳动争议案件的一般范围是指《劳动争议调解仲裁法》第2条规定的劳动争议类型。

（二）特殊情形

特殊情形包括：（1）仲裁委员会以当事人的申请仲裁事项不属于劳动争议为由，作出不予受理的书面裁决，当事人不服，依法向法院起诉的，法院应当受理；虽然不属于劳动争议案件，但属于法院主管的其他案件，应当依法受理；（2）仲裁委员会以当事人的仲裁申请超过仲裁时效期间为由，作出不予受理的书面裁决，当事人不服，依法向法院起诉的，法院应当受理；（3）仲裁委员会以申请仲裁的主体不适格为由，作出不予受理的书面裁决，当事人不服，依法向法院起诉的，经审查，确属主体不适格的，裁定不予受理或驳回起诉；（4）仲裁委员会为纠正原仲裁裁决错误而重新作出裁决，当事人不服，依法向法院起诉的，法院应当受理；（5）仲裁委员会仲裁的事项不属于法院受理的案件范围，当事人不服，依法向法院起诉的，法院裁定不予受理或者驳回起诉。①

三、诉讼管辖

诉讼管辖，是指划分各级法院或同级法院受理第一审劳动争议案件的职权划分，以明确它们相互之间审理案件的具体分工的制度。劳动争议案件由用人单位所在地或者劳动合同履行地的基层人民法院管辖。劳动合同履行地不明确的，由用人单位所在地的基层人民法院管辖。当事人双方就同一仲裁裁决分别向有管辖权的法院起诉的，由先受理的法院管辖，后受理的法院应当将案件移送给先受理的法院。对于案情比较简单、影响不大的劳动争议案件，一般由基层法院作一审；对于案情复杂、影响很大的劳动争议案件，基层法院审理有困难的，可以由中级法院作一审。劳动争议诉讼的其他管辖权划分，遵循《民事诉讼法》的管辖规定。

四、劳动争议案件中的诉讼主体

不服仲裁裁决的劳动者或用人单位，只能以仲裁阶段中的对方当事人为被告人向法院起诉，如果当事人双方不服仲裁委员会作出的同一仲裁裁决，都向同一法院起诉的，先起诉的一方当事人为原告，对于双方的诉讼请求，法院应一并作出裁决。

用人单位与其他单位合并的，合并前发生的劳动争议，由合并后的单位为诉讼主体；用人单位分立为若干单位的，其分立前发生的劳动争议，由分立后的实际用人单位为诉讼主体；用人单位分立为若干单位后，对承受其劳动权利义务的地位不明确的，分立后的单位均为诉讼主体；用人单位招用尚

---

① 王全兴. 劳动法. 北京：法律出版社，2009：451.

未解除劳动合同的劳动者，原用人单位与劳动者发生的劳动争议，可以列新的用人单位为第三人；原用人单位以新的用人单位侵权为由向法院起诉的，可以列劳动者为第三人；原用人单位以新的用人单位和劳动者共同侵权为由向法院起诉的，新的用人单位和劳动者列为共同被告。

五、劳动争议案件中举证责任的分配

（一）一般规则：谁主张，谁举证

劳动争议案件从现行立法中的举证责任分配来看，是以"谁主张，谁举证"为原则，即《劳动争议调解仲裁法》第6条中所规定的，"发生劳动争议，当事人对自己提出的主张，有责任提供证据"。

（二）用人单位的举证责任

劳动者和用人单位基于地位上的不平等性，还有若干例外规定是由用人单位承担的，具体体现在：（1）因用人单位作出的开除、除名、辞退、解除劳动合同、减少劳动报酬、计算劳动者工作年限等决定而发生的劳动争议，用人单位负举证责任；（2）职工或其直系亲属认为是工伤而用人单位不认为是工伤的，由用人单位负举证责任，用人单位拒不举证的，劳动保障部门可以根据受伤职工提供的证据依法作出工伤认定结论；（3）在劳动者患有职业病所致的劳动争议中，用人单位对其无职业病危害因素和劳动者患病不是其职业病危害因素所致的主张负有举证责任；（4）在工资拖欠案件中，对用人单位未付工资的事实由用人单位负举证责任；（5）属于劳动者无法提供的，由用人单位掌握管理的与劳动争议事项有关的证据，用人单位负举证责任。

六、法院对劳动争议仲裁的监督

当事人申请人民法院执行劳动争议仲裁委员会作出的生效的仲裁调解书、裁决书的，被申请人提出证据证明劳动争议仲裁调解书、裁决书有下列情形之一的，并经审查核实的，法院可以依法裁定不予执行：（1）裁决的事项不属于劳动争议仲裁范围的，或者劳动争议仲裁机构无权仲裁的；（2）适用法律确有错误的；（3）仲裁员仲裁该案时，有徇私舞弊、枉法裁决行为的；（4）人民法院认定执行该劳动争议仲裁裁决违背社会公共利益的。法院在不予执行的裁定书中，应当告知当事人在收到裁定书之次日起30日内，可以就该劳动争议事项向人民法院起诉。

【案例8-6】

张小姐原在一家法国公司任职配餐部经理,由于工作需要企业将其调整到销售部任销售主管。后企业以张小姐销售业绩低为由将其降职降薪,职位由销售主管降至销售代表,工资由3000元降至750元。张小姐对降职降薪结果不能接受,要求企业恢复原职,后与企业领导发生争执,企业以张小姐"顶撞领导、销售业绩差考核不合格"为由将其辞退。张小姐经与单位协商提出要求企业给予3个月的经济补偿金,企业予以拒绝,后在北京亦庄经济技术开发区劳动仲裁提出申诉,经开发区劳动仲裁审理后一审裁决:企业与张小姐解除劳动合同成立,同时支付张小姐3个月的最低生活补助。

张小姐对劳动仲裁裁决结果不服,向北京市第二中级人民法院提出上诉,请求法院依法裁决企业支付3个月经济补偿金,经法院调查企业未提供相关的培训证据,同时企业的员工手册中"顶撞领导"条款不能明确认定,故裁决企业解除张小姐的劳动合同不成立,鉴于张小姐已经不再适合返回企业继续工作,判决企业支付张小姐3个月的经济补偿金。

企业在接到北京市中级人民法院的裁决书后又不服,认为企业对员工的考核不合格予以解除劳动合同的做法是正确的、合理的,又上诉到北京市高级人民法院,进行上诉。后经过北京市高级人民法院调查审理,认为企业规章制度不健全,未与员工进行明示,终审判决维持二中院原判。

点评:此案中企业之所以败诉在于:(1)企业的管理制度不合理;(2)企业的管理制度未向劳动者公示;(3)劳动合同变更未与双方协商一致。

根据我国现行立法规定,一个合法有效的规章制度必须符合以下三点:(1)规章制度必须通过民主程序制定;(2)规章制度不能违反国家法律、行政法规及政策规定;(3)规章制度必须向劳动者公示。

案例中公司的员工手册虽然有发放给张小姐,但是企业却不能举证有相应的培训记录;在转岗做销售主管,企业又主张对其进行了销售知识和技巧等培训,但是无法拿出相关的培训档案及培训记录,所以导致了公司的相关制度不能作为有效的公示的证明。公司的规章制度是公司的"法",有"法"可依是公司有效管理的关键,同时公司的管理制度、员工手册、绩效考核制度等是否有给员工进行培训,是否有相应的培训档案,是否有员工的签字等,都必须做到完善。

本案中张小姐的遭遇,实际上还反映了另外一个重要问题:劳动合同变更的问题。劳动合同的变更是指双方当事人经协商一致对原订劳动合同的部分条款修改、补充、废止的行为。变更劳动合同的行为,必须满足两项要件才能有效:第一,应当经双方当事人协商一致,协商不一致的,劳动合同应当继续履行；第二，采用书面形式变更。显然，本案张小姐所在单位单方面强行变更其工作岗位的做法不符合劳动合同变更的法定程序，因而得不到法院的支持。

第五节　集体合同争议处理

一、集体合同争议的含义

集体合同争议，是指集体合同当事人双方在集体合同运行过程中发生的关于设定和实现集体劳动权利义务的争议。集体合同争议涉及面广，往往影响社会安定和经济发展，在各国的立法和法理中，它一般分为利益争议和权利争议两种，前者即因签订或变更集体合同发生的争议，是在签订或变更集体合同过程中当事人双方就如何确定合同条款所发生的争议，其标的是在合同中如何设定尚未确定的劳动者利益，往往表现为集体谈判出现僵局和破绽时，尤其突出的表现为罢工、闭厂等激烈形式。后者即因履行集体合同发生的争议，是在履行集体合同过程中当事人双方就如何将合同条款付诸实现所发生的争议，其标的是实现合同中已经设定并且表现为权利义务的劳动者利益，往往由解释合同条款有分歧和违法所引起。

二、集体合同争议处理方式的分类

（一）约定方式和法定方式

按照是否在集体合同中约定争议的处理方式，可以划分为约定方式和法定方式两种。前者是集体合同中所约定的争议处理方式，许多国家都在立法中明确要求在集体合同中必须具有争议处理条款。后者是法律上规定的处理集体合同争议应当采用的方式，凡是有集体合同立法的国家，都规定了这样处理的法定方式。

（二）利益争议的处理方式和权利争议的处理方式

根据集体合同争议发生的原因不同，可以划分为利益争议的处理方式和权利争议的处理方式。前者是基于签订或变更集体合同所发生的争议的处理方式，一般不能通过诉讼程序来处理，而是由政府有关部门和机构来解决，比如我国因为签订集体合同发生争议的，当事人协商解决不成的，当地劳动行政部门可以组织有关各方协调处理。后者是基于履行集体合同所发生的争议的处理方式，一般与劳动合同争议的处理方式基本相同，比如我国《劳动合同法》第56条规定，用人单位违反集体合同，侵犯职工劳动权益的，工会可以依法要求用人单位承担责任；因履行集体合同发生争议，经协商解决不成的，工会可以依法申请仲裁、提起诉讼。

三、利益争议的处理

（一）处理的机构及其职责

劳动行政部门是代表政府协调处理利益争议的职能机构，它所设置的劳动争议协调处理机构，是处理利益争议的日常工作机构。除了以劳动行政部门为主要机构外，还以同级工会、有权代表企业的经济主管部门、社会团体和与争议有关的其他部门为协助机构，共同解决利益争议。

劳动行政部门作为利益争议的协调处理机构，其主要职责为：（1）掌握了解利益争议发生情况和发展动态。主要针对当前的社会条件、经济条件变化，通过调查研究，了解签订集体合同过程中出现的新情况、新问题，为政府制定有关政策提供依据。（2）研究制定协调处理利益争议的方案和对策。主要在调查研究的基础上，针对争议的内容制定协调处理方案，提出解决问题的具体办法。（3）向政府报告情况并提出建议。当争议双方矛盾尖锐，有可能进一步激化，造成罢工、游行、闭厂、集体上访等严重后果时，协调处理机构应及时向政府报告情况，并提出解决争议的建议。（4）组织力量对利益争议进行协调处理。当争议发生后，协调机构应迅速查清争议的问题和双方理由，并组织有关方面进行磋商，促使争议解决。（5）制定《协调处理协议书》并监督其执行。（6）统计归档并将处理结果报上级劳动行政部门备案。

（二）争议处理的管辖

利益争议处理实行属地管辖。具体而言，依用人单位是否跨省（自治区、直辖市）而有不同。对于不跨省（自治区、直辖市）的用人单位的利益争议的处理，由省级劳动行政部门规定具体管辖范围；跨省（自治区、直辖市）的用人单位和中央管辖的企业的利益争议，由国务院劳动行政部门指定省级劳动行政部门组织同级工会和企业团体等三方面的人员协调处理或者由国务院劳动行政部门直接组织有关方面协调处理。

（三）争议处理中当事人的和平解决义务

在处理集体合同利益争议时，双方当事人都负有以和平解决争议的义务。主要体现在：（1）发生争议时，双方当事人应当平等地进行协商，以取得合意；即使双方难以统一意见，也应当通过正常程序，向劳动行政部门申请协调处理，而不能采取罢工、闭厂、集体上访、游行等极端方式解决。（2）在申请和协调处理期间，双方当事人也不得采取上述极端方式，同时用人单位不得解除职工代表的劳动关系。

（四）争议处理的程序

协调处理利益争议的程序，一般包括：（1）申请和受理。发生利益争议后，双方当事人不能自行协商解决的，当事人一方或双方可以向劳动行政部门的劳动争议协调处理机构书面提出协调处理申请，机构在收到申请后要及时进行调查并决定是否受理，当事人未提出申请时，劳动行政部门认为必要时也可以进行协调处理。《劳动人事争议仲裁办案规则》第4条规定"劳动者一方在十人以上的争议，或者因履行集体合同发生的劳动争议，仲裁委员会可优先立案，优先审理"，有利于维护劳动争议人数多的劳动者的权益。（2）选派代表人。《劳动人事争议仲裁办案规则》第6条规定"发生争议的劳动者一方在十人以上，并有共同请求的，劳动者可以推举三至五名代表人参加仲裁活动"，第7条规定"代表人参加仲裁的行为对其所代表的当事人发生效力，但代表人变更、放弃仲裁请求或者承认对方当事人的仲裁请求，进行和解，必须经被代表的当事人同意"。双方各选派人数相等的代表3~5名参加，并选定一名首席代表。企业方代表由企业法定代表人单人或指派，职工方代表由工会委派或由职工民主推举产生。（3）调查了解争议的情况。（4）报告政府。劳动行政部门遇到公用型行业或者具有危险性、特殊性的行业发生争议，有可能扩及或影响到其他企业的争议，有罢工、闭厂行为的争议，有可能引发过激行为，有可能造成严重后果的争议，应当立即报告政府。（5）协调处理。劳动行政部门受理争议案件后，应立即组织有关各方成立联合工作组，采取派员协调、召开会议协调和其他防护措施，对争议双方进行调解或调停，而且都应自劳动行政部门决定受理之日起30日内结案；案情复杂或遇到影响处理的其他客观原因需要延期的，延期最长不得超过15日。经协调达成协议，劳动行政部门制作《协调处理协议书》，并由双方当事人首席代表和协调处理负责人共同在其上签名盖章，然后送达双方当事人执行。

四、权利争议的处理

权利争议是工会代表全体劳动者与用人单位之间以全体劳动者共同权利义务为标的的争议，这不同于一般的劳动合同争议，使其具有了以下特征：（1）权利争议处理不适用基层调解，不能自行协商解决的，就向仲裁机构申请仲裁；（2）仲裁程序适用劳动合同争议处理程序中的关于集体争议仲裁的特别规定。

权利争议的处理程序一般包括：（1）自行协商；（2）不愿协商或者协

商不成的,向权利争议发生地的仲裁委员会申请仲裁,县级仲裁委员会认为有必要的,可以将争议报请上一级仲裁委员会处理。《劳动人事争议仲裁办案规则》第5条规定:"因履行集体合同发生的劳动争议,经协商解决不成的,工会可以依法申请仲裁;尚未建立工会的,由上级工会指导劳动者推举产生的代表依法申请仲裁。"仲裁委员会自收到申请书之日起3日内作出受理或不予受理的决定,仲裁庭的开庭场所可以设在发生争议的企业或其他便于及时办案的地方,而且应先行调解或者促成双方当事人召开协商会议,在查明事实的基础上促使当事人自愿达成协议,调解或协商未能达成协议的,应及时裁决,并制作裁决书送达当事人或用布告形式公告,仲裁庭的仲裁活动为自组成仲裁庭之日起15日内,案情复杂需要延期的,经报仲裁委员会配置后可以适当延长,但延长的期限不得超过15日。仲裁委员会对受理的主要争议及其处理结果,还应及时向当地政府汇报。(3)当事人不服仲裁调解书、裁决书的,自收到仲裁调解书、裁决书之日起15日内向法院起诉。

【案例8-7】

2009年4月11日,某法院受理了原告葛某等34人起诉某食品有限公司劳动争议案。考虑到当事人人数众多,情绪比较激动,有可能引发群体性矛盾,形成社会不稳定性因素,速裁组法官收案后即针对双方矛盾较大的经济补偿金、加班工资补发等问题迅速组织调解。办案法官就双方的实际情况,释明了法律规定,分析了双方不合理的主张有可能造成的不利后果,打消了当事人对过高主张的期望。在法官的努力调解下,双方达成调解协议,即双方解除劳动关系,被告一次性分别支付葛某等34人经济补偿金、补发加班工资等共计308396.61元。

【前沿提示】

1. 北京法院首设劳动争议周末法庭

因参加诉讼频繁请假,不仅会被扣钱,影响也不好,这一直是困扰劳动争议案件中劳动者的难题。2009年8月1日,随着北京市二中院劳动争议周末法庭的开设,这一难题得到解决。随着《劳动合同法》、《劳动争议调解仲裁法》等法律法规的实施,同时受金融危机等因素影响,我国法院劳动争议案件"井喷式"增长。比如,北京市二中院2010年受理劳动争议案件2541件,而2011年截至目前已受理该类案件3285件,劳动争议合议庭法官人均结案200件,最多达213件。法官在审理案件中发现,劳动争议类案件中的劳动者往往因为找到了新单位，请假不易，在日常工作时间参加诉讼存在一定困难。

针对这种情况，二中院在北京法院系统首设劳动争议周末法庭制度，主要审理劳动者与工作单位因种种原因引发的劳动争议、劳务纠纷及人事争议案件。周末法庭案件审理一般由当事人提出申请，法院在征求双方意见后视情况决定是否安排周末审案。同时，周末法庭均选派资深的审判长、审判员主持，以确保案件审判质量。

而除了极少数地方法院有类似便民举措外，绝大多数的地方仍然很难改变劳动者提起劳动争议诉讼积极性不高的现状，即便是推出了便民措施，也出现了不少新问题，这都是我国急需解决的。

2. 我国工会在集体合同争议处理机制中的作用

美国工会素以商业化工会闻名于世。但是自20世纪80年代后期以来，面对新自由主义的打击，美国工会积极参与政治活动，成为美国政治生活中的一支重要力量。例如，2008年的总统大选，美国工会成为民主党发动底层民众的基本依靠力量，为奥巴马的顺利当选立下汗马功劳。

自奥巴马就任总统以来，美国劳联产联和"改革为赢"等主要工会组织积极配合政府应对金融危机和推动重要法律改革，例如，实施近8千亿美元的经济刺激计划，政府入股通用汽车公司，加快推动医疗保险法案等。誓言要纠正布什的劳工政策的奥巴马，上任之后的几天内，就连签四道有利于工会组织的行政法令，其中一项法令就是，要求联邦建筑项目的承包商必须承认工会，遵守工会福利标准和集体合同。奥巴马作为总统签署的第一个法案，即《2009丽丽乐德贝特公正工资法》（*The Lilly Ledbetter Fair Pay Act of 2009*），规定工人起诉工资歧视的时效开始日期为发现工资歧视行为后180天内，而不是工资确定后的180天，纠正了2007年最高法院的司法解释，从而大大有利于工人维护权利。目前，美国工会正在积极推动国会修改美国劳资关系法，即"瓦格纳法"，弥补该法存在的不利于工会组织的法律漏洞，便于劳动者建立工会和进行集体谈判，为美国工会的长远发展和劳动者利益的捍卫争取法律的支持。

中国工会近些年的成就是有目共睹的。2004年开始的"组织起来，切实维权活动"，会员人数大增；2008年以来推动我国《劳动合同法》等重要劳动法律的制定；推动沃尔玛等"硬骨头"外企建立工会组织，查处著名企业违反最低工资标准的不法行为等，产生了很好的社会影响。不过，2008年下半年以来的世界金融危机来势凶猛，加上缺乏必要的分析和引导，让我国一些工会干部和群众对自己的工作产生了担忧和误解,以致同样面对着上述的两难处境。我国工会如何走出这种两难处境,积极应对金融危机挑战?参照国内外的经验,针对我国工会的实际情况,有以下几点对策建议:

(1) 消除误解,提高认识。中华全国总工会和各级工会组织应当采取各种有效方式加强宣传,消除人们对于工会维权的误解。宣传的内容尤其要体现在对金融危机和工会自身价值的认识方面。

(2) 加快改革,完善机制,练好内功。工会要应对金融危机挑战,在治理和防范金融危机方面发挥更大作用,必须切实推行改革,完善工会机制。当前亟待完善的是这样几项机制:第一是工会建立的机制,要将更多的劳动弱势群体比如农民工吸收进工会,提高工会的覆盖范围;第二是工会会费来源的机制,密切工会组织与广大会员之间的联系;第三是工会组织内部管理的机制,提高工会内部民主管理的水平,克服官僚主义,提高工会组织的服务效率。

在当前的工会工作中,还必须重视对广大工会干部工作能力的培养。例如,工会为职工、劳动者提供法律服务的水平和能力;工会干部参加劳资集体协商谈判的技术与能力;工会组织参与集体谈判的后台服务与支持能力。

(3) 积极行动,捍卫职工群众的合法劳动权益。针对金融危机形势下损害劳动者合法权益增多的现象,工会应当积极行动起来,捍卫劳动者的合法权益。从企业层面来说,工会应当积极指导劳动者签订劳动合同和代表劳动一方与企业签订集体合同,积极参与和监督企业规章制度的制定,监督企业的违法行为,帮助劳动者维权。从社会层面来说,工会组织应当在以往成就的基础上,进一步推进国家劳动法律的制定和完善,弥补法律漏洞,对于一些地方出现的执行劳动法中偏向资本一方利益的现象及时向相关部门提出纠正建议,为劳资双方的利益平衡奠定制度基础。

【思考题】

1. 解决劳动争议有哪些分类?
2. 劳动争议调解的机构有哪些?
3. 劳动争议仲裁委员会的受案范围是什么?
4. 劳动争议案件中举证责任是如何分配的?
5. 人民法院受理劳动争议案件的范围是如何规定的?

第九章 劳动监察

【引言】为了加强对执行劳动法的监督检查力度,劳动法明确了拥有劳动监察权的机构应认真开展对劳动法执法情况的监督检查工作。

【学习目的与要求】通过本章的学习,学生应了解劳动法中程序法的劳动监察相关规定,了解监督主体设立、及时处理违法现象对稳定劳动秩序的重要性,让学生重点掌握劳动监察的内容、劳动监察的机构设置,以及处理的程序。

【知识结构简图】

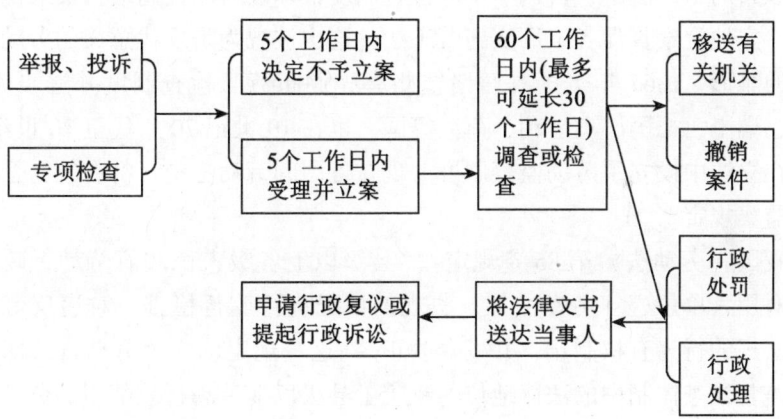

【引例】黎某是一名进城务工人员,在云峰公司工作快10年了,一直从事电工工作。由于《劳动合同法》的出台,云峰公司为减少无固定期限劳动合同的数量,降低企业用工成本,便与一家电力设备公司签订了服务协议,由该公司提供电力设备并提供维护服务,因此,要求黎某与公司办理劳动合同解除手续,并答应给黎某3000元钱作为补偿。黎某不愿意与公司解除劳动合同,多次与公司协商,却都没有得到满意的答复,便向劳动争议仲裁委员会申请了仲裁,要求云峰公司支付经济补偿金并为他补缴社会保险。但是,劳动争议仲裁委员会的仲裁员了解黎某的情况后,告诉他,经济补偿金的事可以仲裁，但社会保险补缴的事劳动争议仲裁委员会管不了，并同时告诉黎某，可以找劳动监察部门解决该问题。

黎某便到当地劳动和社会保障局举报。劳动监察部门受理该案后，派出监察员为黎某讨回了公道。令黎某感到意外的是，劳动监察部门处理社会保险补缴一事的速度，比劳动仲裁委员会处理经济补偿金的速度还快。

第一节 概 述

一、劳动监察的意义

"徒法不足以自行"，一项法律制定之后，如何使之准确有效地实施就成为首要的问题。国外劳动保障监察法律制度的产生稍晚于工厂法，最初的工厂法并没有规定专门的监察机构，而是委托自治团体的公务人员、医务人员或宗教人员等实施，但工厂主遵守工厂法的情况并不好。于是1883年英国所颁布的工厂法中，首创了工厂检查制度，即政府委任高级人员为工厂监察员，实地视察督促各工厂实施劳工法，这也被视为是现代意义的劳动监察制度的雏形。1867年美国马萨诸塞州率先颁布劳工检查制度并逐步完善，法国、瑞士、德国、奥地利、荷兰等国，也在19世纪70年代至20世纪初，陆续在立法中设立了劳动监察制度。现在各国的劳动法中，都有较为全面的劳动监察规定。

我国《劳动法》第85条规定："县级以上各级人民政府劳动行政部门依法对用人单位遵守劳动法律、法规的情况进行监督检查，对违反劳动法律、法规的行为有权制止，并责令改正。"这一规定确立了劳动行政部门在劳动监督检查体制中的法律地位，赋予了县级以上劳动行政部门的劳动监督检查职责和劳动行政处罚职责。《劳动合同法》第73条规定，国务院劳动行政部门、县级以上地方人民政府劳动行政部门负责全国和本行政区域内劳动合同制度实施的监督管理。

劳动监察的意义主要有以下两点：第一，确立劳动监察制度是培育和发展劳动力市场的需要。在社会主义市场经济体制中，除了肯定劳动关系双方当事人比之前有了更大范围的权利外，也要把这种自由的权利限制在一定限度内，即要依据劳动法的规定行使劳动权利，劳动力市场才可能有序地建立和健康、稳定地发展。改革开放以来，我国相继制定了《矿山安全监察条例》、《锅炉压力容器安全监察暂行条例》及其实施细则、《劳动法》、《劳动安全卫生监察员管理办法》、《煤矿安全监察条例》、《劳动行政处罚若干规定》、《劳动行政处罚听证程序规定》、《劳动保障监察条例》、《劳动合同法》等法律法规。

第二，社会主义市场经济条件下劳动关系复杂多样的特征也要求健全劳动法的监察制度。改革开放以来，我国的经济结构发生了巨大变化，出现了多种所有制形式的用工主体，也导致了这些不同的用工主体与劳动者通过劳动力市场结合之后表现出了多元化的利益追求，促使了双方当事人的矛盾和冲突，只有通过严格的法律约束，才能把这些矛盾和冲突限制在法律许可的范围内，并且能通过法律来妥善地解决，才能保护劳动关系双方当事人的合法权益，使各自不同的利益主体在法律规定的范围内得以实现各自的追求。

【案例 9-1】

在开展农民工工资支付情况检查专项行动以来，某区劳动监察大队查处了一些存在拖欠农民工工资现象的单位，其中以金家庄区某房地产开发公司农民工工资纠纷较为典型。金家庄区某房地产公司项目部拖欠工人工资 18 余万元，涉及人数 20 余名。

调查经过：该区劳动监察大队接到此举报后立即调查处理此事，房地产开发公司违规将工程项目分片承包给了没有资质的包工头，并签订了承包协议。其主要以提供材料和部分工资直接结算给包工头，未与建筑安装公司发生经济往来账，而承包工程的包工头又不是法人主体，属于私下用工，有的包工头不愿同开发商进行结算（可能工程预算已超付），产生了拖欠的现象。

处理结果：该区劳动保障监察大队在调查清楚情况后，依据《建设领域农民工工资支付管理暂行办法》第 7 条（"企业应将工资直接发放给农民工本人，严禁发放给'包工头'或不具备用工主体资格的组织和个人"）和第 12 条（"工程总承包企业不得将工程违反规定发包、分包给不具备用工主体资格的组织或个人，否则应承担清偿拖欠工资连带责任"）的规定，责令其支付工资 18 余万元。该公司经区政府多次协调，在了解清楚相关法律依据后，在企业经营十分困难的情况下立即筹款 18 万元，将所欠工资发放给工人。

点评：由于目前建筑市场较为混乱，在某一建筑单位中标承建某一项目后，往往会出现非法转包，层层分包情况的发生，由于中间环节过多，容易发生拖欠农民工工资情况。针对此现象，该区劳动监察部门应当积极与政府相关责任部门，如与建设、房管等相关单位联系合作，齐抓共管，来维护建筑领域的规范发展，确保建筑领域农民工工资发放到位。

二、劳动监察的含义和特征

（一）劳动监察的含义

劳动监察，国外也称劳工检查，是指法定专门机关代表国家对用人单位和劳动服务主体遵守劳动法律、法规和规章的情况依法进行的检查、纠正、处罚等一系列监督活动。它作为保障劳动者实施的一种强制性手段，广为各国所利用。在我国，劳动监察也称为劳动行政部门的监督，是指劳动行政部门设立的专门监督机构，代表国家对用人单位和劳动服务主体遵守劳动法律、法规和规章的情况所进行的监督。《劳动保障监察条例》第2条规定："对企业和个体工商户进行劳动保障监察，适用本条例。对职业介绍机构、职业技能培训机构和职业技能考核鉴定机构进行劳动保障监察，依照本条例执行。"

（二）劳动监察的特征

1. 法定性

劳动监督是以国家名义对劳动法的遵守情况实施统一和全面的监督，其主要任务是督促用人单位和劳动服务主体遵守劳动法律、法规和规章，并对有关当事人违反劳动法律、法规和规章的行为予以纠正和处罚。首先，在县级以上人民政府的劳动行政部门行使这一职能的时候，被监察主体（行政相对人）只能接受并配合，对于劳动行政部门作出的处理决定，有关单位和个人必须立即执行，当事人不服处理决定的，可以依法申请行政复议或者提起行政诉讼，而且在申请行政复议或者提起行政诉讼期间也不影响决定的执行。其次，劳动监察规则直接为法律所规定，并且这种法律规定是强行规范，监察主体必须严格依据法律实施检查活动，被监察主体不得以协议或其他任何方式规避监察，无正当理由不能拒绝或阻拦。

2. 行政性

劳动监察属于行政执法和行政监督的范畴，是行使行政权力的具体行政行为，劳动监察是由法定的专门机关针对劳动法的遵守情形所实施的监督。国务院劳动行政部门主管全国的劳动监察工作，县级以上地方人民政府劳动行政部门主管本行政区域内的劳动监察工作。劳动行政部门是政府中专门对劳动工作实行统一管理和综合管理的一个部门，不仅享有监督检查权，而且还有纠举、处罚等行政职权。

3. 全面性

虽然劳动监督的主体有很多，除了劳动行政部门外，还有卫生部门、安全生产监督管理部门、特种设备安全监督管理部门及其他有关行政部门、工会、其他任何组织和个人等劳动监督主体，但在众多的劳动监督主体中，只有劳动监察是以国家名义进行的全面的监督。劳动行政机关监察的对象包括企业、个体工商户、职业介绍机构、职业技能培训机构、职业技能考核鉴定机构、国家机关、事业单位、社会团体。除此之外，劳动行政部门还对无营业执照或者已经被依法吊销营业执照，但却有劳动行为的用工主体的侵犯劳动者合法权益的情形实施劳动监察，并及时通报工商行政管理部门予以查处取缔。

三、劳动监察与相关概念的区别

（一）劳动监察与劳动监督的区别

劳动监督是指监督主体为保护劳动者合法权益，依法对用人单位和劳动服务主体遵守劳动法的情况，实行监察、督促、纠正的一系列监督活动，其监督主体是依法享有劳动监督权的行政机关、工会、社会团体、组织和个人，这表明了我国的劳动监督是由行政监督（劳动监察和相关行政监督）和社会监督（工会监督和群众监督）相结合而成的，由此可见，劳动监察和劳动监督的区别主要表现在：（1）劳动监察是全面的监督。其监督范围及于各种劳动法律、法规和规章，无论哪种劳动关系，无论劳动关系的哪部分内容和哪个运行环节，也无论用人单位的隶属关系和所在行业，都被纳入了其监督范围。而涵盖了多种主体的劳动监督通常只在特定范围内对某个人的监督，或者只限于某项劳动法律，或者限于某个行业，或者限于劳动关系的某部分内容或某个环节。（2）劳动监察是约束力度最大的劳动监督种类。即劳动行政部门作为本级政府专管劳动工作的职能部门，其劳动监督行为是代表政府实施的，属于国家劳动监察，具有高于其他劳动监督形式的法律效力。而劳动监督的众多监督主体中，也只有劳动行政部门的监督是最基本和最有效的劳动监督形式，其他劳动监督形式都是配合劳动监察实施的，也只有在劳动监督的保障下实施。

（二）劳动监察与劳动仲裁的区别

劳动监察与劳动仲裁具有明显的区别，主要表现在：（1）劳动仲裁机构由劳动行政部门、工会和用人单位团体三方代表组成；劳动监察机构则是劳动行政部门的职能机构。（2）劳动仲裁是一种社会干预行为；劳动监察则是一种行政执法行为。（3）劳动仲裁直接以处理劳动争议为目的；劳动监察直接以查处、纠正监察相对人违反劳动法行为、督促监察相对人遵守劳动法为目的。（4）劳动仲裁机构是应劳动争议当事人的请求而实施的；劳动监察主体对其职权范围内的事项则是劳动行政部门主动进行的监察。(5) 劳动仲裁所依据的实体法既可以是强制性规范也可以是任意性规范,并且还能够依据合法有效的合同条款、企业内部劳动规则进行调节和裁决;劳动监察所依据的实体法只限定为强制性规范,不能以合同条款和用人单位内部劳动规则作为监察决定的依据。(6) 劳动仲裁时效为知道或应当知道权利被侵犯之日起1年;劳动监察时效则为用人单位违法行为发生之日起2年,如果违法行为有连续或继续状态的,则从违法行为终了之日起计算。如果违反劳动法律、法规的行为在2年内没有被劳动行政部门发现,也没有被他人检举、投诉的,劳动行政部门不再查处。(7) 劳动仲裁机构无权对劳动争议当事人进行处罚,但是对劳动争议有调解权;劳动监察主体对违反劳动法律、法规的监察相对人享有处罚权,可是对劳动争议没有调解权。(8) 劳动争议当事人不服仲裁裁决的,可以依法提起民事诉讼;劳动监察相对人不服劳动监察决定的,可以依法申请行政复议或者提起行政诉讼,与前者的法律救济途径不同。

(三) 劳动监察和行政监察的区别

劳动监察和行政监察也是不同的法律概念。所谓行政监察,是指行政监察机关代表国家对各级行政机关及其公务员履行其行政职责的情况依法进行监督。虽然也和劳动监察一样是国家监督,具有法定性、行政性、全面性,但二者也存在明显的区别:(1) 行政监察机关是县级以上各级政府所属的行政监察职能部门;劳动监察机关则是县级以上各级政府所属的劳动行政部门,并且在内部依法设置专门的劳动监察职能机构。(2) 行政监察对象是各级行政机关(政府及其所属各部门)及其公务员的行政执法活动,行政监察也隶属于执法监督;劳动监察的对象则是作为劳动行政相对人的用人单位和有关劳动服务主体遵守劳动法律、法规的活动,因而属于守法监督。(3) 行政监察机关对行政监察相对人有行政处分权和行政处罚建议权;劳动监察机关对监察相对人则有行政处罚权和行政处分建议权。(4) 行政监察相对人不服监察决定的,可以申诉、复审、复核,而不得提起行政复议和行政诉讼;而劳动监察相对人不服监察决定的,可以提起行政复议和行政诉讼。

四、劳动监察的形式

各国劳动监察已出现了多种形式,可以分别按不同标准作下述几种分类:

(一) 专门机构监察和专任人员监察

根据监察的主体不同,可以划分为专门机构监察和专任人员监察。专门机构监察,是指由法定专门机构实行的劳动监察,各国通常由劳动行政部门设置专职监察职能的机构,在中央政府劳动行政部门的统一控制下,行使劳动监察权,我国的劳动行政部门设置有专门的劳动监察机构。专任人员监察,是指由依法任命的专职或兼职的劳动监察员实行劳动监察。在我国,县级以上各级劳动行政部门根据需要配备有专职劳动监察员和兼职劳动监察员,从事劳动监察工作。

(二)自行监察和委托监察

根据是否由法定监察主体实施劳动监察,可以划分为自行监察和委托监察。自行监察,是指劳动监察机构和劳动监察员在其法定职权范围内亲自对监察对象进行劳动监察,这也是各国劳动监察的主要形式,除了在法律另有特别规定的情况下,劳动监察机构和劳动监察员都必须采用这种方式进行劳动监察。委托监察,是指劳动监察机构和劳动监察员将其职权范围内的监察事务,依法委托给特定机构和人员代为实施,目前很多国家由于市场高度专业化、社会化、科技化,许多领域的劳动监察也相应需要以一定的专业知识和职业经验为背景的专业机构和人员,这种方式在不少国家都有规定。

(三)立案监察和不立案监察

根据检查程序的不同,划分为立案监察和不立案监察。立案监察,是指劳动监察机构发现用人单位有违反劳动法律、法规的行为,立案调查处理,通常有严密的程序,包括受理、立案、调查、监察、处理、处罚、行政复议等环节。不立案监察,是指劳动监察机构对尚未发现用人单位的违法行为不予以立案,只是对用人单位进行例行检查、不定期检查,通常采用日常巡视检查、书面材料审查、专项检查、受理举报、投诉等环节,程序较为简单。

(四)综合监察和专项监察

根据检查项目的不同,划分为综合监察和专项监察。综合监察,是指在劳动监察机构和劳动监察官员的法定职权范围内包括有多项检查内容,除了法律明确为专项监察的少数项目外,全都包括在其检查范围内,各国都设置了具有综合监察职能的劳动监察机构和劳动监察员,来对大多数监察项目实施综合监察。专项监察,是指将技术性、专业性很强的劳动检查项目单列,分别设立专门机构并按照其特定规则行使监察权。比如我国对矿山安全监察、煤矿安全监察和建设项目(工程)分别制定了《矿山安全监察条例》、《煤矿安全监察条例》和《建设项目(工程)劳动安全卫生监察规定》,并分别设立了专门机构行使监察权,如矿山安全监察局(处、室、组)行使矿山安全的监察职责,它们都属于专项监督。

(五)普通监察和特殊监察

根据对监察对象的保密性程度不同,划分为普通监察和特殊监察。普通监察，是指以一般的国民经济部门为监察范围的劳动监察，它由一般行政主管部门（主要是劳动行政部门）设置的劳动监察机构和劳动监察员行使监察权，绝大多数监察属于普通监察。特殊监察，是指对国防军工部队的企业实施的劳动监察，通常各国的国防军工企业都因为涉及国防军事机密和高科技等因素，而被纳入特殊监察范畴内。

五、劳动监察的原则

（一）合法原则

其具体要求包括有：（1）监察主体及权限合法，违反规定的主体或者超越权限来实施监察都是无效的；（2）实施监察时适用的法律要正确，适用法律错误的也就构成了实体上的违法；（3）监察执法程序合法，当劳动行政部门在给予行政处罚时，还要遵循《行政处罚法》相应规定，如果违反相关程序规定，就构成了程序违法，实体违法与程序违法都将导致劳动监察执法行为无效。

（二）保护劳动者权益原则

就用人单位和劳动者双方的市场主体地位而言，劳动者处于相对弱势地位。因此，劳动行政部门有责任对弱势群体提供法律保护，为了保证劳动法律、法规得到真正贯彻实施，切实保护好劳动者的合法权益，任何组织或者个人对违反劳动法律、法规的行为，有权向劳动行政部门举报，劳动者认为用人单位侵犯了其合法权益的，有权向劳动行政部门投诉，劳动行政部门有责任审查用人单位报送的劳动用工材料，并建立用人单位的守法诚信档案，对用人单位的违法行为给予相应的处罚等。

（三）公开原则

公开原则要求劳动行政部门的监督活动除了法律有特殊规定外，都应当向社会公开。其本质是对公众的知情权、参与权和监督权的保护，是接受人民群众监督的具体表现形式。具体要求为：（1）劳动行政部门依据的法律、法规都应当公布，未经公布的不得作为监察执法的依据；（2）劳动行政部门的职责公开，将监察主体的职责和检查的具体事项公开；（3）监察执法的程序和处理时限要公开，包括受理投诉、调查取证、听取当事人陈述和申辩、举行听证会、作出行政处理或处罚等，都是具体、明确和公开的，既可以保障行政相对人的知情权，也是为了接受行政相对人和社会公众的监督。

（四）公正原则

坚持公正原则主要体现在劳动行政机关执法中必须以事实为依据，以法律为准绳。在履行职责时，不仅在实体上和程序上要合法，还要注意权利与义务、个人利益与国家利益、集体利益之间的平衡。其具体要求为：（1）在实施监察时应当平等地对待所有行政相对人，不能因为地域、性质不同而对行政相对人采取不同的标准；（2）合理行使自由裁量权，严格按照违法情节和损害后果等因素确定具体罚款数额；（3）对违法案件的调查制度和劳动行政部门监察员的回避制度等规定，都体现了公正原则。

（五）高效、便民原则

劳动监察的高效、便民原则，主要是在监察执法活动中创造条件，为用人单位和劳动者提供方便快捷的服务，尽可能不影响用人单位正常的生产和经营活动，及时处理违法行为。在劳动监察执法中，劳动行政部门和人员要做到：（1）向社会公布举报、投诉电话和监察机构地址，设立举报、投诉信箱，派专人负责接待来人来电、举报、投诉，有条件的还可以进行网上举报、投诉，方便劳动者。（2）对用人单位的劳动监察，由用人单位用工所在地的县级或设区的市级劳动行政部门管辖，便于用人单位报送有关资料，也便于劳动者举报、投诉维权。（3）建立用人单位守信诚信档案，并与税务、工商机关共享信息，便于社会大众特别是求职者对用人单位信誉情况的了解。（4）在办公场所内公示监察员名单、监察依据的法律法规、监察程序和监督电话等，提供优质服务。（5）严格在规定的时限内完成监察事项，严格按规定时间执法，尽量缩短时间，提高工作效率。

（六）教育与处罚相结合原则

坚持这一原则，要求做到：（1）明确处罚的目的是促使用人单位认清违法行为的后果，促使其自觉遵守法律法规。处罚是手段不是目的，不能为处罚而处罚，也不得以罚代管、以罚代教，更不得为个人和小团体利益以处罚牟取私利。（2）不能只教育不处罚。大力开展法律法规的宣传和普及活动，帮助公民、法人和其他组织知法懂法和自觉守法。但不能用教育代替处罚，对应予以处罚的被监察对象，也要贯彻说服教育原则，告知违法者违法行为和处罚的法律依据，以使其吸取教训，不再违法；对违法情节恶劣，侵犯劳动者权益严重的情形还要加大处罚力度，增加违法者的违法成本，起到警示作用。总之，既要对用人单位的违法行为予以惩罚和制裁，也要通过教育使其及时纠正违法行为，增强法制意识，达到双重的功效。

（七）监察执法和社会监督相结合的原则

在贯彻实施劳动法律法规的过程中，需要劳动行政部门与政府有关部门及社会组织相互支持、密切配合，共同推进劳动检查制度建设。需要明确三点：（1）要加强工会、妇联、共青团等组织的监督，充分发挥这些组织中监督员的法律监督作用，推进劳动法律法规的贯彻实施；（2）要加强新闻监督，对违反劳动法律法规、严重侵害劳动者合法权益的用人单位和有关组织予以曝光，积极宣传全面落实法律规定、维护职工权益的典型，以助长守法光荣、违法可耻的社会氛围；（3）要发挥群众监督作用，建立健全举报制度，鼓励劳动者和广大群众向劳动行政部门和有关新闻单位举报、反映违法行为，以便于监察机构准确掌握违法行为的线索，对违法行为及时纠正并依法进行处理。

第二节 我国劳动监察法律制度

一、概述

（一）劳动监察法律关系的概念

劳动监察法律关系，是指劳动监督主体依法对用人单位和劳动服务主体执行劳动法律、法规和规章的情况进行调查、督促、监察、处罚的活动中所形成的法律关系。

（二）劳动监察法律关系的特征

1. 在劳动监察法律关系双方当事人中，劳动监察机构一方是恒定的

劳动监察法律关系是劳动监察主体在实现劳动监察职能时发生的各种社会关系的法律化，没有劳动行政机构实现劳动监察职能的活动，就没有劳动监察关系的发生和存在。

2. 劳动监察法律关系双方的权利义务具有对应性和不对等性

劳动监察法律关系双方当事人的权利义务的对应，是指双方都行使权利并履行义务，不存在一方只行使权利而另一方只履行义务的情况。但这种权利义务的对应并不意味着权利义务的对等，权利义务的对等是指双方相互的权利义务是等同或基本等值、等量的，这常常发生在民事法律关系中。在劳动监察法律关系中，一方行使的是国家劳动监察职能，而另一方行使的是个体权利，两者有着性质和内容的差别，既不能等同，也无法等值、等量。

3. 劳动监察法律关系中的劳动监察职能具有不可处分性

在劳动监察法律关系中，劳动行政部门的职能也是法律所赋予的权力，劳动监察员行使国家劳动监察权力时，所拥有并行使的劳动监察权力是不能随意处分的，不能放弃和转让。国家权力对拥有它的主体来说，既是一种可以运用的权力，又是一种对国家的责任或义务，因而不能随意处分。

（三）劳动监察法律关系的构成要素

劳动监察法律关系和其他法律关系一样，也是由这种法律关系的主体、

客体和内容所构成的。

1. 劳动监察法律关系的主体

劳动监察法律关系的主体，也称为劳动监察法律关系当事人，是指能够参加劳动监察法律关系，享有权利和承担义务的当事人，即一方为监察主体，是指行使劳动监察权的机构和人员，包括劳动行政部门、劳动监察员；而另一方是被监察主体，是指依法受到劳动监察主体劳动监察的当事人，包括用人单位和劳动服务主体。

2. 劳动监察法律关系的客体

劳动监察法律关系的客体是指劳动监察法律关系的主体享受权利、承担义务所共同指向的对象，也就是劳动监察的对象，在众多法律关系的客体种类中，劳动监察法律关系的客体是行为。依据我国的法律规定，劳动监察的客体主要包括以下方面：（1）社会劳务中介机构和社会培训机构遵守有关规定的情况；（2）劳动合同的订立和履行情况；（3）单位招聘职工的行为；（4）劳动者的工作时间履行情况；（5）企业受企业工资总额宏观调控规定的情况；（6）单位支付职工工资情况；（7）国有企业经营者的收入情况；（8）单位和劳动者缴纳社会保险费的情况；（9）社会保险金给付情况；（10）单位遵守职工福利规定的情况；（11）单位和劳动者遵守职业技能开发规定的情况；（12）社会职业技能考核鉴定机构对劳动者职业技能考核鉴定及发放证书的情况；（13）承办境外承包工程、对外劳务合作、公民个人出境就业的机构维护境外就业人员合法权益的情况；（14）法律、法规、规章规定的其他事项。

3. 劳动监察法律关系的内容

劳动监察法律关系的内容，是指劳动监察法律关系当事人之间的权利和义务。在劳动监察主体与被监察主体之间，两者的权利和义务可以从以下两个方面来看：（1）劳动监察主体对被监察主体的权力和被劳动监察主体对劳动监察主体的义务。其中，劳动监察主体的权力包括：宣传权、督促权、检查权、受理举报或者投诉权、纠正权和查处权。被监察主体对上述权力所具有的主要义务包括：不得妨碍、阻挠各种劳动监察行政权力合法正常行使的义务、配合协助劳动监察主体合法行使职权的义务、服从劳动监察主体权力行使结果的义务等。（2）被监察主体对劳动监察主体的权利和监察主体对被监察主体的义务。在劳动监察活动过程中，被监察主体的主要权利包括：以各种渠道和形式参与劳动监察管理的权利、合法权益受法律保障的权利、受到公平对待的权利、有权并获得行政赔偿的权利、对劳动监察活动的了解权、对劳动监察主体作出的不利于自己的处理决定的申辩权、对劳动监察主体提出申诉、复议、诉讼的权利等。而同时,劳动监察主体对被监察主体具有的主要义务包括:保障被监察主体各种合法权益得以实现的义务、对被监察主体作出的补偿和赔偿义务以及在行政程序上对被监察主体说明理由的义务、听取申辩意见的义务等。

(四) 劳动监察法律关系的产生、变更和终止

任何法律关系,都处于不断变化之中,也都有一个产生、变更和终止的过程。当一定的法律事实出现,就会使某种法律关系产生、变更和终止。劳动监察法律关系的产生、变更和终止也不例外,它必须有法律事实的出现。

法律事实包括法律事件和法律行为。法律事件分为社会事件和自然事件,都是不以人们的意志为转移的事件。社会事件即社会变革,自然事件是自然的变化,比如人的出生、衰老、死亡,就是人的自然变化。法律行为是产生劳动监察法律关系的最主要的法律事实。但这种法律行为只能是劳动监察法律规范预先规定的行为,即劳动监察法律规范已经确定只有这类行为才能引起劳动监察法律关系的产生。

二、劳动监察法律关系的主体

劳动监察法律关系的主体,是指能够参加劳动监察法律关系,享有权利和承担义务的当事人,包括两大类,一类是劳动监察主体,是指依法行使劳动监察权的机构和人员;另一类是被劳动监察主体,是指依法受到劳动监察的主体。

(一) 劳动监察主体

1. 劳动监察机构

劳动监察机构,在国外又称为劳工检查机构,是指经过法律授权,代表国家对劳动法的遵守情况实行监察的专门机构。各国对劳动监察机构按照不同标准分类,主要包括以下几种:

(1) 根据设立劳动监察机构的管理层次不同,划分为中央地方分层监察机构和中央或地方单层监察机构。中央地方分层监察机构,是指分别在中央政府和地方政府都设立劳动监察机构,比如我国《劳动合同法》第73条第1款和第2款就规定:"国务院劳动行政部门负责全国劳动合同制度实施的监督管理。县级以上地方人民政府劳动行政部门负责本行政区域内劳动合同制度实施的监督管理。"而中央或地方单层监察机构,是指在中央政府或地方政府设立劳动监察机构。

(2) 根据监察机构的权限不同,划分为单一部门监察机构和多部门监察机构。单一部门监察机构,是指仅由政府的某个部门(通常为劳动行政

部门）统一行使劳动监察权，即只在政府的某个部门设立劳动监察机构。多部门监察机构，是指由政府的多个部门共同行使劳动监察权，即分别在政府的多个部门设立劳动监察机构，各自按分工执行一定的劳动监察职能。

劳动监察机构，属于行政机构，其行为具有行政行为的基本特征：（1）劳动监察的行为是行政法律行为，即劳动监察主体依法为或不为某种行为，属于国家行政机构的行为；（2）劳动监察的行为的实施要有法律依据，即必须依法行使自己的权力；（3）劳动监察的行为是一种行政执法行为，劳动监察主体在其权限内依法进行劳动执法活动。

在我国，国务院劳动行政部门主管全国的劳动监察工作；县级以上地方各级劳动行政部门主管本行政区域内的劳动监察工作；县级、设区的市级劳动行政部门可以委托符合监察执法条件的组织实施劳动监察；县级以上各级政府有关部门根据各自职责，支持、协助劳动行政部门的劳动监察工作。

其中，县级以上劳动行政部门都设置了综合性劳动监察机构，具体负责处理劳动安全卫生监察以外各项劳动监察工作；国务院和省级政府有关部门还设立锅炉压力容器安全监察机构和矿山安全监察机构，工业和矿山集中的地区（市）劳动行政部门，也分别设立锅炉压力容器安全监察机构和矿山安全监察机构。各级劳动监察机构都分别受同级劳动行政部门领导和上级劳动监察机构业务指导。

对用人单位的劳动监察，由用人单位用工所在地的县级或者设区的市级劳动行政部门管辖。上级劳动行政部门根据工作需要，可以调查处理下级劳动行政部门管辖的案件。劳动行政部门对劳动监察管辖发生争议的，报请共同的上一级劳动行政部门指定管辖。省级政府可以对劳动监察的管辖制定具体办法。

2. 劳动监察员

劳动监察员，国外又称劳工检查员或劳工检察官，是指国家设立的执行劳动监察的专职或兼职人员。凡是担任劳动监察人员的，都必须具备法定的资格，并且由劳动行政部门或其行政首长任免。我国规定，劳动监察机构应当配备专职劳动监察员和兼职劳动监察员。其中，兼职劳动监察员主要负责与其本职业务相关的单项监察任务，但行政处罚权应当会同专职劳动监察员进行。

（1）关于劳动监察员的任职条件。

我国有关法规对一般劳动监察员和矿山安全监察员、锅炉压力容器安全监察员分别做了规定，简而言之，包括以下几个方面：①专业知识条件。比如，一般劳动监察员必须熟悉劳动业务和劳动法律法规知识；矿山安全监察员必须熟悉关于矿山安全的技术知识和相关法规、技术规范和技术规程；锅炉压力容器安全监察员必须具有锅炉压力容器安全技术知识。②专业培训和学历条件。比如，一般劳动监察员必须经过国家人力资源和社会保障部、省级劳动部门劳动监察专业培训合格；考试安全监察员必须具有中等以上采矿工程专业或相关专业学历。③技术支撑条件。比如，矿山安全监察员必须具备担任助理工程师以上职务的专业技术水平条件；锅炉压力容器安全监察员必须从高级工程师、工程师、助理工程师和工人技师中选任。④工作经历条件。比如，一般劳动监察员必须在劳动行政部门从事劳动行政业务工作3年以上；矿山安全监察员必须有2年以上矿山现场工作经验和1年以上矿山安全监察工作经历。⑤身体条件。比如，矿山安全监察员必须身体健康，能胜任矿山井下检查工作。⑥品性条件。劳动监察员必须坚持原则、作风正派、勤政廉洁等。

(2) 劳动监察员的任命程序。

关于劳动监察员任命方面的规定，我国有关法规对其任命的权限和程序有所规定，但对一般劳动监察员、矿山安全监察员和锅炉压力容器监察员作了分别规定。主要内容包括：①一般劳动监察员中，专职劳动监察员由劳动监察机构负责提出任命建议填写劳动监察员审批表，经同级人事管理机构审核，报劳动行政部门领导批准；兼职劳动监察员由有关业务工作机构按照规定推荐人选，并填写劳动监察员审批表，经同级劳动监察机构和人事管理机构审核，报劳动行政部门劳动领导批准，并报上一级政府劳动行政部门备案。经批准任命的专职和兼职劳动监察员，都由劳动监察机构办理颁发劳动监察证件手续。②国家矿山安全劳动监察机构和锅炉压力容器安全监察机构的监察员，都由国务院安全生产监督管理部门考核任命；地方矿山安全监察机构和锅炉压力容器监察机构的监察员，都由省级安全生产监督管理部门考核任命，报国务院安全生产监督管理部门备案。矿山安全监察员和锅炉压力容器安全监察员经考核合格后，由任命机关发给相应的监察员证和监察标志。各种监察员证和监察标志都由国家人力资源和社会保障部统一制作。

(二) 被劳动监察主体

被劳动监察主体，又称为监察相对人，是指监察主体实施劳动监察的对象，即劳动监察的适用对象，有三大类：(1) 企业、个体工商户、职业介绍机构、职业技能培训机构和职业技能考核机构；(2) 国家机关、事业单位、社会团体执行劳动法律、法规和规章的情况；(3) 无营业执照或者已被依法吊销营业执照，但有劳动用工行为的单位。

从属性上来分析，监察相对人实际上包括两大类：即用人单位和劳动服务主体。首先，在劳动关系中，要理解为什么不是劳动者而是用人单位作为劳动监察相对人，必须明确以下几点：（1）劳动关系双方当事人虽然都必须遵守劳动法，并且都必须受到监督，但是，劳动法已将执行劳动纪律的权力赋予了用人单位，用人单位可以依法对劳动者行使生产和工作指挥权和违纪行为裁决权，当然也包括对劳动者遵守劳动法的监督。而劳动者只是处于劳动关系中的从属地位，对于用人单位遵守劳动法的情况，不可能如同用人单位监督劳动者那样单凭自己的力量进行有效的监督。（2）劳动法以保护劳动者为宗旨，对劳动者实行的是权利本位主义，对用人单位则是实行义务本位主义，所以，用人单位遵守劳动法的责任和难度都大于劳动者，这也特别需要对用人单位遵守劳动法的情况进行监督。（3）在劳动法中，劳动基准法所规定的是用人单位向劳动者提供劳动条件所必须达到的最低标准，也是用人单位设立的最基本义务，以保证劳动基准法的遵守为目的的劳动监察。（4）劳动监察最初是在雇主不遵守劳动法的现象相当普遍和严重的情形下产生的，一开始就直接以降低雇主遵守劳动法为目的，后来在实践中的发展也一再表明劳动监察坚持此目的的必要。于是，以雇主方而不是劳动者作为监察相对人，在世界各地已经成为传统和惯例。可见，在劳动关系当事人双方中，只将用人单位作为监察相对人，与劳动关系和劳动法的本质要求相符。（5）当然，将劳动者置于劳动监察相对人范围之外，并不意味着劳动者遵守劳动法的情况不受监督，更不意味着劳动者违法劳动法而不受处罚。实际上，劳动者在劳动过程中始终处于用人单位的监督之下；劳动者不履行劳动义务，不仅会受到用人单位的纪律制裁，而且还要承担违反劳动合同的违约责任，甚至还可能会承担刑事责任。但是，这些都不是劳动监察的内容。（6）在用人单位中担任一定管理职务的劳动者仍然会成为劳动监察相对人，因为劳动者此时是作为用人单位的代表人或代理人身份的。

劳动服务主体之所以也被纳入劳动监察相对人的范围，主要是劳动服务主体与劳动者权益紧密联系，甚至在一定意义上决定着劳动者权益的实现，尤其决定着劳动基准的实施，也有利于保护劳动者的权益。我国的职业介绍机构、职业培训机构、职业技能鉴定机构、社会保险经办机构、境外就业服务机构、劳动保护检测、检验机构、矿山工程的设计、施工单位、锅炉压力容器的设计、制造、安装、检验、修理单位，劳动防护用品的生产、经营单位等，都应属于劳动监察的劳动监察相对人。

三、劳动监察的客体

劳动监察客体，即劳动监察的对象，一般是指监察相对人（或称被监察主体）实施的为劳动法所规范的行为。对劳动监察客体范围的界定，包括以下几个方面：

1. 被监察法律规范的范围界定

所谓被监察法律规范，即劳动监察所应保障实施的监察相对人应当遵守的劳动法律规范。只有违背监察法律规范所规范的行为，才是劳动监察的客体。在劳动法中，究竟哪些法律规范需要由劳动监察来保障实施，是劳动监察立法所必须明确规定的问题。然而，我国现行劳动监察立法对此未作明确规定。在法理上和立法实践中，对被监察法律规范的范围有三种主张：（1）只限于劳动基准法。即凡是规定劳动条件最低标准的法律规范，如最低工资法、工时法、劳动安全卫生法、女工和未成年工特殊保护法等，都是应由劳动监察保障实施的法律规范，而劳动基准法以外的法律规范则不属于此。（2）包括全部劳动法律规范。即劳动监察应保证各种劳动法律规范的实施。（3）仅限于强行性劳动法律规范。在法理上，劳动法律规范按其规定事项不同，可划分为关于劳动者实体权利义务的法律规范和关于劳动关系运行规则的法律规范；按其法律约束力不同，可划分为强行性法律规范和任意性法律规范。关于劳动者实体权利和劳动关系运行规则的任意性法律规范，允许当事人自主选择（双方协议或单方确定）是否遵守和如何遵守。因而，不应当监督遵守。有必要通过劳动监察来监督遵守的劳动法律规范，应当只限于关于劳动者实体权利的强制性法律规范（即关于劳动者权益最低标准的法律规定）和关于劳动关系运行规则的强行性法律规范（如禁止招用童工等法律规定）。

2. 被监察事项的范围界定

根据我国《劳动监察规定》和有关劳动法规的规定，劳动保护监察以外劳动监察所管辖的事项包括：（1）用人单位录用和招聘职工，订立、变更和解除劳动合同的情况；（2）用人单位订立、变更和解除集体合同，制定内部劳动规则的情况；（3）用人单位实行工时制度的情况；（4）用人单位保障最低工资和工资支付，确定工资总额的情况；（5）国有企业对经营者实行年薪制的情况；（6）用人单位缴纳社会保险费和兴办职工福利的情况；（7）用人单位开展职业培训的情况；（8）职业介绍机构提供就业服务的情况；（9）职业培训机构进行职业培训，职业技能鉴定机构对劳动者职业技能考核鉴定及发放证书的情况；（10）社会保险经办机构给付社会保险金的情况；（11）境外就业服务机构职业介绍及维护境外就业人员合法权益的情况；（12）劳动法规所规定的其他事项。

根据我国《劳动法》、《矿山安全法》、《矿山安全监察条例》和《锅炉压力容器安全监察暂行条例》等劳动安全卫生法规的规定，劳动保护监察所管辖的具体事项有：(1) 企业（包括矿山）新建、扩建、改建工程和重大技术改造工程的设计和竣工验收；(2) 锅炉压力容器和其他特种危险设备的设计、制造、安装、使用、检验、修理和改造；(3) 特种危险物品的生产、储存、运输和使用；(4) 劳动保护用品的设计、生产、经营和发放；(5) 企业劳动安全卫生技术措施计划的实施和劳动安全卫生技术措施经费的使用；(6) 劳动安全卫生技术的培训、考试和发证；(7) 有关劳动安全卫生新技术、新工艺、新设备、新材料的鉴定；(8) 女职工和未成年工的特殊劳动保护；(9) 劳动安全卫生法规所规定的其他事项。

【案例9-2】

2005年春节后的一天，某卷烟厂的女职工林某来到市劳动保障监察大队投诉所在单位的违法行为。具体情况是：她前些天到某医院妇产科检查，医生出具的检查结果表明，林某已怀孕7个月。为此，医生建议林某停止夜班劳动，并在工作时间内安排中间休息，以免影响胎儿健康。从医院回来后，林某持医院的检查证明，向厂劳资科要求停止安排其每三天一次的夜班劳动，并允许其在工作过程中离岗休息，被厂劳资科当场拒绝，而且提出要么继续上夜班，要么就要扣发工资、奖金甚至安排下岗。林某认为某厂的这种做法不合情理，并属于违法行为，因此找到劳动保障监察机构投诉，请求制止企业安排其夜班劳动的行为。

市劳动保障监察大队经调查确认，林某反映的问题属实。但是卷烟厂却向劳动保障监察人员诉苦说，最近该厂的产品市场需求量比较大，林某所在的卷烟车间又是任务最重的，因此实行每三天上一个夜班，同时由于卷烟车间女职工较多，不能安排林某只上白班。此外，卷烟岗位已实现机械化，职工的劳动强度并不大，不会对职工的身体有什么影响。市劳动保障监察大队对卷烟厂申辩的理由未予采纳，并依据《劳动保障监察条例》第23条的规定，对卷烟厂安排怀孕7个月以上的女职工夜班劳动的行为，作出责令改正并处罚款的决定。

点评：《劳动保障监察条例》第23条规定，安排怀孕7个月以上的女职工夜班劳动或者延长其工作时间的，由劳动保障行政部门责令改正，按照受侵害的劳动者每人1000元以上5000元以下的标准计算，处以罚款。某市劳动保障监察大队应女职工林某的投诉，对某卷烟厂进行的调查处理，符合国家相关劳动保障法律法规的规定。

为保护女职工的合法权益和身体健康，国家对女职工实行特殊劳动保护制度。除《劳动保障监察条例》外，《劳动法》第61条规定，对怀孕7个月以上的女职工，不得安排其延长工作时间和夜班劳动。《女职工劳动保护特别规定》（国务院令第9号）第7条规定，怀孕7个月以上（含7个月）的女职工，一般不得安排其从事夜班劳动，在劳动时间内应当安排一定的休息时间。怀孕的女职工，在劳动时间内进行产前检查，应当算作劳动时间。依据以上规定，怀孕7个月以上的女职工依法享有的权利包括：不延长工作时间，不上夜班，正常劳动时间内有一定的休息时间，劳动时间内进行产前检查算作劳动时间。

上述法律规定表明，我国劳动监察的对事范围过于宽泛，与劳动行政的对象范围几乎相同。我们认为，劳动监察虽然也属于劳动行政，但具有不同于一般劳动行政的特殊性。因而，劳动监察的对象范围与劳动行政的对象范围不宜完全重合。为适当确定劳动监察的对象范围，应明确以下几点：（1）劳动监察产生和存在的必要在于实施劳动基准，而劳动基准只适用于已参加劳动关系的劳动者。所以，劳动监察所管辖的事项只应当是同参与劳动关系后的劳动者实现劳动基准所规定之利益相关的事项，而仅同劳动关系缔结前或终止后的劳动者相关的事项不宜纳入劳动监察范围。（2）劳动监察旨在实现为劳动基准所规定的劳动者最低利益。所以，劳动监察所管辖的事项应当是实现劳动者最低利益相关的事项，仅同实现劳动者最低利益以上之利益相关的事项则不宜纳入劳动监察的对事范围。（3）劳动监察在劳动行政部门的各项事务中是约束力度最大、程序最严格的行政手段。如果其对事范围过于宽泛，就会分散劳动监察机构的力量，从而影响劳动监察的效果。

四、劳动监察的职责

劳动监察主体在履行监察职责过程中所享有的法定权利主要有：

1. 检查权

我国《劳动监察规定》规定，劳动监察机构及劳动监察员有权根据工作需要随时进入有关单位进行检查，在必要时向用人单位和劳动者下达《劳动监察询问通知书》、《劳动监察指令书》，并要求其在收到该通知书或指令书之日起10日内据实向劳动监察机构作出书面答复；查阅和复制被检查单位的有关资料，询问有关人员。

2. 审查认证权

我国劳动保护监察法规中规定，劳动保护监察机构有权对用人单位的劳动安全卫生条件和生产指挥、特种设备操作等人员，进行考核、考试、审查、鉴定，并对其中的合格者颁发许可证、合格证、操作证等资格证件；有权对劳动安全卫生设施建设项目的可行性论证报告、预评价报告和设计，以及劳动安全卫生设备和劳动防护用品的设计，进行审查批准；有权对劳动安全卫生设施的设计单位、施工单位，以及劳动安全卫生设备、劳动防护用品的设计单位、制造单位、经营单位的资格进行认证。

3. 处置权

处置权又称指令制止和责令纠正权。在我国，按照有关劳动保护监察法规的规定，劳动保护监察机构对事故隐患，特别是重大隐患有权命令企业限期整改；对违章现象有权纠正和制止，遇有紧急、严重的不安全、不卫生情况，或企业在接到《监察意见通知书》后无故不采取补救措施或不停止违章行为，有权采取责令停止机器运转、封闭矿井、组织和支持工人撤离现场等措施。

4. 处罚权

各国法律都赋予劳动监察主体对违反劳动法直接进行处罚的权利。在我国，按现行法规规定，劳动监察主体有权对违反劳动法的监察相对人，依法分别给予警告、通报批评、罚款、吊销许可证、责令停产停业整顿等处罚；对触犯其他行政法规的，有建议行政处罚权；对触犯刑法的，有权建议司法机关追究刑事责任；对阻挠、刁难、殴打劳动监察员、妨碍劳动监察公务的，或者不按规定时间对《劳动监察询问通知书》、《劳动监察指令书》作出答复的，以及不如实反映情况的，劳动监察主体有权给予责任人员以行政处罚；对触犯治安管理处罚条例的，有权建议公安机关处理。

劳动监察主体在履行监察职责过程中，同时负有法定义务。根据我国现行规定，主要有：（1）执行监察公务时，必须出示证件，并由两名以上检查人员参加；（2）遵守有关法规，秉公执法，不滥用职权，不营私舞弊；（3）进入劳动场所进行实地检查时，应当遵守相关纪律和规章制度；（4）不得泄露被检查单位和个人的秘密；（5）为检举和举报者保密。

【案例 9-3】

2004 年 6 月，劳动保障监察机构在日常巡查中发现某公司提供的劳动合同都是两份，于是怀疑该公司没有将劳动合同交付给劳动者本人。经调查了解，该公司于 2003 年底与 20 名劳动者续签了一年期劳动合同，并于 2004 年 1 月在劳动保障行政部门进行了劳动合同鉴证，但是该公司确实一直没有将劳动合同交还给劳动者本人一份，且公司的这种做法已经延续多年。劳动保障监察机构指出公司的错误做法，根据《劳动法》的规定下达了限期改正指令书，要求公司在10天之内将属于劳动者的那份劳动合同归还劳动者本人。但是该公司认为劳动者的那份劳动合同将会放入劳动者的档案资料中，不需要交到劳动者本人手中，况且公司已及时签订劳动合同并进行鉴证，因此对劳动保障监察机构下达的限期改正指令书不以为然，没有在10天内整改到位，根据《劳动保障监察条例》第30条规定，对该公司处以1万元罚款。

点评：劳动合同是劳动者与用人单位之间建立劳动关系的法律依据，是双方当事人明确各自权利与义务的基本形式，也是劳动者维护自身合法权益的最直接的证据。在现实生活中，不少用人单位以种种理由拒绝将属于劳动者本人的劳动合同归还劳动者，这种做法直接侵害了劳动者的合法权益，因为劳动合同一般会明确劳动合同期限、工作岗位、工时制度、劳动报酬、劳动合同终止的条件以及约定保守商业秘密或者竞业限制的条款，这也是劳动者履行与用人单位劳动关系的依据和证明，如果劳动者手中没有这个有力的证明，一旦与用人单位发生劳资纠纷，劳动者则处于举证不利的境地，其合法权益极易遭受侵害。因此，劳动合同文本应当交付劳动者本人一份。

五、劳动监察的管辖

劳动监察的管辖，是指各级劳动行政部门之间对用人单位遵守劳动法律、法规的情况进行监督检查及对违反劳动法律、法规的行为进行行政处理的分工和权限划分。

（一）地域管辖

地域管辖，是指同级劳动行政部门在行使劳动监察权上的横向权限划分。《劳动保障监察条例》第13条规定："对用人单位的劳动保障监察，由用人单位用工所在地的县级或者设区的市级劳动保障行政部门管辖。"这里要明确两层含义：第一，劳动保障监察主要由县级、设区的市级劳动保障行政部门管辖。因为县级和设区的市级劳动保障行政部门与用人单位和劳动者联系最为直接、广泛，由它们管辖能够充分发挥其情况熟、地域熟、时效强的特点，也有助于推进劳动保障监察执法体制改革。第二，由用人单位用工所在地的劳动保障行政部门管辖，用人单位的用工所在地就是用工行为地，包括合法用工行为和违法用工行为。即用人单位在哪个行政区域内用工，就由该行政区域的劳动保障行政部门实施监察管辖。这样规定既能便于劳动保障行政部门对用人单位的日常检查和监察管理以及对违法行为调查取证，还可以节省劳动保障行政部门的人力、物力、财力，提高行政执法工作效率。同时，也方便劳动者对违反劳动法律、法规的行为的举报、投诉。

（二）级别管辖

级别管辖，是指不同级别的劳动行政部门实施劳动监察的分工和权限划分，是一种纵向划分。由于各地的用人单位分布、性质、数量不太平衡，各级劳动行政部门承担的工作任务和执法力量也不太均衡，情况差别很大，不适宜作出具体级别管辖的划分，所以进行了授权规定，即由省、自治区、直辖市人民政府可以对劳动监察的管辖制定具体办法。此外，上级劳动行政部门根据工作需要，可以调查处理下级劳动行政部门管辖的案件。

（三）指定管辖

在劳动监察执法实践中，有时对同一区域内的用人单位难以确定由哪个地区哪一级的监察机构去实施监察，会出现有两个劳动行政部门都认为自己有管辖权而产生争议的情况。为了妥善处理这种管辖权的争议，劳动行政部门对劳动监察管辖发生争议的，报请共同的上一级劳动行政部门指定管辖。

（四）移送管辖

有的地方因管辖权不清楚，没有及时受理违法案件，而有的地方却越权处理了不属于本机构有权受理的案件。为了增强劳动行政部门严格依法行政意识，劳动行政部门对违反劳动法律、法规的行为，应作出处理，如果发现违法案件不属于劳动监察范围的，应当及时移送有关部门处理；涉嫌犯罪的，应当及时移送司法机关。

六、劳动监察的程序

劳动监察员必须遵循法定程序，才能使劳动监察行为发生合法的法律效力。劳动监察程序因监察形式而有所区别。我国现行的监察形式主要包括：普通劳动监察和专项劳动监察（劳动保护监察）、立案监察和不立案监察。首先，大多数劳动监察是普通劳动监察，主要以一般的国民经济部门为监察范围，又可以分为立案监察和不立案监察两种方式，其中，劳动监察机构在发现用人单位违法行为的情况下，会采用立案监察形式，相应也会启动立案监察程序；而对于没有发现用人单位违法行为的情况会采用不立案监察形式，启动的则是不立案监察程序。专项劳动监察，则针对的是某些技术性、专业性很强的劳动检查项目，比如矿山安全监察、锅炉压力容器安全监察、建设项目劳动安全卫生监察等。与之相应，就产生了两种监察程序，即普通劳动监察程序和专项劳动监察程序。

（一）普通劳动监察程序

普通劳动监察程序以日常巡视检查、审查用人单位按照要求报送的书面材料以及接受举报投诉、立案查处等形式进行。

1. 日常巡视检查的程序

(1) 劳动监察员定期或不定期进入用人单位进行检查。检查时应该向用人单位告知检查的目的、内容、要求、方法。劳动行政部门应当为日常巡视检查制定年度计划和中长期规划,确定重点检查范围,并按照现场检查的规定进行。可以针对劳动法律实施中存在的重大问题集中组织专项检查活动,必要时,可以联合有关部门或组织共同进行。

(2) 了解用人单位遵守劳动法律法规的情况,并巡视劳动场所。劳动监察机构在必要时,可以向用人单位发出《劳动监察询问通知书》。用人单位应当自收到通知书之日起10日内向劳动保障监察机构作出书面答复。

(3) 制作检查笔录。现场检查情况必须有笔录,笔录应当由劳动监察员和用人单位法定代表人(或法定代表人委托的代理人)签名或盖章,用人单位法定代表人拒不签名或盖章的,应当注明拒签情况。

2. 受理投诉或举报

(1) 投诉或举报的主体和方式。

任何组织或个人对违反劳动法律的行为,都有权向劳动行政部门举报。劳动者对用人单位违反劳动法律、侵犯其合法权益的行为,有权向劳动行政部门投诉。对因同一事由引起的集体投诉,投诉人可以推荐代表投诉。

投诉人在投诉时应当向劳动行政部门递交投诉文书,书写投诉文书确有困难的,可以口头投诉,由劳动监察机构进行笔录,并由投诉人签字。投诉文书应当载明下列事项:①投诉人的姓名、性别、年龄、职业、工作单位、住所和联系方式,被投诉用人单位的名称、住所、法定代表人或者主要负责人的姓名、职务;②劳动保障合法权益受到侵害的事实和投诉请求事项。

为方便群众举报或投诉,劳动行政部门或者受委托实施劳动监察的组织依法应当设立举报、投诉信箱,公开举报、投诉电话;对举报人反映的违反劳动法律的行为,劳动行政部门应当依法予以查处,并为举报人保密;对举报属实的,为查处重大违法行为提供主要线索和证据的举报人,给予奖励。

(2) 对投诉或举报的处理。

劳动行政部门根据群众投诉或举报内容的不同,应当区别对待,分别予以处理。对符合下列条件的投诉,劳动行政部门应当在接到投诉之日起5个工作日内依法受理,并于受理之日立案查处:①违反劳动法律的行为发生在2年内的。对超过时效的投诉,劳动行政部门应当在接到投诉之日起5个工作日内决定不予受理,并书面通知投诉人。②有明确的被投诉用人单位,并且投诉人的合法权益受到侵害是被投诉用人单位违反劳动法律的行为所造成的。③属于劳动监察职权范围并由受理投诉的劳动行政部门管辖。

对有下列情形之一的投诉，劳动行政部门应当告知投诉人依照劳动争议处理或者诉讼程序办理：①应当通过劳动争议处理程序解决的；②已经按照劳动争议处理程序申请调解、仲裁的；③已经提起劳动争议诉讼的。

对下列因用人单位违反劳动法律的行为对劳动者造成损害的，劳动者与用人单位就赔偿发生争议的，应该依照国家有关劳动争议处理的规定处理：①因用人单位指定的劳动规章制度违反法律、法规规定，对劳动者造成损害的；②因用人单位违反对女职工和未成年工的保护规定，对女职工和未成年工造成损害的；③因用人单位原因订立无效合同，对劳动者造成损害的；④因用人单位违法解除劳动合同或者故意拖延而不订立劳动合同，对劳动者造成损害的；⑤法律、法规规定的其他因用人单位违反劳动保障法律的行为，对劳动者造成损害的。

3. 立案查处违法行为的程序

（1）登记立案。

劳动行政部门通过日常巡视检查、书面审查、举报等发现用人单位有违反劳动法律法规的行为，并经过审查由劳动监察机构确认有违法事实，需要进行调查处理的，应当登记立案。登记立案时应当填写立案审批表，报劳动监察机构负责人审查批准。劳动监察机构负责人批准之日即为立案之日。

（2）调查取证。

对已经登记立案的案件，劳动监察机构应当全面、客观、公正地调查，收集有关证据。证据包括书证、物证、视听资料、证人证言、当事人的陈述、鉴定结论、勘验笔录、现场笔录等。调查期限为自立案之日起 60 个工作日内完成；情况复杂的，经劳动保障行政部门负责人批准可以延长 30 个工作日。

（3）案件处理。

用人单位存在的违反劳动法律法规的行为，如果事实确凿并且有法定处理依据的，劳动监察员可以当场或者经调查取证后作出处理。自立案调查完成，劳动保障行政部门应该在 15 个工作日内作出行政处罚或行政处理、撤销立案等决定；特殊情况的，经劳动保障行政部门负责人批准可以延长。对于依法应当收到行政处罚的，依法作出行政处分决定；对于应当改正未改正的，依法责令改正或者作出相应的行政处理决定；对于情节轻微，且已经改正的，撤销立案。经调查、检查，劳动保障行政部门认定违法事实不能成立的，也应当撤销立案；发现违法案件不属于劳动保障监察事项的，应当及时移送有关部门处理；涉嫌犯罪的，应当依法移送司法机关。

(4) 送达。

劳动监察处理决定书应当在宣告后当场交付当事人；当事人不在场的，劳动监察部门应当在7日内依照《民事诉讼法》的有关规定，将有关处理决定书送达当事人。处理决定书自送达当事人之日起生效。

(5) 存档、备案。

劳动监察案件结案后应当建立档案，档案资料至少保存3年。档案包括下列内容：①立案审批表；②调查、询问、勘验笔录、鉴定结论、证明材料等；③案件讨论记录；④案件处理报批表；⑤处罚决定书；⑥送达回执；⑦执行情况记录；⑧行政复议决定书或者判决书、裁定书副本；⑨结案审批表；⑩其他有关材料。

4. 不立案查处违法行为的程序

普通不立案监察程序，即因尚未发现用人单位有违法行为而不立案，仅对用人单位进行例行检查、不定期检查的程序。相较于立案监察程序，其规则比较简单，现场检查由两名劳动监察员共同进行；劳动监察员进入被检查场所，应出示劳动监察证件和说明身份；检查前劳动监察员应当向用人单位告知检查的目的、内容、要求和方法；检查时应了解用人单位遵守劳动法的情况，并巡视劳动场所；现场检查情况应有笔录，笔录应由劳动监察员和用人单位法定代表人（或者委托代理人）签名或盖章；用人单位法定代表人拒不签名或盖章的，应注明拒签情况；检查中发现的一般性缺陷可以不作立案处理，但应记录检查结果和建议；对争议问题应及时向监察机构汇报并建议立案调查。劳动监察机构在必要时，可以向用人单位发出《劳动监察询问通知书》，用人单位应当在收到通知书之日起10日内向劳动监察机构作出书面答复。

(二) 劳动保护监察程序

劳动保护监察程序具有专业性，即矿山安全卫生监察、锅炉压力容器等特种设备安全监察、建设项目（工程）劳动安全卫生监察等专项检查的程序各有其特殊的程序规则。根据《矿山安全监察条例》、《矿山安全监察工作规则》、《锅炉压力容器安全监察暂行条例》及其实施细则、《建设项目（工程）劳动安全卫生监察规定》等法规的规定以及监察实践，劳动保护监察程序一般包括以下几个主要环节：（1）监察准备。主要包括有：制订监察计划；查阅有关安全卫生法规和帮助，了解被检查单位的工艺流程图、工艺条件、操作规程和安全卫生要点；准备必要的检测工具、仪器、表格；挑选和训练检查人员。（2）实施检查。其检查方式包括立案检查和不立案检查，事前检查、事中检查和事后检查，现场检查、样品检查和书面检查。其检查措施有询问、查阅、审查、检测、检验、勘验、考核、验收、评价等多种。在检查过程中，发现危及安全的紧急情况，应有权要求被检查单位立即处理。检查结束后，要写出检查报告，阐明查证的事实和结论，提出处理意见。(3) 纠正违章行为。即纠正已经认定的违反劳动保护法规、标准的行为。其中，既包括物质条件方面，如建筑物、构筑物、设备、设施、工具、仪器、原材料和作业场所等方面的缺陷、隐患和危害；也包括管理工作方面，如市场技术管理、规章制度、劳动组织、人员素质、安全管理等方面的缺陷和问题。对经过立案检查所认定的违章行为，可以采取下列纠正步骤：确认违章行为的性质，提出处理意见；发出《劳动保护监察意见通知书》，要求违章单位在限期内解决；监督违章单位执行《劳动保护监察意见通知书》；检查整改结果。

【案例 9-4】

王某在某年 8 月被江苏省某公司录取，该公司对王某的工资分配实行结构工资形式，即将其分解成基础工资、奖金、津贴、补贴等几部分，根据具体考核计算每月工资。由于企业生产经营随着市场情况不断调整变化，王某的每月工资收入变化也较大。为了确定社会保险费的缴费基数，公司与王某约定：以基础工资的标准作为缴纳社会保险费的缴费基数。王某虽然也对此有异议，但为了能够在公司长期工作下去，就同意了。于是，公司就按双方约定的数额为王某缴纳社会保险费。次年 8 月，公司在合同终止后决定不再与王某续订劳动合同，王某对公司不再续订合同感到失望。在办理离职手续时，王某向公司提出社会保险费缴纳基数与自己工资收入不相符的问题，希望公司予以解决。公司表示双方对社会保险费缴费基数已有约定了，公司按约定数额缴纳不存在问题，拒绝了其要求，王某于是向劳动监察机构进行举报。劳动监察机构通过调取王某两年来的工资单和社会保险缴纳资料，确定王某举报内容属实，根据《江苏省社会保险费征缴条例》第 28 条规定，对该公司下达了《劳动保障监察限期改正指令书》，责令公司为王某补缴未足额缴纳社会保险费的差额部分。

点评：《劳动法》和《劳动合同法》都明确规定劳动关系双方当事人都必须参加社会保险，缴纳社会保险费，《江苏省社会保险费征缴条例》第 10 条规定："缴费单位应当根据本单位职工工资总额、职工工资收入和费率按月向社会保险经办机构申报应当缴纳的社会保险费数额，经社会保险经办机构核定后，在规定的期限内按月缴纳社会保险费，并依法履行代扣代缴社会保险费的义务。前款规定的职工工资总额是指缴费单位直接支付给本单位全部职工的劳动报酬总额；职工工资收入是指缴费单位直接支付给职工本人的劳动报酬（包括工资、奖金、津贴、补贴和其他工资性收入等）。"国家统计局《关于工资总额组成的规定》对工资总额的规定为："工资总额是指各单位在一定时期内之间直接支付给本单位全部职工的劳动报酬总额。""工资总额由下列六个部分构成：（1）计时工资；（2）计件工资；（3）奖金；（4）津贴和补贴；（5）加班加点工资；（6）特殊情况下支付的工资。"

以上规定对有关工资总额的组成部分做了明确的规定，是具体计算工资总额的法定依据。本案中，公司与王某双方都依法负有按规定缴纳社会保险费的义务，当事人以约定缴费基数的方式缴纳社会保险费，违反了按工资总额核定缴费基数的规定，因此该约定因不符规定而无效；公司缴费基数统计中未列入奖金、津贴、补贴等几部分劳动报酬，而这几部分均属于应当列入工资总额统计的范围，由此产生的社会保险费少缴部分公司应当按规定补缴。

第三节 我国劳动监察行政处罚

一、劳动监察行政处罚的概念与特征

劳动监察行政处罚，是指劳动监察主体依法对违反劳动监察法律规范但尚未构成犯罪的行为人给予法律制裁的具体行政行为。它具有以下主要特征：

（1）劳动监察行政处罚由特定的行政主体作出。行政处罚权是一项重要的行政权力，必须由具有行政主体资格的劳动行政机关作出，其他国家机关不得享有和行使行政处罚权。

（2）劳动监察行政处罚是针对违反劳动监察法律规范，但还没有构成犯罪的行为所实施的制裁。劳动监察行政处罚是劳动行政监察主体对违反劳动监察行政管理规范的行为的制裁，而不是对违反其他法律秩序行为的制裁，而且，劳动监察行政处罚所制裁的违法行为一般是没有构成犯罪的行为，如果违反劳动监察行政管理秩序的行为上升到了犯罪，那就不再是行政处罚而是刑事制裁了。只有行政相对人实施了法律、法规规定的必须给予行政处罚的违法行为时，才能够受到劳动监察行政处罚。

（3）劳动监察行政处罚的目的既是对违法者的惩戒和教育，促进其及时改正，使之以后不再重犯，也是为了维护劳动法律秩序，保护劳动关系的和谐发展。

二、劳动监察行政处罚的原则

劳动监察行政处罚的原则，是指由劳动监察主体实施行政处罚时所必须遵循的基本准则。它贯穿于劳动监察行政处罚的全过程，对劳动监察行政处罚的设定和实施都提出了总体要求，对劳动监察行政处罚行为具有普遍约束力。具体内容如下：

（一）处罚法定原则

其基本含义：（1）劳动监察行政处罚的设定权法定；（2）实施劳动监察行政处罚的主体和职权是法定的；（3）劳动监察行政处罚的依据是法定的，法无明文规定不得处罚；（4）处罚的种类、内容和程序是法定的；（5）违法实施的劳动监察行政处罚行为无效或者可以被撤销。

（二）公正、公开原则

《劳动监察程序规定》第13条第1款规定，劳动监察机构审议劳动监察案件，对于违法行为事实清楚，证据确凿，依法应当给予行政处罚的，应将案件处理报批表报劳动行政部门负责人批准。

所谓公正，就是保证在实施劳动监察行政处罚时必须公平正直，没有偏私，因此，要保证处罚的公正，就必须做到：（1）劳动监察行政处罚必须贯彻"以事实为依据，以法律为准绳"的原则，严格依法办事。（2）要根据法律、法规的规定，由有行政处罚权的劳动行政机构，根据用人单位违反劳动法律规范的行为的具体实施和情节，给予相应的处罚，而且处罚的过程要符合法定程序。（3）不得滥用自由裁量权。

所谓公开，就是要增强劳动监察行政处罚行为的透明度。主要是做到：有关规范性文件必须公开、实施劳动监察行政处罚的程序必须公开，其中主要有表明执法身份、调查取证公开、履行告知程序、听取当事人的陈述和申辩、公开听证等。

（三）处罚与教育相结合原则

作为法律制裁的一种形式，劳动监察行政处罚不单纯是以处罚为目的，其根本目的在于预防和制止违法行为，从而维护公共利益和劳动关系。因此，劳动监察行政处罚必须建立在说服教育的基础上，通过教育，使受罚者了解到行为的违法性，及时纠正，并保证今后不再重犯。同时，教育必须以处罚为后盾，不能以教代罚，通过施以必要的处罚，使受罚者真正引以为戒。

（四）保护受罚者合法权益原则

在劳动监察行政处罚过程中，必须保证受罚者获得合法权益的保障，要保证其享有陈述权、申辩权、申请行政复议权、提起行政诉讼权、获得行政赔偿权等。

三、劳动监察行政处罚的种类与设定

(一) 劳动监察行政处罚的种类

我国《劳动行政处罚若干规定》第5条规定："劳动行政处罚的种类包括：警告、罚款、没收违法所得、责令停产停业、吊销许可证。劳动法律、行政法规中规定的通报批评，应根据《行政处罚法》第8条第（7）项的规定视为独立的行政处罚种类。"第6条规定："责令改正是行政机关在行政管理过程中采取的一种行政管理措施。实施时，按照《行政处罚法》第23条的规定执行。"对此，我国劳动行政监察机构对违法行为的行政处罚措施主要有以下几种：

1. 警告、通报批评

这是给予违反劳动法律法规的行为人一种精神上的谴责和警戒的处罚方式，适用于情节显著轻微、并未造成实际后果的行为人。例如，《尘肺病防治条例》第23条规定，劳动部门可以对违反该规定的9种行为，视其情节轻重给予警告处罚。《进出口锅炉压力容器监督管理办法》第20条规定，对违反本规定的单位和个人，应根据情节轻重由商检机构和省级锅炉监察机构给予通报批评。

2. 责令改正

这种方式主要适用于有严重危险事故隐患的单位和其他可以及时纠正的违法行为。《劳动保障监察条例》第24条规定："用人单位与劳动者建立劳动关系不依法订立劳动合同的，由劳动保障行政部门责令改正。"第27条第1款规定："用人单位向社会保险经办机构申报应缴纳的社会保险费数额时，瞒报工资总额或者职工人数的，由劳动保障行政部门责令改正，并处瞒报工资数额1倍以上3倍以下的罚款。"《矿山安全监察条例》第5条第2款规定："矿山安全监察员进行现场检查时，发现有危及职工安全健康的情况，有权要求立即改正，或限期解决；情况紧急时，有权要求立即从危险区内撤出作业人员。"

3. 责令停产停业

这是对行为人从事某种行为的权利的剥夺。当行为人违反了劳动法律法规，经批评后在指定的限期内又不改正的，劳动行政部门有权责令其停产停业。《漏电保护器安全监察规定》第45条规定："凡违反本规定，进行生产、销售、安装使用的，视情节轻重由劳动部门责令停产停销或限期整改，

并按规定给予相应的经济处罚。"《乡镇露天矿场安全生产规定》第 17 条规定，矿场安全有重大事故隐患又不进行整顿改造的，应责令其停产。

4. 罚款

这是强制行为人在一定期限内向国家缴纳一定数量货币的处罚形式，是具有经济制裁性质的行政处罚方式，也被广泛运用于劳动行政处罚中。《私营企业暂行条例》第 42 条规定，私营企业不按国家关于劳动保护的规定从事生产经营的，或招用童工的，或侵犯职工合法权益的，由劳动行政管理机构根据情节，给予罚款的处罚。《锅炉房安全管理规则》第 16 条规定，对有本规定所列 10 种行为之一的，由当地劳动部门签发《付款通知书》给予经济处罚，单位罚款数额由 500 元到 10000 元，对责任者个人给予 200 元以下的罚款。

5. 吊销许可证

这是劳动行政机构对公民、法人或其他组织从事某种行为的权利的剥夺。当公民、法人或其他组织违反劳动法律法规，不再具备持有许可证的条件时，劳动行政机构可以给予吊销。在我国的劳动行政监督检查中，吊销许可证是一种重要的执法行为，涉及劳动就业、劳动力管理、职业介绍、职业培训、劳动保护等方面。如《厂长、经理职业安全卫生管理资格认证规定》第 16 条规定："凡发生由本人负主要连带责任的重大伤亡事故，或在组织管理生产、施工过程中有严重违章行为者，由当地考核发证部门记证，并限期重新培训考核。凡被记证两次的，由发证部门吊销《安全管理资格证书》。"

（二）劳动监察行政处罚的设定

所谓劳动监察行政处罚的设定，是指有权国家机关依法在法律、法规和规章中，创设劳动监察行政处罚的活动。为了保证劳动监察行政处罚的严肃性和统一性，《劳动行政处罚若干规定》第 4 条规定："法律、法规和规章以外的规范性文件不得设定行政处罚，但可以在法律、法规和规章规定给予行政处罚的行为、种类和幅度的范围内作出具体规定。在作出处罚决定时若引用该规范性文件，必须首先引用所依据的法律、法规或规章。"由此可见，劳动监察行政处罚的设定权分布在法律、行政法规、地方性法规、行政规章、地方政府规章中。

四、劳动监察行政处罚的实施

劳动监察行政处罚的实施，是指劳动监察行政主体依法对违反劳动监察法律规范的行为人给予相应行政处罚的活动。它涉及行政处罚的实施机关、处罚管辖和适用等具体问题。

（一）劳动监察行政处罚的实施机关

劳动监察行政处罚的实施机关，是指依法具有实施行政处罚活动的机关与组织。行政处罚的实施机关包括劳动行政机关；法律、法规授权的组织；行政机关委托的组织。

1. 劳动行政机关

劳动行政机关是最主要的实施机关，我国《劳动行政处罚若干规定》第2条规定："本规定适用于依法享有行政处罚权的县级以上劳动行政部门。"第9条规定："劳动行政部门设立的属于事业组织的劳动监察机构经劳动行政部门的依法委托，有权以所属行政机关的名义作出行政处罚。"第10条规定："乡镇劳动管理机构受派出机关的依法委托，有权以派出机关的名义实施行政处罚。"

2. 法律、法规授权的组织

我国《劳动行政处罚若干规定》第14条规定："未经法律、法规授权或未经劳动行政部门依据法律、法规、规章委托的事业组织或者其他组织不得实施行政处罚。"非劳动行政机关的组织经授权成为劳动行政监察行政处罚的实施机关，必须具备以下条件：（1）只有法律、法规才可以作为该种授权，其他规范性文件都不能；（2）被授权的组织必须在授权范围内实施处罚，不能超越权限；（3）被授权的组织必须是具有管理劳动事务职能的组织。

3. 行政机关委托的组织

实践中，基于劳动监察的需要，劳动行政机关可以将自己的劳动监察行政处罚权委托给非行政机关的组织，但必须有一定限制，具体表现为劳动行政机关实施委托和非行政机关的组织接受委托都应具备一定的条件。其中，劳动行政机关实施委托的条件包括：（1）必须要有法律、法规、规章上的依据，否则劳动行政机关不得自行委托；（2）劳动行政机关只能将自己所拥有的行政处罚权进行委托，否则就构成越权。而非行政机关的组织接受委托的条件包括：（1）受委托的组织只能是依法成立的管理劳动事务的事业单位；（2）必须具有熟悉劳动监察法律规范的工作人员；（3）对违法行为需要进行检查或调查取证的，应有条件组织进行相应的监察或调查取证；（4）受委托组织不得将得到的行政处罚权再行委托。受委托的组织在委托范围内以委托劳动行政机关的名义实施行政处罚，其行为后果由委托行政机关承担，并要接受委托劳动行政机关的监督。

（二）劳动监察行政处罚的适用

劳动监察行政处罚的适用，是指劳动监察行政处罚的实施机关认定相对人有违法行为的，依法决定对其是否应予处罚、如何处罚的行政执法活动。我国《行政处罚法》对行政处罚适用的原则和量罚的情节等作了具体规定。

1. 适用原则

即劳动监察行政主体依法对违法者实施处罚时所应遵循的行为准则，是劳动监察行政处罚原则在处罚适用阶段的具体要求。

（1）一事不再罚原则。

《行政处罚法》第24条规定："对当事人的同一个违法行为，不得给予两次以上罚款的行政处罚。"其具体适用应注意三点：其一，被监察主体的一个违法行为违反了一个法律、法规或规章规定，由一个行政机关实施的劳动监察行政处罚措施中，只能处罚一次；其二，被监察主体的一个违法行为同时违反了两个以上法律、法规或规章的，可以给予两次处罚，但如果是给予罚款的，罚款只能适用一次，另一次可以是给予其他种类的处罚，但不能再给予罚款处罚；其三，被监察主体的一个违法行为违反了一个法律、法规或规章的规定，依据规定劳动监察行政机关可以并处包括罚款在内的两种处罚的，则劳动监察行政机关也只能罚款一次，要依法给予罚款和并处其他形式的处罚。

（2）劳动监察行政处罚追诉限时原则。

即对被监察主体违法行为给予行政处罚受到时效上的限制，超过一定的时限的，监察主体不能对其实施劳动监察行政处罚。《行政处罚法》第29条第1款规定："违法行为在2年内未被发现的，不再给予行政处罚。法律另有规定的除外。"《劳动保障监察条例》第20条第1款规定："违反劳动保障法律、法规或者规章的行为在2年内未被劳动保障行政部门发现，也未被举报、投诉的，劳动保障行政部门不再查处。"可见，在2年内，被监察主体的违法行为没有被发现的，则不会再被追究。对追诉期限的计算方法为：一般没有连续或继续状态的违法行为，从行为发生之日起计算；对有连续或继续状态的违法行为，从行为终了之日起计算。

2. 量罚情节

这是指劳动监察行政机关对被监察主体实施行政处罚时，作为决定是否处罚和处罚轻重所应考虑的各种情况。有不予处罚（比如，违法行为轻微并及时纠正、没有造成危害后果的，不予处罚；违法行为已经过了追诉时效的，不予处罚）、从轻或减轻处罚（被监察主体主动消除或者减轻违法行为危害后果的,应当从轻或减轻处罚;配合行政机关查处违法行为、有立功表现的,应当从轻或减轻处罚)、从重处罚(违法情节恶劣,造成严重危害后果的,应当从重处罚;多次实施违法行为,屡教不改的,应当从重处罚;不听劝阻,继续实施违法行为的,应当从重处罚)。

五、劳动监察行政处罚的程序

与前述劳动监察处理程序相似,劳动监察行政处罚只是对案件处理的一种方式,所以受理与其立案、调查、检查、送达等环节的规定都相同,只存在对案件处理环节上的差异,以下就对劳动监察行政处罚的处理规则进行介绍。

(一) 告知与申辩

《关于实施〈劳动保障监察条例〉若干规定》第34条规定:"对违反劳动保障法律的行为作出行政处罚或者行政处理决定前,应当告知用人单位,听取其陈述和申辩;法律、法规规定应当依法听证的,应当告知用人单位有权依法要求举行听证;用人单位要求听证的,劳动保障行政部门应当组织听证。"《行政处罚法》第31条规定:"行政机关在作出行政处罚决定之前,应当告知当事人作出行政处罚决定的事实、理由及依据,并告知当事人依法享有的权利。"第32条规定:"当事人有权进行陈述和申辩。行政机关必须充分听取当事人的意见,对当事人提出的事实、理由和证据,应当进行复核;当事人提出的事实、理由或者证据成立的,行政机关应当采纳。行政机关不得因当事人申辩而加重处罚。"据此规定,处罚机关在调查取证后,认为需要实施行政处罚的,在行政处罚决定作出前,告知当事人有关情况,并听取当事人的陈述和申辩,这是处罚机关必须履行的义务。根据《行政处罚法》第41条规定,行政机关及其执法人员在作出行政处罚决定之前,不依法告知当事人事实、理由和依据,或者拒绝听取当事人的陈述、申辩,行政处罚决定不能成立。当事人放弃陈述或者申辩权利的除外。

(二) 听证

《劳动行政处罚若干规定》第16条规定:"劳动行政部门在作出责令停产停业、吊销许可证、处以较大数额罚款等重大行政处罚决定前,应当举行听证。"《劳动行政处罚听证程序规定》第3条规定:"当事人要求听证的,劳动行政部门应当组织听证。当事人不承担组织听证的费用。"

1. 听证参与人

听证由听证主持人、听证记录员、案件调查取证人员、当事人及其委托代理人、与案件的处理结果有直接利害关系的第三人参加。

2. 告知听证的权利

劳动行政部门告知当事人有要求听证的权利，可以用书面方式或口头方式告知。以口头形式告知应当制作笔录，并经当事人签名。当事人要求听证的，应当在被告知后 3 日内以书面或口头形式提出。逾期不提出的，视为放弃听证权。劳动行政部门负责听证的机构接到当事人的听证申请后，应当立即确定听证主持人和听证记录员。由听证主持人在举行听证的 7 日前送达调整通知书，除了涉及国家秘密、商业秘密或者个人隐私外，听证应当公开进行。

3. 听证案件的当事人的权利和义务

听证案件的当事人享有的权利，主要包括：（1）申请回避权。对有听证主持人、听证记录员有下列情况之一的，应当自行回避，当事人可以依法申请回避，由劳动行政部门负责人决定是否回避：参与本案的调查取证人员；本案当事人的近亲属或者与当事人有其他利害关系的人员；与案件的处理结果有利害关系，可能影响听证公正进行的人员。（2）委托代理权。当事人可以亲自参加听证，也可以委托 1 至 2 名代理人参加听证。（3）质证权。对本案的证据有权向调查人员和证人进行质询。（4）申辩权。当事人有权就本案的事实与法律问题进行申辩。（5）最后陈述权。听证结束前，当事人有权就本案的事实、法律及处理进行最后陈述。

同时，听证当事人也要承担如下的义务：（1）按时参加听证；（2）如实回答听证主持人的询问；（3）遵守听证秩序。

4. 听证的程序

听证按照以下程序进行：（1）由听证主持人宣布听证会开始，宣布听证纪律，告知当事人听证中的权利和义务。（2）由案件调查取证人员宣布案件的事实、证据，适用的法律、法规和规章，以及拟作出的行政处罚决定的理由；（3）听证主持人询问当事人、案件调查取证人员、证人和其他有关人员并要求出示有关证据材料；（4）由当事人或者其代理人从事实和法律上进行答辩，并对直接材料进行质证；（5）当事人或者其代理人与调查取证人员就本案相关的事实和法律问题进行辩论；（6）辩论结束后，当事人作最后陈述；（7）听证主持人宣布听证会结束。制作的听证笔录交给当事人审核无误后签字或盖章。

（三）审查决定

劳动保障行政部门立案调查完成，应在 15 个工作日内作出行政处罚或者撤销立案决定；特殊情况，经劳动保障行政部门负责人批准可以延长。对依法应当受到行政处罚的，依法作出行政处罚决定；对情节轻微，且已改正的，撤销立案；经调查、检查，劳动保障行政部门认定违法事实不能成立的，也应当撤销立案。

（四）制作劳动保障监察行政处罚决定书

《关于实施〈劳动保障监察条例〉若干规定》第31条第1款规定："对用人单位存在的违反劳动保障法律的行为事实确凿并有法定处罚（处理）依据的，可以当场作出限期整改指令或依法当场作出行政处罚决定。"第2款规定："当期作出限期整改指令或行政处罚决定的，劳动保障监察员应当填写预定格式、编有号码的限期整改指令书或者行政处罚决定书，当场交付当事人。"第32条规定："当场处以警告或罚款处罚的，应当按照下列程序进行：（1）口头告知当事人违法行为的基本事实、拟作出的行政处罚、依据及其依法享有的权利；（2）听取当事人的陈述和申辩；（3）填写预定格式的处罚决定书；（4）当场处罚决定书应当由劳动监察员签名或者盖章；（5）将处罚决定书当场交付当事人，由当事人签收。劳动保障监察员应当在2日内将当场限期整改指令和行政处罚决定书存档联交给所属劳动保障行政部门存档。"第33条第1款规定："对不能当场作出处理的违法案件，劳动保障监察员经调查取证，应当提出初步处理建议，并填写案件处理报批表。"在第36条中，明确规定了劳动保障监察行政处罚（处理）决定书应载明的事项包括：（1）被处罚（处理）单位名称、法定代表人、单位地址；（2）劳动保障行政部门认定的违法事实和主要证据；（3）劳动保障行政处罚（处理）的种类和依据；（4）处罚（处理）决定的履行方式和期限；（5）不服行政处罚（处理）决定，申请行政复议或者提起行政诉讼的途径和期限；（6）作出处罚（处理）决定的行政机关名称和作出处罚（处理）决定的日期。劳动保障行政处罚（处理）决定书应当加盖劳动保障行政部门印章。

（五）送达劳动保障监察行政决定书

劳动保障行政处罚决定书应当在宣告后当场交付当事人；当事人不在场的，劳动保障行政部门应当在7日内依照《中华人民共和国民事诉讼法》的有关规定，将劳动保障行政处罚决定书送达当事人。送达的方式可以是直接送达、留置送达、委托送达、邮寄送达和公告送达等。

（六）劳动保障监察行政处罚决定的执行程序

劳动保障监察行政处罚决定书的执行程序，是指有关国家机关为保证其所确定的内容得以实现，而执行相应行为的程序。我国《行政处罚法》和《关于实施〈劳动保障监察条例〉若干规定》对执行原则和当事人逾期不缴纳罚款的强制措施等作了规定。

1. 执行原则

（1）自觉执行原则。

《关于实施〈劳动保障监察条例〉若干规定》第41条规定："劳动保障行政处理或处罚决定依法作出后，当事人应当在决定规定的期限内予以履行。"

（2）申诉不停止执行原则。

《关于实施〈劳动保障监察条例〉若干规定》第42条规定："当事人对劳动保障行政处理或行政处罚决定不服申请行政复议或者提起行政诉讼的，行政处理或行政处罚决定不停止执行。法律另有规定的除外。"在行政复议和行政诉讼阶段，原行政处罚决定所设定的内容不得停止执行。

2. 强制措施

劳动监察行政机关对当事人的违法行为作出罚款决定，除当场收缴外，均要求在一定期间内到指定银行缴纳罚款。《关于实施〈劳动保障监察条例〉若干规定》第45条规定："除依法当场收缴的罚款外，作出罚款决定的劳动保障行政部门及其劳动保障监察员不得自行收缴罚款。当事人应当自收到行政处罚决定书之日起15日内，到指定银行缴纳罚款。"当事人确有经济困难，需要延期或者分期缴纳罚款的，经当事人申请和劳动保障行政部门批准，可以暂缓或者分期缴纳。在当事人逾期不履行该义务时，作出罚款决定的劳动监察行政机关可以申请人民法院强制执行，或者依法强制执行，或者按照《行政处罚法》的规定，由作出行政处罚决定的行政机关每日按罚款数额的3%加处罚款，从而迫使当事人履行义务。

3. 申请行政复议和提起行政诉讼的权利

劳动监察机构在行使行政处罚权时应当告知当事人有申请行政复议和提起行政诉讼的权利。《劳动监察程序规定》第19条规定："用人单位对处罚决定不服的，可以依照《行政复议条例》和《行政诉讼法》的规定，申请复议或提起诉讼。"对此，最高人民法院在《关于执行〈中华人民共和国行政诉讼法〉若干问题的解释》中明确规定：协助机构作出具体行政行为时，未告知当事人的诉权或起诉期限，致使当事人逾期向人民法院起诉的，其起诉期限从当事人实际知道诉权或起诉期限时计算。再如，《尘肺病防治条例》第24条规定，当事人对卫生行政部门和劳动部门的处罚不服的，可以在接到处罚通知之日起15日内，向作出处理的部门的上一级机关申请复议。上级机关应当在接到申请之日起30日内作出答复。对答复不服的，可以在接到答复之日起15日内，向人民法院起诉。劳动行政机构在对用人单位和劳动者进行行政处罚时，应依照法律法规规定在处罚决定书上具体写明当事人不服处罚可以申请复议、提起诉讼。

【案例9-5】

张某在一家建筑公司工作。公司为了赶工期，经常加班加点，又不支付加班加点工资，就连劳动合同约定的工资，也时常拖欠。张某无奈之下，向公司提出辞职。而公司作出了《同意张某辞职的决定》，而且也未支付经济补偿金。张某认为，公司违法在先，自己提出解除劳动合同在后，公司应支付解除劳动合同的经济补偿金。于是，张某向当地劳动保障部门举报，反映该公司存在拖欠工资、不支付加班加点工资、解除劳动合同不支付经济补偿金等违法行为，要求劳动保障部门撤销公司作出的同意辞职决定，并责令该公司赔礼道歉，消除影响；责令公司依法支付拖欠的工资和解除劳动合同的经济补偿金。

劳动保障部门受理了张某的举报，初步查证的事实是，张某与公司就工资和经济补偿金发生的争议，已经劳动争议仲裁委员会裁决，且该仲裁裁决已得到执行。

点评：鉴于以上事实，劳动保障部门发出《劳动保障监察告知书》并告知张某：（1）关于工资和经济补偿金的争议，劳动争议仲裁已解决；（2）同意辞职决定，属于公司的用人自主权，通过劳动争议仲裁方式解决；（3）赔礼道歉、消除影响，是民事责任形式，劳动法律、法规中没有规定这种责任形式；（4）公司违法行为轻微，不予立案处罚。

张某对该《劳动保障监察告知书》不服，依法申请行政复议。行政复议机关受理此案后，依法作出行政复议决定。

4. 国家行政赔偿

根据我国《国家赔偿法》第4条规定："行政机关及其工作人员在行使职权时有下列侵犯财产权情形之一的，受害人有取得赔偿的权利：（1）违法实施罚款、吊销许可证和执照、责令停产停业、没收财物等行政处罚……"实践中，涉及财产权的违法行政处罚表现有很多：处罚主体不合法；超越权限；处罚对象错误；处罚内容错误；处罚程序违法等。可见，当劳动保障监察行政部门及其劳动监察员有上述违法行政处罚行为，造成被监察主体财产损失的，国家应当给予行政赔偿。

第九章 劳动监察

【前沿提示】

劳动监察功能悄然发生变化

一说起劳动保障监察,一些用人单位就会说:"不就是罚钱吗?"把劳动保障监察简单理解为罚款是用人单位的一个误区。这里面既有用人单位误解的因素,也有需要劳动保障监察反省的地方。

劳动监察的困难大致来自几个方面:一是监察任务越来越重。传统的劳动违法行为依然大量存在,新的法律法规又在不断地颁布实施,任务量大幅增加。二是案件内容越来越复杂。新情况、新问题不断出现,处理难度加大。三是面临压力越来越大。社会各界的期望值比过去更高。四是监察环境还有待改善。少数地区仍然存在干预监察的现象,如划定"特别保护单位"、设置事先报批程序、限制检查次数,甚至直接干预个案的处理等。五是自身能力亟待提高。如人手不足,经费不够。

其中最突出的可能是第五个方面。目前仍有一些地方没有成立专门的劳动保障监察机构。一些地区虽然成立了相关机构,但没有固定编制,人员兼职办案,实际上是虚设。中西部许多县级劳动保障部门,配备的劳动保障监察员基本上只有1人,现场监察时只能临时"借人"。即便在经济发达地区,人员配备也远远无法适应监察任务的要求。以广州市为例,每名监察员要面对3000多户用人单位,4万~6万名劳动者,这还不包括大量未经登记注册的非法用工单位及其从业人员。人手不足导致监察员疲于应付突发事件和投诉举报案件,无力开展日常巡查。一些监察机构仍然属于自收自支以及差额财政拨款的事业单位。即使是全额拨款的事业单位,财政列支的往往是人头经费,没有专门的办案经费和设备购置维护费,影响了劳动保障监察工作的正常开展。

从2004年底《劳动保障监察条例》实施以来,从中央到地方都加强了劳动保障监察的制度化、规范化建设。全国统一了劳动保障监察执法标志、执法证件和执法文书,制定了从立案、调查到检查、处理的全套程序。此后,各地也都采取了相应的规范性措施,进一步规范了执法行为,改善了执法形象。也就是说,劳动保障监察正在向服务型执法转变。应该说是更新了执法理念,改变了以罚代管的传统观念,加强了主动服务,由过去的以事后查处为主转变为事前预防和事后查处并举,通过强化劳动法律的宣传、教育和服务工作,更重视提高用人单位的自觉守法意识,更注重帮助用人单位更好地遵守劳动法律法规。一些地方的劳动保障监察机构在履行查处用人单位违法行为职责的同时,加强了法律宣传和服务,帮助用人单位规范用人管理，基本上做到了"查处一案，规范一户，带动一片"。同时，各地普遍开始建立劳动保障诚信制度，依托劳动保障监察结果建立"守法诚信档案"。实践证明，此项制度不仅有助于实现重点监管，而且可提高用人单位守法意识，实现标本兼治。

同时，劳动保障监察工作手段也发生了变化。实际上，各地一直都在不断探索有益的监管模式。像上海市建立了网格化、网络化"两网"互动监察模式，实现了全年监察无休日，实行了24小时接受投诉举报的全天候服务制度；浙江、江苏、山东、广东、四川、黑龙江等地实行了网格化管理制度；浙江省制定了《劳动保障应急周转金管理办法》，用于劳动保障方面突发性群体事件的应急保障；山东省出台了《劳动保障一体执法实施办法》等。

劳动保障监察是一项实务性极强的工作，需要在实践中摸索、完善。总结地方上的成功经验，对完善劳动保障监察制度十分必要。

【思考题】
1. 劳动监察的含义和特征是什么？
2. 劳动监察与劳动仲裁的区别有哪些？
3. 劳动监察机构的管辖是如何划分的？

第十章　社会保障法概述

【引言】社会保障是国家或社会依法建立起来的、具有经济福利性的国民生活保障与社会稳定系统，是一个项目众多、内容庞杂的体系。社会保障法以法律的形式将社会保障的基本制度和结构确定下来，使得社会保障有法可循。

【学习目的与要求】本章从社会保障法的基础理论入手，要求对社会保障法的概念、调整对象、历史沿革、基本原则和体系作全面的了解。

【知识结构简图】

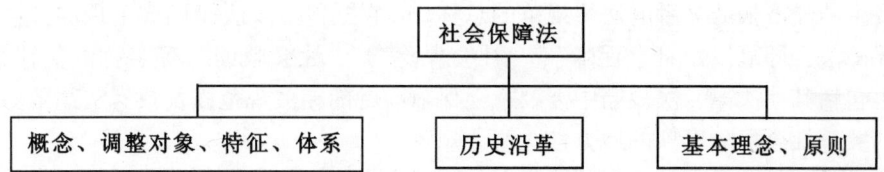

【引例】改革开放以来，特别是从1984年开始，随着社会保险制度改革的推行，社会保险立法工作逐步展开。其中最具有代表性的法规是1986年国务院发布的《国营企业实行劳动合同制暂行规定》，该规范确立了劳动合同制工人的养老保险制度。与此同时，国务院还发布了《国营企业职工待业保险暂行规定》，初步确立了我国的失业保险制度。另外，1988年国务院颁布的《女职工保护规定》提高了生育保险待遇。1991年国务院发布了《关于企业职工养老保险制度改革的决定》，明确了企业职工养老保险制度改革的基本方向。1993年国务院发布了《国有企业职工待业保险规定》，扩大了失业保险的范围。从1994年开始，国务院组织了"社会统筹与个人账户相结合"的医疗保险试点。1998年出台了《国务院关于建立城镇职工基本医疗保险制度的决定（征求意见稿）》。工伤保险和医疗保险也都在相关行政法规指导下启动改革试点工作。1997年国务院还发布了《建立城市居民最低生活保障制度的通知》。1999年1月22日由国务院颁布的《失业保险条例》和《社会保险费征缴暂行条例》同时出台。我国的社会保障制度进行了一系列的改革,社会保障立法逐步增多,初步形成了国家、企业和个人共同负担的多层次的社会保障格局。2010 年 10 月 28 日经全国人大常委会通过后正式颁布了《中华人民共和国社会保险法》,自 2011 年 7 月 1 日生效。该法内容涵盖养老、医疗、失业、工伤、生育等多项社会保障措施,加强了对社会保险和社保基金的监管力度,丰富和完善了中国社会保障体系,成为中国社会保障法制建设的里程碑。

第一节 社会保障法的概念和历史沿革

一、社会保障法的概念和调整对象

(一) 社会保障法的概念

社会保障法是调整社会保障关系的法律规范的总称。具体而言,社会保障法是调整以国家、社会和全体社会成员为主体,为了保证社会成员的基本生活需要并不断提高其生活水平,以及解决某些特殊社会群体的生活困难而发生的经济扶助关系的法律规范的总称。[①] 它既包括以法律形式出现的社会保障法,即冠以"社会保障"、"社会保险"、"社会救助"等名称的法律,也包括其他法律、法规当中涉及社会保障问题的相关规范以及具有法律效力的关于社会保障事项的地方性法规、规章。

基于此概念,社会保障法具备如下几点内涵:

(1) 从社会保障的主体来看,既包括国家,也包括社会组织和社会成员。在这些主体之中,国家始终居于主导地位。这也将社会保障同传统的家庭及商业保险相区别。

(2) 从社会保障的保障对象来看,是可能遭受社会风险的一切社会成员。社会风险必然存在并且具有极不确定性,任何社会成员均可能遇到,社会保障的对象必然要求覆盖全体社会成员。这比传统的其他保障形式的涉及面更广。

(3) 从社会保障法的产生原因来看,如果没有社会风险,便不需要防范和化解社会风险的社会保障法律规范存在。

(4) 从社会保障的目的来看,帮助社会成员克服其不可预见或无法抗

---

① 林嘉. 社会保障法的理念、实践与创新. 北京:中国人民大学出版社,2002:16-17.

拒的社会风险，以实现和保障其生存和发展的权利。

（5）从社会保障的手段来看，通过国家和社会集众人之力，给予遭受风险的社会成员一定利益，这种利益一般体现为补偿或补救性的，表现为金钱、实物以及服务等形式。

（6）从社会保障法的内容来看，要对社会保障的项目体系、实施范围、实施对象、经费来源、待遇标准、计算公式、申请程序等进行合理的设计和规划。

（二）社会保障法的调整对象

社会保障法是以社会保障关系为其调整对象的，具体而言表现为国家、各类单位和社会成员之间在社会保障各项活动当中所发生的关系。

从不同的角度出发，社会保障关系可以分成若干种类：从主体出发，社会保障关系主要包括国家与社会成员之间的关系、社会保障机构与政府之间的关系、社会保障机构与社成员之间的关系、社会保障机构之间的关系、社会保障机构与用人单位之间的关系、用人单位与劳动者之间的关系；从内容出发，社会保障关系主要包括社会保险关系、社会救济关系、社会福利关系、社会优抚关系；从社会保障主体保障利益不同出发，社会保障关系主要包括社会保障基金筹集关系、社会保障基金营运关系、社会保障基金监督关系、社会保障基金支付关系。

二、社会保障法的特征

（一）社会保障法体现出国家强制性

社会保障法所体现出来的国家强制性主要表现在法定性和国家干预两个方面。社会保障是为了社会成员基本生存权和发展权实现而设置的一种制度，其目的是保证社会成员基本权利得以实现。凡是社会保障法规定的受保范围，都必须参加社会保障，并依靠国家强制力保障受保范围的公民和社会组织履行其法定的义务。因而，社会保障法明确规定国家（各级政府）、社会、企业、个人及有关各方必须履行的义务，社会保障的具体项目、实施范围、资金筹集、待遇标准、计算方法等，各主体必须严格依照法律的规定执行。十分明确的是，市场经济条件下，单单靠市场自身的力量不能为社会成员提供足够的生存保障，必须通过国家对市场经济条件下的市场失灵进行必要的干预，才能保证社会成员基本生存权的实现和市场经济的健康、有效运行。

（二）社会保障法体现出公法和私法的兼具性

社会保障法以国家的行政权力作为强制实施法律的保证，具有明显的公法特征；同时，社会保障法当中的很多内容又是以合同约定的形式促成给付关系，这又表现出明显的私法特征。

（三）社会保障法体现出广泛的社会性

社会保障法的权利与义务广泛地涉及全体社会成员。社会保障各项权利平等地由社会成员共同享有。同样地，社会保障各项义务也是平等地由社会成员共同承担。任何公民，无论身份、地位、民族、职业、文化水平，都是社会保障的受益人和义务人。各国的通行做法，都是在社会保障中设定强制措施，要求社会成员共担社会风险，共同筹措社会保障基金。

（四）社会保障法体现出实体法和程序法的统一性

社会保障法律制度是一个由实体法和程序法构成的整体。各个不同法律之间相互配合共同起到协调社会保障关系的作用。社会保障法不仅规定社会保障主体依法所享有的实体性权利和所承担的实体性义务，也规定了为实现实体性权利和承担实体性义务所应履行的方式和程序。如社会保障法规定社会成员失业时有领取失业救济金的权利，而失业人员要获得失业救济金还须依社会保障法的规定先申请，后由社会保险机构进行审查，如符合失业救济金的领取条件方可实际获得失业金。又如，社会成员符合条件时有获得养老保险待遇的权利，而养老保险的具体构成、申领方式、转移方式又有相应的步骤和程序。

三、社会保障法的历史沿革

（一）社会保障法的产生

英国伊丽莎白女王于 1601 年颁布了《济贫法》，这是世界上最早的社会保障法。根据该法，英国创设了"济贫税"，它根据个人所有的土地、房屋和其他财产来征税，并以教区为行政单位，设置"贫困者监督官"，将征得的税收用于救济。救济的对象只限于完全没有劳动能力的贫民，对于有劳动能力的贫民，则采取强制就业劳动的措施，若劳动者拒绝，将被送入惩罚性监狱。这是人类历史上第一次以专门的法律形式对社会保障事项作出规定。对稳定当时的社会和促进资本主义经济的发展起到了相当重要的作用，为后来很多欧洲资本主义国家所效仿。但英国《济贫法》的规定是以牺牲贫困者利益为代价的，是以惩罚性手段来实施救济的，因此，它不能算是现代意义上的为社会成员生存权来实施的社会保障法。

现代意义上的社会保障法起源于德国。19 世纪 70 年代的德国，工人运动风起云涌，德国政府面临着危重的社会危机，尤其是劳工问题成为当时迫切需要解决的主要问题。为缓和社会矛盾，俾斯麦政府进行了一系列自上而下的社会和经济改革，其中首推社会保险制度。1883年俾斯麦政府制定了疾病保险法。其保障对象为：工薪阶层及其家属、就业的残疾人、大专院校的学生，后又扩大到养老金的领取者、农业工人及其家属、失业保险受益人、在法定收入标准下的职员和独立开业者。1884年出台了工业伤害保险法。将保险分为强制保险和自愿保险两种，其中强制保险对象为受雇人员、独立劳动者、学徒，以后又扩大到学生、幼儿园儿童和家务劳动者。自愿保险的保险对象为家属及其公务员。1889年又颁布了老年与残疾保险法。其保险对象为在业工人、年收入2000马克以下的职员、失业者和服役军人。德国以疾病、工伤、老年三个社会保险重点项目为基础建立起来的社会保险法构成了世界上最早的社会保险法律制度，它标志着从分散的社会救济措施发展成政府的一项社会政策；从慈善性的施舍发展成公民的一种生存权利；从临时被动的安民政策发展成国家主动的长期承担的社会责任。[1] 社会保障全面进入国家立法阶段。欧洲各国在德国立法的基础上纷纷出台了有关社会保险的立法。世界范围内大规模的社会保障法制化，标志着社会保障法成为了一项新兴的独立的法律制度。

（二）社会保障法的发展

20世纪30年代开始的经济危机席卷了整个资本主义社会。由此，各资本主义国家无不选择国家干预经济的措施和发展路径。实行社会保障制度是国家干预经济的一种十分重要的形式，社会保障立法适应国家干预国民收入再分配的需要而相继推开。

社会保障法的发展主要以美国20世纪30年代的社会保障立法和措施最有代表性。美国总统罗斯福新政的核心就在于由国家向社会提供救济、保险和福利，以缓和劳资矛盾，摆脱危机。作为取代"家庭保障"的新政策，罗斯福提出的社会保障制度就是要建立"普遍福利"。初期的社会保障项目主要包括失业补助、养老补助、生育补助。

美国国会1935年通过了《社会保障法》，这是世界上第一个对社会保障进行全面而系统的规范的法律。根据此法，联邦政府设立"社会保障署"，全面负责各项社会保障的实施。联邦政府实行全国统一的养老保险，向所有雇员和工人平等征收联邦养老保险税，建立保险基金，税率从工资的1%起始，到1949年逐渐增到3%。联邦政府和州政府共同实施失业保险，对雇佣8人以上的雇主征收失业保险税，将其中的90%作为贷款，交付州社

---

[1] 赖达清．社会保障法——保障公民生存权利的法律形式．成都：四川人民出版社，2003：40．

会保险机构使用。在联邦政府的资助下,由州政府实施老人和儿童福利、社会救济及公共卫生措施。

到 1940 年,世界上有 60 多个国家设立了工伤保险、医疗保险、家属津贴等社会保障项目,社会保障制度得以迅速发展。

(三) 社会保障法的完善

社会保障法的完善首先体现为"福利国家"在欧洲的建立。"福利国家之父"牛津大学教授贝弗里奇在对当时英国的社会保险情况和有关服务机构的工作效率进行了调查分析后,提出了《社会保障及有关服务》的报告书,他指出新的福利制度必须进行根本性的变革。政府应对社会福利行政,实行统一管理,履行国家的社会保障责任。新的社会福利制度应以保障所有公民的最低生活水平为标准,即社会保障以统一标准发放津贴和救济,而不问领取者以前的收入;参加社会保险者不分贫富,按统一的标准缴纳保险费;发放津贴和救济的数额,应以维持正常生活为标准,无须再要求其他救济和资助标准;享受待遇时间,以需要为标准,不受其他条件限制;实施范围应包括所有公民,以及公民生活中可能遇到的各种生活风险,即"从摇篮到坟墓"的一切生活风险,如失业、无法劳动、丧失生活手段、退职、因子女结婚而增加的负担、死亡、抚育儿童、疾病和身心障碍等;对于无收入且不能参加社会保险的公民,应基于公共救助法,保障其基本生活,达到法定最低生活水平。根据该报告书的建议,英国颁布了一系列的社会保障法律。受英国的影响,丹麦、芬兰、冰岛、挪威、瑞典、瑞士、澳大利亚和加拿大等国也相继建立了适合自己国情的福利制度。

社会保障法的完善还突出体现在 20 世纪 70 年代中期以后,随着资本主义发展进入滞胀阶段,社会保障制度所进行的调整与改革。这个时期社会保障法的改革与调整主要集中在增加收入、减少开支方面。比如对原来免税的社会保障给付,开征所得税;规定退休金、疾病保险金、残废补贴、失业救济都要缴纳一定的所得税;提高缴费费率;改革医疗、疾病保险制度等。社会保障法的相应调整和改革都是为了实现社会保障制度的可持续发展。

第二节 社会保障法的基本理念

社会保障法的基本理念是社会保障法产生的根据,也是社会保障法发展当中必须紧扣的精神实质,体现了社会保障法的价值追求。把握社会保障法的理论建构和实践操作,必须理解如下几个理念:

一、人道主义、人权保障的理念

市场竞争机制当中，必然产生优胜劣汰、适者生存的局面。这又与任何人都享有的生存和生活的权利相违背。人道主义价值要求社会保障法保障公民能够体面地（有尊严地）生活。"体面地生活"是指能够像人一样而不是如动物般地维持生命，是指过与人的地位而不是非人的地位相匹配的生活。"体面地生活"要满足两个标准：其一，保有同其贡献相适应的生活水平（贡献相当标准）；其二，享有不低于人所应具有的最低生活水准（最低标准）。① 社会保障法的设定和运行必须符合正义的精神，而在社会保障法领域，基本的正义是人道主义。人道主义主要是通过影响权利、义务的分配作用于社会保障权。社会保障法以人道主义为其价值基础，致力于提升人的生活质量，促进人的全面发展，维护人的尊严。

尊重人、关心人、保障人已成为社会发展的趋势和内容，也已经成为人类社会的共识。《世界人权宣言》、《经济、社会及文化权利国际公约》及《经济、社会、文化权利国际盟约》等国际文件都确认了人权保护的基本原则和方针。社会保障法的基本原则就是人权保障原则，也正是社会保障法将人权保障的基本理念贯彻到具体的社会和法律实践中。

二、公平的理念

现代社会保障制度的任务和功能决定了社会保障法必须以公平为其基本出发点和最终归宿。社会保障法是社会保障制度上升为国家意志的体现，必须忠实地反映社会保障制度对公平的价值诉求。现代社会保障制度则融入了人道主义的伦理基础与社会公平的价值理念，甚至独立担负着现代社会对社会弱者的关注与援助以及维护社会实质公平的神圣理念。② 凡为社会保障法视为相同的社会成员，都应当以法律所确定的方式来对待。

单纯市场经济条件下，市场对效率的最大追求必然会损害社会公平，导致一部分人的生存和发展危机。相当一部分社会成员收入低于最低生活水平，以及那些没有财产的年老、残疾和失业的社会成员因无法取得收入以致不能生存。市场分配导致分配不公平的内在缺陷，需要借助外在的力量来加以弥补和矫正。这就要求在市场之外能有一种法律制度来弥补市场

---

① 董溯战. 论作为社会保障法价值基础的人道主义. 贵州师范大学学报（社会科学版），2008（3）.

② 李志明. 公平——社会保障法的首要理念. 中国社会保障，2006（7）.

的缺陷，矫正市场的偏差。这种法律制度便是社会保障。社会保障通过对"市场分配"缺陷的弥补和矫正来实现社会公平。借助国家的力量在全体社会成员之间对国民收入进行再分配，使国民收入在不同社会群体之间转移。社会保障都呈现出强烈的社会公平思想。从更高的层面上说，社会福利是一种全社会的资源共享，这种全社会的资源共享本质上同样体现了社会公平思想。①

三、社会本位的理念

作为最典型的社会法，社会保障法必当以社会利益为本位。社会保障法能够弥补市场经济和市场机制的缺陷，通过倾斜性立法对社会弱势群体进行扶持和帮助，对社会强势群体进行统御和防范，体现社会互助合作精神，以实现其在谋求社会安全的基础上促进经济与社会的良性运行和协调发展的目标。

社会保障的对象应包括所有的社会成员，不论出身、民族、性别、年龄、财产状况，只要出现法定的困难，就应受到社会保障。只有把全社会成员都纳为社会保障的对象，才是真正的社会保障。

社会本位的理念意味着社会保障是大家共同的事业，与每个人有关，人人为我，我为人人。互助共济，意味着尊老爱幼、扶弱济贫，排忧解难，意味着强者对弱者，富者对贫者的社会保障负有更多的责任。② 社会保障实质上是一种社会再分配，具体来说就是由社会强者向社会弱者，由社会富者向社会贫者的分配，这必然强调社会本位的理念。

第三节 社会保障法的基本原则和体系

一、社会保障法的基本原则

社会保障法的基本原则是调整社会保障法律关系所应当遵循的基本准则，它集中反映了社会保障法的本质属性，也贯穿于社会保障制度发展的全过程中。

（一）普遍性原则

普遍性原则是指社会保障的实施范围应包括所有社会成员，强调全社

---

① 李乐平. 社会保障法法理思想探析. 前沿, 2008 (6).
② 郭成伟. 中国社会保障法学. 北京：中国法制出版社, 2001: 21~22.

会成员都享有社会保障的共同权利。对公民实行普遍的社会保障，是各国社会保障立法共同奉行的一条基本原则。在实施普遍保障的前提下，才区分各种不同类别和情况的保障事项。公民在年老、疾病、失业等生活发生困难的情况下，享有从国家和社会获得物质帮助的权利，这也是国家宪法赋予公民的一项权利。社会保障制度作为社会安全的保障网，在物质上应给所有社会成员的基本生活提供保证。有关社会保障的立法应对所有社会成员同等对待，把他们都纳入社会保障法的调整范围之中。

（二）有条件的社会共同责任原则①

在现代社会环境中，全体社会成员都承受着诸如失业、伤残、疾病、老龄等多方面的风险，并会因这些风险的发生而丧失工作能力、失去作为生活来源的收入保障。这种伴随着人类社会工业化进程而出现的伤残、职业病、失业、破产以及人口老龄化等风险，不仅对社会成员的生活甚至生存构成威胁，而且这些风险在很大程度上是由社会因素导致的。

体现在社会保障法中，就必须实行由社会成员有条件地共同承担风险的原则，即通过强制性的立法建立社会共同责任机制，使社会风险在一定条件下由全体社会成员共同承担。通过对部分社会成员的特别保护来达到对全体社会成员的共同保障，从而维护正常的社会秩序，促进社会的顺利发展和进步。

（三）社会保障水平与经济发展相适应原则

社会保障是国家用经济手段来解决特定社会问题和实施特定社会政策的一项宏观调控措施，它必须与一定的经济发展水平相适应。各国的社会保障制度都表现出几个共同的特征，如保障对象的范围由窄到宽，保障项目由少到多，保障标准由低到高。应当说，经济发展的水平决定着社会保障的水平。不能脱离经济发展的状况来任意设计社会保障制度。社会保障的对象、社会保障项目、社会保障的待遇都来源于对社会发展状况的深入分析研究。高于经济发展水平的社会保障会给经济的发展背上沉重的包袱，反而阻碍经济发展；低于经济发展水平的社会保障，则无法真正起到预期作用，会引发或加深社会矛盾。

（四）公平与效率兼顾原则

社会保障总的来看是一种公平的实现机制，目的就在于保障社会相对公平。任何事物总有负面效应出现的时间和层面。社会保障制度也不例

---

① 黎建飞．劳动法和社会保障法．北京：中国人民大学出版社，2007：289~290．

外。尤其表现在西方高福利国家的建设过程中，政府提出的所谓"从摇篮到坟墓"的社会保障措施，覆盖面广，保障力度大，民众生存和生活的压力很小，滋生了很多的社会问题，比如极度依赖、懒惰而导致的不进取、剥夺他人成果等，严重削弱了社会经济效率。因此，社会保障立法应贯彻公平与效率相结合的原则，在公平与效率兼顾的动态过程中，不断地改进、调整并依据不同情况作出适当选择。

二、社会保障法的体系

由于各国经济、政治状况的差异，社会保障体系呈现出不同的情况。如美国的社会保障法体系由社会保险法律制度、社会救助法律制度、退伍军人补助法体制度、老人医疗服务法律制度、教育法律制度和住房法律制度等六部分构成有机联系的整体。英国的社会保障法体系则包括国民保险、国民保健、个人社会福利、住房和教育等五部分。日本社会保障法体系包括四部分：社会保险、国家救济、社会服务和义务以及教育制度。国际劳工组织通过的《社会保障最低标准公约》（第102号公约）则认为社会保障包括：医疗照顾、疾病津贴、失业津贴、老龄津贴、工伤津贴、家庭津贴、生育津贴、残疾津贴、遗嘱津贴等九个方面。① 综合分析各国情况，社会保障法都是基于对社会成员基本生存权和发展权的实现而进行的制度安排，因此各国社会保障体系安排也难免体现出了若干共性，比如各国都将社会保险或国民保险作为社会保障制度的基础，同时建立了社会救助、社会福利等制度。

根据西方国家的实践经验和国际劳工组织关于社会保障体系框架的设计，一个符合现代社会原则的社会保障体系一般应由四个部分组成：社会保险制度、社会救济制度、社会福利制度、社会优抚制度。这四个部分相互联系又相互区别。社会救济是最低层次的社会保障，国家和社会必须动员所有社会资源以满足社会成员的基本生活需求，充分实现公民在宪法上所享有的生存和发展权；社会保险是整个体系的支柱；社会福利是最高层次的社会保障，是国家与社会在社会保障方面所应追求的目标；社会优抚则是一种特殊保障，主要针对社会上备受尊敬具有光荣身份的人群设定，使得他们在心理上得以慰藉，物质上获得帮助。②

---

① 赖达清. 社会保障法——保障公民生存权利的法律形式. 成都：四川人民出版社，2003：28.

② 赵蓉. 劳动与社会保障法学. 兰州：甘肃大学出版社，2006：114-115.

【前沿提示】

社会保障"费改税"

目前，全球172个国家建立了规范的社会保障基金征集制度，其中140多个国家开征了社会保障税，作为国家社会保障体系中重要的资金筹措手段。这种制度以征收社会保障税的方式筹集社会保障资金，并在全国范围内统筹。社会保障税在西方经济发达国家的税收总收入中的比重是相当大的，一般占到30%~40%以上，其中在德国、法国、瑞典等国已成为第一大税种。

事实上，我国关于"开征社会保障税"的提法早在1996年已经出现。在当年国民经济和社会发展"九五"计划和2010年远景目标纲要中提出，要逐步开征社会保障税。在这之后，国家有关部门在不同场合也曾表示过，将研究开征社会保障税。

开征社会保障税并不是要开征一个新的税种，而是由以前的"费"改成"税"，与"费"相比，社会保障税本身具有的强制性特点保证了其收入来源的稳定性，规范化的征收方式可以促使负担社会保障税缴纳义务的单位和个人及时、足额地缴纳，为社会保障提供较为稳定、可靠的资金给付保证，使社会保障制度在经济的持续发展中，真正发挥"稳定器"、"安全网"的功能和作用。"费"改"税"虽然是一字之差，但在这一过程中有很多内涵，尤其是在我国收入分配体制改革、财政预算公开、民生等问题日渐受到广泛关注的现在，再次提出开征社会保障税，其中的确蕴涵着新的含义。社会保障费改社会保障税的过程，将有利于进一步理顺我国现有的收入分配体制，这项税制改革也将与我国整个社保体制的改革紧密相关，将与如何完善现有社会保障制度的筹资形式，如何进一步扩大社会保障的覆盖范围紧密相关。

【思考题】
1. 简述社会保障法的概念、特征和调整对象。
2. 简述社会保障法的基本原则。

第十一章　社会保险法律制度

【引言】社会保险是社会保障制度中最为核心的内容，其对象涉及全体社会成员，是国家在公民患病、伤残、失业、年老等情况下给予物质帮助的法律制度。本章从社会保险概述入手，论述了社会保险的基本理论问题，并分别介绍了养老保险、失业保险、工伤保险、生育保险和疾病保险几个具体制度，基本勾勒出我国社会保险的整体情况。

【学习目的与要求】了解社会保险及社会保险法的概念、特征，理解社会保险法的作用及法律调整原则，重点掌握社会保险法律关系的构成和社会保险待遇的基本问题。着重掌握我国养老保险、失业保险、工伤保险、生育保险和疾病保险制度的具体内容。

【知识结构简图】

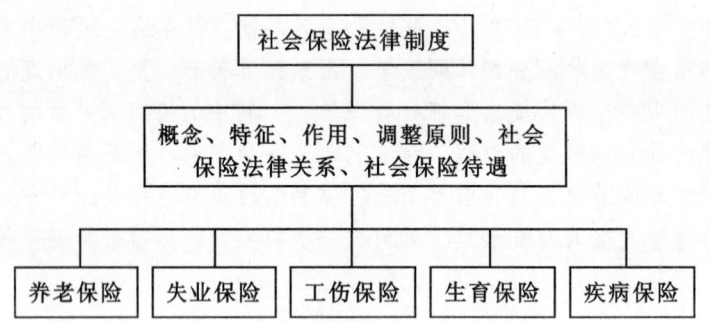

【引例】2010年2月25日，律师李某入职广东某律师事务所。2011年1月4日双方解除劳动关系。李某在职期间，事务所没有为其缴纳社会保险费。离职时，事务所补发了李某11个月的社保金共计4400元。后李某申请劳动仲裁，要求事务所为其补缴2010年3月至2011年1月的养老保险费。

仲裁机关在审理该案时认为，李某与事务所于2010年2月25日至2011年1月24日存在劳动关系，其间事务所未依法为李某参加社会保险，且未按规定自李某入职次月起为其申报应缴纳的养老保险费，李某要求事务所向社会保险费征缴机构申报上述劳动关系存续期间缴纳的养老保险费，予以支持，裁决：事务所承担2010年3月至2011年1月期间用人单位的养老保险责任，并于裁决书生效之日起30日内，为李某向社会保险费征缴机构申报上述期间应缴纳的养老保险金，其中个人缴纳部分由李某自己负责。

第一节　社会保险概述

社会保险是社会保障制度中最为重要的组成部分，可以说是核心制度。社会保险的对象涉及社会全体成员，是国家对公民处于特定状况，如年老、伤残、失业、患病、生育等情况下，所提供的帮助，特别是物质帮助。社会保险的发展关系到社会保障制度全局性的发展和完善。

一、社会保险与社会保险法的概念

（一）社会保险的概念

社会保险是与劳动风险相对应的概念。劳动者以劳动为谋生手段，当其因工（公）或因年龄等生理因素完全或部分丧失劳动能力，暂时或永久丧失劳动机会，而完全不能劳动、不能正常劳动或暂时终止劳动的情形下，就面临失去主要生活来源的危险，此即劳动风险。为了确保劳动者的生存和劳动力的再生产，国家和社会对因丧失劳动能力和劳动机会而不能劳动或暂时终止劳动的劳动者，采取的通过给予一定物质帮助，使其至少能维持基本生活需要的制度就是社会保险制度。作为社会保障制度中最为重要的组成部分，社会保险和社会福利、社会救济共同构成劳动者保护的基本制度体系。在这一保护体系中，各项制度分别从不同的角度和出发点对劳动者的权益进行维护，实现对劳动者利益全方位的保护。

社会保险的基本特征主要包括如下几个方面：

（1）社会性。社会保险的范围比较广泛，包括社会上不同层次、不同行业的劳动者。社会保险是一种社会政策，具有保障社会安定的职能。

（2）强制性。作为社会保险制度主干部分的国家基本保险，由国家立法强制实行，保险的项目、收费标准、待遇水平等内容，一般不由投保人和被保险人自主选择。

（3）互济性。社会保险是用统筹调剂的方法集中和使用资金，以解决劳动者由于生、老、病、死、伤残、失业等造成的生活困难。

（4）福利性。社会保险以帮助劳动者摆脱生活困难为目的，属于非营利性、公益性服务事业，缴纳保险费的多少不完全取决于风险发生的概率，享受保险待遇的水平不是完全取决于缴纳保险费多少而是主要依据基本生活需要确定，国家对保险所需资金负有一定的支持责任。

（5）补偿性。社会保险费用虽然主要由用人单位和政府直接负担，但来自社会总产品中应当分配给劳动者的消费品，只不过在分配劳动者工资时被扣除下来预存而已。社会保险就是将劳动者应得消费品的预存部分集中起来以保险形式分配给劳动者。因此，社会保险仍是对劳动者所作劳动贡献的一种补偿。劳动者在其应得消费品被扣除时已经履行自己的义务，在发生劳动风险时就当然地享有获得物质帮助的权利。

（6）差别性。劳动者所得社会保险待遇往往由于工龄长短、保险事故、缴纳保险费多少等因素的不同而有所差别。

社会保险在保障作用上与社会福利和社会救济有所不同，主要表现在：

（1）社会保险的实际保障面更宽。凡是参与劳动关系的劳动者都是社会保险的实际受益者，而社会福利的实际受益者仅限于处于特殊境况者，社会救济的实际受益者仅限于无力维持最低生活者。

（2）社会保险的保障标的更重要。劳动风险是各个劳动者都可遇到的风险，社会保险提供的是经常性、长期性的物质帮助。

（3）社会保险的保障水平更高。社会福利的标准是维持或略高于一般生活水平；社会救济的资助额度仅限于维持最低生活需要，且属于临时性短期补助；社会保险待遇则在保障劳动者基本生活需要的前提下，略低于或不低于劳动者原有生活水平。

所以，社会保险较之社会福利和社会救济，对社会成员生活、社会安定和经济发展具有更强的保障作用，是一种最重要的社会保障形式。

社会保险与民事人身保险（或称商业人身保险）也有所不同。主要表现在：

（1）基本属性不同。前者具有社会保障性质，后者具有商业性质。

（2）保险对象不同。前者的对象是劳动者及其家属的基本生活，在我国，它是基于劳动关系而确定的，后者则任何人都可以参加，且以人的生命和身体为保险对象。

（3）保险原则不同。前者实行强制原则、非营利原则、物质帮助原则和偏重公平原则，后者实行自愿原则、营利原则、经济补偿原则和偏重效率原则。

（4）保险费负担不同。前者的保险费来自多层次、多方面，国家、企业和个人都要负担一部分，但以国家和企业负担为主，后者的保险费则来自投保人的缴纳，而不由国家负担。

(二）社会保险法的概念

社会保险法是指国家调整社会保险关系及同社会保险关系相关联的其他社会关系的法律规范的总称。作为社会保障制度的核心，社会保险法在整个社会保障体系中占有十分重要的地位。从法律规范的基本作用来考察，社会保险法具备社会保障制度的所有功能和作用；从法律规范的个别性来考察，社会保险法具有自身特定的显著作用。综合来看，社会保险法在保障劳动者的基本生活，保护劳动者的正当权益，维护社会安定团结，维持劳动力再生产的正常进行；免除职工的后顾之忧，稳定职工心理，调动其劳动积极性，保证劳动力的合理流动；促进经济发展，调节经济运行速率和方向，促进资本市场良性运转等方面都起到重要作用。2010 年 10 月 28 日，我国第十一届全国人民代表大会常务委员会第十七次会议通过了《中华人民共和国社会保险法》（以下简称《社会保险法》），该法自 2011 年 7 月 1 日起施行，这是我国社会保险法制建设的一个里程碑。

二、社会保险的法律调整原则

（一）社会保险水平与社会生产力发展水平相适应原则

《社会保险法》第 3 条明确规定："社会保险制度坚持广覆盖、保基本、多层次、可持续的方针，社会保险水平应当与经济社会发展水平相适应。"在确定社会保险水平时必须充分切实体现社会保险水平与社会生产力发展水平相适应的原则。社会保险水平直接受到社会生产力发展水平及国民经济增长水平的影响，还直接影响投资、储蓄、失业率等一系列经济活动。社会保险水平的确立必须建立在充分而翔实的数据分析、实地调研、多方讨论和反复论证的基础之上。只有当社会生产力发展到一定水平，社会财富较为丰富时，国家才有能力承担巨额的社会保险费。社会保险水平过高或过低，都会阻碍社会生产力的发展。社会保险水平过高，政府尤其是用人单位在经济上难以承受，影响用人单位的投资和生产积极性，反而导致失业率的上升和劳动者享受社会保险的实际待遇降低；社会保险水平过低，劳动者的基本生活难以保证，会导致社会动荡，增加不稳定因素，影响社会保险制度的正常运行和发展。因此，要根据生产力发展水平和国家、企业及劳动者各方面的承受能力，确定社会保险的范围、项目和水平。社会保险的程度和水平，不仅要考虑社会保险的目的能否实现，实现的程度高低，也应充分考虑我国的国情国力，保险待遇的水平不能脱离现实情况，也能适当地随着我国社会经济的不断发展而逐步提高。

（二）社会保险权利与义务相统一的原则

社会保险基金的建立是由国家、用人单位和劳动者共担责任的。社会保险基金的筹集是通过国家委托的社会保险经办机构根据国家法律规定，采取强制性手段统一筹集。将社会保险范围内的用人单位和劳动者的社会保险费统一征缴，集中使用。因此，承担社会保险责任的用人单位和劳动者个人，必须首先尽到缴纳社会保险费的义务，才能因此享受社会保险待遇的权利。也就是说，社会保险制度先是最大限度地集中全社会的力量，要求社会成员首先承担起缴费义务，再集中力量解决和承担劳动者所发生的风险，保护其权利的实现。

（三）建立起多层次的社会保险制度的原则

我国之前的社会保险层次比较单一，保障力度不够，保障措施不强。我国正努力构建多层次的社会保险制度，以期实现更为全面和完善的社会保险。具体来看，多层次的社会保险制度主要由以下几方面组成：

1. 以社会保险基金为主渠道的社会保险

这是最基本层次的社会保险，通常由国家、用人单位和劳动者个人三方出资共同负担。个别种类的社会保险资金不具有三方来源，如生育保险、工伤保险等。

2. 用人单位补充保险

补充保险是以提高保险待遇，或者在特殊情况下不致使保险待遇水平降低而采取的社会保险措施。它由用人单位建立并负担费用，实行自愿原则，由用人单位根据自身发展的实际情况选择性建立，国家实行鼓励政策。

3. 储蓄性保险

储蓄性保险是指由劳动者个人以储蓄方式，预防发生困难时满足生活需要所采取的措施。国家对此实行倡导政策。

（四）保障功能与激励机制相结合的原则

社会保险是国家为满足劳动者的基本生存需要提供的物质保障，因而社会保险制度是为实现社会公平而设立的，社会保险待遇在许多情况下也都是劳动者人人有份的。但社会保险在实质上不是超越劳动者自身行为以外的恩赐，它是全体劳动者都参与和获取的社会群体行为。社会保险需要每个劳动者的投入，与每个劳动者的切身利益挂钩，所以社会保险法在发挥保障作用的同时，还要对劳动者进行激励。劳动者不能只享受权利，不承担义务，缺乏自我保障的意识，不愿为自己的生老病死积累资金和缴纳任何费用。如果人们的社会保险意识淡薄，个人参与感低，社会保险只会成为养人而不是激励人的一种制度，容易滋生懒惰和依赖思想及行为，不利于激励劳动者努力劳动和工作，实现自我价值的同时实现对社会的贡献。

三、社会保险法律关系

（一）社会保险法律关系概述

社会保险法律关系是指保险人、投保人、被保险人和受益人之间依法形成的收取和缴纳社会保险费、支付和享受社会保险待遇的权利义务关系。同普通商业保险一样，社会保险也包括保险人与投保人之间的法律关系，保险人与被保险人和受益人之间的法律关系，投保人与被保险人和受益人之间的法律关系。

保险人，又称为承保人，指的是依法经办社会保险业务的主体，在我国也称社会保险经办机构。在我国还没有完全统一的社会保险经办机构之前，工会曾经承担了相当部分社会保险的业务。1984年起中国人民保险公司承担起经办城镇集体经济组织职工养老保险业务。社会保险制度改革以来，国家建立起一些专门性的社会保险机构，如社会保险基金管理中心、社会保险事业管理局、社会保险事业局、企业职工养老保险结算管理中心、社会保险基金结算中心等。《社会保险法》第72条规定："统筹地区设立社会保险经办机构。社会保险经办机构根据工作需要，经所在地的社会保险行政部门和机构编制管理机关批准，可以在本统筹地区设立分支机构和服务网点。社会保险经办机构的人员经费和经办社会保险发生的基本运行费用、管理费用，由同级财政按照国家规定予以保障。"

保险人的主要职责包括：（1）基金收缴。依法征收社会保险费，并对投保人和被保险人的缴费情况进行记录、检查和督促。（2）待遇给付。依法向被保险人支付规定保险项目的社会保险待遇，并负责统筹范围内社会保险基金的调剂使用。（3）基金管理。依法编制社会保险基金预决算草案，编报社会保险基金的财务、会计、统计报表，运营积累的社会保险基金，实行内部审计。（4）日常服务。包括依法建立被保险人社会保险档案和个人账户；办理被保险人社会保险关系转移手续；向投保人和被保险人提供有关社会保险的咨询、查询；组织对被保险人的社会化服务。（5）不得谋利。不得通过经办社会保险事务为本机构及其工作人员个人谋取任何利益。

投保人，指的是为被保险人的利益而向保险人投办社会保险的主体，一般为用人单位。投保人必须按照规定参加社会保险，为被保险人投办法定项目的社会保险，按期、足额向保险人缴纳保险费，就保险合同条款向被保险人作如实陈述，接受保险人的检查监督。投保人可以向保险人查验本单位缴费记录，要求保险人提供社会保险咨询服务，监督保险人的工作，就与本单位有关的社会保险争议提请仲裁、行政裁决、行政复议或提起诉讼。

被保险人,指的是直接对社会保险标的具有保险利益的主体。一般是指用人单位为其投办保险的劳动者。被保险人可以依法领取社会保险金和享受其他社会保险待遇,查询与本人有关的社会保险缴费记录,要求保险人提供社会保险咨询服务,监督保险人和用人单位的社会保险工作,就与本人有关的社会保险争议提请仲裁、行政裁决、行政复议或提起诉讼。被保险人必须依法按时足额缴纳社会保险费。

受益人,指的是基于同被保险人的一定关系而享有保险利益的主体。受益人一般是法定范围内的被保险人亲属。受益人的社会保险受益全表现为在被保险人所得保险待遇之外或被保险人死亡之后得以按照法定项目和标准获得物质帮助。

(二) 社会保险法律关系的内容

社会保险法具体调整八个方面的关系①:

1. 调整国家与全体社会成员之间的关系

即中央政府和地方各级政府与全体劳动者之间的关系。通过法律需要明确政府在社会保险中的职责、社会成员享受社会保险的待遇等。

2. 调整社会保险机构与政府之间的关系

即社会保险机构作为具体管理与实施社会保险项目的组织与政府之间的关系。通过法律明确社会保险机构的性质、任务、地位及其权利和义务。

3. 调整社会保险机构与社会成员之间的关系

即社会保险的组织管理者与参与者和享受者之间的关系。通过法律明确社会保险机构对社会成员的职责和社会成员参加社会保险的权利与义务。

4. 调整社会保险机构与用人单位和乡村集体组织之间的关系

即社会保险组织管理者与社会保险参加义务人之间的关系,通过法律明确用人单位缴纳社会保险费的义务、乡村集体组织发放社会保险款项和物质的职责。

5. 调整用人单位与劳动者之间的关系

即用人单位在社会保险中对劳动者应负的责任和劳动者拥有的社会保险权益。通过法律明确用人单位对劳动者应当履行的保险责任和劳动者应在用人单位享受的社会保险待遇。

6. 调整社会保险运行过程中的关系

即社会保险管理机构与其他部门的关系。通过法律明确社会保险管理部

---

① 黎建飞. 劳动法和社会保障法. 北京:中国人民大学出版社,2007:312-313.

门与其他政府部门之间、不同社会保险管理部门之间和社会保险各管理部门内部机构之间的分工、协调与配合。

7. 调整社会保险运行过程中的监督关系

即各种监督方式在对社会保险运行的监督中所形成的关系。通过法律明确有关监督组织的建立、各种监督机构的职责、权限划分及其监督程序。

8. 调整社会保险基金运营中的关系

即社会保险基金的管理与运营中发生的各种关系。通过法律明确社会保险基金在运营中与国家财政、投资市场、有关经济实体之间的权利与义务。

第二节 养老保险

【案例 11-1】已经投保了商业养老性质保险的职工，可否不参加社会养老保险？①

鲍敏 1999 年大学毕业后，在深圳一家外资企业工作，月薪 5000 元。工作后不久，该企业的办公室负责人与鲍敏协商说，在公司工作的员工有很多是没有深圳户口的，所以办理养老保险比较麻烦。为了不使员工受损害，公司为员工办理了一份商业保险。该企业负责人看鲍敏面露难色，便对她解释说，商业保险的作用和社会保险是一样的，都是在你退休之后每个月给你一定的生活费；既然实质都是一样的，何必在乎保险的名字叫商业保险还是社会保险。

刚刚大学毕业的鲍敏听了公司负责人的解释后觉得有道理，就点头同意了。工作了两年之后，鲍敏在收看当地的电视访谈节目时，听到一位社会保险经办机构的办公人员介绍有些企业用商业保险替代社会保险，这样做是违反法律的相关规定的，同时也损害了职工的利益。鲍敏这才明白商业保险是不能替代社会保险的，自己在退休后会受到影响。于是，鲍敏要求公司为自己办理社会养老保险，而当初的那位公司负责人却以"当年是你自己同意办理商业保险代替社会保险的"而拒绝鲍敏的要求。

点评：商业性质的保险是不可以替代社会养老保险的，只能作为社会养老保险的补充。社会养老保险是劳动者的基本养老保险，是法律强制要求用人单位为员工建立的一种社会保障关系，并且无论是用人单位还是劳动者个人，都要依照法律的规定履行各自缴纳养老保险费的义务，如果违反了法律

---

① 已经投保了商业养老性质的保险，是否可以不参加社会养老保险了. http://www.cnpension.net/sbal/yanglao/2008-10-11/597424.html，2010 年 1 月 30 日访问。

的规定，就要承担相应的责任。

基本养老保险是依据法律、法规强制实施的法定保险制度，参加基本养老保险是每个企业和职工应有的权利，也是其应尽的义务，任何单位不得以任何形式变相地不履行义务。即使已经投保了商业保险，也必须按照法律规定参加基本养老保险。当然，商业保险作为基本养老保险的补充形式，由企业和职工在办理了社会保险之后自愿选择参加，并没有消极作用，反而具有积极作用，但是商业保险无论如何是不能取代基本养老保险的。所以鲍敏所在的单位已经违反了法律的相应规定。

一、养老保险概述

（一）养老保险的概念

养老保险，指的是国家通过立法强制建立养老保险基金，根据劳动者的体质和劳动力资源的状况，规定一个年龄界限，允许劳动者在达到这个年龄界限时，因年老丧失劳动能力而解除劳动义务，由国家和社会提供物质帮助，保障劳动者维持基本生活的一种社会保险制度。

养老保险是社会保障制度的重要组成部分，同每一个劳动者息息相关，是一种普遍性的社会保障形式。

（二）养老保险的法律特征

养老保险作为社会保险的组成部分，具有社会保险的一般特征，同时也具有以下法律特征：

（1）养老保险是由国家立法强制实行的，企业、单位和个人必须参加。基本养老保险基金由用人单位和个人缴费以及政府补贴等组成。

（2）养老保险的基本对象是劳动者，即从事一定的社会劳动并取得劳动报酬的人。劳动者达到法定年龄，并且从事某种劳动达到法定年限是享受养老保险待遇的法定条件。劳动者被依法解除法定劳动义务是享受养老保险待遇的事实前提。养老保险的目的是为退出劳动领域后的劳动者提供稳定可靠的经济来源，以保障其退休后的基本生活。养老保险有法定的享受条件和待遇标准，以养老金为物质基础，以国家为最后责任人，因而具有相当的稳定性和可预见性。

（3）享受养老保险待遇的权利与义务在时间上是分离的。劳动者从开始参加工作时就要缴纳保险费，直至达到法定不再负有缴费义务时为止。

（4）养老保险实行基金化和社会化服务管理。养老保险基金在社会保险基金中所占份额最大，退休人员的社会化服务管理工作是社会保险社会化服务管理工作的基础。

二、我国现行养老保险制度的主要内容

(一) 覆盖范围

基本养老保险制度的覆盖范围为城镇所有企业及其职工。城镇各类企业职工、个体工商户和灵活就业人员都要参加企业职工基本养老保险，扩大基本养老保险覆盖范围。无雇工的个体工商户、未在用人单位参加基本养老保险的非全日制从业人员以及其他灵活就业人员可以参加基本养老保险，由个人缴纳基本养老保险费。要进一步落实国家有关社会保险补贴政策，帮助就业困难人员参保缴费。截至 2010 年底，我国城镇参加基本养老保险人数 25673 万人。[①]

(二) 养老保险基金的筹集

从目前世界上实行养老保险的国家来看，大部分国家实行国家、雇主和劳动者三方共同出资，并以企业和个人为主的原则。我国 1991 年《国务院关于企业职工养老保险制度改革的决定》第 2 条规定："改变养老保险完全由国家、企业包下来的办法，实行国家、企业、个人三方共同负担，职工个人也要缴纳一定的费用。"我国由此确立了养老保险基金由国家、用人单位和劳动者三方共同筹措的原则，养老保险基金负担主体包括国家、用人单位和劳动者个人，并以用人单位和劳动者个人为主。

1. 用人单位缴纳养老保险费

在我国现阶段，用人单位缴纳的养老保险费，是养老保险基金的最主要的来源。用人单位缴纳养老保险费的方式，一般是按单位职工工资总额和当地政府规定的比例在税前提取，由单位开户银行按月代为扣缴。在条件尚未成熟地区，也可按当地规定工资总额和退休人数的一定比例在国家征收企业所得税之前缴纳养老保险费。用人单位缴纳的养老保险费在税前提取，实际上是国家以让利的形式给予养老保险的资助。这充分体现了国家、用人单位和劳动者个人三方共同负担的原则。至于提取的比率，则由社会保险的主管机构经过详细测算后统一确定。报经政府通过立法的程序来实现，这个比率可能是在相当长的时间里不变，可能是一年或几年调整一次。

2. 劳动者个人缴纳养老保险费

劳动者个人缴纳养老保险费，也是养老保险基金的重要来源和组成部分。劳动者个人缴费，是每一个劳动者享受养老保险权利应尽的义务。1995 年国

[①] 基本养老保险城镇参保人数 2.5 亿，约增加两千万. http://news.sohu.com/20110126/n279101313.shtml，2011 年 2 月 23 日访问.

务院发布的《关于深化企业职工养老保险制度改革的通知》以及《企业职工基本养老保险社会统筹与个人账户相结合实施办法》对个人缴费作出具体规定：职工个人以上一年度月平均工资作为个人缴纳养老保险费的工资基数。月平均工资应按国家统计局规定列入工资总额统计的项目计算，其中包括工资、奖金、津贴、补贴等收入。已离休人员不缴纳养老保险费。2005年《国务院关于完善企业职工基本养老保险制度的决定》中规定：从2006年1月1日起，个人账户的规模统一由本人缴费工资的11%调整为8%，全部由个人缴费形成，单位缴费不再划入个人账户。职工调动时，个人账户全部随同转移。职工或退休人员死亡，个人账户中的个人缴费部分可以继承。城镇个体工商户和灵活就业人员参加基本养老保险的缴费基数为当地上年度在岗职工平均工资，缴费比例为20%，其中8%记入个人账户，退休后按企业职工基本养老金计发办法计发基本养老金。

3. 国家的财政补贴

国家从财政收入中予以补贴，这是养老保险基金正常运转的可靠保证。我国国家财政承担养老保险基金份额的方式有：（1）让税：税前提取保险费，养老保险基金增值不征税，退休金超过一定限额不征调节税；（2）让利：对存入国家金融机构的养老保险基金给予偏高利率；（3）补贴：养老保险基金收不抵支时由财政拨款。

（三）养老保险金的发放

1. 养老保险金发放的条件

养老保险基金发放条件主要包括年龄、工龄和缴费年限三个要素。

我国现行法律规定男性年满60周岁，女性年满55周岁，有权享受养老保险待遇。法律、法规对劳动者的老年年龄有特殊规定者，从其规定。职工连续工龄满10年，国家公务员提前退休一般须连续工龄满10年，连续工龄满30年者提前退休可不受年龄限制；因工伤致残而完全丧失劳动能力的职工，退休不以连续工龄为条件。符合工龄条件，才有权享受养老保险待遇。各国一般都规定一个最低缴费年限，即最低保龄。最低保龄是参照人的正常寿命和可能的工作年限并结合保险金支出的财务状况估算而确定的。国际劳动组织建议最低保龄为15年。我国规定的缴费年限为15年。

2. 养老保险金发放的标准

养老保险金一般以劳动者在职时的工资收入为基础，再辅之以工龄或缴费年限和退休年龄进行计算。一般认为，养老待遇水平在任何情况都不能高于在职时的收入，因此退休金不可能是原工资的100%，而只是其一定的百分比，这种百分比称为"退休金的工资取代率"。国际劳工组织

1967年第128号《残疾、老年和遗属津贴公约》规定，缴费和就业周年，并有一个符合养老条件的配偶，正常的养老保险金不得低于工资收入的40%~50%。我国规定，职工基本养老金由基础养老金和个人账户养老金组成。退休时的基础养老金月标准以当地上年度在岗职工月平均工资和本人指数化月平均缴费工资的平均值为基数，缴费每满1年发给1%。个人账户养老金月标准为个人账户储存额除以计发月数，计发月数根据职工退休时城镇人口平均预期寿命、本人退休年龄、利息等因素确定。达到退休年龄且缴费年限累计满15年的人员，在发给基础养老金和个人账户养老金的基础上，再发给过渡性养老金。达到退休年龄但缴费年限累计不满15年的人员，不发给基础养老金；个人账户储存额一次性支付给本人，终止基本养老保险关系。

第三节 失 业 保 险

【案例11-2】刑满释放能申领失业保险金[①]

李某原是一家企业的工人，因过失伤害被判了1年有期徒刑，工厂解除了与李某的劳动合同。出狱后李某一直没有工作，生活困难。入狱前李某在单位交了多年的失业保险金。李某此时是否还能申领失业保险金？

点评： 劳动和社会保障部办公厅《关于对刑满释放或者解除劳动教养人员能否享受失业保险待遇问题的复函》规定："在职人员因被判刑收监执行或者被劳动教养，而被用人单位解除劳动合同的，可以在其刑满、假释、劳动教养期满或解除劳动教养后，申请领取失业保险金。失业保险金自办理失业登记之日起计算。"因为李某在工作期间曾多年交纳失业保险金，根据上述规定，他可以申领失业保险金。但是，失业保险金的领取是有期限规定的。《失业保险条例》规定，失业人员失业前所在单位和本人按照规定累计缴费时间满1年不足5年的，领取失业保险金的期限最长为12个月；累计缴费时间满5年不足10年的，领取失业保险金的期限最长为18个月；累计缴费时间10年以上的，领取失业保险金的期限最长为24个月。因此，李某可根据自己的缴费情况办理相关申领手续。

---

① 刑满释放能申领失业保险金. http://www.cnpension.net/sbal/sybx/2008-10-11/597279.html，2010年1月30日访问.

一、失业保险概述

（一）失业保险的概念

失业保险是社会保险制度的重要组成部分。它指的是国家通过建立失业保险基金，对因失业而暂时中断生活来源的劳动者在法定期间内给予失业保险金，以维持其基本生活需要的一项社会保险制度。

（二）失业保险的特征

失业保险与其他社会保险制度相比，具有以下法律特征：

1. 失业保险的对象是失业的劳动者

即失业保险是对有劳动能力并有劳动意愿但无劳动岗位的人提供的保险，包括就业转失业的人员和新生劳动力中未实现就业的人员。对于那些目前虽无工作，但没有工作要求的人不能视为失业人员。这部分人自愿放弃就业权利，已经退出了劳动力的队伍，不属于劳动力，也不存在失业问题。

2. 享受失业保险待遇有一定期限

相比工伤保险和养老保险，享受失业保险待遇有一定的期限，劳动者只能在法定的期限内享受失业保险待遇，超过这一期限，即使劳动者没有找到工作，也不可再享受。我国规定劳动者可以领取失业保险金的最长期限是24个月。

3. 失业保险费由企业和劳动者承担

在各项社会保险中，工伤保险和生育保险的保险费由企业全部承担，劳动者个人无须缴纳。而对于失业保险来说，劳动者要按照其工资的一定比例缴纳失业保险费，缴纳之后才可以享受失业保险待遇。

失业保险基金主要来源于社会筹集、由单位、个人和国家三方共同负担，缴费比例、缴费方式相对稳定，筹集的失业保险费，不分来源渠道，不分缴费单位的性质，全部并入失业保险基金，在统筹地区内统一调度使用以发挥互济功能。

（三）失业保险的起源与发展

失业保险最早起源于比利时，1901年比利时在干脱市建立了失业保险，但只是地方性的，未完成国家立法程序。失业保险以国家立法形式出现最早起源于法国。1905年，法国通过国家立法形式，建立了依个人意愿决定参加与否的非强制性失业保险制度。1911年，英国颁布了《国民保险法》，开创了世界强制性失业保险制度的先河。

中华人民共和国成立不久，中央人民政府1950年6月颁布了《关于救济失业工人的指示》，后又制定了《救济失业工人暂行办法》。但由于当时一些思潮的影响，认为失业是资本主义制度的产物，中国既然走社会主义道路，当然不能再存在失业现象，没有理由和必要建立失业社会保险，1958年起已有的失业保险制度不再发生效力。新中国建立的"劳动保险"制度中惟缺失业保险项目。我国失业保险制度真正开始于 1980 年国务院颁布的《国营企业职工待业保险暂行规定》。1993 年国务院发布了《国有企业职工待业保险规定》，1998 年 12 月 26 日国务院第 12 次常委会通过了《失业保险条例》，自 1999 年 1 月 22 日执行。我国失业保险由此走上了法制发展的轨道。

二、我国现行失业保险制度的主要内容

（一）覆盖范围

我国《失业保险条例》将失业保险的覆盖范围从国有企业及其职工、企业化管理的事业单位及其职工扩大到城镇所有企业、事业单位及其职工。从单位来看，城镇的国有职工、集体企业、外商投资企业、港澳台投资企业、私营企业等各类企业，以及事业单位都必须参加失业保险并按规定缴纳失业保险费。从个人来看，上述单位的职工也要按规定缴纳失业保险费，使用后符合条件者可以享受失业保险待遇。省、自治区、直辖市人民政府根据当地实际情况，可以决定《失业保险条例》适用于本行政区域内的社会团体及其专职人员、民办非企业单位及其职工、有雇工的城镇个体工商户及其雇工。截至 2010 年底，我国参加失业保险的人数为 13376 万人。[①]

（二）失业保险的适用对象及资格

失业者要获得失业保险待遇，必须具备一定的资格，综合世界各国对于失业保险获取资格的规定，失业者必须符合劳动年龄条件、必须满足一定的合格期条件、失业必须是非自愿性且必须具备劳动能力和就业意愿。未达到劳动年龄的人和超过劳动年龄的退休人员，均不属于社会生产中的劳动力，不存在失业问题，不属于失业保险的对象。

据此，我国《社会保险法》第 45 条的规定，具备下列条件的失业人员，可以领取失业保险金：（1）失业前用人单位和本人已经缴纳失业保险费满 1 年的；（2）非因本人意愿中断就业的；（3）已经进行失业登记，并有求职要求的。失业人员在领取失业保险金期间，按照规定同时享受其他的失业保险待遇。

---

① 基本养老保险城镇参保人数 2.5 亿，约增加两千万 . http：//news.sohu.com/20110126/n279101313. shtml，2011 年 2 月 23 日访问 .

根据《社会保险法》第51条的规定，失业人员在领取失业保险金期间有下列情形之一的，停止领取失业保险金，并同时停止享受其他失业保险待遇：（1）重新就业的人员；（2）应征服兵役的人员；（3）移居境外的人员；（4）享受基本养老保险待遇的人员；（5）无正当理由，拒不接受当地人民政府指定部门或者机构介绍的适当工作或者提供的培训的。

（三）失业保险基金的筹集和管理

1. 失业保险基金的筹集

我国《失业保险条例》规定，失业保险基金由下列四项构成：（1）城镇企业事业单位、城镇企业事业单位和职工缴纳的失业保险费。按规定，城镇企业事业单位须按照本单位工资总额的2%缴纳失业保险费；城镇企业事业单位职工则按照本人工资的1%缴纳失业保险费。缴费单位必须按月向社会保险经办机构申报应缴纳的失业保险费数额，经社会保险经办机构核定后，在规定的期限内缴纳失业保险费。个人应当缴纳的失业保险费，由所在单位从其本人工资中代扣代缴。缴费单位和个人应以货币形式全额缴纳保险费，不得减免。（2）失业保险基金的利息。失业保险基金可存入银行或者购买国债，所得的利息并入失业保险基金。（3）财政补贴。失业保险基金经统筹后不敷使用时，由地方财政予以补贴。（4）依法纳入失业保险基金的其他资金。其他资金是指按规定加收的滞纳金及应当纳入失业保险基金的其他资金。罚款不在此列。

2. 失业保险基金的使用和管理

我国《失业保险条例》根据不同地区经济发展水平和失业保险工作现状，规定了相应的统筹形式。规定直辖市和设区的市实行全市统筹，这将原来大部分实行县级统筹的地区提高为市级（地级市）统筹。这样规定主要考虑直辖市和设区的市经济发展水平相对较高，工作基础较好，市场就业机制正在逐步形成，有条件实行全市统筹。在具体实施过程中，各地可以结合实际情况，确定不同的全市统筹的实现方式，可以统一管理和调度使用全部基金，也可以统筹调剂使用部分基金，以充分发挥基金保障失业人员基本生活和促进再就业的功能。其他地区的统筹层次，由各省、自治区根据情况确定。

失业保险基金的开支是指依照法律规定可从失业保险基金支出的各项费用按照规定，失业保险基金可用于下列支出：（1）失业保险金；（2）领取失业保险金期间的医疗补助金；（3）领取失业保险金期间死亡的失业人员的丧葬补助金和其供养的配偶、直系亲属的抚恤金；（4）领取失业保险金期间接受职业培训、职业介绍的补贴，补贴的办法和标准由省、自治区、直辖市人民政府规定；（5）国务院规定或者批准的与失业保险有关的其他费用。

自2006年1月起在北京、上海、江苏、浙江、福建、山东、广东等七省、直辖市开展适当扩大失业保险基金支出范围试点工作。扩大后的失业保险基金可用于职业培训补贴、职业介绍补贴、社会保险补贴、岗位补贴和小额担保贷款贴息支出。享受上述补贴和贴息的对象为领取失业保险金期间的失业人员。在上述项目之外增设支出项目，北京市、上海市须经市人民政府批准，并报国务院备案；其他五省增设支出项目，须由省人民政府报国务院批准后实施。

（四）失业保险待遇的给付

1. 失业保险给付的原则

失业保险的基本功能在于保障失业人员的基本生活，促进失业人员的再就业。失业保险金是最基本的失业保险待遇。确定失业保险金发放的期限和标准，应遵循以下原则：

（1）失业保险金的标准，由省、自治区、直辖市人民政府确定，不得低于城市居民最低生活保障标准。

（2）失业保险金应能够维持失业人员的基本生活。对于非自愿失业者来说，失去工作意味着失去工资收入，失业救济金成为其生活的主要来源。在确定失业保险金时，应考虑失业人员及其赡养人口的基本生活需要，失业保险金的标准应保证其基本生活，高于城市居民最低生活保障标准。

（3）失业保险应体现权利和义务相对等的原则。劳动者在就业期间，为国家和企业创造了财富，并缴纳了规定的失业保险金，其失业后有权享受失业保险待遇以保障其基本生活。失业保险金领取期限与失业人员失业前所在单位及其本人缴费的时间相联系，缴费时间越长，领取失业保险金的期限就越长，但最长不超过24个月。

2. 失业保险金发放的期限

《社会保险法》第46条规定："失业人员失业前用人单位和本人累计缴费满1年不足5年的，领取失业保险金的期限最长为12个月；累计缴费满5年不足10年的，领取失业保险金的期限最长为18个月；累计缴费10年以上的，领取失业保险金的期限最长为24个月。重新就业后，再次失业的，缴费时间重新计算，领取失业保险金的期限与前次失业应当领取而尚未领取的失业保险金的期限合并计算，最长不超过24个月。"

（五）申领失业保险待遇的程序

当职工失业后，应由其失业前所在的用人单位及时出具终止或解除职工劳动关系的证明。证明应当注明失业人员的姓名、年龄等基本情况及解除或终止劳动关系的时间、原因等内容，并告知失业人员失业后，可按照有关规定享受失业保险待遇，应在多长时间内向哪个经办机构提出申领失业保险金的申请等。用人单位还应将失业人员的名单，自终止或解除劳动关系后7日内报所在的社会保险经办机构备案。

失业人员应持本人身份证明、原所在用人单位出具的终止或解除劳动关系的证明等材料，及时到失业保险关系所在地的社会保险经办机构办理失业登记手续。社会保险经办机构对申领失业保险金的申请进行审核。审核内容包括：申请人提供的证明材料是否真实可靠、申请人参加失业保险和缴纳失业保险费的情况、是否进行过求职登记等。对不符合领取条件的申请人，应当书面告知其理由，并告知申请人有异议时可在规定时间内向有关部门提出复议申请。对经审核符合条件的，经办机构应及时为失业人员办理领取失业保险金的手续。

按照规定，符合享受失业保险待遇的失业人员，其失业保险金自失业人员办理失业登记之日起计算。失业保险金按月发放。失业人员应在办理领取失业保险金的有关手续后，按规定的日期，凭有关的证件及时到社会保险经办机构领取失业保险金，或由社会保险经办机构开具单证，到指定的银行领取失业保险金。

第四节 工伤保险

【案例11-3】职工在工作时间突发疾病致残，能认定为工伤吗？[①]

老李是巴士公司的司机，在上班时间，将公共汽车启动后，因天冷车要预热，趁此时间抽空去了卫生间，突然因脑出血，晕倒在厕所，尚未痊愈。该事件是否属于工伤？如果老李以后不能再从事驾驶等重体力劳动，巴士公司将如何处理？

点评：依据《工伤保险条例》的规定，职工在工作时间突发疾病丧失劳动能力的，不能认定为（视同）工伤。如果司机老李不能再从事驾驶等重体力劳动，巴士公司可依据国家有关职工非因工患病的政策予以相应处理。

劳动部1996年发布的《企业职工工伤保险试行办法》规定"由于工作紧张突发疾病造成死亡或经第一次抢救治疗后全部丧失劳动能力的"应该认定为工伤。《工伤保险条例》规定"在工作时间和工作岗位，突发疾病死

[①] 职工在工作时间突发疾病致残，能认定为工伤吗. http://www.cnpension.net/sbal/gsbx/2008-10-11/597333.html，2010年1月30日访问.

亡或者在48小时之内经抢救无效死亡的"视同工伤,同样享有相应的工伤待遇。实务中"职工由于突发疾病导致全部丧失劳动能力"一般都认定为(视同)工伤。

职工在工作时间突发疾病致残,能否认定为工伤需视具体情况而定。职工因突发疾病致残、死亡的有两种情况:一种情况是在工作时间和工作场所内;另一种情况是因公外出期间。对于第一种情况,必须是突发疾病死亡或者是48小时内经抢救无效死亡的才能认定为工伤。对于第二种情况,如果是由于工作原因造成突发疾病死亡或致残丧失劳动能力的,就可以认定为工伤。

一、工伤保险概述

(一)工伤保险的概念

工伤保险又称为职业伤害保险,指的是劳动者在工作过程中或法定的特殊情况下,由于意外事故负伤、致残、死亡,或者患职业病,造成本人及家庭收入中断,从工伤保险基金中获得必要的医疗费、康复费、生活费、经济补偿等必要费用,对其本人或由本人供养的亲属给予物质帮助和经济补偿的社会保险制度。

(二)工伤保险的特征

(1)工伤保险的投保人为用人单位,被保险人为与该用人单位建立劳动关系的职工。

(2)工伤保险所遭受的必须是职业伤害和危险,是在生产工作过程中发生的工伤事故和职业性有害因素对职工健康和生命造成的危险。这种危险具有客观性,危险的发生具有不确定性。

(3)工伤保险是强制性保险。法律规定必须对职工实行工伤保险。用人单位如若没有为职工办理工伤保险,会受到处分。

(4)工伤保险的权利和义务是脱节的。工伤保险的被保险人在遭受职业伤害时,可以享受工伤保险法律规定的权利,但无须履行缴纳工伤保险经费的义务。工伤保险经费由用人单位负担。

(5)工伤保险实行无过错责任原则。只要发生工伤事故,只要不是职工的故意行为所导致的,无论受到伤害的职工是否有过失,都应当享受工伤保险待遇。

(三)工伤保险的起源和发展

工伤保险是世界上产生较早的社会保险项目。1884年7月16日,德国公布的工伤保险法案《劳工伤害保险法》中,第一次明确规定:劳动者受到工业伤害而负伤、致残、死亡,不管过失或责任在何方,雇主均有义务赔偿工人的损失，伤残者均有权获得经济补偿。这一原则被称为"职业的危险"或"无责任补偿"原则。到20世纪初，几乎所有的工业化国家都将这一原则写进本国的劳动法规。"职业的危险"或"无责任补偿"原则成为世界各国确定工伤保险责任时普遍适用的准则。迄今为止，世界上已有近130个国家和地区建立了工伤保险制度。

我国职工的工伤与职业病保障制度建立于20世纪50年代。1951年2月25日，中央人民政府政务院颁布实施的《中华人民共和国劳动保险条例》第12条就对工伤保险待遇作出了规定。1957年2月28日，由卫生部制定的《职业病范围和职业病患者处理办法的规定》，首次在我国将职业病伤害列入工伤保险的保障范畴。1958年2月9日颁布的《国务院关于工人、职员退休处理暂行办法》和1978年6月2日颁布的《国务院关于工人退休退职的暂行办法》，先后两次对工人工伤保险待遇作出了调整和提高。2003年4月27日，国务院发布《工伤保险条例》，其中明确规定，工伤保险是一项重要的社会保险制度，它通过社会统筹、建立工伤保险基金、由社会保险经办机构管理等，保障劳动者及其供养的亲属实现享受工伤保险的权利。《工伤保险条例》出台后，工伤保险各项政策措施不断完善，相继出台了《工伤认定办法》、《因工死亡职工供养亲属范围规定》、《非法用工单位伤亡人员一次性赔偿办法》等一系列政策措施，进一步推进了工伤保险各项工作。为切实推进农民工的参保工作，2004年6月，劳动保障部发出了《关于农民工参加工伤保险有关问题的通知》，提出了切实有效的政策措施。截至2010年底，我国工伤保险参保人数达到16173万人。①

二、我国现行工伤保险制度的主要内容

（一）覆盖范围

工伤保险是目前我国所有社会保险项目中覆盖范围最广的一种。我国《工伤保险条例》第2条第1款规定："中华人民共和国境内的企业、事业单位、社会团体、民办非企业单位、基金会、律师事务所、会计师事务所等组织和有雇工的个体工商户（以下称用人单位）应当依照本条例规定参加工伤保险，为本单位全部职工或者雇工（以下称职工）缴纳工伤保险费。"

我国《工伤保险条例》第2条第2款规定："中华人民共和国境内的企业、事业单位、社会团体、民办非企业单位、基金会、律师事务所、会计师

---

① 基本养老保险城镇参保人数2.5亿，约增加两千万．http://news.sohu.com/20110216/n279101313.shtml，2011年2月23日访问．

事务所等组织的职工和个体工商户的雇工,均有依照本条例的规定享受工伤保险待遇的权利。"我国工伤保险所涵盖的对象包括:(1)中华人民共和国境内的企业,包括国有企业、集体企业、私营企业、中外合资企业、中外合作企业、外商独资企业等各类企业以及个体经济组织;(2)与上述企业、经济组织建立劳动关系的职工;(3)国家机关、事业组织、社会团体和与之建立劳动合同关系的职工;(4)职工供养的亲属。

此外,按照我国政府批准的《本国工人与外国工人关于事故赔偿的同等待遇公约》第1条的规定:"凡批准本公约的国际劳工组织会员国,承允对于已批准本公约的任何其他会员国的人民在其国境内因工业意外事故而受伤害者,或对于需其赡养的家属,在工人赔偿方面,应给予与本国人民同等的待遇……"我国对批准该公约的其他会员国的人民在我国境内遭受工伤事故危害的,应给予与本国人民同等的待遇。

对我国被派遣出境工作的职工,《工伤保险条例》第44条规定:"职工被派遣出境工作,依据前往国家或地区的法律应当参加当地工伤保险的,参加当地的工伤保险,其国内工伤保险关系中止;不能参加当地工伤保险的,其国内工伤保险关系不中止。"

(二)工伤及职业病的范围

我国《工伤保险条例》第14条规定,职工有下列情形之一的,应当认定为工伤:(1)在工作时间和工作场所内,因工作原因受到事故伤害的;(2)工作时间前后在工作场所内,从事与工作有关的预备性或者收尾性工作受到事故伤害的;(3)在工作时间和工作场所内,因履行工作职责受到暴力等意外伤害的;(4)患职业病的;(5)因公外出期间,由于工作原因受到伤害或者发生事故下落不明的;(6)在上下班途中,受到非本人主要责任的交通事故或者城市轨道交通、客运轮渡、火车事故伤害的;(7)法律、行政法规规定应当认定为工伤的其他情形。

《工伤保险条例》第15条规定了视同为工伤的情形。职工有下列情形之一的,视同工伤:(1)在工作时间和工作岗位,突发疾病死亡或者在48小时之内经抢救无效死亡的;(2)在抢险救灾等维护国家利益、公共利益活动中受到伤害的;(3)职工原在军队服役,因战、因公负伤致残,已取得革命伤残军人证,到用人单位后旧伤复发的。

职工有前款第(1)项、第(2)项情形的,按照本条例的有关规定享受工伤保险待遇;职工有前款第(3)项情形的,按照本条例的有关规定享受除一次性伤残补助金以外的工伤保险待遇。

《工伤保险条例》第16条规定:"职工符合本条例第14条、第15条的规定，但是有下列情形之一的，不得认定为工伤或者视同工伤：（1）故意犯罪的；（2）醉酒或者吸毒的；（3）自残或者自杀的。"

在我国，职业病指的是劳动者在生产劳动及其他职业活动中，接触职业性有害因素引起的疾病。我国规定的职业病范围有：尘肺13种；职业性放射性疾病11种；职业中毒56种；物理因素所致职业病、生物因素所致职业病、职业性皮肤病、职业性眼病、职业性耳鼻喉口腔疾病、职业性肿瘤、其他职业病等共10类115种。

（三）工伤认定与劳动鉴定

《社会保险法》第36条规定："职工因工作原因受到事故伤害或者患职业病，且经工伤认定的，享受工伤保险待遇；其中，经劳动能力鉴定丧失劳动能力的，享受伤残待遇。工伤认定和劳动能力鉴定应当简捷、方便。"

1. 工伤认定

工伤的认定要按照法律规定的程序进行。按照《工伤保险条例》第17条规定："职工发生事故伤害或者按照职业病防治法规定被诊断、鉴定为职业病，所在单位应当自事故伤害发生之日或者被诊断、鉴定为职业病之日起30日内，向统筹地区社会保险行政部门提出工伤认定申请。遇有特殊情况，经报社会保险行政部门同意，申请时限可以适当延长。用人单位未按前款规定提出工伤认定申请的，工伤职工或者其近亲属、工会组织在事故伤害发生之日或者被诊断、鉴定为职业病之日起1年内，可以直接向用人单位所在地统筹地区社会保险行政部门提出工伤认定申请。按照本条第1款规定应当由省级社会保险行政部门进行工伤认定的事项，根据属地原则由用人单位所在地的设区的市级社会保险行政部门办理。用人单位未在本条第1款规定的时限内提交工伤认定申请，在此期间发生符合本条例规定的工伤待遇等有关费用由该用人单位负担。"

提出工伤认定申请应当填写《工伤认定申请表》，并提交下列材料：（1）与用人单位存在劳动关系（包括事实劳动关系）的证明材料；（2）医疗诊断证明或者职业病诊断证明书（或者职业病诊断鉴定书）。申请表应包括事故发生的时间、地点、原因及职工伤害程度等基本情况。工伤认定申请人提供材料不完整的，社会保险行政部门应当一次性书面告知工伤认定申请人需要补正的全部材料。申请人按照书面告知要求补正材料后，社会保险行政部门应当受理。材料完整的，且属于劳动保障行政部门管辖范围和在受理时限内的，劳动保障行政部门应当受理。不予受理的，应当书面告知申请人并说明理由。

社会保险行政部门受理工伤认定申请后，根据审核需要可以对事故伤害进行调查核实，用人单位、职工、工会组织、医疗机构以及有关部门应当予以协助。职业病诊断和诊断争议的鉴定，依照职业病防治法的有关规定执行。对依法取得职业病诊断证明书或者职业病诊断鉴定书的，社会保险行政部门不再进行调查核实。职工或其近亲属认为是工伤，用人单位不认为是工伤的，由用人单位承担举证责任。用人单位拒不举证的，劳动保障行政部门可根据受伤害职工提供的证据依法做出工伤认定结论。

社会保险行政部门应当自受理工伤认定申请之日起60日内作出工伤认定的决定，并书面通知申请工伤认定的职工或者其近亲属和该职工所在单位。社会保险行政部门对受理的事实清楚、权利义务明确的工伤认定申请，应当在15日内作出工伤认定的决定。作出工伤认定决定需要以司法机关或者有关行政主管部门的结论为依据的，在司法机关或者有关行政主管部门尚未作出结论期间，作出工伤认定决定的时限中止。社会保险行政部门工作人员与工伤认定申请人有利害关系的，应当回避。

2. 劳动鉴定

劳动鉴定也称劳动能力鉴定、失能鉴定、丧失工作能力鉴定，指的是鉴定机构根据法定的鉴定标准，对因工伤事故或患职业病的劳动者的劳动功能障碍程度和生活自理障碍程度作出的等级鉴定。劳动鉴定是工伤保险管理工作的一个重要环节。劳动鉴定提供的正确结论是批准职工因工、因病完全丧失劳动能力退休、退职，批准因病伤休假、复工，合理调配部分丧失劳动能力和体弱职工工作的科学依据。

劳动能力鉴定由用人单位、工伤职工或者其近亲属向设区的市级劳动能力鉴定委员会提出申请，并提供工伤认定决定和职工工伤医疗的有关资料。省、自治区、直辖市劳动能力鉴定委员会和设区的市级劳动能力鉴定委员会分别由省、自治区、直辖市和设区的市级劳动保障行政部门、人事行政部门、卫生行政部门、工会组织、经办机构代表以及用人单位代表组成。劳动能力鉴定委员会应当自收到劳动能力鉴定申请之日起60日内作出劳动能力鉴定结论。必要时可延长30日。劳动能力鉴定结论应及时送达申请鉴定的单位和个人。自劳动能力鉴定结论做出之日起1年后，工伤职工或者其近亲属所在单位或者经办机构认为伤残情况发生变化的，可以申请劳动能力复查鉴定。

劳动鉴定委员会应当按照国家规定的工伤与职业病致残程度鉴定标准，对因工负伤或者患职业病的职工伤残后丧失劳动能力的程度和护理依赖程度进行等级鉴定。符合评残标准1~4级的为全部丧失劳动能力；5~6级的为大部分丧失劳动能力；7~10级的为部分丧失劳动能力。护理等级根据进食、翻身、大小便、穿衣及洗漱、自我移动五项条件，区分为全部护理依赖、大部分护理依赖和部分护理依赖三个等级。

（四）工伤保险待遇

工伤保险待遇是工伤保险制度的核心，根据我国《工伤保险条例》规定，工伤保险待遇包括工伤医疗待遇、工伤致残待遇和因工死亡待遇。

1. 工伤医疗待遇

劳动者因工负伤或者患职业病，享受工伤医疗待遇。职工治疗工伤应当在签订服务协议的医疗机构就医，情况紧急的可先到就近医疗机构就医。因工受伤的劳动者治疗工伤或职业病所需的符合工伤保险诊疗项目目录、工伤保险药品目录、工伤保险住院服务标准的挂号费、住院费、医疗费、药费、就医路费、康复性治疗费用、辅助器具安装配置费用，由工伤保险基金支付。职工住院治疗工伤的伙食补助费，以及经医疗机构出具证明，报经办机构同意，工伤职工到统筹地区以外就医所需的交通、食宿费用从工伤保险基金支付。

职工因工作遭受事故伤害或者患职业病需要暂停工作接受工伤医疗的，在停工留薪期内，原工资福利待遇不变，由所在单位按月支付。停工留薪期一般不超过12个月。伤情严重或者情况特殊，经设区的市级劳动能力鉴定委员会确认，可以适当延长，但延长不得超过12个月。工伤职工评定伤残等级后，停发原待遇，按照本章的有关规定享受伤残待遇。工伤职工在停工留薪期满后仍需治疗的，继续享受工伤医疗待遇。生活不能自理的工伤职工在停工留薪期需要护理的，由所在单位负责。

2. 工伤致残待遇

工伤职工已经评定伤残等级并经劳动能力鉴定委员会确认需要生活护理的，从工伤保险基金按月支付生活护理费。生活护理费按照生活完全不能自理、生活大部分不能自理或者生活部分不能自理3个不同等级支付，其标准分别为统筹地区上年度职工月平均工资的50%、40%或者30%。

职工因工致残被鉴定为一级至四级伤残的，保留劳动关系，退出工作岗位，享受以下待遇：（1）从工伤保险基金按伤残等级支付一次性伤残补助金，标准为：一级伤残为27个月的本人工资，二级伤残为25个月的本人工资，三级伤残为23个月的本人工资，四级伤残为21个月的本人工资；（2）从工伤保险基金按月支付伤残津贴，标准为：一级伤残为本人工资的90%，二级伤残为本人工资的85%，三级伤残为本人工资的80%，四级伤残为本人工资的75%；伤残津贴实际金额低于当地最低工资标准的，由工伤保险基金补足差额；（3）工伤职工达到退休年龄并办理退休手续后，停发伤残津贴，按照国家有关规定享受基本养老保险待遇。基本养老保险待遇低于伤残津贴的，由工伤保险基金补足差额。职工因工致残被鉴定为一级至四级伤残的，由用人单位和职工个人以伤残津贴为基数，缴纳基本医疗保险费。

职工因工致残被鉴定为五级、六级伤残的，享受以下待遇：（1）从工伤保险基金按伤残等级支付一次性伤残补助金，标准为：五级伤残为18个月的本人工资，六级伤残为16个月的本人工资；（2）保留与用人单位的劳动关系，由用人单位安排适当工作。难以安排工作的，由用人单位按月发给伤残津贴，标准为：五级伤残为本人工资的70%，六级伤残为本人工资的60%，并由用人单位按照规定为其缴纳应缴纳的各项社会保险费。伤残津贴实际金额低于当地最低工资标准的，由用人单位补足差额。经工伤职工本人提出，该职工可以与用人单位解除或者终止劳动关系，由工伤保险基金支付一次性工伤医疗补助金，由用人单位支付一次性伤残就业补助金。一次性工伤医疗补助金和一次性伤残就业补助金的具体标准由省、自治区、直辖市人民政府规定。

职工因工致残被鉴定为七级至十级伤残的，享受以下待遇：（1）从工伤保险基金按伤残等级支付一次性伤残补助金，标准为：七级伤残为13个月的本人工资，八级伤残为11个月的本人工资，九级伤残为9个月的本人工资，十级伤残为7个月的本人工资；（2）劳动、聘用合同期满终止，或者职工本人提出解除劳动、聘用合同的，由工伤保险基金支付一次性工伤医疗补助金，由用人单位支付一次性伤残就业补助金。一次性工伤医疗补助金和一次性伤残就业补助金的具体标准由省、自治区、直辖市人民政府规定。

3. 因工死亡待遇

职工因工死亡，其近亲属按照下列规定从工伤保险基金领取丧葬补助金、供养亲属抚恤金和一次性工亡补助金：（1）丧葬补助金为6个月的统筹地区上年度职工月平均工资。（2）供养亲属抚恤金按照职工本人工资的一定比例发给由因工死亡职工生前提供主要生活来源、无劳动能力的亲属。标准为：配偶每月40%，其他亲属每人每月30%，孤寡老人或者孤儿每人每月在上述标准的基础上增加10%。核定的各供养亲属的抚恤金之和不应高于因工死亡职工生前的工资。供养亲属的具体范围由国务院社会保险行政部门规定。（3）一次性工亡补助金标准为上一年度全国城镇居民人均可支配收入的20倍。

职工因工外出期间发生事故或在抢险救灾中下落不明的，从事故发生当月起3个月内照发工资，从第4个月开始停发工资，由工伤保险基金向其供养的亲属按月支付供养亲属抚恤金。生活有困难的，可以预支一次性因工死亡补助金的50%。职工被人民法院宣告死亡的,按照职工因工死亡的规定处理。

根据《工伤保险条例》第42条的规定,工伤职工出现下列情形之一的,停止享受工伤保险待遇:(1)丧失享受待遇条件的;(2)拒不接受劳动能力鉴定的;(3)拒绝治疗的。

三、工伤预防与职业康复

(一)工伤预防

许多国家的法律都规定了工伤保险管理机构的安全预防职责。如澳大利亚强调工伤保险的目的在于事故的预防,第一作用是预防,然后是处理伤亡事故、职业恢复及发放补偿金。英国为直接实施管理监督并控制事故的预防工作,制定了安全措施并责成监察员实施。主管部门有权命令雇主采纳或安装安全设备,有权关闭严重违反安全规定的工厂。德国为每项工伤保险基金设立专门的监察员,负责核准所属成员是否遵守了安全规程。1964年《工伤事故和职业病津贴公约》规定:"每个成员国必须制定工业安全与职业病预防条例。"

工伤预防还包括加强对职业伤亡的技术、医疗及心理方面的研究,记录和发布事故预防信息,帮助用人单位从事安全教育及培训活动,要求或帮助用人单位建立安全机构以及建立安全事故预防基金会,为加强事故预防研究、培训事故预防专家等方面提供资助。

在我国,劳动行政主管部门负有监督管理工伤预防的责任,要求监督用人单位落实安全责任制,强化安全生产管理体制和开展安全检查。同时也要投入资金建设监控预防体系,以确保重大危险源的安全。工伤保险经办机构应当采取宣传、教育、检查和奖惩等措施,促进企业改善劳动条件,加强安全生产管理。对于当年未发生工伤事故和职业病,或者其发生率低于本行业平均水平的用人单位,工伤保险经办机构可以从该企业当年缴纳的工伤保险费中,返还5%~20%给用人单位,用于安全生产宣传和职工安全生产教育培训工作,奖励对安全生产工作做出突出贡献的单位或个人,适当补偿企业为降低事故和职业病而先期投入的安全生产设施、设备建设的部分资金。

用人单位应对生产环境做定期、不定期的检查,及时发现和消除事故隐患,防患于未然。绝不允许在生产过程中冒险作业,最大限度地遏制事故的发生。对从事有职业危害作业的员工,应当定期进行体检。在劳动关系终止、解除时或转换工作岗位或单位时,应当进行职业性健康检查,发现患职业病的要按照有关规定处理。为预防工伤事故发生,劳动者应当严格按照安全操作规程工作,避免事故发生。同时也要有自我保护意识,对于存在严重不安全隐患的作业,要敢于拒绝和抵制。

(二)职业康复

世界各国对于职业康复采取不同的方式,有的规定为恢复残疾人的工作能力,可以组织残疾人做康复工作及就业的培训工作;有的规定残疾职工应得到善后处理,包括医疗、手术及住院治疗,直至完全恢复。有的国家通过立法要求建立设施完备的康复中心,为满足残疾人的要求,建立一套体系以恢复残疾人的智力、体力及职业所需的技术能力。所需费用从国家保险基金中拨付特别款项。国际劳工组织在1925年《工伤赔偿建议书》中规定,应给残疾人假期及重新受教育的机会。1952年《社会保障(最低标准)公约》规定,掌管医疗的机构或政府部门,应同一般职业康复服务设施进行合作,以使残疾人恢复合适的工作,国家法律或条例得授权此类机构或部门保证向残疾人提供职业康复。1955年国际劳工局制定了《残疾人职业康复建议书》,要求确保残疾人充分利用可能的康复设施,并且为残疾人提供适当的就业设施,包括免费职业介绍,要提供必要的交通工具和财政援助。1964年《工伤事故和职业病津贴公约》要求所有成员国应为残疾人提供康复设施,如果不能满足上述要求,成员国也应采取适当措施,为残疾人就业寻求方法。在1983年的《残疾人职业康复和就业建议书》中,要求社会保障机构应为残疾人的组织提供赞助,帮助培训残疾人,为残疾人提供咨询服务。

我国的职业康复也着眼于帮助工伤残疾的劳动者尽可能恢复劳动能力和提高生活能力。有条件的地区,应当通过工伤保险基金提留、民间赞助等方式筹集资金,逐步兴办工伤职业康复事业,帮助工伤残疾人员恢复或补偿功能。对具有一定劳动能力并需要通过专门培训恢复或提高劳动能力的工伤残疾人员,劳动行政部门及用人单位都有责任组织专门培训,所需费用从工伤保险基金的职业康复费用中支付。

第五节 生 育 保 险

【案例11-4】女职工享受生育保险待遇期间对工作岗位会产生什么影响吗?[①]

北京市某食品厂女职工石某于1999年参加工作,虽然劳动合同是一年一签,但是石某一直在该厂工作。2005年2月石某怀孕了,在2005年12月

---

① 女职工享受生育保险期间会对工作岗位产生什么影响吗. http://www.cnpension.net/sbal/syubx/2008-10-11/597269.html,2010年1月30日访问。

分娩后石某就按照当地的计划生育优惠政策开始休产假4个月。当她休假结束回工厂上班时,发现原来自己的工作岗位已经被别人替代,而本部门的领导却不安排石某工作。石某认为,自己与工厂签订的劳动合同虽然是一年一签的,但是现在休完产假,还在哺乳期,所以还是处在劳动合同的有效期间内的,而单位在自己按照规定休完产假后却不安排工作,就等于单方面终止了劳动合同。石某多次找工厂的人事管理部门反映情况,并一再要求领导给自己安排工作岗位,但是厂里一直没有安排。石某在万般无奈的情况下,向工厂所在地的劳动监察大队反映了上述情况。

点评:根据《劳动法》第29条的规定,用人单位不得在女职工孕期、产期、哺乳期解除劳动合同。根据法律规定,企业不得在女职工休产假期间解除劳动合同,或以其他方式不安排女职工工作。女职工生育期间的权利是受国家保护的,任何单位不得以休产假为由,解除女职工的劳动合同。该厂虽然没有解除与石某的劳动合同,但是不安排工作,不保障女职工的基本工作和给予正常的收入待遇,其性质和解除劳动合同的性质一样,是一种变相解除劳动合同的行为,应当予以纠正。

女职工在享受生育保险期间,从怀孕到分娩以及休产假期间,由于特殊的生理原因,导致不能像身体在正常情况下那样顺利完成工作岗位的工作,或者不同程度地影响工作的时间或是工作的质量,但用人单位不能以此理由来调整女职工的工作岗位,降低女职工的工资,或者减少发放奖金。在女职工怀孕以及分娩的情况下,用人单位要承受因此而带来的影响,但生育问题本质上是与社会发展有关的问题,单位承担的实际上是社会责任。因此,用人单位在女职工享受生育保险期间应当遵守法规给予女职工必要的照顾和工作的调整,但是不能借口女职工享受生育保险而侵犯她们的合法权利。

一、生育保险概述

(一) 生育保险的概念

生育保险是国家和社会针对女性生育行为的生理特点,通过社会保险立法,对受保妇女孕育、生育、哺乳期间,给予物质帮助和保护,以保障受保妇女的基本生活,保持、恢复或增进受保妇女的身体健康及工作能力的一项社会保障制度。

生育保险是专门针对女职工的社会保险,为生育的女工提供产前、产后全程的经济补偿和医疗保障,主要内容包括提供产假,产假期间的工资,产前、产后的医疗卫生服务和生育补助金等。

（二）生育保险的法律特征

1. 生育保险的实施对象只能是已婚妇女劳动者

未婚女性劳动者和男性都不能享受生育保险待遇。其他种类的社会保险，其对象为全社会的所有劳动者，没有性别和婚姻状况的限制。随着经济的发展，有些国家和地区在女性生育后，给予其丈夫一定的假期照顾生育后的妻子且工资照发。

2. 引起生育保险的原因是正常的生理风险

生育活动所引起的收入损失是正常的生理变化所造成的，收入中断是短暂的，一般不需要特殊治疗，侧重于休养和营养调补。其他的社会保险所引起的风险或是由社会风险或外界的自然风险，如失业、工伤等造成的，或是由疾病这种不正常的生理变化所造成的风险，当然也有由正常的生理活动所造成的如体力和智力的老化所造成的风险。

3. 生育保险与一国的生育政策和人口政策紧密相关

一国的生育政策和人口政策决定着该国生育保险的覆盖面及保障水平。我国属于高人口增长的国家，利用生育保险协助计划生育政策的推行，能够控制人口数量，提高人口素质。如我国生育保险的保障对象仅限于符合法定结婚年龄，按婚姻法规定办理了合法结婚手续，符合国家生育法规和政策的合法生育女职工。

4. 生育保险待遇实行产前和产后都应享有的原则

怀孕的女性在临产前一段时间内及分娩以后，都不适宜工作。所以生育保险的假期包括产前和产后。其他社会保险都只有善后的功能，只有在据以提供保障的事实发生后，被保险人才能享有相应的保险待遇。

（三）生育保险的起源与发展

生育保险是保障人类健康繁衍和确保劳动力扩大再生产的有效途径。1883年《德国劳工疾病保险法》中就有关于生育保险的内容。后来各国都将生育保险作为疾病保险的组成部分或作为妇女权益保障的内容，作出明确的立法规定，国际劳动组织在1919年和1952年制定了第3号公约《妇女生育前后工作公约》和第103号公约《生育保护公约》。1952年国际劳工大会通过的第102号公约《社会保障最低标准公约》也有关于生育保险实施范围、生育津贴、生育医疗服务的相关规定。根据国际劳动组织的统计，目前世界上已有102个国家通过立法建立并实行了生育保险制度。

我国的生育保险制度是20世纪50年代初建立的。《中华人民共和国劳动保险条例》对生育保险有关待遇作出了明确规定。1955年4月26日，国务院颁发了《关于女工作人员生产假期的通知》，将女职工生育保险待遇的覆盖面从企业女职工扩大到机关、事业单位的所有女职工。1994年12月14日，劳动部颁布了《企业职工生育保险试行办法》，对我国的生育保险制度作出规定。

二、我国现行生育保险制度的主要内容

（一）覆盖范围

我国《女职工劳动保护特别规定》和《企业职工生育保险试行办法》规定，生育保险适用于我国境内的一切国家机关、人民团体、事业单位的女职工。不少地方在实施中将生育保险的对象延伸到了乡镇企业、社办企业的女职工。

截至2010年末，全国参加生育保险人数为12336万人。全年共有211万人次享受了生育保险待遇。全年生育保险基金收入160亿元，支出110亿元。生育保险基金累计结存261亿元。[1]

（二）生育保险基金

1. 生育保险基金的概念及特点

生育保险基金指的是国家通过立法在全社会统一建立的，用于支付生育保险所需费用的各项资金。

生育保险基金具有以下特点：

（1）基金来源的单一性。生育保险作为社会保险的一个组成部分，其基金来源也遵循社会保险的"大数法则"，集合社会力量。生育保险费完全由职工个人所在单位缴纳，职工个人不缴纳生育保险费。

（2）基金筹集的可预见性。生育保险的对象为育龄妇女，生育保险和计划生育政策紧密衔接，生育保险费用具有较强的可预见性，不必留有积累以应付不测。

（3）基金负担的均衡性。所有企业或参加生育保险的用人单位，不论是否有女职工或女职工人数多少，都要按照工资总额的统一比例缴纳生育保险费。

2. 生育保险基金的筹集

我国生育保险基金的筹集遵循以下基本原则和方式：

---

[1] 人力资源社会保障部公布2010年全国社会保险情况．http://www.gov.cn/gzdt/2011-08/10/content_1923002.htm，2011年8月16日访问。

（1）生育保险基金按照"以支定收，收支基本平衡"的原则筹集。企业按照其工资总额的一定比例向社会保险经办机构缴纳生育保险费，建立生育保险基金。职工个人不缴纳生育保险费。这是生育保险基金筹集区别于其他社会保险基金筹集原则的重要特征之一。

（2）生育保险基金由当地人民政府根据计划内生育人数和生育津贴、生育医疗费等项费用的实际情况确定，最多不超过职工工资总额的1%。企业按照当地政府规定的费率向社会保险机构缴纳。企业缴纳的生育保险费作为期间费处理，列入企业管理费用。

（3）生育保险基金按属地原则组织，实行社会统筹。按属地原则组织，是指生育保险由以按行政区域划分的市、区（县）为单位组织实施，在同一区域内所辖的各类企业，不分所有制性质，不论隶属关系，一律参加所在地的生育保险，执行当地的缴费标准和有关政策规定。

生育保险费用社会统筹是指劳动部门所属的社会保险管理机构按照国家立法的规定，根据社会保险的"大数法则"，在较大的社会范围内筹集生育保险基金，通过互助互济的方法，将发生在少数人和少数单位的风险，转由多数人和多数单位共同分担，从社会角度履行对生育妇女给予补偿的责任。同时，也可以缓解企业之间因女职工分布不均衡所造成的生育费用负担畸轻畸重的矛盾，为企业公平地参与市场竞争创造条件。

3. 生育保险基金的支付和管理

我国《企业职工生育保险试行办法》明确规定，生育保险基金主要用于支付两部分费用：一部分是生育津贴，即产假工资。参加生育保险社会统筹的企业，由生育保险基金支付；没有参加生育保险社会统筹的企业，由本单位工资基金支付。另一部分是生育医疗费，包括女职工生育的检查费、接生费、手术费、住院费和药费以及因生育引起的疾病的医疗费。

我国生育保险基金由劳动保障部门所属的社会保险经办机构统一负责收缴、支付和管理。生育保险基金存入社会保险经办机构在银行开设的生育保险基金专户，银行按城乡居民个人储蓄同期存款利率计算利息，所得利息转入生育保险基金。生育保险基金不征税费。生育保险基金的筹集和使用，实行财务预、决算制度，由社会保险经办机构作出年度报告，并接受同级财政审计的监督。

（三）生育保险待遇

1. 生育保险待遇的享受条件

我国享受生育保险待遇的条件是以建立劳动关系为基础，还要受到计划生育政策的限制。用人单位已经缴纳生育保险费的，其职工享受生育保险待遇；职工未就业配偶按照国家规定享受生育医疗费用待遇。所需资金从生育保险基金中支付。享受生育津贴的前提是其单位为其缴纳了生育保险费，女职工领取生育津贴的时间与生育产假必须一致。

2. 生育保险待遇的具体内容

我国生育保险待遇的内容主要包括产假、生育津贴、生育医疗服务、生育期间的特殊劳动保护、生育期间的职业保障等。

（1）产假。女职工生育享受98天产假，其中产前可以休假15天；难产的，增加产假15天；生育多胞胎的，每多生育1个婴儿，增加产假15天。女职工怀孕未满4个月流产的，享受15天产假；怀孕满4个月流产的，享受42天产假。女职工产假期间的生育津贴，对已经参加生育保险的，按照用人单位上年度职工月平均工资的标准由生育保险基金支付；对未参加生育保险的，按照女职工产假前工资的标准由用人单位支付。

（2）生育医疗服务。生育医疗服务项目包括检查费用、接生费用、手术费用、住院费和与生育直接相关的医疗费用，由生育保险基金支付。超出规定的医疗服务费和药费（含自费药品和营养药品的药费）由职工个人负担。女职工生育出院后，因生育引起疾病的医疗费由生育保险基金支付；其他疾病的医疗费，按医疗保险待遇规定处理。女职工产假期满后，因病需要休息治疗的，享受有关病假待遇和医疗保险待遇。

（3）生育期间的特殊劳动保护。女职工生育期间的特殊劳动保护，是指女职工孕期由于生理变化而在工作中可能遇到的特殊困难，保证女职工的基本收入和母子生命安全而制定的一项特殊政策，包括收入保护和健康保护。健康保护的主要措施有：不得安排怀孕女职工从事高强度劳动和孕期禁忌的劳动，也不得安排在正常工作日以外延长劳动时间；对不能胜任原工作岗位的孕期女职工，应当减轻其劳动量或安排其他工作；对怀孕7个月以上（包括7个月）的女职工，不应延长劳动时间和安排夜班劳动，并应在工作时间内安排一定的休息时间；允许怀孕女职工在劳动时间进行产前检查，并应当算作劳动时间。

（4）生育女职工的职业保障。国家制定了一系列保障女职工不因怀孕、分娩、哺乳而失业的规定。任何单位不得在女职工孕期、产期、哺乳期解除劳动关系。对于劳动合同期满而哺乳期未满的女职工，其劳动关系顺延至哺乳期满。

第六节 医疗保险

【案例 11-5】 出差住了院，费用该咋办？①

陈某是某酒厂参保职工，2003 年 8 月，陈某来到其管辖的东北地区出差，制订当地的营销计划。刚到沈阳，陈某觉得腹部绞痛，送到医院检查为急性阑尾炎，必须马上动手术。陈某别无选择，只好就诊。8 天后，陈某病愈出院，共花掉医疗费 4000 元。可拿着医院的一大堆就诊单，陈某心里犯愁了，听说参保人员外地就医必须先与医疗保险机构联系，自己突发疾病，来不及联系，医疗费用能报销吗？

点评： 本案例涉及的是参保职工异地就医费用如何报销的问题。因工外出人员就医有两种特殊性：一是不在其统筹地区的定点医疗机构就诊；二是不能办理相关的审批手续。根据《城镇职工基本医疗保险定点医疗机构管理暂行办法》（劳社部发［1999］14 号）第 12 条的规定："参保人员应在选定的定点医疗机构就医，并可自主决定在定点医疗机构购药或持处方到定点零售药店购药。除急诊和急救外，参保人员在非选定的定点医疗机构就医发生的费用，不得由基本医疗保险基金支付。"一般来说，异地就医在非急诊情况下，应先与其参保地医疗保险经办机构取得联系；在急诊的情况下，可就近诊治。治疗后，凭治疗医院出具的有效凭证回医疗保险经办机构按规定报销。本案例中陈某是在因公出差过程中，突发急性阑尾炎而就近住院的，病情的突发不容许他按正常途径申报就诊。因此，医疗保险经办机构应该承认陈某的这笔医疗费用，并在审查相关凭证的基础上予以报销。

一、医疗保险概述

（一）医疗保险的概念

医疗保险又称医疗保险或健康保险，指的是劳动者因患病或非因工负伤治疗期间，可以从国家或社会获得必要的医疗服务和经济补偿的一种社会保险制度。医疗保险制度通常是由国家立法并强制实施，建立基金制度，费用由用人单位和个人共同缴纳，医疗保险费由医疗机构支付，以解决劳动者因医疗风险而遭受的损害。

---

① 出差住了院，费用该咋办．http：//www.cnpension.net/sbal/ylbx/2008-10-11/597338.html，2010 年 1 月 30 日访问。

（二）医疗保险的法律特征

医疗保险作为社会保险制度的重要组成部分，可以说是与每个劳动者的切身利益紧密相连。医疗保险具有如下几项法律特征：

1. 医疗保险的适用范围十分广泛

疾病发生的普遍性和经常性决定了医疗保险的广泛性。如果将疾病作为一种风险，那么这种风险对每个人而言都是难以避免的。由于医疗保险是化解这种风险的重要手段，医疗保险就具有广泛适用的必要性。一般来说，医疗保险的对象适用于所有的劳动者。

2. 医疗保险待遇的享有具有即时性和长期性

疾病对个人来说是一个终身的风险，医疗保险应当说是所有社会保险制度当中适用最为频繁的一种。参加医疗保险，对每个参加者来说都具有长期性，都能终身获得必要的医疗保障。

3. 医疗保险待遇有自身限定的范围

医疗保险的范围通常都是有限制的，医疗保险的范围限于必要的治疗和医药费，对于可以享受医疗保险的医疗和药品的范围立法都作出了明确的界定，以避免医疗费用无限扩大。当然目前我国也在不断扩大医疗保险的适用范围，从而更有力地保护劳动者的合法权益。

我国从20世纪50年代起，在城镇职工中实行的劳动保险制度中包括了医疗保险的内容，对于在实施范围内的职工患病或者非因工负伤，给予生活救济，发给病假工资。医疗服务方面，分别对企业职工实施劳动医疗和对机关、工业单位、社会团体职工实施公费医疗。随着市场经济体制的确立和国有企业改革的不断深入，原有的医疗保险制度突显出诸多的弊端，我国医疗保险制度进行了一系列的改革。1998年，国务院出台了《关于建立城镇职工基本医疗保险制度的决定》，确定了医疗保险制度改革的基本方向。医疗改革的目标是要建立一种以基本医疗保险为基础，以大额医疗费用互助、公务员医疗补助、企事业补充医疗保险为辅助，以商业保险为补充的，可以满足不同层次、不同人群需求的医疗保险制度。所有的用人单位和职工都必须参加基本医疗保险。基本医疗保险费实行用人单位和职工个人双方负担，由用人单位和职工个人共同缴纳，实行社会统筹。基本医疗保险基金实行社会统筹和个人账户相结合的方式。

二、我国现行医疗保险制度的主要内容

（一）覆盖范围

根据我国《关于建立城镇职工医疗保险制度的决定》，我国基本医疗保

险制度的覆盖范围为城镇所有的用人单位和劳动者。城镇所有用人单位包括企业（国有企业、集体企业、外商投资企业、私营企业）、机关、事业单位、社会团体、民办非企业单位及其职工。乡镇企业及其职工、城镇个体经济组织业主及其从业人员是否参加基本医疗保险，由各省、直辖市、自治区人民政府决定。2003年劳动和社会保障部办公厅发布《关于城镇灵活就业人员参加基本医疗保险的指导意见》中规定将灵活就业人员纳入基本医疗保险制度范围。2004年劳动和社会保障部办公厅发布《关于推进混合所有制企业和非公有制经济组织从业人员参加医疗保险的意见》中规定推进混合所有制企业和非公有制经济组织从业人员参加医疗保险。2006年劳动和社会保障部办公厅发布《关于开展农民工参加医疗保险专项扩面行动的通知》中指出，全面推进农民工参加医疗保险工作。我国现已建立起新型农村合作医疗制度。可见，基本医疗保险制度是目前我国所有社会保险项目中覆盖范围最广的一种。

截至2010年底，全国参加城镇基本医疗保险人数43206万人。[1] 2010年底我国基本医疗保险制度已覆盖超过12.5亿人。[2]

（二）医疗保险基金的筹集、使用和管理

1. 医疗保险基金的缴纳

国务院《关于建立城镇职工医疗保险制度的决定》第2条规定，职工基本医疗保险费由用人单位和职工共同缴纳。用人单位缴费率应控制在职工工资总额的6%左右，职工缴费率一般为本人工资收入的2%。随着经济发展，用人单位和职工缴费率可作相应调整。2002年劳动和社会保障部办公厅提出《关于妥善解决医疗保险制度改革有关问题的指导意见》，对有部分缴费能力的困难企业，可按照适当降低单位缴费率、先建立统筹基金、暂不建立个人账户的办法，纳入基本医疗保险，保障其职工相应的医疗保险待遇。单位缴费的具体比例由各地根据建立统筹基金的实际需要确定。对无力参保的困难企业职工要通过探索建立社会医疗救助制度等方式，妥善解决其医疗保障问题。对关闭、破产国有企业的退休人员（包括医疗保险制度改革前已经关闭、破产的原国有企业退休人员），要充分考虑这部分人员的医疗费用水平和年龄结构等因素，多渠道筹集医疗保险资金，单独列账管理，

---

[1] 基本养老保险城镇参保人数2.5亿，约增加两千万. http://news.sohu.com/20110126/n279101313.shtml，2011年2月23日访问.

[2] 目前全国已有超过12.5亿公民被纳入基本医保制度中. http://www.gov.cn/zxft/ft209/content_1751070.htm，2011年2月24日访问.

专项用于保障其医疗保险待遇。对仍在再就业服务中心的国有企业下岗职工，要继续按照"三三制"原则，落实基本医疗保险缴费资金。对出中心解除劳动关系的人员，已经再就业并建立劳动关系的，应继续将其纳入基本医疗保险。

国务院《关于建立城镇职工医疗保险制度的决定》第3条规定，要建立基本医疗保险统筹基金和个人账户。基本医疗保险基金由统筹基金和个人账户构成。职工个人缴纳的基本医疗保险费，全部计入个人账户。用人单位缴纳的基本医疗保险费分为两部分，一部分用于建立统筹基金，一部分划入个人账户。划入个人账户的比例一般为用人单位缴费的30%左右，具体比例由统筹地区根据个人账户的支付范围和职工年龄等因素确定。个人账户必须纳入财政专户管理，按规定编制基金预算和财务决算报告。个人账户基金只能用于支付在定点医疗机构或定点零售药店发生的，符合基本医疗保险药品目录、诊疗项目范围、医疗服务设施标准所规定项目范围内的医疗费用。个人账户原则上不得提取现金，实行钱账分管，个人当期的医疗消费支出采取划账形式，由经办机构定期与定点医疗机构和定点药店统一结算。

享受最低生活保障的人、丧失劳动能力的残疾人、低收入家庭60周岁以上的老年人和未成年人等所需个人缴费部分，由政府给予补贴。

2. 医疗保险基金的使用

统筹基金和个人账户要划定各自的支付范围，分别核算，不能相互挤占。要确定统筹基金的起付标准和最高支付限额。起付标准原则上控制在当地职工年平均工资的10%左右，最高支付限额原则上控制在当地职工年平均工资的4倍左右。起付标准以下的医疗费用，从个人账户中支付或由个人自付。起付标准以上的，最高支付限额以下的医疗费用，可以通过商业医疗保险等途径解决。统筹基金的具体起付标准和最高支付限额，以及在起付标准以上和最高支付限额以下医疗费用的具体负担比例，由统筹地区根据以收定支、收支平衡的原则确定。

3. 医疗保险基金的管理

在我国，基本医疗保险基金的管理实行属地化和社会化原则。

（1）属地化原则，指的是用人单位和职工参加其所在的统筹地区的基本医疗保险。基本医疗保险基金原则上以地级以上行政区（包括地、市、州、盟）为统筹单位，也可以县（市）为统筹单位。北京、天津、上海、重庆4个直辖市原则上在全市范围内实行统筹。铁路、电力、远洋运输等跨地区、生产流动性较大的企业及其职工，可以相对集中的方式异地参加统筹地区的基本医疗保险。

(2) 社会化原则,指的是基本医疗保险基金由社会保险经办机构实行统一征缴、使用和管理。基本医疗保险基金由劳动保障部门统一监督管理,劳动保障部门设立的社会保险经办机构具体操作。社会保险经办机构要建立医疗缴费记录和信息管理制度,健全的预决算制度、财务会计制度和内部审计制度。基本医疗保险缴费统一进入国库,存入财政医疗保障专户,专款专用,不得挤占挪用。社会保险经办机构的事业经费不从基金中提取,由各级财政预算解决。社会统筹基金与个人账户分别建账,按银行利息计息。个人账户的本金和利息归个人所有,可以结转使用和继承。

基本医疗保险基金实行多元化监督管理机制,各级劳动保障部门和财政部门实行行政监督;审计部门定期对社会保险经办机构的医疗保险基金收支情况实行业务审计;统筹地区设立由政府有关部门代表、用人单位代表、医疗机构代表、工会代表和专家代表参加的医疗保险基金监督组织;对基金实行社会监督,缴费单位和个人有权查询医疗保险缴费记录,任何公民均有权对经办机构的违法行为进行举报。

(三) 医疗保险待遇

我国的医疗保险待遇主要包括医疗保险期间待遇和致残待遇。

1. 医疗保险期间待遇

职工患病或非因公负伤确需停止工作治病休息的,根据本人连续工作时间和在本单位工作时间的长短,给予 3~24 个月的医疗期;难以治愈的疾病,经医疗机构提出,本人申请,劳动保障行政部门批准后,可适当延长医疗期。在医疗期内,职工一般可在与社会保险经办机构和用人单位签订的医疗服务合同规定的多个定点医疗机构中选择就医。所需检查费用、治疗费用、药品费用、住院费用在规定的标准内的,按规定比例分别从医疗保险社会统筹基金和个人账户中支付;规定范围和标准之外的费用,由职工个人负担。医疗期内的职工,工资停发,由用人单位按其工龄长短给付相当于本人工资一定比例的疾病医疗津贴(病假工资)。

2. 致残待遇

职工患病或非因公致残的,在医疗期内医疗终结或医疗期满后,经用人单位申请,劳动鉴定机构进行劳动能力鉴定并确定残废等级,享受致残待遇。致残一级至四级残废者,应退出劳动岗位,终止劳动关系,享受退休或退职待遇。致残五级至十级的,在规定医疗期内不得辞退,用人单位应为其另行安排工作,不能从事所安排工作的,可以按规定发给疾病津贴;规定医疗期满后,可以解除劳动合同并按规定给予经济补偿。

(四) 几种特殊情况的规定

1. 退休人员参加基本医疗保险的规定

参加职工基本医疗保险的个人，达到法定退休年龄时累计缴费达到国家规定年限的，退休后不再缴纳基本医疗保险费，按照国家规定享受基本医疗保险待遇；未达到国家规定年限的，可以缴费至国家规定年限。

2. 企业建立补充医疗保险的规定

为了不降低一些特定行业职工现有的医疗消费水平，在参加基本医疗保险的基础上，作为过渡措施，允许建立企业补充医疗保险。企业补充医疗保险费在工资总额4%以内的部分，从职工福利费中列支，福利费不足列支的部分，经同级财政部门核准后列入成本。

3. 国有企业下岗职工缴纳医疗保险费的规定

国有企业下岗职工的基本医疗保险费，包括单位缴费和个人缴费，均由再就业服务中心按照当地上年度职工平均工资的60%为基数缴纳。

4. 特殊人群的医疗保险待遇

离休人员、老红军的医疗待遇不变，医疗费用按原资金渠道解决，支付确有困难的，由同级人民政府帮助解决。离休人员、老红军的医疗管理办法由省、自治区、直辖市人民政府确定。

二等乙级以上革命伤残军人的医疗待遇不变，医疗费用按原资金渠道解决，由保险经办机构单独列账管理。医疗费用支付不足部分，由当地人民政府帮助解决。

国家公务员在参加基本医疗保险的基础上，享受医疗补助政策。对公务员的补助水平应与当地经济发展水平和财政负担能力相适应，在保证国家公务员原有医疗待遇水平不降低的前提下，随经济发展有所提高。医疗补助费专款专用、单独建账、单独管理，与基本医疗保险基金分开核算。

（五）疾病保险的管理

1. 基本医疗保险诊疗项目和医疗服务设施管理

基本医疗保险诊疗项目是指符合以下条件的各种医疗技术劳务项目和使用医疗仪器、设备与医用材料进行的诊断治疗项目。包括：（1）临床诊断必须安全有效、费用适宜的诊疗项目；（2）由物价部门制定收费标准的诊疗项目；（3）由定点医疗机构为参保人员提供的定点医疗服务范围内的诊疗项目。

基本医疗保险诊疗项目通过制定基本医疗保险诊疗项目范围和目录进行管理。国家基本医疗保险诊疗项目范围按照临床诊断、治疗的基本需要，兼顾不同地区经济状况和医疗技术水平的差异科学管理确定。分为基本医疗保险不予支付费用的诊疗项目范围和部分支付费用的诊疗项目范围。其中不予支付的诊疗项目范围包括 5 类 17 项；支付部分费用的诊疗项目范围包括 3 类 18 项。

基本医疗保险服务设施是指由定点医疗机构提供的，参保人员在接受诊断、治疗和护理过程中必需的生活服务设施。其费用主要包括住院床位费及门（急）诊留观床位费。国家通过制定基本医疗保险基金对给予支付的生活服务项目和服务设施费用实施管理。

2. 基本医疗保险定点医疗机构管理

基本医疗保险定点机构，是指经统筹地区劳动保障行政部门审查，并经社会保险经办机构确定的，为城镇职工基本医疗保险参保人员提供医疗服务的医疗机构。

定点医疗机构审查和确定的原则是：方便参保人员就医并便于管理；兼顾专科与综合、中医与西医，注重发挥社区卫生服务机构的作用；促进医疗卫生资源的优化配置，提高医疗卫生资源的利用效率，合理控制医疗服务成本和提高医疗服务质量。

经卫生行政部门批准并取得《医疗机构执业许可证》的医疗机构，以及军队主管部门批准有资格开展对外服务的军队医疗机构，可以申请定点资格。包括：（1）综合医院、中医医院、中西医结合医院、民族医院、专科医院；（2）中心卫生乡（镇）卫生院、街道卫生院、妇幼保健院（所）；（3）综合门诊部、专科门诊部、中医门诊部、中西医结合门诊部、民族医门诊部；（4）诊所、中医诊所、民族医诊所、卫生所、医务室；（5）专科疾病防治院（所、站）；（6）经地级以上卫生行政部门批准设置的社区卫生服务机构。

定点医院机构应具备的条件：（1）符合区域医疗结构设置规划；（2）符合医疗机构评审标准；（3）遵守国家有关医疗服务管理的法律、法规和标准，有健全和完善的医疗服务管理制度；（4）严格执行国家、省（自治区、直辖市）物价部门的医疗服务和药品的价格政策，经物价部门监督检查合格；（5）严格执行城镇职工基本医疗保险制度的有关政策规定，建立了与基本医疗保险管理相适应的内部管理制度，配备了必要的管理人员和设备。

定点医疗机构经申请批准后，由政府有关部门发给资格证书，并向社会公布，供参保人选择。参保人选定的医疗机构由社会保险经办机构与其签订医疗服务协议，协议有效期为 1 年。参保人可在 1 年后提出更改要求，由社会保险经办机构办理变更手续。参保人除选择获得定点资格的专科医疗机构和中医医疗机构外，一般还可以再选择 3~5 家不同层次的医疗机构。参保人在不同等级的定点医疗机构就医，个人负担医疗费用的比例可有所差别。参保人在选定的医疗机构就医，可自主决定在定点医疗机构购药或持处方到定点零售药店购药。定点医疗机构对参保人的医疗费用要单独建账，并按要求及时、准确地向社会保险机构提供参保人员医疗费用的发生情况等有关信息。

3. 基本医疗保险定点零售药店管理

基本医疗保险定点零售药店，是指经统筹地区劳动保障行政部门审查，并经社会保险经办机构确定的，为城镇职工基本医疗保险参保人员提供处方外配服务零售药店。处方外配是指参保人员持定点医疗机构处方，在定点零售药店购药的行为。

定点零售药店审查和确定的原则是：保证基本医疗保险用药的品种和质量；引入竞争机制，合理控制药品服务成本；方便参保人员就医后购药和便于管理。

定点零售药店必须具备的资格和条件：（1）持有药品经营许可证、药品经营企业合格证、营业执照，经药品监督管理部门年检合格；（2）遵守《中华人民共和国药品管理法》及有关法规，有健全和完善的药品质量保证制度，能确保供药安全、有效和服务质量；（3）严格执行国家、省（自治区、直辖市）规定的药品价格政策，经物价部门监督检查合格；（4）具备及时供应基本医疗保险用药，24小时提供服务的监督检查合格；（5）能保证营业时间内至少1名药师在岗，营业人员需经地级以上药品监督管理部门培训合格；（6）严格执行城镇职工基本医疗保险制度有关政策规定，有规范的内部管理制度，配备必要的管理人员和设备。

愿意承担城镇职工基本医疗保险定点服务的零售药店，经申请批准后，由统筹地区确定，统发定点零售药店标牌，并向社会公布，供参保人员选择购药。社会保险机构通过与定点零售药店签订服务协议，确定双方责任、权利和义务。协议有效期一般为1年。病人在定点零售药店购药，必须有定点医疗机构医师开具的外配处方，有医师签名和定点医疗机构盖章。处方要有药师审核签字，并保存2年以上以备核查。

4. 基本医疗保险用药范围管理

国家制定《基本医疗保险药品目录》对基本医疗保险用药范围进行管理。纳入药品目录的药品，应是临床必需、安全有效、价格合理、使用方便、市场能够保证供应的药品，并且应具备下列条件之一：（1）《中华人民共和国药典》（现行版）收载的药品；（2）符合国家药品监督管理部门颁发标准的药品；（3）国家药品监督管理部门批准正式进口的药品。药品目录所列药品包括西药、中成药（含民族药）、中药饮片（含民族药）。药品目录分为"甲类目录"和"乙类目录"。"甲类目录"由国家统一制定，各地不得调整。"乙类目录"由国家制定，各地区可根据当地经济水平、医疗需求和用药习惯，适当进行调整，增加和减少的品种之和不得超过国家制定的"乙类目录"药品总数的15%。

不能纳入基本医疗保险用药范围的药品：（1）主要起营养作用的药品；（2）部分可以入药的动物及动物脏器，干（水）果类；（3）用中药材和中药饮片泡制的各类酒制剂；（4）各类药品中的果味制剂、口服泡腾剂；（5）血液制品、蛋白类制品（特殊适应症与急救、抢救除外）；（6）劳动和社会保障部规定基本医疗保险基金不予支付的其他药品。

基本医疗保险参保人员使用"甲类目录"的药品所发生的费用按基本医疗保险的规定支付。使用"乙类目录"的药品所发生的费用，先由参保人员自付一定比例，再按基本医疗保险的规定支付。

5. 基本医疗保险费用结算管理

为了有效地控制医疗费用，保证统筹基金收支平衡，规范医疗服务行为，保障参保人员的基本医疗，提高基本医疗保险的社会化管理水平，各统筹地区要根据当地实际情况和基本医疗保险基金支出管理的需要，制定基本医疗保险费用结算办法。结算办法包括结算方式和标准、结算范围和程序、审核办法和管理措施等内容。基本医疗保险的具体结算方式，根据社会保险经办机构的管理能力以及定点医疗机构的不同类别确定，可采取差额预付方式、服务项目结算、服务单元结算等方式，也可多种方式结合使用。

【前沿提示】

1. 关于退休年龄的规定

目前，我国法定的退休年龄是男职工年满60周岁，女干部年满55周岁，女工人年满50周岁。从事井下、高空、高温、繁重体力劳动和其他有害健康工种并在这类岗位工作达到规定年限的职工，男性年满55周岁、女性年满45周岁退休。

随着人口平均预期寿命的不断增长，以及人口老龄化现象的日益加重，延长法定退休年龄，已成为世界流行的大趋势。目前，世界各国延长法定退休年龄的做法，大体可以归纳为以下几个特点：

（1）弹性退休制度成为一种时尚。以美国为例，美国现行的"正常退休年龄"为66岁，此外，为了鼓励推迟退休，美国规定，提前退休最早不得早于62岁，而且领取养老金标准低于全额养老金，直至年满"正常退休年龄"。

（2）男、女法定退休年龄逐渐从"不统一"走向"完全一致"。因为女性人口的平均预期寿命明显高于男性，因此，女性退休年龄不必早于男性。

（3）发达国家法定退休年龄大多在65岁之上，而发展中国家的法定退休年龄则大多不超过60岁，两者差距十分明显，不过，也有一些发展中国家法定退休年龄正在赶超发达国家，如匈牙利、捷克、韩国等。

（4）延长法定退休年龄是一个十分敏感的"民生"工程，延长三五岁，往往需要耗时数十年工夫来进行微调，它不可能一步到位，因此，许多国家都设定了未来20年或50年提高退休年龄的计划、步骤与标准。

延长法定退休年龄，各国都拥有大体相当的理由，主要包括以下几个方面：其一，人口预期寿命延长。随着人们生活水平的不断提高，尤其是医疗技术水平的提高，人口的平均预期寿命正在不断地延长，人们要求工作的"不退休"年龄也会提高。其二，人口出生率下降。人口出生率下降，直接导致人口增长率下降，尤其是年轻人口比例下降，而老年人口比重上升。在西欧许多国家，人口增长基本上保持在零增长，甚至负增长的状态，在这些国家，劳动力不仅昂贵，而且短缺。因此，延长退休年龄可以补充劳动力的不足。其三，老年人标准发生变化。传统意义上的老年人概念已不能适应现代社会发展趋势。据科学预测，人类无疾而终的健康寿命应该是120岁。事实上，在经济发达地区，人口平均寿命正在逼近90岁，许多60岁以上的老年人仍然工作精力旺盛，并具有丰富的工作经验和能力，从某种意义上讲，他们仍很年轻。其四，人口老年化日益加重年轻人负担和财政压力。无论是现收现付制，抑或是完全积累制，在职人口都是社会养老的直接"缴费者"，而财政则更是国民"养老保底"的最后支付者。随着老年化比重不断提高，年轻人缴费负担和财政压力会越来越重，延长退休年龄成为减轻在职人口缴费负担和财政支付压力的最有效手段。

自2010年10月开始，我国上海市在参加该市城镇养老保险的企业中试行柔性延长退休年龄政策。符合条件的企业人才，男性可申请退休年龄延长到65周岁，女性可延长到60周岁。上海将是全国第一个在延长劳动者退休年龄方面有所所为的城市。

2. 工伤保险与人身意外伤害保险

工伤保险和人身意外伤害保险虽然都是保障人的生命和健康的保险制

度，但二者存在本质区别。工伤保险是社会保险的重要组成部分，是国家和社会为在生产、工作中遭受事故伤害和患职业性疾病的劳动者及亲属提供医疗救治、生活保障、经济补偿、医疗和职业康复等物质帮助的一种社会保障制度。人身意外伤害保险则是指人的身体和生命受到外来和不可抗拒因素的意外伤害后，根据投保对双方约定的契约和投保额，从保险公司获取相应的赔偿。两者的区别主要有以下几个方面：

第一，实施保险目的不同。工伤保险是政府的一项社会保障政策，不以营利为目的；人身意外伤害险虽然也给劳动者带来一定的保障，但商业性较强，以营利为经营目标。

第二，实施方式不同。工伤保险是强制性保险，不管本人是否愿意，只要在实施范围之内的人都必须参加，并由政府授权的社会保险管理机构强制实施；人身意外伤害险的实施是在双方自愿基础上产生的，投保人或被保险人纯属自愿投保，并可中途变更保险公司，遵循的是契约自由原则。

第三，实施范围不同。工伤保险的被保险人与用人单位之间的关系是一种劳动关系，被保险的对象限定在一定范围属于劳动保障范畴；人身意外伤害险的保险人与被保险人之间的关系是一种等价交换关系，任何人只要符合保险合同规定的条件就可投保，双方根据保险合同而产生权利和义务。

第四，保险基金来源不同。工伤保险中劳动者个人不缴费，保险费全部由企业单位承担，当收支不平衡时，国家财政给予一定的补贴；人身意外伤害险一般是根据保险合同的规定，由投保人负担，被保险人为了获得领取保险金的权利，必须履行交纳保险费的义务，国家并不给任何补贴。

第五，保险金额确定和给付不同。工伤保险金额的确定是根据整体社会的经济生活水平和国家的福利政策由政府单方面确定的，在保险金额的给付上，完全依照社会保险法规的规定给付；人身意外伤害险的理赔金额则是由保险人与投保人双方确定的。

第六，保障程度不同。工伤保险所提供的保障水平一般仅满足于被保险人的基本生活需要，高于社会贫困线，低于劳动期间的工资标准；人身意外伤害险所提供的保障水平的高低完全取决保险双方当事人的约定和投保人交费的多少而决定。

综上，工伤社会保险与人身意外伤害保险是两种不同性质的保险，可以同时存在，两者的保险待遇不发生重叠或抵消，被保险人可以同时享受工伤保险待遇和保险金。

3. 经济补偿金与失业保险金的关系

根据我国《劳动法》和《劳动合同法》的规定，劳动合同终止或解除后，用人单位可能需要向劳动者依法支付经济补偿金，同时，失业保险金的支付则是《失业保险条例》所规定的内容。表面上看二者似乎并无必然联系。但是，无论是经济补偿金还是失业保险金，都具有保障劳动者离职后的经济安全功能。因此，国际劳工组织（ILO）《关于促进就业和失业保护的公约》（第168号公约）第22条规定："当受保护人根据立法或集体合同已直接从雇主或其他来源领取主要用于抵偿他在全失业的情况下造成的收入损失的离职金时，每一成员可在下列情况中作出选择：（a）失业者本可享受的失业津贴可在离职金抵偿收入损失时期内停发；（b）离职津贴可能减少，减少金额相当于在离职金抵偿收入损失的相应时期内有关者有权获得的定期支付款项变换为一次给付金额。"美国各州在计算失业给付金额时，对于有经济补偿金者，采取减额给付的方式。这种"抵偿模式"具有一定的合理性：一方面，避免了失业劳动者因获得双重保障而可能削弱其再就业的欲望的消极影响；另一方面，可以节省失业保险基金的开支，增强失业保险基金的支付能力。目前，我国采取的是"兼得"模式，即符合条件的失业人员可以同时获得用人单位支付的经济补偿金和社会保险经办机构发放的失业保险金。

【思考题】
1. 社会保险法的概念、作用及调整原则是什么？
2. 简述我国现行基本养老保险制度的主要内容。
3. 我国失业保险待遇享受的条件和主要内容是什么？
4. 根据我国现行立法，哪些情况属于工伤？
5. 我国现行医疗保险待遇的主要内容有哪些？

第十二章 社会救助法律制度

【引言】我国社会救助法律制度包括四个方面内容：最低生活保障制度、灾害救助制度、农村社会救助制度以及城市流浪乞讨人员救助制度。其中，最低生活保障制度、农村社会救助制度以及城市流浪乞讨人员救助制度领域由国务院行政法规予以规范。灾害救助制度领域目前仍然主要依靠国务院或民政部以及地方的规范性文件予以规范。

【学习目的与要求】通过本章的学习，学生应了解社会救助的概念、特征、基本原则、主要模式，重点掌握社会救助法律关系，同时，对我国具体的社会救助制度即最低生活保障制度、灾害救助制度、农村社会救助制度和城市流浪乞讨人员救助制度的主要内容有所了解和认识。

【知识结构简图】

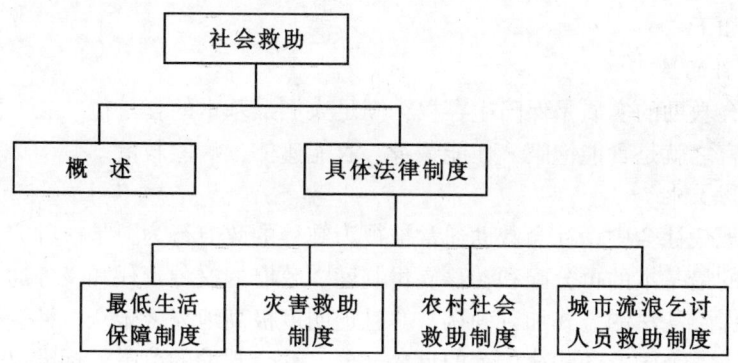

【引例】先天双目失明的张某在北京一家福利厂工作，靠每月300多元养活残疾的妻子及年幼的女儿。后来，工厂解散了，一家人的生活顿时陷入困境，家里经常连菜也吃不上。"是低保送来了'救命钱'！"张某说。起初每人补助标准是170元/月，现在涨到290元/月，再加上120元的粮油帮困卡和其他补助，每月能得到上千元的保障金。学校还减免了孩子的学杂费。

2010年1月份民政事业统计月报数据显示，至2010年1月份，全国最低生活保障人数为7147.2万人，其中城市居民最低生活保障人数为2340.8

万人，农村居民最低生活保障人数为4806.4万人。

第一节 概 述

一、社会救助的概念

社会救助，又称社会救济。通常来说，救济是人们基于一种同情和慈善的心理对贫困者行善施舍，多表现为暂时性的救济措施。这种消极的救贫济穷的措施与现代政府采取的长期性的、积极的救困助贫的措施有本质不同。基于政府的责任而采取的长期性的救助，使用"救助"一词更为准确。

现代意义的社会救助是指国家对于遭受灾害、失去劳动能力的公民以及低收入的公民给予物质救助，以维持其最低生活水平的一项社会保障法律制度。社会救助主要是对成员提供最低生活保障，其目标是扶危济贫，救助社会弱势群体，对象是社会的低收入人群和困难人群。社会救助体现了浓厚的人道主义思想，是社会保障的最后一道防护线和安全网。

二、社会救助的特点

社会救助不同于传统的济贫措施，也不同于社会福利和社会保险，其基本特征如下：

1. 目的性

社会救助的实质是保障生存权，满足人们最基本的食、住、衣、医的需要。换言之就是食能饱腹，住能藏身，衣能遮体，病能救治。

2. 法定性

在现代社会中，社会救助通常被视为纯粹的政府行为，是一种完全由政府运作的最基本的再分配和转移支付制度。政府的这种责任和义务通常用最低生活保障立法的方式加以确认，并且透明度极高地公之于众。社会救助制度构成了一个国家的法律体系的重要部分，社会救助的范围、标准以及具体规定都应由法律严格界定。

3. 无偿性

国家通过社会救助方式赋予特定社会成员一定的利益，帮助其克服生活困难、摆脱生活困境是没有对价条件的。作为最基础层次的社会保障，社会救助在利益赋予上必须是绝对的、无条件的。社会救助的资金来源于国家财政和地方财政，列入国家总预算支出，社会成员无须缴纳费用，符合条件者即可获得社会救助。

4. 救助对象的特殊性

社会救助通常在公民因社会的或个人的、生理的或心理的原因致使其收入低于最低生活保障线而陷入生活困境时发生作用，救助对象是已处于生活困境中的社会成员。因此，社会救助的对象不像社会保险和社会福利那样具有广泛性。

三、社会救助的主要原则

1. 公民待遇

社会救助制度的基本理念是以人为本、人权平等以及尊重人格，不把贫穷当成罪恶，不歧视贫困群体，也不把贫穷的主要原因归咎为个人和特定的家庭，原则上它对那些需要救助的对象提供经济援助，并且在其他方面提供可能的帮助。凡无力生活者，均可依法律规定享受救助，属于法律赋予的一种权利。

2. 国家责任

国家承担确保贫困人口基本生活的义务，所以只要人民有生活上的困难，政府就有责任给予救助。因此，社会救助的责任主体是国家，并以此社会政策来维护社会公平，同时倡导民间参与，弥补政府财力不足，以便更好地解决贫困人口的生活和其他问题。所以，企业和社区以及各种社团的救助行动，只能作为辅助和必要的补充。

3. 保障的兜底性

社会救助不是为了提高社会成员的生活质量，而在于对已经陷入生活困境的社会成员给予帮助和支持，以满足其最低和基本生活需求。就当前中国的国情而言，社会救助制度的目标必须是也只能是着眼于"保底"。它要应对的是现实存在的贫困现象，使已经陷入贫困的那一部分社会成员能够休养生息，继而迅速摆脱贫困。

4. 充分发挥人的潜能

每个人在生理、心理及智力等方面都有很大的差异。通过社会救助体系的建立与发展，发动各种力量共同帮助贫困人口，使他们有机会发挥其潜能，摆脱困境，是社会救助所应遵循的基本原则之一。

四、社会救助的主要模式

（一）民间救助

民间救助，又称慈善机构救助或慈善事业，是指建立在慈善伦理基础上的，以社会捐献为财产来源的，由民间公益团体或机构对生存困难者提供的救助。它最早表现为宗教慈善机构的救助，后来又出现了非宗教性慈善机构救助。其主要特征为：政府不直接参与和组织救助过程，不直接规定救助对象和标准，而由慈善机构自主决定；慈善机构由宗教团体或非宗教团体直接充当或出资创办；救助的财产来源于宗教信徒的私人捐献或民间团体的自愿捐献。

（二）官方救助

官方救助，又称政府救助，是指由政府直接组织的并以财政支出为主要财产来源的对生存困难者提供的救助。其主要特点为：由政府或其有关部门设立救助机构或直接实施救助活动；救助对象和标准由法律加以规定；救助财产的来源主要是政府的财政专项支出。

（三）官方和民间结合救助

官方和民间结合救助，是指官方救助与民间救助相互补充而构成的对生存困难者提供的救助。其主要特征为：由政府及其举办的救助机构和民间公益机构及其举办的救助机构分别或者联合实施救助活动；救助财产来源既有政府的财政支出又有民间的捐助。根据官方救助和民间救助在社会救助体系中的地位不同，官方民间结合救助可进一步分为官方救助为主民间救助为辅、民间救助为主官方救助为辅、官方救助与民间救助并重三种类型。

鉴于我国国情和经济发展的需要，我国应当选择政府救助为主的官方和民间结合救助的模式，即在继续保持国家财政对社会救助投入的前提下，大力发展民间各种公益性救助组织。采用此种模式的原因是我国目前存在着大量需要救助的群体，如下岗职工、农民工、流浪儿童等。由于我国经济发展水平的限制，我国民间不具备筹集满足其需求的庞大财源的能力，因此应当由政府财政作为社会救助资金的主要来源。由于社会救助的需求巨大，国家财政不堪重负，应当充分调动民间救助的力量，动员民间组织和个人积极投入到社会救助中。

五、社会救助法

社会救助法，是指调整社会救助关系的法律规范的总称。对社会救助进行法律规制是当今世界各国的普遍做法。社会救助作为国家和社会的责任、公民的重要权利，其实施必须规范化、制度化，而要做到这一点，就必须进行社会救助立法，用法律来保证社会救助工作的顺利进行。

（一）国外社会救助法的历史发展

社会救助是社会保障项目中历史最为悠久的内容，自国家形成以来就已经存在，甚至可以追溯到原始人群的互助互济的行为。人类社会自产生以来，由于各种因素的影响，都会或多或少地存在贫困现象。为了解决贫困问题，稳定统治秩序，各国统治者都会采取一些救灾济贫的措施，以帮助贫困者摆脱生活问题。但是，早期的社会救助具有自发性、临时性、随意性等特点，并没有形成一种比较成熟、稳定的制度。宗教出现以后，基于行善的理念，宗教便与世俗的社会救助结合起来，出现了宗教慈善事业。

在人类社会由农业社会向工业社会转变的过程中，一部分农民丧失了土地成为雇佣劳动者，贫困问题变得日益严重起来，传统的慈善事业已难以有效地解决贫困问题。为了缓解贫困、稳定社会，国家便开始直接介入对贫困者的救济，并通过立法对其加以规范化和制度化。最早进行社会救助立法的是英国。1394年，英皇爱德华三世针对丧失土地的农民涌向城镇、流落街头的现状，颁布了英国历史上第一个救济贫民的法律。但是从该法的具体内容上看，实质上它是一个禁止乞讨的法令，并对流民乞丐规定了种种侮辱人格、伤及肉体的残酷刑罚。由于该法的不人道，从其颁布之日起就遭到了人民的抵制和反抗。1531年，英王亨利八世才颁布了一个真正意义上的社会救济法令，决定征收救济品由地方当局分发给贫困者，对无劳动能力的贫民准许其在指定地点行乞，对有劳动能力的人则为其代谋工作。在社会救助立法上最有影响的是英皇伊丽莎白于1601年颁布的济贫法。该法内容丰富，对济贫机构的设置、济贫经费的来源、济贫费用的发放以及涉及法庭诉讼等事宜均作了较为明确的规定。该法突出的特点在于首次以立法形式明确了国家在贫民救济中的责任，并从程序上规范了济贫工作方式，从而使贫民救济正式走上了国家化、法制化、规范化的道路。

美国早期的社会救助立法可以追溯到美国的前身北美殖民地时期。1636年，马萨诸塞地方政府颁布了济贫法令，规定政府对于独身的贫困无依者须妥善安置与救济。之后，其他殖民地政府亦效仿马萨诸塞的做法，颁布了相关的济贫法令。北美各殖民地的济贫立法主要受到英国的影响。美国独立后，由于其联邦制的国家形式，因此，在济贫立法上地方色彩浓厚。直到20世纪初，美国联邦政府才开始进行济贫方面的统一立法。

进入20世纪后，社会救助立法在理念上发生了很大的变化。"社会救助"一词最早见于英国皇家委员会1909年的一份报告。1935年，首次由美国制定的《社会保障法》，将社会救助纳入社会保障体制，把对老人、孤儿、盲人、伤残者和病人的社会救助列为社会保障的三大组成部分之一。英国于1948年颁布的《国民救助法》标志着现代社会救助制度的建立，延续三百多年的济贫法退出历史舞台。第二次世界大战以后，社会救助被全世界普遍接受，许多国家也都把获得救助作为公民的一项基本权利加以确认，并以专门的立法对社会救助加以规范。

（二）中国社会救助法的发展

从历史上看，我国历代封建王朝都必须面对对老、弱、病、鳏、寡及贫困者的救济，但这被称为仁政。我国历代王朝政府都有"救荒"、"救灾"，民间也有"同族"、"同乡"和"善堂"的具体救济措施，且取得了一定的成就和经验，但在立法上并无建树。

我国历史上第一个社会救助方面的法律，是国民党政府1943年9月29日颁布施行的《社会救济法》，该法规定了救济的对象范围、资金来源、救济方式等。1945年国民党第六次全国代表大会通过的文件曾规定，为辅助职业介绍、社会保险的普及，应加强社会救济法的实施，尤应运用社会力量，督导其配合政府政策；社会救济的对象，除老弱无依、身心伤残者应予以救济外，对遭受非常灾变及其他障碍临时失去生计者尤应紧急救助。

1949年中华人民共和国成立以后，我国即开始了新中国最初的社会救助立法工作。1950年，为保障失业人员的基本生活，政务院颁布了《救济失业工人暂行办法》，决定对失业工人提供物质帮助。此后，先后颁布了《职工生活困难补助办法》（1956年）、《抚恤、救济事业费管理使用办法》（1962年），规范对城镇困难人员的救济工作。在农村，则对无依无靠的、无劳动能力的、无生活来源的人员实行"五保"，以保障其基本生活得以维系。

改革开放以后，随着我国经济体制改革和社会保障事业的日益被重视，社会救助立法得到了相应的发展。我国先后制定颁布了《关于切实加强救灾款管理使用工作的通知》、《农村五保供养工作条例》、《国家扶贫资金管理办法》、《农村社会保障体系建设指导方案》、《国务院关于在全国建立城市居民最低生活保障制度的通知》、《城市居民最低生活保障条例》、《中华人民共和国防震减灾法》、《突发性公共卫生事件应急条例》及2003年颁布的《城市生活无着的流浪乞讨人员救助管理办法》等。上述法律性文件的制定，对于深化我国社会救助体制改革，规范社会救助行为起到了极大的推动作用。

六、社会救助法律关系

（一）社会救助法律关系主体

1. 社会救助供给主体

狭义的社会救助供给主体，仅仅指直接向有困难的公民提供社会救助待遇的主体；广义的社会救助主体中，还包括社会救助财源主体，即为社会救助事业提供资金的主体。由于社会救助财源主体具有广泛性，有的还具有不特定性，因而只将狭义的社会救助供给主体作为社会救助的一方当事人。

在我国，可作为社会救助供给主体的，一般包括政府特定的职能部门，如民政部门；有关社会团体，如中华慈善总会、红十字会等；以及它们出资举办或委托的社会救助机构；在特殊场合，根据政府有关部门或社会保障机构的安排，企事业单位、公民个人可直接向特定救助对象提供救助款项物资，因而其不仅仅是社会救助的财源主体，还可以是社会救助供给主体。

此类主体的主要职责为：第一，筹集和安排使用社会救助基金；第二，确认社会救助对象；第三，向社会救助对象提供社会救助款项物资。

2. 社会救助享受主体

社会救助享受主体，是指按照统一标准确定的实际生活长期或暂时处在法定生活水平线或其以下状态的公民。根据其发生贫困原因的不同，可将其分为三类：第一类，无依无靠、完全没有生活来源的公民，主要是孤儿、无社会保险的失业者、长期患病者和孤寡老人；第二类，有劳动能力也有生活来源，但因为意外自然灾害、社会灾祸遭受沉重财产乃至人身损失，一时生活困难的公民；第三类，有收入来源，但生活水平低于或仅相当于法定最低生活标准的公民。上述第一类为长期救助对象；第二类为短期救助对象；第三类为期限可长可短的救助对象，其收入一旦脱离贫困状态即可不再救助。

（二）社会救助标准

社会救助标准，即国家制定的界定社会救助对象并确定社会救助待遇水平的标准。社会救助的目的是对生活困难者给予最低生活保障，因而只有难以维持最低生活水平的公民，才是社会救助的对象；提供的社会救助也只需要达到最低生活保障线即可。因此，需要合理地、科学地确定最低生活水平，并使之法律化，这是制定社会救助标准的关键。

公认的最低生活水平，一般表现为国家公布的最低生活标准，亦被称为"贫困线"，是指在社会发展的某一时期内，由国家制定的、与社会经济发展水平相适应的、在衣食住行等方面保障维持一个人生存的最低限度的基本生活标准。

社会救助实践经验表明，最低生活标准的确定，应当具有地域性、时间性、综合性。地域性是指应当针对不同地区的经济和社会状况分别确定不同的最低生活标准；时间性是指在社会经济发展的不同时期应当分别确定不同的最低生活标准，以及最低生活标准应随着经济社会状况的变化而适时调整;综合性是指确定最低生活标准,应当综合考虑当地一定时期内经济社会的多种因素,包括物价水平、经济发展水平、居民生活形态、恩格尔系数、贫困人口范围、政府财力状况等。

(三) 社会救助基金

社会救助基金在我国主要由民政部门管理,一般按社会救助项目分别设立,有扶贫基金、救灾基金等。其主要来源有:(1)财政拨款。这是社会救助基金来源的主要渠道,包括中央财政拨款和地方财政拨款。(2)社会筹集。包括社会各界无偿捐赠的款物;农村由乡镇统一筹集的供养"五保户"的粮款。(3)信贷扶贫。即通过金融机构筹集融通资金,发放支持贫困地区经济开发、扶持贫困户发展生产的低息或贴息优惠贷款。(4)国际援助。主要是国际社会的救灾援助款项。

社会救助基金的使用,需要坚持以下基本原则:(1)专款专用和重点使用相结合。专款专用是指各种项目的基金只能用于特定救助项目,不得随意改变其用途。重点使用是指在扶贫工作中重点用于救助特困对象;在救灾工作中,重点用于最困难的灾民或灾区;发给灾民和贫困救助款物,重点用于衣、食、住等方面的救助。(2)无偿使用与有偿使用相结合。有偿使用是把社会救助款低息或无息借贷给救助对象,扶持发展生产,限期使用,到期收回,周转使用。无偿使用是把救助款物无偿地发给被救助者,这是传统的和最主要的使用方式。(3)分散使用与集中使用相结合。分散使用是把社会救助资金直接发放给被救助的个人和家庭,由其单独使用。集中使用,是将达到一定数量和规模的社会救助款集中扶持能产生整体效益的经济项目。

(四) 享受社会救助待遇资格的管理

社会救助待遇享受资格管理,是指社会救助管理部门和有关机构依法对公民是否具有享有社会救助待遇的条件予以认定。其主要内容是实行社会救助申请制和社会救助调查制。前者是指需要救助的公民个人或家庭应当向有关机构递交申请书,表明请求救助的原因、理由和相应事实。后者是指有关机构对申请救助者,应当派出专业人员向其所在社区和单位进行详细调查,并将调查结果作为是否批准救助的根据。

按照上述要求,社会救助待遇享受资格的认定程序应当包括以下环节:(1)个人向所在社区基层管理机构或工作单位提出救助申请;(2)由社会基层管理机构(村民委员会或居民委员会)在个人申请报告签署意见、证明情况属实后,上报乡镇政府或者街道办事处;(3)乡镇政府或者街道办事处经调查审核后上报县级民政部门;(4)县级民政部门根据事实和法律法规予以批准并确定救助标准。

第二节 社会救助具体法律制度

一、最低生活保障制度

（一）最低生活保障的概念及特征

最低生活保障，是指政府对贫困人口按其最低生活需要保障标准给予现金或实物资助的社会救助制度。最低生活保障制度的特点如下：

1. 获取最低生活保障或社会救助是公民生存权的体现

生存权是公民在现代社会中享有的最基本的权利。保障公民的生存权是国家和社会的当然职责和基本义务，最低生活保障制度就是为保障生存权而建立的社会保障制度。尽管各国和各地区最低生活保障标准并不相同，但在最低生活保障标准能够维持最低的生活需要方面却是一致的。

2. 最低生活保障制度提供的仅仅是满足最低生活需求的资金或实物

最低生活保障制度是社会保障制度中的最后一道"安全网"，其责任仅仅是使受助者的生活相当于或略高于最低生活需求，以避免产生依赖心理乃至不劳而获的思想。只要受助者的收入超过最低生活标准，国家就不再给予救助。

（二）我国最低生活保障制度的产生与发展

1. 城市居民最低生活保障制度

1993年，上海市结合本地实际，借鉴国际上对贫困人口进行规范救济的经验，率先出台了城市居民最低生活保障线制度。在总结上海经验的基础上，民政部在1994年召开的全国民政会议上明确提出"对城市社会救济对象逐步实行按当地最低生活保障线标准进行救济"。1997年，国务院发布《关于在全国建立城市居民最低生活保障制度的通知》，标志着我国全面启动城市低保制度。到1999年9月，全国所有城市和有建制镇的县人民政府所在地全部建立这项制度。国务院颁布的《城市居民最低生活保障条例》于1999年10月1日正式开始施行，城市居民最低生活保障制度步入法制化轨道。

2. 农村居民最低生活保障制度

从1997年开始，我国部分有条件的省市逐步建立了农村最低生活保障制度。广东、浙江等经济发达省市相继出台了实施《农村最低生活保障办法》，以法律形式将农民纳入社会保障的范围。国务院在2006年召开的中央农村经济工作会议上明确提出，要在全国范围内建立农村最低生活保障制度。2007年，国务院发布《关于在全国建立农村最低生活保障制度的通知》，就农村最低生活保障制度的标准和对象范围、申请及管理程序、资金来源等内容作出了基本的规范。

（三）我国最低生活保障制度的基本内容

1. 城市居民最低生活保障制度

（1）保障对象：持有非农业户口的城市居民，凡共同生活的家庭成员人均收入低于当地城市居民最低生活保障标准的，均有享受城市居民最低生活保障的权利。

（2）保障标准：依据《城市居民最低生活保障条例》，我国目前的"最低生活保障线"是按照当地维持城市居民基本生活所必需的衣、食、住费用，并适当考虑水电燃煤（燃气）费用以及未成年人的义务教育费用确定的。城市居民最低生活保障标准并不是固定不变的，考虑到生活水平的逐年提高和物价不断上涨，每一年或两年要调整一次，以保证救助对象的基本生活。标准需要提高时，应当依照制定标准的规定重新核定。

（3）资金来源：社会救助作为一项政府责任，其资金应当来源于政府财政支出。按照规定，实施城市居民最低生活保障制度所需资金，由地方各级人民政府列入财政预算，纳入社会救济专项资金支出科目，专账管理。每年年底前由各级民政部门提出下一年的用款计划，经同级财政部门审核后列入预算，定期拨付，年终要编制决算，送同级财政部门审批。国家鼓励社会组织和个人为城市居民最低生活保障提供捐赠、资助，所提供的捐赠资助，全部纳入当地城市居民最低生活保障资金。

（4）申领程序：申请享受城市居民最低生活保障待遇，由户主向户籍所在地的街道办事处或者镇人民政府提出书面申请，并出具有关证明材料，填写《城市居民最低生活保障待遇审批表》。城市居民最低生活保障待遇，由其所在地的街道办事处或者镇人民政府初审，并将有关材料和初审意见报送县级人民政府民政部门审批。管理审批机关为审批城市居民最低生活保障待遇的需要，可以通过入户调查、邻里访问以及信函索证等方式对申请人的家庭经济状况和实际生活水平进行调查核实。申请人及有关单位、组织或者个人应当接受调查，如实提供有关情况。

2. 农村居民最低生活保障制度

（1）保障对象：农村最低生活保障对象是家庭年人均纯收入低于当地最低生活保障标准的农村居民，主要是因病残、年老体弱、丧失劳动能力以及生存条件恶劣等原因造成生活常年困难的农村居民。

（2）保障标准：依据国务院《关于在全国建立农村最低生活保障制度

的通知》，农村最低生活保障标准由县级以上地方人民政府按照能够维持当地农村居民全年基本生活所必需的吃饭、穿衣、用水、用电等费用确定，并报上一级地方人民政府备案后公布执行。农村最低生活保障标准要随着当地生活必需品价格变化和人民生活水平提高适时进行调整。

(3) 资金来源：农村最低生活保障资金的筹集以地方为主。农村最低生活保障资金要列入地方各级人民政府财政预算，省级人民政府要加大投入。地方各级人民政府民政部门根据保障对象人数等提出资金需求，经同级财政部门审核后列入预算。中央财政对财政困难的取得给予适当补助。同时，国家鼓励和引导社会力量为农村最低生活保障提供捐赠和资助。农村最低生活保障资金实行专项管理，专账核算，专款专用，严禁挤占挪用。

(4) 农村最低生活保障申请及管理程序：申请农村最低生活保障，一般由本人向户籍所在地的乡（镇）人民政府提出申请。受乡（镇）人民政府委托，在村党组织的领导下，村民委员会对申请人开展家庭经济状况调查，组织村民会议或村民代表会议民主评议后提出初步意见，报乡（镇）人民政府；乡（镇）人民政府审核后，报县级人民政府民政部门审批。审批结束后，应及时向社会公布最低生活保障对象的申请情况和民主评议意见，审核、审批意见，实际补助水平等情况。对公示没有异议的，按程序及时落实申请人的最低生活保障待遇；对公示有异议的，要进行调查核实，认真处理。乡（镇）人民政府和县级人民政府民政部门要采取多种形式，定期或不定期调查了解农村困难群众的生活状况，及时将符合条件的困难群众纳入保障范围；并根据其家庭经济状况的变化，及时按程序办理停发、减发或增发最低生活保障金的手续。保障对象和补助水平变动情况应及时向社会公示。

二、灾害救助制度

（一）灾害救助制度概述

【资料链接】

我国是一个灾害严重的国家。全国每年受灾人口在2亿人以上，因灾害造成的人口死亡约为10万人，因灾害造成的直接经济损失均为1000亿元~2000亿元以上。这一数值约占国民生产总值的5%~9%，相当于国民收入总额的6%~10%、国家财政收入的25%~40%。洪涝、台风、旱灾、风雹、地震、雪灾、低温冷冻、山体滑坡和泥石流等灾害每年都有不同程度发生。例如，2008年5月12日，我国四川省汶川地区发生特大地震，国务院新闻办公室根据国务院抗震救灾总指挥部授权发布的情况为：截至2008年9月25

日12时，汶川地震已确认69227人遇难，374643人受伤，失踪17923人。另据统计，汶川地震造成的直接经济损失达8451亿元。灾害严重的直接后果是灾民众多，必须依靠有效的灾民救济保障制度，对灾区群众和集体无力解决的困难给予必要的帮助，才能维持灾区的社会稳定，消除灾害造成的社会问题。

灾害救助，是指政府对因遭遇各种自然灾害及其他特定灾害事件而陷入生活困难的公民给予一定的现金和实物或服务援助，以帮助其度过特殊困难时期的一种社会救助制度。我国自古以来就是一个自然灾害频发的国家，因此，建立和健全我国灾害救助制度，对遭遇灾害袭击的公民予以救助，使其尽快恢复正常的生活，同时减少灾区的破坏后果，并使灾区尽快恢复正常秩序，具有重要的现实意义。

我国灾害救助制度的基本框架是由2006年颁布的《国家自然灾害救助应急预案》确定的，同时民政部出台了大量有关灾害救助的政策性文件。目前我国政府的救灾工作方针是"政府主导、分级管理、社会互助、生产自救"，按照灾情和灾害造成损失的大小；根据救灾工作分级管理、救灾资金分级负担的原则，中央和地方政府相应给予资金补助。救灾工作也重视和强调民间力量参与，2008年民政部公布的《救灾捐赠管理办法》对保护捐赠人、救灾捐赠受赠人和灾区受益人的合法权益作了相应规范。

（二）我国灾害救助制度的主要内容

1. 灾害救助组织体系及职责

国家减灾委员会为国家自然灾害救助应急综合协调机构，负责研究制定国家减灾工作的方针、政策和规划，协调开展重大减灾活动，指导地方开展减灾工作，推进减灾国际交流与合作，组织、协调全国抗灾救灾工作。减灾委办公室、全国抗灾救灾综合协调办公室设在民政部。减灾委各成员单位按各自的职责分工承担相应任务。

2. 救灾工作分级管理

《国家自然灾害救助应急预案》规定了四个等级的应急响应，按照死亡人口、倒塌房屋数量等指标，启动相应级别的应急响应。灾害损失达不到国家应急救助标准的灾害，由地方政府负责。

3. 救灾资金分级负担

发生自然灾害后，有关部门应及时组织灾情评估，属于特大自然灾害的，中央财政按补助项目和标准安排中央补助资金。对发生一般自然灾害的地区，则由地方政府安排救灾资金用于灾民生活救助。各级财政在年初编制预算时，根据常年灾情和救灾资金需求编制相应的自然灾害生活救助预算，执行中根据灾情进行调整。

4. 救灾款物申领方式

因灾倒房重建困难或临时生活困难的群众，可主动向村民委员会提出申请，县级民政部门按照"户报、村评、乡审、县定"四个程序确定救助对象后，向其发放《灾民救助卡》，凭《灾民救助卡》到村或乡镇领取救灾款物。在恢复重建期间，主管部门对灾民倒房实际情况进行评估确认后，地方各级财政部门也会积极配合主管部门根据具体的倒房情况恢复重建补助标准，确定合理的补助金额，及时安排补助资金。基层具体落实时，一般分打地基、上大梁、修复完工等三个阶段将补助资金分批发放到灾区群众手中。

5. 救灾捐赠以及接受捐赠

发生自然灾害时，救灾募捐主体开展募捐活动，以及自然人、法人或其他组织向救灾捐赠受赠人捐赠财产，用于支援灾区、帮助灾民的，适用民政部《救灾捐赠管理办法》。县级以上人民政府民政部门接收救灾捐赠款物，根据工作需要可指定社会捐赠接收机构、具有救灾宗旨的公益型民间组织组织实施。对于境外捐赠，国务院民政部门负责接受境外对中央政府的救灾捐赠，县级以上地方人民政府民政部门负责接受境外对地方政府的救灾捐赠。具有救灾宗旨的公益性民间组织接受境外救灾捐赠的，应当报民政部门备案。在受捐赠物资的使用管理上，具有救灾宗旨的公益性民间组织应按照当地政府提供的灾区需求，提出分配、使用救灾捐赠款物方案，报同级人民政府民政部门备案，接受监督。

三、农村社会救助制度

农村社会救助并非我国社会救助制度中的特殊救助项目，而是鉴于我国城乡二元分割的特殊国情，将社会救助制度中面向农村地区实施的项目独立出来单独介绍。目前我国农村社会救助制度主要有"五保"供养、特困户救济、临时救济、灾害救助、最低生活保障和扶贫政策。此处主要介绍除灾害救济制度与最低生活保障制度之外的其他较为规范的社会救助制度。

（一）农村"五保"供养制度

对农村"三无"人员实行五保供养，是我国农村有中国特色的基本社会救助制度，它面向乡村孤寡老人及孤儿等，是我国农村自新中国成立以来坚持至今并较为规范化的一种社会救助制度。

1. "五保"供养的含义和性质

"五保"供养是指对符合规定的村民在吃、穿、住、医、葬方面给予的生活照顾和物质帮助。在新的《农村五保供养工作条例》颁布以前，农村五保制度主要是农村的一项集体福利事业，由政府民政部门主管，但所需经费和实物由集体经济组织负责提供。2006年，国务院颁布新《农村五保供养工作条例》后，农村五保供养对象全部纳入财政供养范畴。五保制度成为一项由政府承担财政责任的社会救助制度。

2. "五保"供养的对象及供养内容

新《农村五保供养工作条例》规定，老年、残疾或者未满16岁的村民，无劳动行为能力、无生活来源又无法定赡养、抚养、扶养义务人，或者其法定赡养、抚养、扶养义务人无赡养、抚养、扶养能力的，享受农村五保供养待遇。供养内容主要包括：供给粮油、副食品和生活用燃料；供给服装、被褥等生活用品和零用钱；提供符合基本居住条件的住房；提供疾病治疗，对生活不能自理的给予照料；办理丧葬事宜。供养标准不得低于当地村民的平均生活水平，并根据当地平均生活水平的提高适时调整。对未满16周岁或者已满16周岁仍在接受义务教育的供养对象应当保障他们依法接受义务教育所需费用。

3. "五保"供养的形式

农村五保供养对象可自行选择供养形式，可以集中供养，也可以在家分散供养。集中供养的农村五保供养对象，由当地农村五保供养服务机构提供供养服务；分散供养的农村五保供养对象，可以由村民委员会照顾，也可以由农村五保供养服务机构提供供养服务。

4. "五保"供养所需经费及实物来源

新《农村五保供养工作条例》明确，农村五保供养资金在地方人民政府财政预算中安排。中央财政对财政困难地区的农村五保供养，在资金上给予适当补助。同时，国家鼓励社会组织和个人为农村五保供养对象和农村五保供养工作提供捐助和服务。各级人民政府应当把农村五保供养服务机构建设纳入经济社会发展规划中，为农村五保供养服务机构提供必要的设备、管理资金，并配备必要的工作人员等。

（二）其他农村救助政策

1. 特困户定期定量救济政策

2003年的《民政部办公厅关于进一步做好农村特困户救济工作的通知》，对生活极度困难、自救能力很差的农村特困户制定了操作性较强的救济办法，主要做法是向因病因残丧失劳动力、鳏寡孤独、因灾害等造成家庭生活常年困难的农村特困户发放《农村特困户救助证》，实行定期定量救济。以农村救济工作制度化、规范化的做法避免农村社会救济的随意性、临时性,切实保障好农村最困难的特困群体的基本生活。

2. 临时救济措施

临时救济的主要对象是不符合五保供养条件和农村特困户救济标准,生活水平略高于特困户的一般贫困户。他们的生活水平处于最低生活保障的边缘地带,一旦受到饥荒、疾病、意外伤害等影响,就很容易陷入贫困境地。他们有劳动能力或生活来源,或有法定扶养人,但由于遭受到重大疾病等意外情况的困扰,也可能陷入生活困境。对于这部分人,一些地方政府采取了临时救济的方式。临时救济一般都采取不定期的多种多样的扶贫帮困措施,如年节来临时给予生活补助,不定期地给予生活物品救助的方式等。救济经费一般由当地政府财政列支,辅之以社会互助的方式。这种临时救助的形式是传统的扶危助困意识的体现,但缺乏制度化的规范。

3. 扶贫政策

我国从20世纪80年代开始大规模的扶贫攻坚计划。起初只侧重生产性扶贫,自90年代以后,扶贫政策调整为全方位的扶贫。2001年,我国政府在总结经验的基础上,讨论通过了《中国农村扶贫开发纲要(2001—2010)》,扶贫注重提高贫困人口生产自救能力与给予贫困人口最低生活保障的救济。这种以造血为目标的扶贫政策显然有巨大效益。据统计,贫困人口从原来2.5亿人下降到现在的3000多万人。必须注意的是,扶贫与救济政策不能互相替代,对五保户和因病残丧失劳动能力、鳏寡孤独、因灾害等造成家庭生活常年困难的特困人口,只能采取救济政策。

4. 农村医疗救助

2002年,中共中央和国务院作出了《关于进一步加强农村卫生工作的决定》,在全国农村建立新型农村合作医疗制度和农村贫困人口的医疗救助制度,这是中国历史上第一次由政府对全国农村贫困家庭实行医疗救助的制度。医疗救助制度的主要对象是农村五保户和贫困家庭,由当地的民政部门从医疗救助金中出资,替他们缴纳参加农村合作医疗的费用,使其在患病时也能享受合作医疗制度的福利。

四、城市流浪乞讨人员救助制度

2003年之前,我国没有针对城市流浪乞讨人员的社会救助。1982年,国务院颁布《城市流浪乞讨人员收容遣送办法》,主要在于通过对流浪乞讨人员的强制收容遣送,达到维护城市社会秩序的目的。2003年的"孙志刚事件"引发了社会对收容遣送制度的广泛批评。由于收容遣送制度运行实践中出现的问题以及自身存在的合法性危机,2003年国务院废止了《城市流浪乞讨人员收容遣送办法》，代之以《城市生活无着的流浪乞讨人员救助管理办法》(以下简称《救助管理办法》)。为落实《救助管理办法》的规定，民政部于 2003 年出台了《城市生活无着的流浪乞讨人员救助管理办法实施细则》。《救助管理办法》及其实施细则的出台，彰显了政府在尊重和保障人权方面所作的努力。

【资料链接】"孙志刚事件"促《城市流浪乞讨人员收容遣送办法》废止

孙志刚，男，27 岁，湖北武汉人，2003 年 3 月 17 日晚 10 时许，孙外出，途遇派出所民警检查身份证，因未带身份证，被作为"三无人员"带回派出所。孙的同学成先生闻讯后赶到派出所并出示孙的身份证，当事警官仍拒绝放孙。3 月 18 日，孙被作为"三无人员"送往收容遣送站。当晚，孙因"身体不适"被转往收容人员救护站。20 日凌晨 1 时多，孙遭同病房的 8 名被收治人员两度轮番殴打，于当日上午 10 时 20 分死亡。救护站出具的死亡证明书上称其死因是"心脏病"。4 月 18 日，法医鉴定中心出具尸检检验鉴定书，结果表明，孙死前 72 小时曾遭毒打。4 月 25 日，《南方都市报》以"被收容者孙志刚之死"为题，首次披露了孙志刚惨死事件。次日，全国各大媒体纷纷转载此文，并开始追踪报道。6 月 5 日上午，孙案开庭。6 月 9 日孙案一审判决主犯死刑，其他被告也分别被判处死缓、无期徒刑和有期徒刑。该案的最大影响是 6 月 20 日，国务院第 381 号令，《城市生活无着的流浪乞讨人员救助管理办法》自 2003 年 8 月 1 日起施行，1982 年 5 月国务院发布的《城市流浪乞讨人员收容遣送办法》同时废止。新办法提出了全新的自愿救助的原则，取消了强制手段。

1. 救助原则

自愿受助、无偿救助是社会救助的原则。所谓自愿受助，是指求助人向救助管理站自愿求助，经询问符合救助方对象的范围，救助管理站应给予救助；同时，受助人可以放弃救助，告知救助管理站后自愿离站，救助管理站不得限制。所谓无偿救助，是指救助管理站不得向受助人及家属和单位收取费用，也不得组织受助人从事生产劳动以自挣生活费及返家所需费用。

2. 救助对象与目的

《救助管理办法》第 1 条规定了其立法目的："为了对在城市生活无着的流浪、乞讨人员实行救助，保障其基本生活权益，完善社会救助制度，制定本办法。"可见，社会救助制度是为在城市生活无着的城市流浪乞讨人员提供临时性救助，主要解决其临时的生活困难，并使其返回家庭或所在单位。救助对象必须同时具备四个条件：一是自身无力解决食宿；二是无亲友可以投靠；三是不享受城市最低生活保障或者农村五保供养；四是正在城市流浪乞讨度日。

3. 救助内容

救助站根据受助人员的需要提供下列救助：（1）提供符合食品卫生条件的食物；（2）提供符合基本条件的住处；（3）对在站内突发疾病的，及时送到医院救治；（4）帮助与其亲属或所在单位联系；（5）向没有交通费返回其住所地或所在单位的人员提供乘车凭证。

4. 救助资金

救助管理站机构经费和专项救助经费纳入政府财政预算，并根据救助工作经费临时突发性的特点，调整财政预算。未设立救助管理站的城市，同级财政部门安排城市临时救济资金，用于直接救助符合救助条件的流浪乞讨人员。

5. 救助机构及管理

县级以上人民政府民政部门负责流浪乞讨人员的救助工作，并对救助站进行指导、监督。公安部门基本淡出了救助管理领域，而是由民政部门作为救助机构，这样加强了对流浪乞讨人员社会救助的意义，体现了政府对社会贫弱者的救助责任。《救助管理办法》的一个突出特点是对民政部门、救助管理站及其工作人员救助管理行为作出具体规范，明确了责任主体，强化了责任追究机制。

【前沿提示】

灾害救助制度中的民间组织

社会救助制度在很大程度上与整个社会的法制环境以及市民社会的成长性相连。学者指出，社会救助的具体实施需要民间组织的参与。但是在我国，必须现实地面对我国服务性民间机构的发展还相当滞后这一现实，这对有效实施社会救助十分不利。

2008年5月12日，我国四川汶川地区发生大地震，造成重大人员伤亡和财产损失。从地震发生之日起，全国开展了支援灾区的抗震救灾工作。在官方的慈善系统之外，中国的民间组织也积极参与各类救灾救援活动，被认为是中国公民社会蓬勃成长的标志。然而民间力量参与赈灾募捐、救援的力度和广度，较之官方慈善系统仍有天壤之别，至今面临着诸多法律和政策障碍。首先，我国民间慈善组织取得法律人格非常困难，突破了资金的门槛还要遭遇主管机关的尴尬。如果找不到主管机关，基金会也无法成立。所以很多名人设立的慈善基金都没有取得独立的法人资格，而是在红十字会或者慈善协会等主流机构下进行运作。其次，慈善捐赠只意味着传统的组织捐赠，缺乏其他方式，更缺乏对其他方式的制度引导。例如公益信托制度，关于义工的法律规范，关于私人捐助向民间慈善机构捐助后具体的税收优惠规范都有待于建立和完善。

【思考题】
1. 什么是社会救助？社会救助法与社会保险法有哪些区别？
2. 我国的社会救助制度主要包括哪些内容？

第十三章 社会福利法律制度

【引言】社会福利法律制度是社会保障法律制度的重要组成部分，从某种角度来说，社会福利制度是社会保障体系中的最高层次，是衡量一个国家或地区社会文明进步的标志。本章主要阐述了社会福利法律制度的概念、基本内容，重点论述了公共福利与职业福利基本内涵等重要内容，以及国内外相关立法。

【学习目的与要求】通过本章的学习，应了解社会福利及社会福利法律制度的内涵，理解和掌握公共福利和职业福利的基本内容。

【知识结构简图】

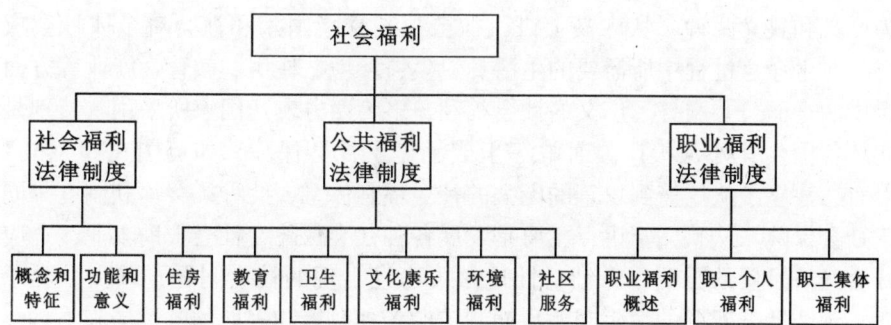

【引例】"保障性住房"——改善民生的标志性工程

"每月只用付27元租金，就能住上这么好的房子啦！"60多岁的陈三里有点不敢相信自己能以这么便宜的房租住进现在的家。她所居住的螺狮山小区位于江西九江市东部，属于九江集中建设的保障性住房小区。近年来，随着国家对保障性住房建设的政策倾斜，廉租房、公共租赁房等供应力度加大，越来越多的中低收入者住房问题得到解决，像陈三里一样实现了安居愿望。

中华人民共和国住房和城乡建设部2011年公布的数据显示，在"十一五"期间，我国保障性住房建设和棚户区改造力度不断加大，已解决了1500万户的城镇低收入和中等偏下收入家庭住房困难问题。此外，改造农村危房

203.4万户。中央累计投入保障性安居工程建设资金1336亿多元。2010年，全国保障性住房和各类棚户区改造住房实际开工590万套户，基本建成370万套户；农村危房改造开工139万户，基本竣工128万户。目前，我国已初步形成包括廉租住房、公共租赁住房等保障性住房的供应体系和通过政府主导下的各种棚户区改造，以解决城市低收入和中等偏下收入住房困难家庭的住房问题，并逐步将新就业人员和外来务工人员纳入住房保障体系。"十二五"时期，计划新建保障性住房和棚户区改造住房3600万套，2011年开工建设保障性住房和棚户区改造住房1000万套，重点发展公共租赁房。

第一节 概 述

一、社会福利的概念和特征

（一）社会福利的概念

社会福利是一个颇具争议的概念，其内涵和外延因各国社会保障制度的内容不同而有区别。从各国法律和理论的界定情况来看，社会福利可以阐述为广义和狭义两种。从广义上讲，社会福利泛指国家和社会对全体社会成员，在生命全过程中所需要的生活、卫生、环境、住房、教育、就业等方面提供的全面公共服务。广义的社会福利，多为西方发达国家所采用，特别是北欧各国。其外延很广，通常等于或涵盖了社会保障，如英国在"二战"以后，建立了从摇篮到坟墓的庞大的社会福利体系，此种社会福利制度等同于社会保障。从狭义上讲，主要是发展各种社会保险、社会救助事业，适应社会经济发展的需要，有针对性地解决已经出现的社会问题，减少社会矛盾，预防社会问题的发生和恶化而制定的各种政策和采取的各种措施。

在我国，社会福利概念是从狭义上来界定的，它是社会保障的属概念，是社会保障体系的一部分。因此，社会福利的概念可以概括如下：国家和社会通过举办各种福利事业和采取各种福利措施，为社会成员提供基本生活保障并不断改善生活状况的一种社会保障制度。

我国《劳动法》明确规定："国家发展社会福利事业，兴建公共福利设施，为劳动者休息、休养和疗养提供条件。用人单位应当创造条件，改善集体福利，提高劳动者的福利待遇。"

（二）社会福利的特征

1. 社会福利对象的普遍性

社会福利是全社会享有的，强调人人有份，人人平等，而不分等级层次,全体社会成员都能得到的基本生活保障。尽管社会成员享受的社会福利项目或保障水平不可能一致,但从总体上讲,社会福利是面向全体社会成员的,任何人都需要并且都能够享受到一定的社会福利待遇。即使有些社会福利项目是面向社会特定群体提供的,如老年人福利,但在特定群体内部,成员享受福利待遇的机会是均等的,也具有普遍性。

2. 社会福利内容的广泛性

社会福利项目众多,涵盖社会生活的各个方面,无论是公共福利还是中国职工福利,都涉及住房、交通、教育、卫生保健、文化娱乐等多方面。以现有的社会福利制度为例,就包括国民教育福利、住宅福利、在岗劳动者的职业福利,以及社会化的老年人福利、儿童福利、妇女福利、残疾人福利等项目,从而是社会保障体系中内容最丰富、项目最多的一个子系统。

3. 社会福利保障的服务性

社会福利项目的实施,一般具有服务性,并离不开特有的社会福利设施,如学校、公共住宅、集体福利设施、养老院、儿童福利院、残疾人学校、福利工厂、社会福利机构等。因此,社会福利在现代社会保障体系中,是唯一主要以福利服务或福利设施,而不是以现金或实物为实施方式的社会保障子系统。

4. 社会福利权利与义务的不对等性

发展社会福利是国家和社会的责任。社会福利的资金主要由国家财政和社会捐助、单位福利提供,社会成员享受各项福利待遇而不需要先缴纳费用或履行其他义务,即权利与义务不完全对等,这是社会福利区别于社会保险的显著特征。

5. 社会福利的多层次性

社会成员对福利的要求是多方面的,也是多层次的。因此,国家和社会在提供社会福利时,不可能像社会救助、社会保险、军人保障等其他社会保障子系统一样,实行规范统一的标准,而是在保证那些必要的、基本的福利保障的条件下区别不同的对象来确定具体的标准,同时允许无偿的福利、低收费的福利、标准收费但不营利的福利等同时并存,为社会成员提供水平不一的福利保障。可见,就实施过程而言,社会福利较其他社会保障子系统更为复杂。

6. 社会福利范围的拓展性

社会福利的最终目的是不断改善并提高社会成员的生活质量。社会救助解决的是贫困或不幸社会成员的生存危机,社会保险解决的是劳动者的基本生活保障,而社会福利则是在解决一部分社会成员的基本生活问题的同时,更多地是满足社会成员多方面的福利服务需要，并借此实现其改善和提高全体社会成员生活质量的发展目标。社会福利的范围是随着社会的发展而拓展的。最初它表现为必要公共设施的提供以满足相对社会成员基本生活的维持，以维护人类的生存权。后来，逐渐扩展到人类发展权的领域，最后延伸到娱乐、享受性公共设施、公共服务的提供等更高的层次。因此，社会福利的范围是随着社会经济的发展而逐渐拓展的。在经济相对不发达的国家，社会福利主要解决社会成员的生存问题。

（三）社会福利的分类

社会福利设立若干项目，这些项目按享受对象的类别可以划分为以下几种：

（1）为全体社会成员提供的公共福利；

（2）为本单位、本行业从业人员及其家属提供的一般性职业福利；

（3）专为社会上的特殊群体如老年人、未成年人、妇女儿童、残疾人等提供的专项福利保障。

（四）社会福利的资金来源

社会福利的实行需要一定的资金来支持，否则将成为一句空话。社会福利的资金来源主要有财政拨款、社会筹资和单位提留等形式。

1. 财政拨款

这是指通过国家预算的形式将财政收入的一定比例列入福利预算支出项目，并根据需要逐级划拨，用于支付各种福利性开支。财政拨款实行预算式管理，通过制定各级预算而从各级财政取得社会福利资金，并按预算计划分配到各社会福利项目，再通过各级管理部门，最终将有关福利资金分配给各福利项目或社会福利的受益人。这种方式，可以确保社会福利事业有固定的资金来源，并能够保证社会福利事业的稳定、正常进行。

我国长期以来，对社会福利事业，主要就是采用这种财政拨款的方式进行。一方面，随着社会的发展，社会福利事业费用应当逐渐增加在财政支出预算中的比例。但另一方面，政府预算的经费毕竟有限，搞好社会福利事业完全依靠财政是不可能的，在坚持政府财政拨款的前提下，应当广开财路，采用多层次、多渠道的筹集福利资金的方式，调动各方面的力量，保证社会福利事业有充实的物质保障。

2. 社会筹资

这是指通过一定的渠道和方式，在自愿的基础上，筹集用于各种福利事业的资金。社会筹资可以通过多种渠道进行，比较常见的是捐助。捐助的形式可以灵活多样，可以采用募捐的形式收集零碎资金，也可以采用捐助基金的形式（主要指大额的捐款），还可以接受外国政府和国际组织的捐助。对于福利性设施的建设也可以采用集资的方式，即以偿还或其他对价为条件而筹集社会福利资金。

在我国，社会筹资将成为社会福利资金的重要来源之一。尤其是社会福利有奖募捐。自1987年国务院同意民政部开展有奖募捐活动以来，有奖募捐已成为国家向社会筹集资金发展福利事业的重要渠道。福利彩票已成为中国发展社会福利事业的经济支柱。

3. 单位提留

单位提留作为福利资金的来源，在我国现阶段仍然占有一定的地位。单位提留就是由单位在本单位的收入中按一定的比例提取福利基金，作为本单位职工福利开支的来源。随着经济的发展和实现公平市场竞争的需要，除大型企业以外，企业一般不再进行大规模的福利设施建设。对于这些企业，应当对职工增发适当比例的工资，以便职工能够利用这部分资金获得相应的商品和服务。

（五）社会福利的给付形式

所谓社会福利的给付形式，是指国家通过哪种形式给予享受社会福利待遇的公民以补助。社会福利的给付形式可以分为以下几种：

（1）货币形式给付，例如生活困难补助等。货币形式给付更主要的是体现在国家以财政补贴、物价补贴、住房补贴或取暖补贴等各种补贴的形式所给予享受福利待遇的公民的补助形式。例如，为减轻城市居民的生活负担，国家财政拨出款项，用于城市居民购买粮食和其他农产品的价格补贴等。财政补贴与物价补贴常采取"暗补"方式，虽然增进了居民的生活福利，但居民并没有具体感受到。有时，住房补贴也体现在对建筑业的优惠和资助上，常常也不为居民感受到。在发展中国家，由于城市人口所占比重偏低，此项社会福利往往成为对一小部分居民的特殊待遇。

（2）实物形式给付。例如对残疾人免费提供假肢等。

（3）社会服务形式提供。例如对失业人员实行的免费就业指导，提供教育和职业训练项目，如大学奖学金、大学生贷款、学龄前儿童教育、残疾儿童教育、在职人员业务培训等。

（4）假期形式。如探亲假等。

二、社会福利法律制度

（一）社会福利法律制度的概念

社会福利法律制度是调整国家及其他公益机构在为改善和提高社会特定

群体或特定领域的福利条件中形成的社会关系的法律规范的总称。

社会福利法与社会保险法、社会优抚法、社会救助法相比较，有以下区别：

在我国，社会福利法是隶属于社会保障法律体系之下，与社会保险法、社会优抚法、社会救助法相平行的概念。因此，将社会福利法与上述概念进行比较考察，对于我们准确地理解和掌握社会福利法的实质含义是很有帮助的。总的来说，社会福利法与社会保险法、社会优抚法、社会救助法的主要区别是它们分别体现了不同的价值理念。

社会保险是一种基于保险原理而给予的物质帮助，体现的基本精神是互助。社会保险是建立在由投保人或收益人交纳保险费的基础之上的，不进行投保，就无权享受保险待遇。

社会福利与社会保险的基本区别在于，它并不是一种保险，而是国家和社会的单方面赋予，体现了现代国家和社会的一种职责和义务。所谓社会福利，其关键在于国家通过其权力和控制的资源为改善人民的生活带来了多少好处。它与基于大数原则，分散危险的社会保险制度是不同的。利用人民交给它的权力和资源不断地改善和提高人民的物质和文化生活的状况，已经成为现代国家的基本职能之一，社会福利的本质即在于此。

社会优抚是国家和社会对于为社会作出重大贡献和牺牲的公民或其家属所表示的一种特殊的关怀和抚恤。与社会福利不同，其特点是社会给予优抚对象以荣誉和表彰。

尽管在社会福利中，某种福利利益的赋予也是单方面的，但是，社会福利是为了提高人民的生活质量，提高全民的素质（包括身体方面和精神方面的素质），而不是荣誉和表彰。因此，二者体现的价值是不同的。

社会救助尽管也是一个与社会福利相关的概念，它也体现一种互助精神，但这种互助是基于人道主义的理念而进行的。社会福利对于各种福利设施、社会服务的提供不是基于人道主义的帮助，而是基于公共利益的需要和国家的基本职能。社会救助是针对因外部（自然灾害）或自身原因（无收入来源）而生活发生困难的人而实施的，而社会福利则通常针对所有人而实施。社会救助的救助对象是已经陷入生活危机困境中的社会成员，通过救助，使他们摆脱危机；社会福利的目的则在于使社会成员能够生活得更好，生活质量能够在现有的基础上进一步提高。

（二）社会福利法律制度的功能

1. 收入保障功能

提供收入保障可以有两种形式：一种是提供低费用或免费的福利待遇；

另一种是提供现金补贴。无论哪种方式，其目的都在于使社会成员在收入不减少的情况下，享受到应该享受的福利待遇。另外，国家通过举办福利企业，为那些有劳动能力的残疾人提供就业机会，并对福利企业实行减免税等优惠政策，以此使残疾人获得一定的劳动收入，进而保障他们的生活。

2. 服务保障功能

国家举办福利院（老人福利院、儿童福利院、残疾人福利院），为那些无依无靠、无家可归、无生活来源的人提供生活保障。社会福利院在关注社会效益的前提下，也关注自身的经济效益，也实行自费收养，即由那些无力照顾老、残家属的家庭提供费用，社会福利院提供照顾服务。近年来，各种形式的社区服务都发展成熟起来，在社区居委会的组织领导下，由社区专职人员和广大志愿者提供各种福利服务。

（三）社会福利法律制度的意义

1. 提高社会整体的生活水平，为社会弱者的发展提供基本的福利条件

现代社会尊崇人人平等的观念。人的地位应当是平等的，但这种平等的含义不可能等同于人们事事平等、处处平等。处于不同状况的人构成不同的社会群体，并依经济、政治和文化等因素构成复杂的社会结构。社会福利主要是针对这一复杂社会结构中处于底层的弱势群体，这些弱势人群与其他社会群体相比较，虽然同样拥有法律上的平等主体地位，但就其经济能力或社会影响力而言，处于明显的劣势。社会福利制度就是要减小这种差距，使处于社会底层的人们的福利条件得以改善，从而使社会整体福利水平得以提高。

2. 保障和提高社会发展所需的人力资源的素质

首先，获得基本的生活保障是社会稳定的主要前提。其次，社会中的相当一部分潜在劳动者（尤其是在发展中国家），处于社会弱势的地位，他们身体、文化素质的提高对于社会的生产和进步至关重要。再次，在现代社会中，社会弱势群体和强势群体的划分不再依据血缘和身份，社会地位的平等使得每一个弱势群体的成员都有实现优势地位的可能，而实现这种可能的条件是他们能够得到起码的健康和文化保障，即一定的社会福利。只有满足这些基本的福利条件才能实现社会体制的活力和更新，才能保障社会成员的自由流转和能动性，从而促进社会进步。

3. 提高社会福利是政府完善其职能的重要体现

首先，实行社会保障，尤其是社会福利，是政府转换职能的重要体现。

其次，一些社会福利的实现必须借助政府的职能，个人和市场难以办到。如提高教育水平、改善住房和交通条件、进行环境保护等，这些福利条

件单个个体往往缺乏实现的能力，完全通过市场机制也不能得到有效的解决，必须以政府为主导，调动社会的力量加以解决。

4. 社会福利是社会道德伦理发展的当然要求

社会是个体生存和发展的载体，不仅仅以物质利益为凭借，而且以一定的伦理道德规范为基础。从某个角度讲，"福利"与其是一个经济学概念，不如说是个伦理学概念，它更多关注的是社会财富公平合理的再分配，对于社会财富有效率的创造不是其功用所在。社会福利制度也就成为具有浓重道德伦理色彩的社会行为规则。

三、中国社会福利制度的发展

（一）中国社会福利制度的发展历程

新中国成立不久，国家就建立了社会福利制度。1951年民政部《关于城市救济福利报告》明确社会福利以无依无靠的城镇孤寡老人、孤儿或弃婴、残疾人等为主要保障对象。1950年《工会法》规定政府应拨给工会必要的房屋与设备，以发展集体福利事业。这一时期的法规确立了企业办社会的模式，城镇企事业职工福利向"小而全"、"大而全"的方向发展。

以计划经济为基础建立的社会福利制度在实践中逐渐暴露出弊端，最明显的是在市场经济体制下，企业成为自主经营的经济实体，但企业办社会的模式使国有企业（尤其是一些老企业）背负了沉重的职工福利负担，难以与其他企业公平竞争，在一定程度上影响了职工的福利待遇；另外，我国的城乡二元社会经济结构使进入城镇的农村人口享受不到相应的社会福利待遇，城乡差别较大。为此，我国的社会福利制度进行了改革：一是改变了职工福利基金的提取和使用办法，使福利基金的提取与社会经济效益挂钩；二是改革和发展了福利补贴、福利房制度；三是引导职工福利设施由封闭转向开放，社会福利体制由国家包办转向国家、集体、个人共同兴办。

进入20世纪90年代，我国社会福利制度加快了立法进程，出台了一系列法律法规，包括《残疾人保障法》（2008年修订）、《未成年人保护法》（2006年修订）、《妇女权益保障法》（2005年修订）、《母婴保健法》、《老年人权益保障法》等，社会福利事业纳入法制化进程。民政部作为我国福利事业的主管机构，发布了《国家级福利院评定标准》（1993年）、《社会福利基金使用管理暂行办法》（1998年）、《社会福利机构管理暂行办法》（1999年）、《福利企业资格认定办法》（2007年）等规定，将我国的社会福利事业引向社会化。社会福利社会化是在社会主义市场经济条件下我国社会福利事业发展的必经之路，也是我国社会福利制度进一步改革和发展的方向。

（二）中国社会福利制度的发展方向

我国的社会福利制度正处于社会变革时期，主要发展方向如下：

1. 尽快实现福利社会化

社会福利对象的广泛性、目标的多重性和内容的复杂性，决定了政府和企业对社会福利的包办是无法满足社会成员对社会福利多方面要求的。因此，政府在自身大力发展社会福利事业的同时，应尽量实现服务对象的社会化、资金来源的社会化、服务设施的社会化、组织管理的社会化。

2. 改变现行国家举办社会福利的方针，将我国的社会福利变成特定社会群体的普遍性社会福利

我国现行的社会福利主要是针对无生活依靠的孤老残幼的个别社会成员的社会福利，此时社会福利的性质带有明显的慈善色彩。今后我国的社会福利应进一步面向全体社会成员，将慈善性的社会福利发展为按不同的社会群体划分的老年人福利、妇女福利、未成年人福利、残疾人福利等，针对的对象普遍化和群体化将是中国福利事业走向成熟的标志。

3. 改变现行的职业福利，建立现代化的住房福利和妇女福利

住房福利今后应成为社会化福利的专门项目，由政府统一管理，由社会化的经办机构统一组织。

4. 完善社会补贴和教育福利制度

一方面，国家应将社会补贴列入预算，定期公布并逐步通过将社会补贴变成工资性补贴等措施来消减社会补贴；另一方面，教育福利应纳入国家新型社会福利体系，使拨款与筹资渠道制度化，福利待遇规范化。

第二节　公共福利法律制度

一、公共福利的概念与特征

公共福利有广义和狭义之分。广义的公共福利就是指社会福利。狭义的公共福利是指国家和社会为了改善和提高全体社会成员的物质和精神生活而提供的单向利益。我们这里所指的是狭义的公共福利，它是社会福利的重要项目。

公共福利是指国家和社会为满足全体社会成员的物质及精神生活的基本需要，而兴办的公益性设施和提供的相关服务。公共福利涉及人们生活的各个方面，主要包括住房、教育、卫生和文体等方面。公共福利有以下特点：

1. 对象的普遍性

在社会福利中,职业福利和专门福利的对象是劳动者、老年人、妇女儿童、残疾人等社会特定群体,公共福利则面向全体社会成员,具有最彻底的普遍性。

2. 内容的广泛性

公共福利涉及社会成员生活的方方面面,涵盖了住房、教育、卫生、文体、环境等多方面,既有对物质生活的保障,也有对精神需求的满足。

3. 主要由国家提供

让社会成员享受公共福利是国家的责任,而且公共福利项目通常需要巨额、长期的资金投入,国家无疑是提供公共福利的最主要主体。公共福利的提供通常采用三种形式:一是通过公共服务而使全体人民享受某种利益;二是通过福利设施的建设为公民开展各种文化、娱乐、审美、体育等活动创造条件;三是通过一定的补贴,保障公民的生活质量得以提高。

二、公共福利法律制度的内容

公共福利的内容十分广泛,涉及人民生活的诸多方面,这里概括介绍有关住房、教育、卫生和文体等方面的内容。

(一)住房福利

住房福利是一种重要的公共福利,其目的是利用国家和社会的力量着重解决低收入家庭的住房问题。目前世界各国的社会保障计划中都有国家以不同方式参与住房政策的制定,以期保证每个家庭,包括低收入家庭得到基本住房的内容。社会保障采取的保障居民基本住房需要的措施,有"救助"性质的措施,有"保险"性质的措施,更多的是"福利"性质的措施。

目前住房的福利性质主要有两种:一是政府对住房款的直接或间接支付,即以多种形式提供住房补贴,包括:(1)需求方面的补贴,含收入和房租补贴;(2)供给方面的补贴,即通过土地成本、建设成本以及对建筑企业的税收优惠等形式实行补贴;(3)住房金融的补贴,包括利率、税收、增值与折旧的特殊处理等。二是国家作出政策性规定,要求住房建设机构必须划出一定数量的住房以低于市场价格售给低收入家庭,或者政府直接兴建经济房屋(也称廉价房屋或福利房屋)定向出售给低收入家庭。如目前我国推行的经济适用房项目。

我国目前的主要政策为:(1)取消福利分房制度,实行住房福利的社会化。各单位不再建房、购房、分房,而将原来用于建房、购房的资金转化为住房补贴,一次性或分次发给职工,而职工则通过市场来解决自己的住房问题。(2) 实行住房公积金制度。住房公积金制度按照"个人存储、单位资助"的办法缴纳，并实行专款专用的制度。当职工自己的住房公积金不足以支付购房等费用时，可申请公积金贷款。(3) 政府提供经济适用房。我国为了保证中低收入的家庭也能有住房，在计划、规划、拆迁、税费等方面采取优惠政策，尽量降低房价，以向中低收入家庭提供经济适用房。(4) 政府提供廉租房。我国政府对于无力购买房屋的低收入家庭，会提供租金很低的廉租房以保证这部分人群的居住条件得到不断改善。

(二) 教育福利

教育之所以成为构成社会福利的内容，它主要有以下几个原因：首先，教育的本质就是对人的培养，是人的发展权的体现，人们只有得到受教育的机会，才能得到自我的发展；其次，教育能培养人的劳动能力，提高劳动者的文化素养和劳动熟练程度，从而提高人们参与社会生活、参与社会竞争的能力；再次，教育能扩大人们对职业、前途的选择范围，是人们增进自身福利的途径；最后，教育可以提高国民素质，推动社会经济的发展，增进整个社会的福利水平。

教育本身具有福利性，特别是基础教育更是一种"国民福利"。教育从来就是国家办的事业，无论任何国家都是由政府来主办，义务教育是免费的教育，国家有义务为学龄儿童提供受教育的一切便利条件，保障每一名儿童不分民族、性别，都拥有平等接受义务教育的机会。为此，国家还采取措施保证国民义务教育的落实。这些措施包括：

(1) 对特殊困难家庭的子女和孤儿、弃儿等的教育，给予学杂费减免和代支书本费。社会福利机构收养的儿童，其教育费由福利机构直接向学校支付。对该类人员中成绩特别优异的，给予的资助和照顾不限于基础教育阶段，必要时可以延续到高等教育阶段，以体现受教育机会平等。

(2) 在中等以上教育机构设立助学金、贷学金、奖学金，资助家庭困难的学生求学，并鼓励学生学习。助学金无偿提供给贫困学生，用以解决其在校期间的基本的学习、生活费用。贷学金是一种无息或者低息有偿资助，学生在校期间得到的资助，在其学成参加工作后一次性或分次偿还，也可以由用人单位偿还。

(3) 鼓励设立捐助教育基金，以资助家庭困难的学生、奖励成绩特别优异的学生。

(4) 鼓励社会力量办学，以及通过举办各种贫困助学工程解决部分适龄儿童入学问题。在我国，影响最大的就是由"中国青少年发展基金会"牵头发起的全国性的救助失学儿童上学的"希望工程"。

(5) 国家推行特种教育制度。对于聋哑人、弱智等能力障碍儿童，国家通过投资设立特种学校使他们能够接受教育，并在教育过程中进行矫治，这是教育福利的重要内容，通过这项制度，使存在身心缺陷的儿童也能获得接受教育的机会，并通过这种教育，使他们成为自立、自信、自尊、自重的社会成员。

我国已初步形成了基础义务教育、职业教育、高等教育、成人教育相互沟通、协调发展的教育体系，教育经费由国家保障，国家建立以财政拨款为主、其他多种渠道筹措教育经费为辅的体制，逐步增加对教育的投入，从而形成覆盖全国的教育网，使发展欠发达地区的社会成员都得到平等的受教育机会，从而保障社会成员的发展权利，提高其参与社会生活的能力。

（三）卫生福利

健康是人类最宝贵的财富，是每个人的一项基本权利。卫生福利也称为卫生保健福利，是社会福利的重要内容，其目的在于预防病害，提高公民的身体素质。此方面的福利，一方面表现在国家将通过投资建立各种医院、防疫、保健机构和设施，为公民提供就医机会，防止疾病传播，进行疫情调查、统计和处理，保证公民能够在安全卫生的环境中生活，以尽可能减少疾病。另一方面它还表现在国家通过提供各种服务，采取预防措施提高公民的防病抗病能力。如组织实施接种免疫疫苗，进行饮食结构方面的科学研究，并公布研究成果，引导人们改变饮食结构和饮食习惯等。尽管医院等医疗机构提供的服务大多是建立在交易和社会保险的基础之上的，但是，国家保证公民有就医机会和便利的就医条件则是一项福利措施。因此，国家在卫生保健福利方面的基本职责包括通过投资和政策引导，使公民得到便利的就医条件；通过卫生防疫机构，直接为公民提供必要的医疗服务；组织推行和推进医疗和卫生防疫方面的研究；进行卫生保健宣传工作，引导公民改变不良的生活习惯，进行疾病预防保健工作；不断地提高医疗水平和卫生防疫水平；保障并不断提高公民生活环境的卫生等。

卫生福利的基本目标是实现"人人健康"，为此，世界卫生组织和联合国大会于1977年均提出了"2000年人人家有卫生保健"的全球策略和目标，要让每一个人都能有成效地工作、学习，都能各自参加所在社区的社会生活。我国政府对此作出庄严承诺，建立了以基础卫生保健为主要内容的卫生福利，目标是实现"人人健康"。党的"十七大"报告也强调，在加快推进以改善民生为重点的社会建设中，要建设覆盖城乡居民的公共卫生服务体系、医疗服务体系、医疗保障体系、药品供应体系，为群众提供安全、有效、方便、价廉的医疗卫生服务。

基础卫生保健是国家卫生系统和整个社会经济发展的组成部分，是国家卫生系统的中心职能和主要环节；它是个人、家庭和社区同国家卫生系统保持接触，使卫生保健深入人民生活的第一步，也是整个卫生保健的第一要素。基础卫生保健提供增进性、预防性、治疗性和综合性的服务。这些服务包括增进必要的营养和供应充足的安全饮用水、提供清洁的卫生环境、开展妇幼保健和计划生育、主要传染病的预防接种和防治、普及健康教育、疾病和创伤的有效处理、提供基本的药物等八项主要内容。

（四）文化康乐福利

文化康乐福利是指由国家和社会为满足人们的文化康乐的精神需要而兴办的具有福利性质的文体活动设施和相应的服务，包括公园、图书馆、博物馆、群众艺术馆、体育场、文化康乐中心等场馆以及群众性体育运动设施等。

作为公共福利的文化康乐设施和服务、必须符合以下三个基本条件：（1）国家或集体兴办和实施管理，并给予资金支付；（2）为满足社会大众的精神需要而兴办的；（3）向社会开放，广大群众能普遍、平等地享用。也就是说，这些设施和服务必须是符合社会福利的基本特征的。

在市场经济条件下、文化娱乐方面的消费主要有以下两个层次的消费途径：一是通过支付服务费用，购买文化娱乐产品，获得文化娱乐享受。二是通过国家和地区提供的公共产品和公共服务，获得文化娱乐方面的享受。

就前者而言，社会福利的色彩较淡，但也不完全排除存在社会福利的成分。国家应当通过适当的政策引导，使得文化娱乐方面的设施和服务机构设置合理，使公民能够便利地接受这种营利性的文化服务，并对文化市场进行监督，保障文化市场的正确导向。

后者则具有浓厚的社会福利色彩。这种文化娱乐福利的提供通常采用以下形式：

（1）采用国家投资或社会集资的方式建立文化娱乐设施和文化娱乐服务机构，但为了保证文化设施能够得到正常维持、及时维修和不断更新，在经营管理上可采用企业化的经营方式，收取一定的服务费用。为了使更多的人能够享受文化娱乐设施，文化娱乐服务收费不应完全按市场价格来确定。例如各种公园、博物馆、展览馆、剧院、电影院、少年宫、俱乐部、老年人康乐中心等，大多是以这种方式提供的福利。

（2）通过放映文化娱乐片，在一定的时间提供免费的公共服务。例如，规定文艺演员或专业的文艺工作者每年进行一定次数的义务演出。

（3）提供具有纯粹的公共性质的文化娱乐设施和文化娱乐场所。例如，建大文化广场、历史传统教育基地等。

（4）通过大众传媒提供文化服务。例如，在电视节目中安排文化节目等。

（5）对于文化服务机构的收费给予一定额度的补贴。

（6）直接组织进行免费、开放的文化服务活动。例如，组织文艺人才进行文艺演出。

（7）组织全民健身运动并提供群众性体育活动设施。

（五）环境福利

环境福利是国家和社会为保护和改善环境、提高社会成员的生活质量而提供的公共福利。现代社会的持续稳定发展以良好的环境为基础，环境福利已越来越被广泛认为是公共福利的组成部分。环境福利的主要内容有：一方面，政府和社会出资建设环境保护设施和场所，如建设污水处理、垃圾处理设施，增建绿地、林地保护区等，是环境福利最主要的表现形式；另一方面，提供环境保护服务，如开展环境保护教育、维护环境保护设施、提供有害物品回收等。

（六）社区服务

社区服务是指为满足社会成员多种需求，在政府倡导和组织下，以社区组织为依托所开展的具有社会福利性的居民服务。我国的社区建设从 20 世纪 80 年代末开始起步，经过十几年的探索和发展，在服务范围和对象上从最初单纯的民政优抚福利扩展为面向社区所有居民提供生活、卫生、教育、文体、计划生育、养老等全方位的服务，主要内容包括：

（1）为老年人提供的福利服务。如提供老年人包户服务，被包户的老人除了社区孤老，还包括退休孤老和身边无子女以及生活上有困难的老年人，由居委会和参加服务的单位和个人签订包户协议，协定服务人员、服务项目、服务时间和服务要求，为其提供养老服务。还有为老年人提供的收养和寄托服务、老年人庇护服务以及向老年人提供文化生活服务等。

（2）为残疾人和精神病患者提供的服务。包括为残疾人、精神病人提供康复服务、为残疾儿童提供的寄托服务等。

（3）心理咨询和家庭辅导服务。包括成人心理卫生咨询、为学习困难的儿童提供家庭辅导等。

（4）便民利民服务。为方便居民生活，解决居民在衣、食、住、行以至学习、娱乐等方面的困难，社区提供便民利民服务设施，如小型缝纫和服装加工、小卖部、理发店、卫生清扫、小型修理、搬运、家政服务等。

第三节 职业福利法律制度

一、职业福利的概念和特征

（一）职业福利的概念

职业福利，又称职工福利，是指基于职业关系，行业和单位为满足职工物质文化生活需要，保证本系统、本行业、本单位职工及亲属的一定生活质量而提供的工资收入以外的津贴、设施和服务的社会福利项目。其中包括：为减少劳动者生活费用开支和解决劳动者生活困难而提供的各种补贴；为方便劳动者生活和减轻职工家务负担而提供的各种生活设施和服务；为活跃劳动者文化生活而提供的各种文化设施和服务。

职业福利按其社会化程度，可以划分为两个层次。一个层次是国家通过一定的法律手段和途径在某些行业和企业中普遍实行的制度，如职工探亲假制度、与职业关联的特殊津贴制度。这一层次的职业福利在社会主义国家中常见，特别是实行计划经济的社会主义国家中，企业的非生产性、福利性的设施投资来源于国家和集体，企业的福利基金也可从上缴的利润中提留，因此，职业福利形式为单位集体福利，其实质是"国家福利"。另一层次的职业福利是指由单位（企业）在完成国家所有税项任务前提下，力所能及地自主地为职工提供的福利，是行业或单位内部的福利。这种福利是真正意义上的职业福利。

（二）职业福利的特征

（1）职业福利以就业关系为标志，凡是本行业、本单位就业的职工均能享受，某些内容甚至连职工家属也可享受。

（2）职业福利一般以普遍性原则向职工提供，但某些企业可能在服务时间长短（工龄）和贡献大小上规定职工享受待遇的高低差别。

（3）职业福利具有明显的功利性。职业福利的直接目的，在于保证职工一定的生活水平和提高生活质量；而对于雇主和企业而言，在于增强职工的向心力、凝聚力，培养职工的归属感和群体意识，留住和吸引高质量的劳动力为本行业、本企业服务。

（4）职业福利的自主性和差异性。职业福利属于企业自主福利的范畴，企业可根据自身特点和具体情况，设计适合企业的职业福利制度。由于行业差异以及企业的性质、经营理念、效益等不同，职业福利的项目和水平在不同企业之间有较大差异。

职业福利水平取决于企业的经济效益，也受企业经营者观念意识的影响。职业福利的资金来源于企业盈利。企业效益好，职业福利水平就好；相反，企业没有效益或效益差，就可能没有福利或福利水平低。因此，职业福利水平一定程度地反映企业的经营状况。同时，企业经营者的观念意识对职业福利也有重要影响，企业经营者关心职工福利与否、关心的程度，常在职业福利中有所表现。

（三）职业福利的表现形式

通常认为，凡是用人单位在工资之外给予劳动者的利益都属于职业福利的范围，但并不是所有的劳动报酬以外的利益都是职业福利。一般来说，职业福利按照不同的标准可以分为不同的表现形式。按照职业福利的内容可以分为三类：福利津贴、福利设施和福利服务。按照职业福利的施予对象可以分为两类：职工个人福利和职工集体福利。

二、职业福利的立法概况

在许多国家和地区的劳动立法中，都对职业福利作出了专门规定。例如，《法国劳动法典》将"工厂福利服务"列为第二卷的第五篇；《利比亚劳工法》在第三篇中设置了"工人福利和保护工人免受工伤"专章等；《沙特阿拉伯劳工法》中设置了"保护和社会服务"专章等；在其他国家的劳动基本法中，大多有关于职工福利的专门条款；在各国的工会法中，都规定工会有为职工谋求福利、举办集体福利事业的任务。

在我国劳动立法和相关立法中，有许多关于职业福利的规定。《宪法》规定，国家在发展生产的基础上提高劳动者的福利待遇，国家发展劳动者休息与休养的设施。《劳动法》列有"社会保险和福利"专章。其中规定，国家发展社会福利事业，兴建公共福利设施，为劳动者休息、休养和疗养提供条件；用人单位应当创造条件，改善集体福利，提供劳动者的福利待遇。《工会法》规定，工会协助企业、事业单位、机关行政方面办好职工集体福利事业，会同行政方面组织职工开展文艺、体育活动，国有企业召开讨论有关职工福利的会议，应当有工会代表参加；中外合资企业、中外合作企业研究决定有关职工福利等问题，应当听取工会的意见；外资企业工会可对职工福利事项提出意见，通知企业行政方面协商处理；工会所属的为职工服务的企业、事业单位，其隶属关系不得随意改变。《公司法》规定，公司研究决定有关职工福利问题，应当事先听取公司工会和职工的意见，并邀请工会和职工代表列席有关会议；公司分配当年税后利润时，应当提取法定公益金，用于本公司职工的集体福利。此外，国务院及其所属的劳动、人事、财政、卫生等有关部门和全国总工会，在有关法规和规章中对职工福利的机构、基金、内容、标准和实施，作出具体规定。

三、职业福利机构

职业福利机构，是指在用人单位内部依法设置的，由单位行政代表、职工代表和福利事业工作人员组成的，管理职工福利事业的机构。设置职工福利机构，是实施职工福利的组织保障，便于协助和监督用人单位办好职工福利事业。

社会福利机构是一个由综合性机构和专门性机构所构成的，在实施福利的过程中统一领导、分工协作的组织系统。综合型职工福利机构，即职工福利委员会，是对本单位各层次、各门类的职工福利工作实行全面和统一管理的机构。专门性职工福利机构，是指在职工福利委员会统一领导下分管特定福利项目的机构。一般有：（1）职工福利基金管理机构，分管职工，以及福利补贴发放、产品（服务）优待、职工互助基金等项事务；（2）职工住宅管理机构，分管职工住宅资金的筹集、建设规划、分配、物业管理等项事务；（3）职工生活管理机构，分管职工食堂、职工服务机构、职工幼儿园和职业学校、公共澡堂等职工基本生活服务机构；（4）职工文体管理机构，分管职工业余文化娱乐、体育方面等事务；（5）女职工福利管理机构，分管女职工所特有的各项福利事务。

职工福利机构是一种具有职工民主管理（劳资合作）性质的机构。主要表现在：（1）职工福利机构的成员中，必须有一定比例的职工代表。在我国实践中，一般要求有工会代表和职工群众代表参加职工福利机构，所占比例不应低于2/3，职工群众代表由职工代表大会选派和职工群众推举。（2）职工福利机构应当对职工代表大会负责，并向其报告工作，接受其监督。（3）职工福利机构的日常办事机构设在工会，由工会领导其日常工作。

职工福利委员会应当依法决定组织章程和办事规则，具体规定其组织机构、基本职责、职能分工、议事方式、办事程序等内容。其基本职责包括协助和监督制订职工福利制度、方案和计划；组织和监督职工福利制度、方案和计划实施；审议和监督实施职工福利基金的提取和分配方案，监督职工福利基金的保管和使用；研究和解决职工福利过程中的重大问题；为单位行政、福利服务机构和职工提供有关职工福利的咨询和指导。职工福利委员会具有相对独立性，依据法规、政策和规章从事活动，不受单位行政非法干预。

四、职业福利基金

职业福利基金,即用人单位依法筹集的专门用于职工福利的基金。它是职工福利事业的财力基础。职工福利基金管理制度,主要有以下几方面的内容:

(一) 职工福利基金来源

根据 1993 年制定的《企业财务通则》和《企业会计准则》的规定,职工福利基金的提取主要有下述规则:(1)按工资总额的 40% 计提职工福利费,列入成本,用于职工集体福利设施以外的职工福利支出。(2)税后利润在支付被没收财物损失、违反税法的滞纳金和罚款,弥补以前年度亏损后,按一定比例(《公司法》规定为 5%)计提公益金,用于职工集体福利设施支出,并且在使用后转为盈余公积金。

(二) 职工福利基金的保管和使用

职工福利基金提取后,应当转入法定机构保管。在我国实践中,保管职工福利基金是职工福利委员会的职责,其账务可委托用人单位财务部门经管,其现金应当按照国家关于现金管理的规定,存入银行。

职工福利基金的使用应当遵循国家法定的和职工福利委员会规定的使用范围和程序,实行专款专用。关于职工福利基金的使用范围,我国规定,职工福利费主要用于职工的医药费(包括缴纳的医疗保险费)、医护人员工资和医务经费,职工因公负伤赴外地就医路费,职工生活困难补助,职工浴室、理发室、幼儿园、托儿所人员的工资,以及按国家规定开支的其他职工福利支出,但不包括职工集体福利设施支出。公益金主要用于职工集体福利设施支出,如兴建职工宿舍、职工俱乐部等。对全国性或省市地区性工会举办的福利项目,经向主管部门备案,可提取一定限额的职工福利基金进行赞助;职工福利基金原则上用于职工福利计划项目,对无计划、无预算的项目不予支付。计划外项目须经职工福利委员会审批才可使用职工福利基金。禁止将职工福利基金挪作他用,不得用于发放奖金、分红、劳动合同解除补偿金等非福利性支出。

(三) 职工福利基金的保护和监督

职工福利基金不同于一般的企业财产,它与全体职工的基本利益密切相关,应当受到特别保护。立法规定的特别保护措施主要有:(1)任何部门不得没收职工福利基金;(2)职工福利基金有优先受偿权,企业受破产宣告时未依法提取的职工福利基金,应依法足额提取;(3)企业停产或被合并时尚未依法提取的职工福利基金,应依法照章提取;(4)不提取或少提取职工福利基金的,由主管部门责令补齐提取,并对企业给以经济处罚,对责任人员给予行政处分;(5)因保管人过失致使职工福利基金遭受损失的,保管人应负赔偿责任;(6)对职工福利基金有贪污、侵占或其他营私舞弊行为,应从重追究刑事责任。

职工福利基金的收支,应受到有关部门和职工福利委员会的严格监督。其主要措施有:(1)用人单位财务部门于每月应将据以提取福利基金的有关报表的资料报送职工福利委员会备查;(2)职工福利委员会主管人员会同财务部门每月汇总职工福利基金收支情况,报送职工福利委员会审查备案,所有账目应向职工福利委员会公开;(3)用人单位财务部门应于每年年终汇总本年度职工福利基金收支情况,报主管部门审查备案,并予以公告。

五、职业福利的分类

按照职业福利的施予对象划分,职业福利可分为职工个人福利和职工集体福利。

【案例13-1】

上海贝尔公司为员工提供了非常丰厚的福利,包括:(1)各种奖金:各种与业绩挂钩的奖金,包括公司利润指标完成后和员工分享的红利。(2)衣食住行津贴:每年发服装费,免费提供工作餐,丰厚的住房津贴,公司免费提供上下班交通工具,为管理骨干提供商务专车。(3)员工培训:完备的培训内容,包括入职培训、上岗培训、在职培训、各类技术培训、管理技能培训、工作态度培训、海外培训、海外派驻、由公司支付费用的学历教育。公司每年用于培训的现金支出在千万元以上。(4)专项无息贷款:主要有购房贷款和购车贷款。(5)补充性保险福利:主要是商业补充养老保险。按员工在公司工作年限,在退休时可一次性领取相当于数年工资额的商业养老金。(6)特殊福利:对有专长的人才,公司提供住房,其配偶在上海落实工作、子女解决就学问题。(7)其他福利:如上海贝尔有30多个员工俱乐部,如棋牌、网球、登山、旅游等。

点评:上海贝尔的员工平均年龄仅28岁,正值成家立业之年,而这个阶段的年轻人又恰恰没有什么积蓄。上海贝尔公司的福利政策始终设法贴近员工需求,根据员工的现实情况实施相应福利方案。例如,在无息购房贷款的福利项目推行下,许多员工视上海贝尔为终身的理想雇主。凭借优厚的福利,上海贝尔吸引了大批人才,培养了大批人才,留住了大批人才,建立了一支一流的员工队伍，造就了一个内部富有良性竞争的上海贝尔大家庭。

此外，上海贝尔还对福利项目加以创新，给员工更多的选择权。如购房和购车专项贷款额度累加合一，员工自己选择是购房还是购车；员工可以领取津贴自己解决上下班交通问题，也可以不领津贴搭乘公司的交通车……更多的选择权，可以让福利项目更加人性化，从而增强激励的作用。因此，企业应当根据员工的需求和变化，推行相应的福利项目，为员工提供最渴求的福利，才能对人才持续保持吸引力。

（一）职工个人福利

职工个人福利补贴，是指由职工福利基金和其他有关经费中开支的，主要以货币形式直接支付给职工个人的福利待遇。它对减轻职工的生活负担和提高职工生活水平具有重要意义。我国立法中关于职工个人福利补贴的项目和标准的规定，对国家机关、事业组织和社会团体而言，属于强制性规范；对企业而言，一般属于任意性规范，因其在集体合同、内部劳动规则和劳动合同中被选择适用而具有约束力。

根据我国现行立法的规定，职工个人福利的主要内容有以下几个方面：

1. 职工探亲制度

职工探亲制度，是用人单位为关怀职工，对分居两地的配偶、父母团聚和减轻其因团聚所产生的经济负担，而给予探亲假期、工资补贴和旅费补贴的福利制度。其中的福利补贴有：（1）工资补贴。探亲假期间，按照本人标准工资的百分之百发放工资。（2）旅费补贴。职工探望配偶、未婚职工探望父母的往返车船费，全部由用人单位负担；已婚职工探望父母的往返路费（包括车船费、市内交通费、住宿费），在本人标准工资30%以内的由本人自理，超过的部分由用人单位负担。乘火车的，报销硬席座位费，凡年满50岁、连续乘火车48小时以上的可报销硬卧铺费；乘轮船的报销四等舱位费；乘长途公共汽车和其他民用交通工具，凭据按实报销；因故乘飞机的，可按直线车船票价报销，多支部分由职工自理。途中必须中转住宿的，每中转一次可按普通床位凭据报销一天的住宿费；途中夜间停驶必须住宿的，凭据报销住宿费；途中遇到交通事故造成交通暂停，其等待恢复期间的住宿费，可凭交通机关证明和住宿单据报销。符合由农村户口转为城镇户口条件的煤矿井下职工家属如不到矿区落城镇户口的，在职工探亲之外，其配偶每年可到矿区探亲一次，往返路费全部由企业负担。凡符合国家探亲规定的归侨、侨眷职工和港澳台职工出境探亲的，其境内路段往返路费按规定由用人单位负担，境外路费由本人自理。

2. 职工上下班交通费补贴

省、直辖市、自治区政府所在地的城市，人口在50万人以上的城市和不足50万人的主要工矿区，经批准可以实行职工上下班交通费补贴制度；住家距离工作单位4华里以上，必须乘坐公共汽车、电车和骑自行车上下班的职工，都可以享受上下班交通费补贴。职工上下班乘公共汽车、电车的交通费，由本人和用人单位各负担一部分，本人负担部分不少于规定限额，其余部分由用人单位补贴。骑自行车上下班的，每月补贴规定限额的修理费。

3. 职工冬季取暖补贴

职工冬季取暖补贴，是用人单位对居住在寒冷地区的职工，为照顾地区原有习惯和减轻职工经济负担，就其取暖设施实行的一种福利补贴。除了广东、广西、福建、浙江、湖南、湖北、四川、贵州等省、自治区，江苏、安徽、河南等省的淮河以南地区，陕西省的秦岭以南地区以外，其他地区可以发给职工冬季取暖补贴；但职工及其家属住宅装有暖气设备的并且免费供暖的除外。补贴的期限和标准，根据不同地区和各自情况而有所不同。

4. 职工生活困难补助

职工生活困难补助，是国家和用人单位对由于各种原因造成生活困难的职工，为保证其基本生活需要而给予的临时或长期性生活费补助。凡享受此项补助，须以职工家庭人均收入低于一定标准为条件。此项补助由基层工会具体实施。凡是生活困难的职工，可向所在工会提出申请，由工会审核确定补助金额和补助期限。补助经费的来源，既可以按一定比例从职工福利费中提取，也可以按一定比例从工会会员费中提取，还可以从上级工会、劳动行政部门、财政部门安排的专项经费中开支。

5. 职工住房补贴

在城镇职工住房福利改革中，最终将住房实物分配转变了住房货币分配，即向职工发放住房补贴以替代以前的职工住房分配。发放住房补贴的对象一般限于未享受住房实物分配（包括未购买或租赁房改房、安居房、解困房等政策性住房）或未参加集资合作建房的无房职工，以及已享受住房实物分配或已参加集资合作建房，但住房面积未达到控制标准的职工。住房补贴的标准由有关政策法规规定。

6. 其他福利补贴

（1）生活消费品价格补贴。因地区生活消费品价格上涨致使职工生活消费支出增加，用人单位可按国家规定的项目和标准行业向职工发放特定的补贴。其主要项目有粮油补贴、副食补贴、水电补贴、燃气补贴、房租补贴、伙食补贴、修理费、书刊费等多项，其中有些补贴项目，可在工资调整和工资改革过程中并入工资构成。

(2) 独生子女补贴。根据国家计划生育政策的规定，用人单位可以向持有《独生子女证》的职工按月发给儿童保健费，出生时领证的发10年，4周岁后领证的发至14周岁止；还可以酌情减免独生子女入托、入园、入学、就医的费用。

(3) 婚丧假、年休假工资。职工本人结婚和职工的父母、配偶、子女死亡时，经用人单位批准婚丧假（1—3天）和路程假的，假期发给基本工资。职工享受年休假期间，工资照发；应当享受的年休假在劳动关系终止时尚未享受的，应当给予相当于年休假工资的补偿金。

(4) 职工互助互济金。职工群众在工会的组织和倡导下，自愿建立互助储金会，当职工由于购房、家属医疗、灾害、家属死亡等原因而发生生活困难时提供一定资助。

（二）职工集体福利

职工集体福利，是指用人单位举办或者通过社会服务机构举办的供职工集体享用的福利性设施和服务。其内容包括物质生活福利和精神生活福利。职工福利的发展方向表明，集体福利应当成为职工福利的主要形式。

1. 职工集体生活福利设施和服务

职工集体生活福利设施和服务项目很多，一是为方便职工而兴办的集体福利设施；二是为活跃或丰富职工文化生活而建立的文化福利设施；三是提供福利服务，如提供班车接送服务。

职工集体生活福利设施的主要项目有：（1）职工食堂，包括职工内部食堂、职工营养食堂、民族食堂、班中餐食堂和街道职工食堂等；（2）托幼设施，包括托儿所、幼儿园等；（3）卫生设施，包括职工医疗和疗养设施、浴室、理发室、公共卫生间、休息间等；（4）文娱体育设施，包括文化宫、俱乐部、图书馆、体育场馆等。上述福利设施，在其各自营业范围内为职工集体免费或者低费提供服务。

我国的职工集体生活福利设施社会化程度较低，大多为用人单位自办，使用率低、浪费严重，经济效益差。按照现代市场经济要求，职工集体生活福利设施应当逐步实现社会化，即改变企业办社会的局面，打破用孤立、封闭的小生产方式办福利的格局，采取专业化分工、协作的方式办福利。其具体步骤为：第一步，鼓励大型企事业单位将利用率不高的生活服务设施向中小企业开放，有条件的也可以向社会开放，开放后合理收取费用；对于小单位，由上级主管部门和社会团体、街道办事处牵头，按社区和系统联合举办集体福利事业，其营业和管理费用，按各单位职工的受益程度，由各单位职工福利费拨交。第二步，由地方政府根据需要与可能，结合发展第三产业，跨地区统筹城市福利设施建设规划，组织专业化的福利服务机构，为本地区所有用人单位的职工服务。所需经费由受益单位按受益程度拨交职工福利费，或者通过征收地方税予以解决。政府及其有关部门对集体生活福利事业应当采取税收优惠等措施予以扶持。

通过职工集体生活福利设施社会化，集体福利事业中的大部分由用人单位转为社会承包，职工原在本单位享受的福利待遇转由社会提供。与此相应，用人单位向职工发放补贴，即由向集体福利设施暗补贴变为职工个人的明补贴。

集体福利设施不论是否实行社会化，都应实行企业化管理，即进行独立核算，自负盈亏，以提高其服务质量和经济效益。

2. 职工住宅

职工住宅是职工及其家属休息和生活的场所，属于必需的基本生活资料。在我国，由于长期实行低工资政策，大部分职工无力自行新建或购买住宅。所以，长期以来由国家和用人单位向职工提供住宅，成为职工集体福利的一项重要内容。传统的职工住宅福利表现为：国家和用人单位拿出一定的积累基金和福利基金进行住房建设，然后低租金分配给职工居住，并且对部分职工发放房租补贴。其特点可概括为低房租、高补贴、分配制。

职工住宅制度改革的方向，是逐步实现职工住宅商品化。主要从两个方面进行：（1）职工购买住宅。即把交换引入住宅再生产过程，以交换原则代替福利原则，以交换关系代替单纯分配关系，发挥价值规律在住宅生产、交换、分配过程中的作用。具体做法是，以国家规定的优惠性标准价格出售给符合规定条件的职工，出售住宅所回收的资金再投入住宅建设。（2）逐步提高房租。即将福利性租赁关系逐步转化为商品性租赁关系，将福利租金逐步变为商品租金，取消补贴，列入工资。具体步骤为：第一步是按维修费和管理费确定租金，以租养房；第二步是收取成本租金（包括折旧费、维修费和管理费），实现住宅的简单再生产；第三步是收取房屋租金（包括折旧费、维修费、管理费、房产税、利息、地租、保险费、利润等），实现住宅的扩大再生产。在此过程中，房租改革与工资改革配套，相应地提高工资，将原来在住宅方面的暗补贴转化为明工资。

在职工住宅商品化过程中，仍保留一定的福利性，即对职工购房和房租在较长时间内仍给予一定的福利补贴。在职工住宅商品化的同时，为进一步实现住宅建设社会化和合作化，推行住宅公积金制度，即由用人单位和职工各按一定比例交纳住宅公积金，部分由用人单位留用，部分由社会统筹使用，继续扩大住宅建设。

职工住宅商品化改革完成后，但仍未完全解决职工住宅问题，尤其是中低收入职工和农民工住宅问题非常突出。这仍需要进一步改革，进一步改革的主要内容是建设和完善住房公积金制度、经济适用房制度、廉租房制度三种制度。

【前沿提示】

1. 我国社会福利模式的选择

我国传统社会福利制度是建立在城乡二元经济结构计划经济体制基础之上，城镇和乡村福利分立且城镇福利水平高于乡村福利水平。此外，我国传统社会福利制度以微观福利为主，因而社会福利供给效率低。

为适应市场经济的需要，基于我国的国情，在社会福利制度改革中，应当作以下选择：（1）在保持城镇福利和乡村福利分立格局的同时，通过加大政府对乡村福利的投入和组织，促进农村经济的发展，提高乡村的福利水平，从而缩小城乡福利水平的差距。（2）城镇福利一方面实现职业福利社会化，另一方面改进和加强公共福利供给的系统和能力，由微观福利为主转向以宏观福利为主。（3）乡村福利在保持微观福利即农村集体经济组织福利为主的同时，逐步增大宏观福利的比重；改善农村集体经济组织福利的乡、村层次结构，以实现乡村两级福利并重，甚至乡级福利为主的格局。

2. 福利事业主要是由社会承担还是由政府承担？如果社会化了，社会福利事业是不是完全由社会承担，政府是否应该少管或者不管？

推动社会福利事业我国要坚持的原则是政府主导与社会参与相结合。所谓政府主导主要是政府在宏观的规划上，在政策制定上，在资金的投入上，政府要发挥主要的作用，因为毕竟社会福利大多是政府行为。但是，政府不能包办社会福利，政府要鼓励和支持社会力量兴办福利事业、参与福利事业。这是一条很有生命力的新路子。特别是十六届六中全会的决定谈到，要鼓励文化、卫生、体育、医疗、社会福利等领域兴办、民办非企业单位，就是公益性的性质。这也是十六届六中全会的要求，也符合我国现在发展的实际情况。实际上现在我国城乡民办福利机构达到8000多家，而且民政部在2000年下发了一个《社会福利社会办的意见》，后来又发了《支持和鼓励社会力量兴办社会福利事业》的文件，特别是在养老服务领域里面，已经有很多民办的企业从事养老服务工作，所以这条路会越走越宽。从政府来说，我国下一步要制定更多的优惠政策,支持这方面的工作。

3. 我国社会福利逐步由补缺型向普惠型发展

我国社会福利逐步由补缺型的福利向普惠型发展,这也是随着我国国家经济社会发展所提出的必然要求,这也符合我国时代发展的要求。因为,我国民政部在推进社会福利事业方面,提出了社会福利事业社会化的思路。所以在社会保障原来的基础上,逐步拓宽领域,现在已经逐步由补缺型向普惠型发展。例如对老年人的服务,我国过去主要局限于"三无"老人,近几年民政部积极推进养老服务社会化,为此做了两方面的工作:一方面做好机构里面"三无"老人的服务,生活保障、服务保障;另一方面也为社会的老人提供服务。比如像我们的父母,他们自己有工资或者有养老金,有子女的资金保障,但是,他们缺少一种服务,民政部门就应为他们提供这种服务。实际上,这样就是一种提供服务的保障。包括儿童也是这样的。儿童福利机构可利用自己的资源,对社会开放,比如社区的一些残疾儿童,有些可以得到福利机构的看护。比如现在社会上很多孩子患有自闭症,很孤独,父母非常痛苦,但是这不是病,到医院里面很难治,就可以到我国儿童福利机构进行看护,这实际上是推向一种社会化、社区化。①

【思考题】
1. 我国社会福利制度还存在哪些问题?应如何完善?
2. 请说明社区服务在社会福利体系中的作用。
3. 怎样对社会福利制度的内容进行科学的分类?
4. 怎样理解社会福利制度在社会保障体系中的地位?
5. 加强公共福利制度建设应当注意的问题是什么?
6. 我国职业福利制度改革的方向是什么?

---

① 社会福利事业要有法律制度的保障. http://www.szlottery.com/news.asp?Nid=17353,2010年11月6日访问.

第十四章 社会优抚法律制度

【引言】社会优抚是社会保障的有机组成部分，它是国家和社会对军人及其家属所提供的各种优待、抚恤、养老和就业安置等待遇和服务的社会保障制度，它主要包括社会优待、社会抚恤和安置保障制度。

【学习目的与要求】通过本章的学习，应了解社会优抚的概念、特征和作用，重点掌握我国社会优抚的具体法律制度及其内容，并理解社会优抚制度是我国社会保障制度的特殊组成部分。

【知识结构简图】

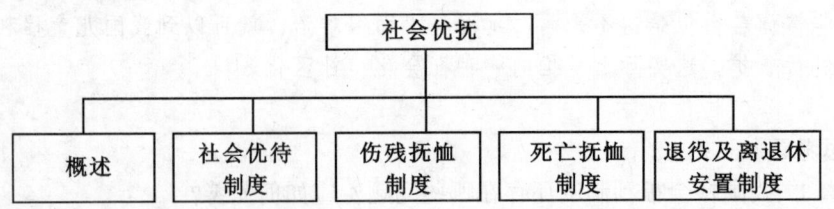

【引例】在部队服役期间曾荣立过一等功的曲某某，是二等甲级伤残军人，系辽宁省丹东市某商业城有限公司退休职工。在2000年退休前后，曲某某因伤治疗共花费近万元的门诊费、住院治疗费。某商业城以自己是股份制企业、员工不享受医疗费报销待遇以及曲某某未参加合作医疗保险为由，拒绝为曲某某报销医疗费。

曲某某在多次上访并经有关部门多次协商未果的情况下，对原所在企业、某商业城有限公司提起诉讼，要求被告人某商业城有限公司按有关优抚政策，给予其二等乙级以上伤残军人的公费医疗待遇。丹东市元宝区人民法院受理此案并进行了公开审理。

元宝区人民法院认为，曲某某系被告人某商业城有限公司的退休人员，是应该领取伤残保健金的二等乙级以上革命伤残军人，根据《民法通则》、《军人抚恤优待条例》以及《贯彻执行〈军人抚恤优待条例〉若干具体问题的解释》的有关法律法规，原告曲某某依法享有相应的医疗待遇。2001年

11月22日，元宝区人民法院作出一审判决，判令被告方某商业城有限公司给付曲某某医疗费及住院伙食补助费9000余元，并由被告方承担案件受理费。

第一节 概 述

一、社会优抚的概念与特征

社会优抚是随着军队的产生和发展而建立起来的制度，即通过对以军人及其家属为主体的优抚对象实行物质照顾和精神抚慰，直接服务于军队和国防建设的制度，它是我国社会保障体系的重要组成部分。

军人作为一个特殊群体，肩负着保家卫国的重任，是国家发展、社会稳定的保证力量。因此，为了激励军人保卫祖国和建设祖国，保障军人的生活、转业、养老等权益，我国经过50多年的努力，建立起了较为完备的优抚制度。对军人及其家属这一特殊群体实行具有特殊意义的社会保障措施，即社会优抚法律制度。

（一）概念

所谓社会优抚制度，是国家和社会按照法律规定，对法定的优抚对象提供资金和服务以确保其达到一定的生活水平，带有褒扬和优待抚恤安置性质的特殊的社会保障制度。它是我国社会保障制度的一个重要的子部门，其主要内容包括社会优待、伤残抚恤、死亡抚恤和退役及离退休安置制度。国家建立社会优抚法律制度，是为了维护军人合法权益，保障国家对军人的抚恤和优待，以鼓励军人保卫祖国，巩固国防。

（二）特征

社会优抚制度，在整个社会保障制度中具有特殊的地位和作用，也体现出显著的特征，主要表现在以下几个方面：

1. 保障的综合型

社会优抚既不是单纯的社会保险，也不仅是社会福利和社会救助，其内容中既包括社会保险，也包括社会福利和社会救助，可以说是多种社会保障制度的综合体。例如：社会优抚中军队干部的离退休制度属于社会保险；革命残废军人生活乘车可以优先购票并按照规定享受半价等内容属于社会福利；而代耕代种、包户服务和扶持政策等方面内容则属于社会救助。由此可见，社会优抚是采取多种形式，通过多种渠道，调动国家和社会各方面的力量，综合运用各种生活保障手段，以确保优抚对象的生活达到一定水平的社会保障制度。

2. 实施的规范性

从中华人民共和国成立初期开始建立社会优抚制度时，国家就对其对象、范围、标准以及形式和手段进行了比较明确的规定，有关的规章制度也较为健全。可以说，社会优抚在具体实施过程中，绝大部分属于依法办事，较之我国现行的社会福利、社会救助制度而言，具有显著的法律规范性的特征。

3. 对象的特定性

优抚对象是为国家作出牺牲和贡献的特殊社会群体，是国家和社会的有功之臣。我国现阶段的优抚对象包括中国人民解放军的现役军人、革命伤残军人、复员退伍军人、革命烈士家属、因公牺牲的军人家属、病故军人家属、现役军人家属。国家和社会对优抚对象实施保障，实质上是对他们作出牺牲和贡献的补偿和褒扬。

4. 效果的激励性

社会优抚在很多方面是对优抚对象的一种激励和褒扬。一方面，社会优抚制度的实施是对军人及其家属在精神层面上的激励；另一方面，又通过开展群众性的拥军优属活动，以及对军人的各种褒奖，极大地调动了人民群众的拥军积极性，从而激励军人为保家卫国作出更多的贡献。

5. 待遇的优待性

社会优抚所提供的保障水平较一般社会保障高，待遇较一般社会保障优厚。除此之外，还通过使优抚对象优先优惠享受政府和社会提供的形式多样的扶持政策和社会公益服务，来确保其生活水平高于当地群众的平均生活水平。这都是与优抚对象为国家和社会所付出的牺牲和所作出的贡献密不可分的。社会优抚总的指导思想是，保障使其生活稍高于（或不低于）当地群众的平均生活水平。

6. 执行的强制性

优抚保障作为对军人及其家属这一特殊群体的专门保障制度，代表的是一种国家意志。因此，优抚工作体现为政府行为，在实际运行过程中具有强制性，如《宪法》、《兵役法》、《军人抚恤优待条例》等都对此作了明文规定。

二、社会优抚制度的主要作用

国家制定并实施社会优抚制度的目的在于保障优抚对象的生活，提高他们的社会地位，激励军人保卫祖国和建设祖国的献身精神，加强军队建设、增强国防力量。新中国成立以来，我国不断健全和完善社会优抚法律制度，使其在军队国防建设和社会主义经济建设事业中发挥出巨大的作用。这些作用主要体现在以下几个方面：

（1）解除了军人的后顾之忧，激发了军人保卫祖国、建设祖国的责任感和使命感，激励了军人在抵抗外敌入侵、抗洪救灾、保卫国家财产和生命人民生命安全中的献身精神；

（2）加强军队建设，增强国防力量，激励青年人积极参军入伍；

（3）增强社会各界对人民军队的尊敬和爱戴，用法规制度来组织和规范拥军优属活动。

三、社会优抚法律制度的主要内容

一般而言，社会优抚包括三个方面内容，即社会优待、抚恤（伤残抚恤和死亡抚恤）和安置。

社会优待，是指国家、社会和群众对烈属、因公牺牲、病故军人家属、革命伤残军人、现役军人及其家属、带病回乡复退军人、退伍红军老战士等优抚对象给予帮助和照顾的制度，是社会优抚制度的重要组成部分。主要包括优待金制度和经济补助制度。

抚恤，是指国家对伤残人员和牺牲、病故人员的家属所采取的物质抚慰制度，包括伤残抚恤和死亡抚恤两类。伤残抚恤，是指国家和社会保障革命伤残人员（包括革命伤残军人、伤残人民警察、伤残机关工作人员、伤残民兵民工）基本生活的优抚制度。死亡抚恤，是指国家对革命烈士家属、因公牺牲和病故的军人家属及因公牺牲病故的国家机关工作人员家属、人民警察家属发给一定数额的费用，给予生活帮助的制度。

安置，是指对复员退伍军人、退役志愿军人、军队转业干部与军队复员干部、军队离退休干部及其随军家属和无军籍退休退职职工的扶持、帮助和就业安排。

第二节　社会优待制度

一、概念

社会优待是社会优抚制度的一个重要组成部分，是指按照法律政策的规定，对优抚对象从政治上、经济上给予的优厚待遇。社会优待有广义和狭义之分。广义的社会优待，是指国家、社会、群众对烈属、因公牺牲、病故军人家属、革命伤残军人、现役军人及其家属、带病回乡复退军人、退伍红军老战士等优抚对象给予帮助和照顾的制度；狭义的社会优待仅指对义务兵家属和抚恤补助对象发给由群众负担的优待金。本书采用的是广义的概念。

根据我国《兵役法》、《军人抚恤优待条例》等的相关规定，我国的优待制度包括优待金制度和经济补助制度两个方面内容。

二、优待金制度

（一）优待金的发放

1. 优待金的发放对象

一是家居农村的义务兵家属。家庭联产承包责任制在广大农村的实行，使农民尤其是家庭的劳动收益与劳动力多少密切相关，家庭减少一个劳动力，家庭的经济收入就会直接受到影响。从这一情况出发，我国于1984年颁布的《兵役法》，确定由乡、镇人民政府采取平衡负担办法，通过农民群众统筹给予农村义务兵家属以现金优待。二是生活困难的家居城镇的义务兵家属，由县、市、市辖区人民政府给予适当的现金补助。三是部分烈属、伤残军人、生活困难的在乡老复员军人和带病回乡的退伍军人，其在享受国家抚恤补助的基础上，其生活水平仍然没有达到当地一般群众水平的，可享受优待金。

2. 优待金标准的确定

一是要与当地经济条件和群众生活水平相适应；二是要保障优抚对象相当于或略高于当地一般群众的生活水平，这体现了优抚制度的优待性特点。同时，还要考虑优待金筹集的可行性。

3. 优待金的发放时间，优待金的发放时间一般在年底

具体的发放方法是义务兵家属持优待证到乡民政助理处或街道办事处的民政科领取。有的地方为了使优待金发挥更大的效益，在自愿的基础上由乡民政助理将优待金储蓄起来，待义务兵退伍后一次性发放。

4. 享受优待金的年限

义务兵家属享受优待金的年限，以义务兵法定服役年限来确定，根据新的《兵役法》改过去陆军3年，空军、海军4年为统一的2年。

5. 优待金的主要来源

一是财政拨款；二是军属所在单位或军人参军前所在单位承担；三是通过社会筹集方式解决。这一制度较为充分地体现了我国优待工作实行"国家、社会、群众"三结合的原则。当然，在实际落实中，优待金的社会化程度不高，这也是优待制度改革的重点之一。

【案例 14-1】 陈明扬诉古蔺县玉田乡人民政府不予发放军属优待金案

陈明扬之子陈福良于 1993 年 12 月应征入伍，1995—1998 年度因在部队服役中成绩突出，分别荣记 4 次三等功。其中按规定陈明扬已分别从四川省古蔺县玉田乡政府处领得了 1994—1997 年度的军属优待金和两次三等功的奖励金，但尚欠 1998 年度的军属优待金和两次三等功的奖励金未发放。陈明扬多次要求玉田乡政府依法发放优待金和立功奖金，未得到解决。陈明扬遂向四川省古蔺县人民法院提起行政诉讼，状告玉田乡政府未按规定发放军属优待金，请求法院依法判决被告向原告发放军属优待金和立功奖金。

古蔺县人民法院公开审理了此案。法院经审理认为，被告古田乡政府的行为明显违反了国务院《军人抚恤优待条例》和《四川省军人抚恤优待办法》的有关规定。为了使国家的军人优待政策得到真正落实，让现役军人在部队安心服役，为国防建设多做贡献，法院遂依法作出判决，被告在判决生效 1 个月内给付原告应得的 1998 年度军属优待金和补发两次三等功的奖励金。

(二) 社会生活中的优待

根据《宪法》和《军人抚恤优待条例》的规定，优抚对象除享受人民群众提供的物质优待外，还在社会生活的其他方面得到广泛的关怀和照顾，体现了国家对优待对象的特殊照顾和特别保障。

1. 对革命烈士家属的优待

我国对革命烈士家属的优待采取多种形式，主要通过介绍就业、组织生产、节日慰问和给予日常生活中的各种优先权的方式体现。例如，革命烈士家属在享受国家定期抚恤的基础上，仍可以享受优待金；如果不能享受公费医疗待遇的，又因病治疗且无力支付医药费，由当地卫生部门酌情减免；烈士子女、弟妹自愿参军并符合条件的，在征兵期间可优先批准一人入伍等。

2. 对因公牺牲、病故军人家属的优待

和革命烈士家属一样，他们也能享受诸如介绍就业、组织生产、节日慰问和各种优先权等优待。例如，根据相关法律规定，因公牺牲、病故军人家属，在享受国家定期抚恤金的基础上，仍可享受优待金；因公牺牲、病故军人的子女、弟妹，自愿参军并符合征兵条件的，在征兵期间可优先批准一人入伍等。

3. 对伤残军人的优待

伤残军人在享受国家定期定量抚恤金的基础上，可享受优待金。此外，在医疗待遇、乘坐交通工具等方面可享受优待。例如，领取伤残保健金的伤残军人，享受其所在单位的医疗待遇；领取伤残抚恤金的二等乙级以上伤残军人，享受卫生部门的公费医疗待遇；领取伤残抚恤金的三等伤残军人因伤口复发治疗所需医疗费由当地民政部门解决，因病所需医疗费本人支付有困难的，由当地民政部门酌情给予补助；伤残军人乘坐国营的火车、轮船、长途公共汽车和国内民航客机，凭《革命伤残军人证》准予优先购票，并按规定享受票价优待；伤残军人报考中等学校、高等院校的，录取的文化和身体条件可适当放宽等。

4. 对在乡复员军人和部分带病回乡退伍军人的优待

在乡复员军人和部分带病回乡的退伍军人，除按国家规定享受定期定量补助外，还可享受群众优待。在乡退伍老红军和红军西路军老战士享受公费医疗待遇。在乡退伍老红军享受商品粮待遇，本人病故后，其配偶生活困难的，可享受定期定量补助。

5. 对义务兵及其家属和现役军官、志愿兵家属的优待

义务兵从部队发出的平信免费邮递；义务兵入伍前是农业户口的，在农村的责任田和自留地在其服役期间继续予以保留；入伍前是企事业单位职工的，其家属仍继续享有原有的劳动保险福利待遇；家居城镇的义务兵在服役期间，地方安排住房时，应将他们计入家庭分房人口。经部队批准随军的现役军官、志愿兵家属，驻军所在地的公安部门应准予落户；随军家属有正式工作的，驻军所在地的劳动、人事部门应安排适当的工作；对于边防、海岛等艰苦地区部队的部分农村户口军官，可将原籍转为城镇户口并安排适当工作等。

三、经济补助

对优抚对象实行经济补助，是国家保障优抚对象生活的另一种重要方式。我国的经济补助是定期定量进行的，即由国家拨出专项费用，按照不同的对象和条件，定期向优抚对象发给一定数额的生活补助费。

1. 经济补助的对象

其主要包括在乡退伍红军老战士、红军失散人员、在乡西路军红军老战士、在乡复员军人和带病回乡退伍军人。

2. 经济补助的标准

在乡退伍红军老战士、在乡西路军红军老战士和红军失散人员均享受国家提供的定期定量经济补助。民政部于2003年7月1日起实行的补助标准为：在乡退伍红军老战士每人每月补助780元；在乡西路军红军老战士每人每月补助600元；红军失散人员每人每月补助150元。在乡退伍红军老战士

和西路军红军老战士,除享受定期定量补助外,并可享受公费医疗待遇。对在乡复员军人中的孤老以及年老体弱、丧失劳动能力、生活困难的和带病回乡不能经常参加生产劳动、生活困难的人员,实行定期定量补助。部分带病回乡的退伍军人也可享受这一待遇。

第三节 伤残抚恤制度

一、伤残抚恤概述

伤残抚恤是指国家和社会保障革命伤残人员(包括革命伤残军人、伤残人民警察、伤残机关工作人员、伤残民兵民工)基本生活的优抚制度。

1988年国务院颁布了《军人抚恤优待条例》,其中专设"伤残抚恤"一章,为伤残抚恤制度确立了新的规范。该条例确定了伤残抚恤金标准参照全国一般职工工资收入确定的原则,保证了伤残军人的生活水平与人民群众的生活水平同步提高。随后,民政部又出台了一系列的配套法规,为伤残抚恤制度的实施提供了更具可操作性的依据,如1997年4月1日民政部发布的《伤残抚恤管理暂行办法》等。

二、伤残抚恤制度的主要内容

(一)伤残抚恤的对象

伤残抚恤的对象主要包括:(1)军人(含文职干部);(2)授予警衔的人民警察(不包括企事业单位享受劳保待遇的人民警察);(3)国家机关工作(包括国家权力、行政机关和由国家补贴的民主党派、人民团体的工作人员)、军队在编无军籍职工;(4)参战民兵民工、参加县级以上人武部门或预备役部队组织的军事训练的民兵以及同犯罪分子进行斗争的无工作单位的人民群众(指无工作单位的农民、城市居民、学生)。

(二)伤残抚恤的范围

伤残抚恤的范围包括因战致残、因公致残和因病致残三种。因战致残是指对敌作战负伤致残,经医疗终结,符合评残条件的;因公致残是指在执行公务中致残,经医疗终结,符合评残条件的;因病致残是指患精神病以外的疾病,经医疗基本终结,符合二等乙级以上病残条件的。

(三)伤残抚恤的待遇

伤残抚恤的待遇包括伤残抚恤金和伤残保健金。伤残人员经评定和审核批准后,发给其伤残证件,使其可享受伤残抚恤或伤残保健金及其他待遇。

1. 伤残抚恤金和伤残保健金的享受对象

伤残抚恤金，是指对没有参加工作的革命伤残人员的基本生活保障的补偿费用。伤残保健金，是指对参加工作的革命伤残人员基本生活保障的补助费用。

享受伤残保健金的伤残人员有四类：（1）在国家机关、民主党派、人民团体有正式工作的；（2）在全民企事业单位为正式职工、合同制职工的；（3）在县以上管理的集体企事业单位为正式职工、合同制职工的；（4）服现役的革命伤残军人。

除上述四种人员外，其他伤残人员可享受伤残抚恤金待遇。

2. 伤残抚恤标准的确定原则

伤残人员的抚恤标准应随着国民经济的发展和人民生活水平的提高而逐步提高。《军人抚恤优待条例》确定了制定革命伤残人员抚恤标准的原则，即由民政部、财政部根据伤残性质和伤残等级，参照全国一般职工的工资标准，按一定比例制定全国统一的伤残抚恤（保健）金标准。

1994年，民政部、财政部《关于提高部分优抚对象抚恤标准的通知》中明确规定职工工资高于全国职工平均工资水平的地区，要在全国范围统一标准的基础上制定当地革命伤残军人的生活补助标准，以确保革命伤残军人的生活。我国现行伤残抚恤金标准和伤残保健金标准均是从2003年7月1日起执行的。

三、伤残军人的优待

根据《军人抚恤条例》和《伤残抚恤管理暂行办法》的有关规定，对伤残军人的优待主要有以下几个方面：

（一）退出现役的特等、一等伤残军人

退出现役的特等、一等伤残军人由国家终身供养。享受离、退休待遇的由民政部门发给伤残保健金，并由发给离、退休费的单位发给护理费。因伤残后遗症需要经常医疗处理的，或生活需要护理不便分散照顾的，或独身一人不便分散安置的，由民政部门专门设立机构集中供养，发伤残抚恤金和住院生活补助费。

护理费标准由各地民政、财政部门每年7月根据统计部门提供的本年度当地社会平均工资标准，按规定比例制定。自1979年对越自卫反击作战以来退出现役的特等、一等伤残军人，可到原征集的县城或配偶居住地城镇安置。需要建房的，由当地政府解决，其农业户口的配偶和16周岁以下的子女（或已超过16周岁仍在学校读书的），可同时转为安置地城镇户口，并

根据当地条件，由国营和集体单位妥善安排这些伤残军人配偶的工作。

（二）因战、因公致残的二等、三等伤残军人

因战、因公致残的二等、三等革命伤残军人，原是城镇户口的，由原征集地退伍军人安置机构安排其力所能及的工作。原是农村户口的，原征集地区有条件的，可在企事业单位安排适当的工作；不能安排的，按照规定增发伤残抚恤金，保证他们的生活。

在乡二等乙级以上伤残军人享受卫生部门的公费医疗待遇，在乡三等革命伤残军人伤口复发所需医疗费，由当地民政部门解决，因病所需医疗费本人支付有困难，由当地民政部门酌情给予补助。

（三）在国家机关、企事业单位工作的因战、因公伤残人员

在国家机关、企事业单位工作的因战、因公伤残人员，享受所在单位因公伤残人员的保险福利待遇，其伤口复发所需医药费不得包干。

（四）伤残军人的辅助器械

革命伤残军人因伤残需要配置的假肢、代步三轮车等辅助器械，由民政部门负责解决。经批准到外地治伤或安装假肢的，差旅费准予报销。其中有工作单位的，按本单位工伤待遇处理；无工作单位的，由民政部门给予适当补助。

四、伤残军人死亡的待遇

（一）丧葬补助费

伤残军人死亡后，停发伤残抚恤金和护理费，同时注销证件，留作纪念。领取伤残抚恤金的，由民政部门按照当地国家机关工作人员的丧葬补助标准发给丧葬补助费；原领取伤残保健金的，由其所在单位按规定发给丧葬补助费。

（二）因战致残军人伤残死亡的待遇

因伤致残，医疗终结评残发证1年内因伤口复发死亡的，由民政部门按照革命烈士的抚恤标准发给一次性抚恤金，其家属享受革命烈士家属待遇。因战致残，医疗终结评残发证1年后因伤口复发死亡和因公致残医疗终结评残发证后因伤口复发死亡的，原领取伤残抚恤金的，由民政部门按照因公牺牲军人的抚恤标准，发给一次性抚恤金，其家属享受因公牺牲军人家属待遇。原领取伤残保健金的，由其所在单位按因公死亡人员的规定予以抚恤。

（三）伤残军人因病死亡的待遇

伤残军人因病死亡，原领取伤残抚恤金的，由民政部门另增发半年伤残抚恤金作为一次性补助。其中因战、因公致残的特等、一等革命伤残军人的

家属，享受病故军人家属的待遇，原领取伤残保健金的，其抚恤按本单位有关病故人员的规定予以办理。

第四节 死亡抚恤制度

一、死亡抚恤的概念

死亡抚恤是指国家对革命烈士家属、因公牺牲和病故军人家属及因公牺牲和病故的国家机关工作人员家属、人民警察家属发给一定数额的费用，给予生活帮助的制度。死亡抚恤分为一次性抚恤和定期抚恤两大类。

二、死亡性质的认定

死亡性质主要依据死亡时的情节及有关规定，由相关机关审批认定。分为革命烈士、因公牺牲和病故三种。

（一）革命烈士

革命烈士是指在革命斗争、保卫祖国和社会主义现代化建设事业中壮烈牺牲的我国人民和人民解放军指战员。国务院于1980年6月4日发布的《革命烈士褒扬条例》，对烈士的条件、范围和审批手续作了明确规定，把以往烈士范围仅限于革命军人、革命工作人员和参战民兵民工的界限扩大到了全体人民。

（二）因公牺牲

因公牺牲，是指因执行公务献身，其死难情节符合规定条件的人民解放军指战员、国家机关工作人员和人民警察等。

（三）病故

病故即因病死亡者。现役军人在服役期间因病死亡，或因人民内部矛盾问题自杀身亡，或非因执行职务遭意外事故死亡，以及在乡特等、一等革命伤残军人因病死亡，都按病故军人对待。

三、死亡抚恤的待遇

死亡抚恤待遇包括一次性抚恤金和定期抚恤金两种形式。

（一）一次性抚恤金

一次性抚恤金是国家按规定一次性发给革命烈士家属、因公牺牲和病故军人家属、因公牺牲和病故国家机关工作人员及人民警察家属的抚恤金。现役军人死亡，根据其死亡性质和死亡时的月工资标准，由政府民政部门发给其遗属一次性抚恤金，其标准为：烈士，80个月工资；因公牺牲，40个月工资；病故，20个月工资。获得荣誉称号、立功或者生前作出特殊贡献的烈士、因公牺牲军人、病故军人，其遗属在享受一次性抚恤金的基础上，还可以享受按一定比例增发的一次性抚恤金或者一次性特别抚恤金。

（二）定期抚恤金

定期抚恤金是国家对符合条件的革命烈士遗属、因公牺牲军人家属、病故军人遗属，按照一定标准发给其的抚恤金。定期抚恤金的标准应当参照全国城乡居民家庭人均收入水平确定。目前实行的是由民政部和财政部联合发布的《烈属、因公牺牲军人遗属、病故军人遗属定期抚恤金标准表》，从2007年8月1日起执行。

经法定程序宣告死亡的，在其被批准为烈士、确认为因公牺牲或者病故后，又经法定程序撤销对其死亡宣告的，由原批准或者确认机关取消其烈士、因公牺牲军人或者病故军人资格，并由发证机关收回有关证件，终止其家属原享受的抚恤待遇。

第五节　退役及离退休安置制度

安置制度，是社会优抚制度的有机组成部分。安置，是指对复员退伍军人、退役志愿军人、军队转业干部与军队干部复员、军队离退休干部及其随军家属和无军籍退休退职职工的扶持、帮助和就业安排。

退役及离退休安置制度包括退役军人就业制度和离退休军人安置制度两方面的内容。

一、退役军人就业制度

退役安置是国家和社会向退出现役军人提供的保障措施，也是与我国的兵役制相配套的保障措施。退役安置工作，事关国家经济建设、国防建设和社会稳定的大局。退役安置的对象即退出现役的军人，包括退伍的义务兵、复员的志愿兵和转业的军官三类。退伍义务兵是指中国人民解放军和中国人民武装警察部队的服现役期满（包括超期服役）退出现役的和服现役期未满，因特殊原因经部队师级以上机关批准提前退出现役的。家住城镇、属非农业人口的义务兵由民政部门和劳动部门负责安排工作，家住农村、属非农民人口的义务兵按"从哪里来，到哪里去"的退伍安置原则安排。复员的志愿兵由民政部门和劳动部门负责安排工作。转业的军官由组织部门和人事部门负责安排工作。

【案例 14-2】

黄某系 1998 年应当安置的退伍军人（志愿兵）。1998 年 12 月 7 日，江西省安义县退伍军人安置领导小组将黄某安排到安义县供电局，黄某持县安置办介绍信到安义县供电局报到，档案由安义县供电局劳资科接收。此后，安义县供电局并未安排黄某上岗，也没有与黄某签订劳动合同，黄某一直处于等待状态。2004 年 8 月 16 日黄某向安义县劳动争议仲裁委员会申请仲裁。仲裁委裁决：（1）安义县供电局应当安排黄某工作，与黄某签订劳动合同；（2）安义县供电局按本单位同工龄职工平均工资 80%补发黄某生活费。安义县供电局不服仲裁裁决，以与黄某没有形成劳动关系，属行政争议，不属劳动争议为由向法院起诉。

安义县法院审理后认为，转业、退伍军人安置工作是国家指令性计划，黄某根据县退伍军人安置领导办的安排，被安置到安义县供电局工作，安置办已将安置计划和应当安置的退伍军人下达给安义县供电局，并为黄某开具了安置介绍信。黄某持介绍信到安义县供电局报到，其档案也由安义县供电局劳资科予以接收。至此，政策性安置工作已经结束，安义县供电局称行政争议的辩解不予采纳。安义县供电局接收黄某介绍信和收到档案后，不安排上岗，不与黄某签订劳动合同，违反了劳动法的规定。故仲裁委裁决正确。据此，依照《中华人民共和国劳动法》有关规定，遂判决接收安置的单位安义县供电局与黄某签订劳动合同、补发黄某生活费 23150.4 元。

二、离退休军人的安置

离退休军人在长期革命斗争中，英勇作战，努力工作，对革命战争胜利和军队建设作出了重要贡献。妥善安置这些军队退休人员，是国家和社会对他们应该尽到的关怀和爱护。

（一）离退休的条件

离退休安置是向直接从军队现役中退休的军人提供的保障措施。离退休安置的对象包括：离休、退休的军队干部；落实政策改退休的原军队干部；退休的志愿兵；退休的军队无军籍职工。

军队的现役干部，男年满 55 周岁、女年满 50 周岁，或因战、因公致残、积劳成疾，基本丧失工作能力的，可办理退休；师职以上干部年满 55 周岁，军职干部年满 60 周岁，兵团职和大军区职干部年满 65 周岁，可办理离休。已达到上述年龄的专业技术干部以及其他干部，因工作需要，身体能坚持正常工作，退休时间可适当推迟。

（二）离退休的待遇

1. 生活待遇

离休干部待遇包括：离休干部工资、生活补贴费、副食品价格补贴、粮油粮价补贴；符合国发［1982］62号文件规定增发的工资补贴费、服装费、交通费、洗理费、护理费、公勤费（领取护理费的不发给公勤费）、特需费、福利费、冬季取暖补贴费、医疗费、探亲路费、丧葬费、遗属生活补助费；在离开部队之前由部队按照规定一次性发给搬家费、家具费。退休人员生活待遇包括：退休费、特殊贡献费、护理费、医疗费。

2. 安置去向

中央规定，根据军队退休干部的实际情况，有的可能就地安置，有的可以易地安置，有的可以回本人或配偶的原籍，有的可以到配偶、子女、父母居住的地区安置；愿意回农村安置的应予以鼓励。但是，对到北京、天津、上海三大城市安置的要从严控制。同时，也要尽量避免过分集中在大城市和少数条件比较优越的地方。

3. 家属子女的安排

易地安置的离退休干部，其配偶、未成年的和待业的子女，可随同前往；易地后身边无子女照顾的，可准许调一个已工作的子女随迁。军队落实政策退休人员的家属、子女在农村的，尽可能在农村安置；原系随军的配偶、未成年子女和虽已成年确因长期病残生活难以自理的子女，请当地有关部门准予改吃商品粮。

4. 其他待遇

为了加强对军队离退休人员的接收和服务管理工作，各县（市）在军队退休干部居住点设立干休所，直接为军队离退休干部服务。国家为干休所配备相应的服务管理人员和车辆，建立党的基层组织，组织离退休人员参加政治活动和其他有意义的社会活动。

【思考题】

1. 社会优抚法律制度的概念和特征是什么？
2. 社会优抚法律制度的内容有哪些？
3. 伤残抚恤的对象有哪些？
4. 死亡抚恤的待遇有哪几种形式？

推荐阅读书目

1. 史尚宽．劳动法原论．台北：正大印书馆，1978．
2. 关怀．劳动法学．北京：中国人民大学出版社，2001．
3. 王益英．外国劳动法和社会保障法．北京：中国人民大学出版社，2001．
4. 董保华．社会法原论．北京：中国政法大学出版社，2001．
5. 杨燕绥．劳动与社会保障立法国际比较研究．北京：中国劳动社会保障出版社，2001．
6. 林嘉．社会保障法的理念、实践与创新．北京：中国人民大学出版社，2002．
7. 黄越钦．劳动法新论．北京：中国政法大学出版社，2003．
8. 贾俊玲．劳动法学．北京：北京大学出版社，2003．
9. 周长征．全球化与中国法制问题研究．南京：南京大学出版社，2003．
10. 郑尚元．劳动法学．北京：中国政法大学出版社，2004．
11. 常凯．劳动关系学．北京：中国劳动社会保障出版社，2005．
12. 杨燕绥．劳动和社会保障法．北京：中国劳动社会保障出版社，2005．
13. 石先广．劳动合同法——深度释解与企业应对．北京：中国法制出版社，2007．
14. 周沛．社会保障与社会政策研究．北京：中国劳动社会保障出版社，2007．
15. 王全兴．劳动法（第3版）．北京：法律出版社，2008．
16. 王全兴．劳动合同法条文精解．北京：中国法制出版社，2008．
17. 郑尚元．劳动法与社会法理论探索．北京：中国政法大学出版社，2008．
18. 常凯．劳动合同法论．北京：中国劳动社会保障出版社，2009．
19. 陆敬波．社会保障法．北京：中国政法大学出版社，2009．

20. 徐道稳．社会福利行业和职业标准．北京：中国社会出版社，2010．

21. ［法］让—雅克·迪贝卢等．社会保障法．北京：法律出版社，2002．

22. ［英］罗伯特·伊斯特．社会保障法．北京：中国社会保障出版社，2003．

23. ［德］W. 杜茨．劳动法（第5版）．北京：法律出版社，2003．

24. ［美］威廉姆·H. 怀特科等．当今世界的社会福利．北京：法律出版社，2003．

25. ［德］鲁道夫·特劳普—梅茨．劳动关系比较研究．北京：中国社会科学出版社，2010．

26. ［美］乔治·鲍哈斯．劳动经济学．北京：中国人民大学出版社，2010．

图书在版编目(CIP)数据

劳动与社会保障法/吕琳主编. —武汉:武汉大学出版社,2012.2
(2015.12重印)
应用型系列法学教材
ISBN 978-7-307-09388-1

Ⅰ.劳… Ⅱ.吕… Ⅲ.①劳动法—中国—高等学校—教材 ②社会保障—行政法—中国—高等学校—教材 Ⅳ.①D922.5 ②D922.182.3

中国版本图书馆 CIP 数据核字(2011)第 279910 号

责任编辑:胡 荣　　责任校对:黄添生　　版式设计:马 佳

出版发行:武汉大学出版社　　(430072　武昌　珞珈山)
　　　　　(电子邮件:cbs22@whu.edu.cn　网址:www.wdp.com.cn)
印刷:湖北省京山德兴印刷有限公司
开本:720×1000　1/16　印张:22.75　字数:402千字　插页:1
版次:2012年2月第1版　　2015年12月第4次印刷
ISBN 978-7-307-09388-1/D·1131　　定价:36.00元

版权所有,不得翻印;凡购我社的图书,如有质量问题,请与当地图书销售部门联系调换。